U0599919

HONGSE JIYIN YU KEXUE LUOJI

ZHONGGUO GAODENG JIAOYU YAN'AN MOSHI YANJIU

红色基因与科学逻辑：

中国高等教育"延安模式"研究

曾鹿平／著

东北师范大学出版社

·长春·

图书在版编目（CIP）数据

红色基因与科学逻辑：中国高等教育"延安模式"
研究／曾鹿平著. —长春：东北师范大学出版社，
2024. 1
ISBN 978 - 7 - 5771 - 1081 - 3

Ⅰ. ①红… Ⅱ. ①曾… Ⅲ. ①高等教育-研究-中国
Ⅳ. ①G649. 2

中国国家版本馆 CIP 数据核字（2024）第 005382 号

□责任编辑：吴永彤　□封面设计：张　然
□责任校对：王　菲　□责任印制：侯建军

东北师范大学出版社出版发行
长春净月经济开发区金宝街 118 号（邮政编码：130117）
电话：0431—84568071
网址：http：//www.nenup.com
东北师范大学音像出版社制版
长春新华印刷集团有限公司印装
长春市浦东路 4199 号（邮政编码：130033）
2024 年 8 月第 1 版　2024 年 8 月第 1 次印刷
幅面尺寸：169 mm×239 mm
印张：22.5　插页：4　字数：356 千

定价：78.00 元

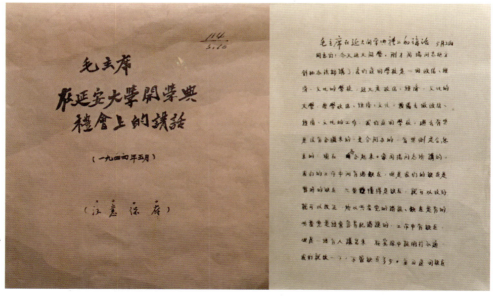

中共中央政治局会议决定事项

（1941 年 7 月 30 日，原件存于中央档案馆）

《毛主席在延安大学开学典礼会上的讲话》

（1944 年 5 月，原件存于中央档案馆）

中共中央西北局办公厅关于延安大学与行政学院合并筹办的决定
（1944 年 4 月 7 日，原件存于中央档案馆）

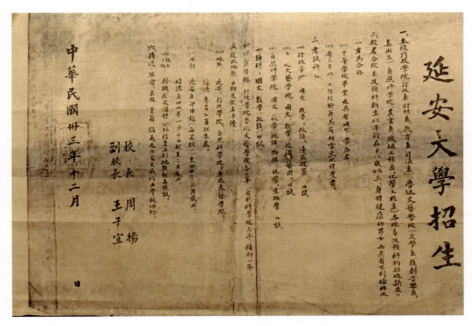

延安大学招生启事（1944 年 12 月，原件存于中央档案馆）

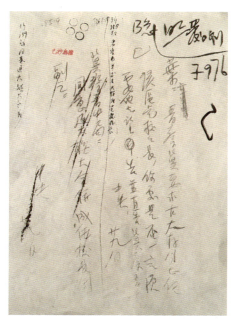

中共中央关于同意延安大学与华北联合大学合并的指示电文
（1946 年 1 月 29 日，原件存于中央档案馆）

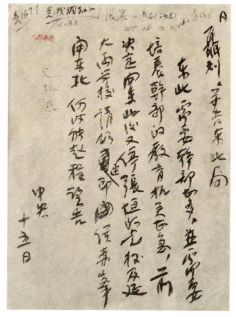

中共中央关于延安大学继续前往东北给聂荣臻、刘澜涛及东北局的指示电
（1946 年 6 月 15 日，原件存于中央档案馆）

陕北公学复办后的校址

鲁迅艺术文学院旧址

中国女子大学旧址

延安大学成立时的旧址

泽东青年干部学校旧址

延安自然科学院旧址

延安中国医科大学校门

整风运动后合并组建的延安大学旧址

延安大学自然科学院师生在制作植物标本

延安大学自然科学院的实习工厂

课题研究

茅盾在鲁迅艺术文学院讲课

露天课堂

化学实验课

课堂教学

机械实习

制作实验器材

于光远在延安大学任教时编写的
"两课"教材《自然与自然发展史》

实地测量

课上研讨

冼星海（前一）在劳动

20 世纪 30 年代的延安大学生

《兄妹开荒》剧照

鲁迅艺术文学院合唱团

中国女子大学的学生在排练歌舞

延安大学女子篮球队

大学生女子排球赛

前　言

　　进入中国特色社会主义新时代之后，我们的高等教育如何适应并推进这一新的伟大时代，习近平总书记给出了非常明确的方向：扎根中国大地办大学，走出一条建设中国特色、世界一流大学的新路。如何走出这条新路，我们认为，必须回答两个重大问题：历史之问与现实之问。本书就是围绕这两个"之问"展开论述的。

　　要回答历史之问，就必须回望历史。现代高等教育起源于西方，它根植于西方文化与高等教育传统，是西方现代大工业及其相应现代化社会形态的产物，是资本主义性质的高等教育。中国现代高等教育整体上移植于日本与欧美，中国传统社会是一个以小农经济为主体的封建专制社会，缺乏向资本主义社会转变的内在逻辑。因此，中国传统社会没有自发产生出大工业及其与之相适应的现代社会形态，中国传统社会不具备产生现代高等教育的政治、经济、文化与社会基础。中国古代高等教育以人文教育为主体，自汉以后又以儒家经典教学与儒家思想体系教育为主，以培养各级封建官吏的"治才"为主要目的，没有学科概念与规范的学科专业划分，缺乏向现代高等教育发展的内在动力。但其自身形成的与西方、与现代高等教育不同的特点、特色，对中国现代高等教育创立与发展仍然产生了极其深刻的影响，使中国现代高等教育始终没有走向全盘西化。自产生以来，中国现代高等教育一直在探索中国化，但成效却非常有限。所谓的"民国模式"，特别是民国时期高等院校的办学逻辑，始终走不出西方高等教育的主体框架。

　　中国共产党自建立以来，从为人民谋幸福、为民族谋复兴的初心使命出发，高度重视高等教育，特别是干部高等教育。从建党初期、大革命时期、土地革命时期到抗日战争与解放战争时期，创办了大量的干部高等院校，以及具有现代高等教育性质的普通高等院校，为新民主主义革命和建设吸收培养了数以百万计德才兼备的骨干人才，成

x

为党、根据地和人民军队的干部之源，各级各类人才的摇篮，为新民主主义革命的胜利奠定了雄厚的人才基础。同时，也在致力于高等教育现代化与中国化的探索与创新。尤其是延安时期，现代高等教育中国道路、中国逻辑、中国模式的探索与创新，在理论与实践两方面都更加自觉、更加明确、更加深入与系统。那么，新民主主义革命时期，中国共产党对高等教育现代化与中国化的探索与创新在理论与实践方面究竟做了什么？有哪些成就与贡献？对新中国高等教育的创立、发展与改革有什么样的深刻影响？由此形成了中国特色高等教育的"历史之问"。这一"历史之问"被学界长期忽略，没有引起应有的重视与系统的研究。因而，这也就成为本书研究的逻辑起点。

本书认为，中国共产党在新民主主义革命时期对高等教育现代化与中国化的探索与创新，集中体现在其延安时期所创立的现代高等教育的"延安模式"。因此，本书试图以中国共产党新民主主义革命时期，特别是延安时期高等教育探索和创新发展的理论与实践，尤其是高等院校办学逻辑的转换为切入点，将中国共产党新民主主义革命时期的高等教育放在整个中国现代高等教育发展的历史链条上，并以世界现代高等教育发展的视野进行历史梳理与学术研究，系统而具体地解析高等教育的"延安模式"，以回答这一重大的历史问题。

从现实的角度讲，本书更是为了回答中国特色社会主义高等教育进一步深化改革，推进中国式高等教育现代化的重大时代课题，也就是回答"现实之问"。

2021 年 4 月 19 日，习近平总书记在清华大学考察时的讲话，明确而具体地指出了新时代创建中国特色、世界一流大学的目标与方向："我们要建设的世界一流大学是中国特色社会主义的一流大学，我国社会主义教育就是要培养德智体美劳全面发展的社会主义建设者和接班人。我国高等教育要立足中华民族伟大复兴战略全局和世界百年未有之大变局，心怀'国之大者'，把握大势，敢于担当，善于作为，为服务国家富强、民族复兴、人民幸福贡献力量。"为实现这一目标，习近平总书记明确要求"努力构建中国特色、中国风格、中国气派的学科体系、学术体系、话语体系"，谆谆告诫我们："要想国家之所想、急国家之所急、应国家之所需，抓住全面提高人才培养能力这个重点，坚持把立德树人作为根本任务，着力培养担当民族复兴大任的时代新人。"这些讲话精神与高等教育"延安模式",从本质上讲具有高度的一致性,这是高等教育"延安模式"重大现实意义的突出表现。

2022 年 4 月 25 日,习近平总书记在中国人民大学考察时再一次指出,高等教育"要坚持党的领导,坚持马克思主义指导地位,坚持为党和人民事业服务,落实立德树人根本任务,传承红色基因"。传承红色基因,前提条件是应当搞清楚什么是高等教育的"红色基因"。本书认为,回答这个问题,就必须回到高等教育"延安模式"的研究之中。高等教育的红色基因贯穿于党创办、领导、发展新型现代高等教育的全过程及各领域,而又集中体现在高等教育"延安模式"之中。习近平总书记还强调指出:"我国有独特的历史、独特的文化、独特的国情,建设中国特色、世界一流大学不能跟在别人后面依样画葫芦,简单以国外大学作为标准和模式。"而高等教育"延安模式"正是遵循这一原则,自觉开拓高等教育的中国道路、中国逻辑与中国模式。

党的二十大向全党全国人民提出了以中国式现代化全面推进中华民族伟大复兴的战略目标与战略任务。因此,习近平总书记在党的二十大报告中明确指出:"教育、科技、人才是全面建设社会主义现代化国家的基础性、战略性支撑。"并明确地要求,"我们要坚持教育优先发展、科技自立自强、人才引领驱动,加快建设教育强国、科技强国、人才强国,坚持为党育人、为国育才,全面提高人才自主培养质量,着力造就拔尖创新人才,聚天下英才而用之";"加强基础学科、新兴学科、交叉学科建设,加快建设中国特色、世界一流的大学和优势学科"。方向非常明确,任务也非常具体,是我们推进高等教育中国化和现代化的根本遵循。

当前我国已步入中国特色社会主义新时代,我国的高等教育也已进入扎根中国大地办大学,创建中国特色、世界一流大学的新时代。大学服务社会具有时代性、国家性和教育性等特征,时代变革和国家发展源于科技、始于教育,科技进步是文明演进的催化剂,科技革命也是文化的革命,高等教育在其中发挥着根本性、基础性作用。因此,要完成以中国式现代化,全面推进中华民族伟大复兴的战略目标与任务,高等教育承担着基础性、全局性、先导性的历史使命,而要承担这一历史使命，则必须深化改革，传承中华民族优秀的文化与教育传统，赓续中国共产党探索创新中国特色现代高等教育的红色基因，吸收借鉴世界现代高等教育发展改革的一切优秀成果，并结合中国当代建设发展与改革的实际，不断探索创新现代高等教育的中国道路、中国逻辑与中国模式，而"延安模式"，无疑会给这一探索与创新提供无以取代的思想、价值、精神，以及理论与实践的重大启示。同时，由于研究的需要，本书对新民主主义革命时期，中国共产党创办、领导、发展新型高等教育的整体历史做了较为系统、较为全面的梳理，既是一部学术著作，也可以说是一部党的新民主主义革命时期高等教育简史，可作为全国高校党员干部、师生员工进行党史学习教育的辅助普及读物，以提高高等院校党史学习教育的针对性与实效性。

中国特色现代高等教育的发展，既需要面向未来，与时俱进，深化改革，创新发展，又需要回归初心，回归本分，回归常识，回归历史，回归梦想。相信研究总结高等教育"延安模式"，可以为我们不忘初心、不辱使命，传承红色基因，扎根中国大地办世界一流大学提供有意义的重要借鉴与启示。

目 录
Content

Content

Content

历史回望：中国现代高等教育的历程与
延安时期高等院校办学逻辑的转换

　　中国共产党的延安时期，无论从中国共产党高等教育的历史发展而言，还是从中国现代高等教育的历史发展而论，都进入了一个崭新的时期。在这一历史时期，中国共产党以其开天辟地的思想理论创新，深邃恢宏的历史视野与情怀，波澜壮阔的革命与建设实践，气壮山河的精神文化创造，在中华民族壮丽的史册上书写了灿烂辉煌的一页。同时，自鸦片战争以来所开辟的中国现代高等教育的拓荒、改革与发展之路，在经历了近百年移植与创新的艰难历程之后，在延安时期进入了一个崭新的境界。

　　伴随着马克思主义中国化的伟大历史进程，中国现代高等教育改革发展，以及高等院校办学逻辑转化发生了质的变革，形成了中国现代高等教育的"延安模式"，及其高等院校办学的中国逻辑，开辟了现代高等教育的中国道路，为晚清至民国以来的大学本土化问题提供了一条新的解决路径，扭转了中国现代高等教育的发展方向，在中国近现代高等教育发展历程中具有卓越功勋与转折性的历史地位。

一、 传承、 移植与创新是中国现代高等教育发展的主题

　　"高等教育是一个历史的、动态的概念，在不同社会以及同一社会的不同发展阶段，表现出不同的形态或模式。"[1] 中国是世界上高等教育发展最早的国家之一，中国古代高等教育不仅有官学、书院，还包括私学、科举制度等多种形式，在培养、选拔高级专门人才，以及传承、发展民族文化等方面发挥了特殊的历史作用。中国是一个文明古国，有着自己独特的文化传统，汉代开始逐渐形成了以儒家文化为

----

[1] 刘海峰、史静寰主编《高等教育史》，高等教育出版社，2010，第13页。

核心的文化体系。同时，1840 年鸦片战争之前，中国长期是一个以小农经济为主体、独立的封建专制国家，受政治、经济、文化，及教育传统的多重影响，高等教育形成了鲜明的中国特色，同时也具有其先天的缺陷。

刘海峰、史静寰（2010）对中国古代高等教育的特色做了六个方面的概括：第一，中国古代高等教育起源早，学校教学、管理和考试制度相当完备；第二，中国古代高等教育以培养统治人才为目的，具有强烈的政治功利取向；第三，受传统儒家文化的人文性影响，中国古代高等教育没有宗教色彩，并且将道德教育放在首要地位；第四，在办学体制上，中国古代官学、私学并存互补；第五，在行政管理上，实行中央集权管理与部门办学管理相结合；第六，在教学模式上，中国古代高等教育形成以官学、书院为代表的两种不同的教学风格。① 官学在"西汉首创大班授课模式，以教师讲授为主，进行集体教学；高才生、老生辅导差生、新生，注重课外自修；学校实行严格的考试管理，督促学习，奖优汰劣。这些教学与管理方法对此后历代太学、国子学的教学产生重要影响"②。而书院的教学模式更具特色与现代大学属性，"书院将教学和学术研究相结合，实行自由讲学，提倡百家争鸣；以学生自学为主，采用问难论辩方式教学，注重启发；重视身教，强调学生的道德修养，师生感情融洽"③。中国古代高等教育尽管有悠久的历史、丰硕的成果、鲜明的特色与优良的传统，但却未发展成为现代高等教育，"它具有高等教育的某些属性，但与近现代意义上的高等教育存在重大差异"④。本书使用的中国现代高等教育概念对应中国古代高等教育，是以高等教育的性质与特征来划分的，而不是以历史时期划分，主要是指中国高等教育的现代化，与中国近代史和中国现代史的概念不完全相同。一些文献在论述中国现代高等教育时，也有使用中国近代高等教育的概念。我们理解所谓"中国近代高等教育"主要是指中国现代高等教育的酝酿与发轫时期。所以，本书除文献引用之外，不使用"中国近代高等教育"的概念，而一律使用"中国现代高等教育"的概念。

---

① 刘海峰、史静寰主编《高等教育史》，高等教育出版社，2010，第27—29页。
② 刘海峰、史静寰主编《高等教育史》，高等教育出版社，2010，第29页。
③ 刘海峰、史静寰主编《高等教育史》，高等教育出版社，2010，第30页。
④ 刘海峰、史静寰主编《高等教育史》，高等教育出版社，2010，第13页。

　　一般认为，现代高等教育是在完成中等教育的基础上进行的专业教育和职业教育，是以学科专业为功能单位与主要载体，培养高级专门人才和职业人员的社会活动。高等教育是教育系统中互相关联的各个重要组成部分之一，它通常包括以高层次的学习与培养、教学、研究和社会服务为其主要任务和活动的各类教育机构。人才培养（不仅是中国古代高等教育所注重的作为各级官吏的"治才"，而且包括政治、经济、文化、社会、科技等社会发展各方面所需的高级专业技术人才）、科学研究、社会服务、文化传承与创新是现代高等教育的四大基本功能。

　　现代意义的高等教育没有在中国古代高等教育的基础上自然产生与发展，这也符合中国古代高等教育自身的发展逻辑。"中国传统高等教育形态以科举制为重心，以儒家经典为主要教育内容，侧重对经学理解和文字表达技巧的训练，在培养科学技术人才与学术创新方面具有明显的局限性。"① 因此，除了政治、经济、文化与社会基础等外在条件之外，中国古代高等教育自身缺乏向现代高等教育发展的内在逻辑与动力，所以不可能自发发展成为现代高等教育。尽管中国现代高等教育的创立与发展，以学习、移植日本与欧美等西方国家高等教育为主，但却一直不忘"本土化"，一直期望在传承、移植的基础之上走向创新，始终在传统与现代、继承与创新、移植与转化方面反复交织，始终在探寻现代高等教育的中国道路。虽然在探寻的历程中，不同的历史时期经历了此长彼消、彼消此长的复杂与艰难过程，但其方向始终没有大的改变。

二、 中国现代高等教育的移植与发展

　　严格意义的中国现代高等教育产生于 19 世纪末 20 世纪初。这一阶段是中国传统高等教育向现代高等教育逐步转型的重要时期。从洋务学堂的兴起，到清末民初现代高等教育形态的基本形成，中国现代高等教育的产生、发展都经历了一个深刻的转换。它是在 1840 年鸦片战争之后，中国近代社会发生深刻变革，逐渐进入半殖民地半封建社会，西方列强肆意入侵瓜分，西方文化开始大肆渗透，中国社会发生深刻危机，民族处在生死存亡之中，传统社会开始逐渐崩溃，现代

---

　　① 刘海峰、史静寰主编《高等教育史》，高等教育出版社，2010，第 100 页。

社会开始兴起的基础上，受到西学东渐潮流的冲击而逐步产生发展起来的。"清末高等教育的变革，成为中国近代高等教育的重要开端，对 20 世纪中国高等教育产生多方面影响。"① "可以说，中国高等教育现代化属于比较典型的'后发主型'，即起步较晚，且由外来因素所诱发。因此，对西方高等教育的借鉴、模仿、融合所导致的发展模式的不断转换，就成为中国高等教育现代化过程的一个突出的特点。"② 研究中国现代高等教育史的学者田正平教授，将中国现代高等教育现代化的历史进程，从起始到今天，大体划分为七个时期，其中从起始到中华人民共和国成立分为四个时期。

第一时期，1862—1894 年。甲午战争以前，中国现代高等教育处于酝酿时期。从 19 世纪 60 年代开始，出现了一批培养外语人才和军事技术人才的专门学校。它们不同于传统封建教育机构，不是培养各级封建官吏的"治才"，而是培养通晓各国语言和技术（特别是军事技术）的所谓"艺才"。最典型的代表即是 1862 年成立的京师同文馆，1866 年创办的福建船政学堂。至 1894 年前后，国内共创办 30 所左右的此类学堂。这些学堂毫无例外地都是在外来因素的诱发下创办的。所谓外来因素的诱发，包含两层意思：第一层意思是，它们是在外国势力逼迫下，清政府应急反应的产物，是为了培养应付西方殖民主义者侵略所需的人才而开办的；第二层意思是，这些学堂都标榜以西方现代学校的教学制度和课程设置。

第二时期，1895—1911 年。19 世纪末 20 世纪初，是中国现代高等教育发展的重要时期。1895 年、1896 年和 1898 年分别成立的天津中西学堂、上海南洋公学和京师大学堂，一般被认为是中国现代大学的雏形。20 世纪初，清政府颁布并实施了第一部包括高等教育在内的具有现代意义的全国性学制——癸卯学制。直到辛亥革命前的十多年时间里，中国高等教育的发展，无论是理论层面、制度层面还是实践层面，都弥漫着一种浓厚的"以日为师"的氛围。1898 年创办的京师大学堂的第一份章程，主要是参照日本东京大学的规程而制定的。癸卯学制中有关高等教育的条文也几乎与日本学制中的相关规定一致。

第三时期，1912—1927 年。辛亥革命推翻了清王朝，结束了两千多年的封建帝制，为现代高等教育的发展提供了一个相对宽松的环

---

① 刘海峰、史静寰主编《高等教育史》，高等教育出版社，2010，第 95 页。
② 田正平、商丽浩主编《中国高等教育百年史论》，人民教育出版社，2006，第 1 页。

境。1912—1927 年的十几年间，可以说是中国高等教育发展模式的多元化时期。民国初年在蔡元培主持下所进行的教育改革形成的新学制——壬子癸丑学制，对清末颁布的癸卯学制中有关高等教育的内容做了相应的改革。其间，民国政府教育部还陆续公布了《大学令》《大学规程》《专门学校令》《公立、私立专门学校规程》和《高等师范学校规程》等一系列有关高等教育的法规法令。1912—1927 年的十几年间，中国高等教育的发展模式，经历了由取向日本到借鉴德国，再到模仿美国的转换过程。1921 年 9 月，以郭秉文创建中国历史上第一所真正意义的综合大学——东南大学为标志，中国现代高等教育发展的基本取向开始逐渐转向以美国模式为主导。

第四时期，1927—1949 年。在此 22 年间，中国高等教育发展模式的主旋律是：在融合美国和欧洲各国特点的进程中，以美国模式为其基本走向。如果说 20 世纪 20 年代后期曾经是美国高等教育影响最盛的时期，从地方分权制的教育体制的模仿，到大学实行选科制、学分制，以至于大学各专业缺乏明确的课程标准，等等，都显示了美国高等教育的强大影响，那么进入 30 年代，则表现出一种主动吸收和借鉴欧洲各国高等教育经验的倾向。如在高中毕业生中实行会考制度以整齐大学生的入学程度、教育部制定并实行有关大学教师任职资格的规定、强调大学毕业考试制度等等，这些举措从一定意义上可以说吸收了欧洲各国高等教育的具体做法。但是，从总体上讲仍然是以美国模式为基本走向。其间，有一个短暂的插曲，就是 1927—1929 年所实行的大学区制。① 本书所研究的范围，大体处于第四时期，但研究的内容却不是田正平教授所言的这一时期的内容，而是以此作为研究的重要背景与参照。

当前对于这一时期的内容的研究，忽略了中国共产党扎根中国大地办高等教育，以马克思主义教育思想为指导，在马克思主义中国化的伟大历史进程中结合中国新民主主义革命和建设的实际，探索、发展、改革中国现代高等教育，开创中国特色高等教育之路的理论与实践，特别是中国共产党延安时期的理论与实践创新及其重大成果。这是一个很大的缺陷，也是当前中国现代高等教育研究的一个重大失误，以至于在一个很长的时间内，直到今天，高等教育"重回民国"

---

① 田正平、商丽浩主编《中国高等教育百年史论》，人民教育出版社，2006，第2—4页。

的思潮仍非常盛行。所谓"重回民国"，实质上就是对中国现代高等教育1912—1949年民国高等教育这一段历史的追溯，甚至是一种回归的期望。虽然高等教育"重回民国"既缺乏历史依据，更缺乏现实基础，但这种思潮无论在理论层面还是实践层面影响都很大，受到部分学者的推崇，已严重干扰了新时代中国特色高等教育的改革、发展与创新。

三、 中国现代高等教育创新发展的两条道路

在中国现代高等教育现代化的历史进程中，第四时期是一个非常重要的时期。这一时期正是国民党基本取得全国政权时期，也是中国共产党领导的新民主主义革命，从"大革命"失败到第一次土地革命战争，到抗日战争、解放战争以及夺取全国政权的时期，整个社会风起云涌、激烈变革。同时，也是中国现代高等教育发展的较为成熟时期，"出现了中西方高等教育的交流、移植、借鉴与融合，许多高等教育思想家、改革家与实践者纷纷引进国外的高等教育制度与发展模式，力图寻求中国高等教育自身发展的方向，建立新的教育制度与体系"①。

这一时期，由于马克思列宁主义的传播不断兴盛，中国共产党的诞生，以及领导中国人民进行新民主主义革命和建设，中国共产党以马克思主义教育思想为指导，开启了中国共产党领导的高等教育的创立、发展和逐步成熟的崭新历史，中国现代高等教育的改革发展发生了深刻的转变。"这一转变是沿着两条不同道路开始教育的中国化探索的，即国民党政府领导下的三民主义教育制度和中国共产党领导下的革命根据地的新民主主义教育制度。"② 中国共产党领导下的新民主主义高等教育，经历了建党初期和大革命时期的探索创立，第一次土地革命战争时期在革命根据地苏维埃政权下的进一步实践发展并形成雏形，到抗日战争时期在中国共产党局部执政条件下的抗日民主根据地逐步完善成熟的艰难历程。

特别是抗日战争时期，在以国共合作为基础的抗日民族统一战线的基础上，中国开始了全面的抗战，中国共产党成为全民族抗战的政治领导和"中流砥柱"。中国共产党自身及其所领导的人民军队迅速

---

① 刘海峰、史静寰主编《高等教育史》，高等教育出版社，2010，第127页。
② 刘海峰、史静寰主编《高等教育史》，高等教育出版社，2010，第127页。

发展壮大，抗日民主根据地不断巩固、发展与扩大，在西北及华北、华中、华东乃至华南等敌后遍地开花，已成燎原之势，中国共产党所领导的抗日民主根据地的总人口曾经过亿。因此，事实上在中国形成了三种社会形态。一是国民党统治区，二是中国共产党领导的敌后抗日民主根据地，三是日伪统治的沦陷区。三个区域的政治、经济、文化、社会形态有根本的区别，三个区域各自都在发展自己的高等教育，中国近现代高等教育发展转换的逻辑与模式已经发生了根本的分离，向着更加本质不同的多元化发展。

日伪占领区的高等教育以伪满高等教育为代表。日本帝国主义侵占我国东北长达 14 年，在此期间，推行殖民地奴化教育方针，建成了殖民地的高教体系。"1938 年新学制实施，伪满的高教体系的构建基本完成，先后建立了包括工、农、医、师、法以及为少数民族开设的高等学校二十余所，其中有为日本移民培养医务人员的开拓医学院 3 所。"① 这一高教体系具有殖民地依附性、殖民主义的教育方针、愚民的奴化教育内容等突出而露骨的殖民化教育特征。如伪满 1938 年 5 月 2 日颁布的《学制要纲》关于教育方针，非常露骨地确定："遵照建国精神及访日宣诏之趣旨，以咸使体会日满一德一心不可分之关系及民族协和之精神，阐明东方道德，尤致意之忠孝之大义。"② "由此可见'大学令'中提出的'高等学术理论和实际'，要求的只是能为其压榨、掠夺供其驱使的应用型的理论与实际。"③ 同时，虽然学校数量不少，但规模都非常小，反映了其培养骨干奴才，而非发展高等教育的险恶用心。

据 1943 年的统计，当时学生总数为 6143 人，平均每校只有 340 人。④ 而且学科专业设置"完全是为其政治压迫、经济掠夺的需要，因而形成了一个畸形的科类体系。其中工、农、医占很大比重，而社会学科仅有新京法政大学一所，暴露了日本帝国主义为割断中国传统

红色基因
与科学逻辑 **007**

---

① 胡智伟：《东北沦陷时期的高等教育》，载《纪念〈教育史研究〉创刊二十周年论文集（12）——日本侵华教育史研究》，2009。

② 李桂林主编《中国现代教育史教学参考资料》，人民教育出版社，1987 年版，第441 页。

③ 胡智伟：《东北沦陷时期的高等教育》，载《纪念〈教育史研究〉创刊二十周年论文集（12）——日本侵华教育史研究》，2009。

④ 根据胡智伟《东北沦陷时期的高等教育》一文提供的学校总数与学生总人数，笔者计算的每校平均人数。

文化，泯灭民族意识的罪恶企图"①。此外，伪满政府将高等教育置于"国家"的直接控制之下，实际就是在日本的直接控制之下，"为控制大学的行政权，各大学校长职位均由日本人直接把持，教师也大多数是日本人，占76%以上"②。由于其彻头彻尾的殖民主义性质，对中国现代高等教育发展没有积极意义，它的学以致用也是赤裸裸地服从于殖民掠夺需要，所以不在本书讨论范围。仅就国统区与中国共产党领导的抗日民主根据地的高等教育而言，其改革发展已呈现出本质不同的两条道路，两个方向，无论是思想理论层面还是制度实践层面都存在着巨大的差异。

　　在高等教育方面，国统区实行的是欧美模式的旧教育，而在共产党领导的抗日民主根据地和解放区，则实行的是新民主主义的新教育。在三民主义教育制度方面，国民政府在组织高校内迁的同时，虽然也强调高等教育为抗战服务，但主体上仍然沿袭抗战前的做法，致力于正规化教育制度的建设，以加强对教育的集中统一控制。"在新民主主义教育制度方面，则是使教育紧密配合根据地军事斗争以及经济、政治和文化建设，重视教育制度与中国农村的实际结合，重视干部教育与群众教育。"③ 因此，两党在高等教育思想理念、任务目标、方针政策、体制机制、内容方法等方面都有根本的区别，这是非常明显的。新中国成立后，许多专家学者对此进行了多方面的深入系统的研究，取得了大量重要的研究成果，形成了广泛的共识。同时，在高等院校的办学逻辑上，中国共产党的高等教育与国统区高等教育也走向根本分离的道路，为中国特色现代高等教育的改革发展与高等院校办学逻辑的转换，重新开辟了一条广阔的道路。由于许多学者将延安时期的高等教育简单地划归为干部教育培训，认为其具有高等教育属性，但却不是规范的现代高等教育，因此与前一方面相比较，这方面的研究非常薄弱，目前尚处于起步阶段。这也是形成高等教育"重回民国"思潮的重要原因，因此也就成为本书所要重点研究和阐述的问题。

---

① 胡智伟：《东北沦陷时期的高等教育》，载《纪念〈教育史研究〉创刊二十周年论文集（12）——日本侵华教育史研究》，2009。
② 胡智伟：《东北沦陷时期的高等教育》，载《纪念〈教育史研究〉创刊二十周年论文集（12）——日本侵华教育史研究》，2009。
③ 刘海峰、史静寰主编《高等教育史》，高等教育出版社，2010，第127页。

四、 中国现代高等院校办学的两个逻辑

郝瑜等（2017）指出："中国高等院校的办学逻辑不同于西方。西方高等院校办学遵循学科逻辑，强调办大学就是办学科。而学科与知识的生产直接相关，因此学术产出成为衡量高校尤其是研究型高校的唯一标准。作为一种有影响力的办学逻辑，西方学科逻辑几乎在全球范围内得到普遍运用。"[1] 以欧美高等教育模式为主的国民党统治区域的民国大学，很自然地崇尚这种西方高等院校办学所遵循的学科逻辑。

中国古代高等教育受中国传统文化思想的影响很深，如"政教合一"。"'政教合一'是中国传统文化的重要特征，政治与教育的高度统一、教育的政治功能受到高度重视也是中国传统教育的重要特征"[2]，这一点在培养目标上十分明确。"先秦儒家倡导的'选贤与能'政治思想和'学而优则仕'教育价值观，对古代高等教育的发展产生深远影响。""培养和选拔行政管理人才成为各类教育的最高目标，各类官学成为培养官员的预备机构。""历代封建统治者偏重太学、国子监等中央官学，古代高等教育在整个教育系统占主导地位。"[3] 但正因为如此，中国古代高等教育形成了师生都高度关心国家政治的优良传统。同时，"儒家经学教育以'明人伦'为中心，强调修身养性，齐家治国平天下"[4] 成为古代高等教育人才培养的最高目标。"为天地立心，为生民立命，为往圣继绝学，为万世开太平"，北宋思想家、教育家、理学家张载的"横渠四句"，也成为中国传统知识分子人生追求的最高境界。此外，还有经世致用，这是明清之际形成的主张学问应有益于国家的学术思潮。经世致用就是关注社会现实，面对社会矛盾，并用所学解决社会问题，以求达到国治民安的实效，因而"中国高等院校办学遵循的是社会需求逻辑。这种逻辑强调

---

[1] 郝瑜、周光礼、罗云、曾鹿平：《高等教育的"延安模式"及其当代价值》，《高等教育研究》2017 年第 11 期。
[2] 田正平、商丽浩主编《中国高等教育百年史论》，人民教育出版社，2006 年版，第8 页。
[3] 刘海峰、史静寰主编《高等教育史》，高等教育出版社，2010，第 27 页。
[4] 刘海峰、史静寰主编《高等教育史》，高等教育出版社，2010，第 27 页。

高校办学首先要服务于国家战略和经济社会发展需要"①。所以,中国现代高等院校办学逻辑并未全盘接受西方的学科逻辑,民国高等教育在试图以"三民主义"为指导时,也出台了许多高等教育服务国家战略的政策法规。

1929年4月26日,国民党以国民政府令的形式公布了教育宗旨:"中华民国之教育,根据三民主义,以充实人民生活、扶植社会生存、发展国民生计、延续民族生命为目的,务期民族独立,民权普遍,民生发展,以促进世界大同。"② 在教育方针中也提出"养成劳动习惯,增高生产技能,推广科学之应用,提倡经济利益之调和,以实现民生主义"③。在学科、专业设置上强调,必须"注重实用科学,充实学科内容,养成专门智识技能,并切实陶融为国家社会服务之健全品格"④。1932年12月,国民党第四届中央执行委员会通过的《关于整顿学校教育造就适用人才案》指出:"各省市及私立大学或学院,应以设立农工商医理各学院为限,不得添设文法学院。"⑤ 同时,要求各省市及私立大学或学院应"注重养成生产技能及劳动习惯,使学校毕业之学生,均为社会生产分子"⑥。抗战时期国民政府也要求高等院校"务求学以致用,人尽其才"⑦。但由于国民党及其政府的腐败与腐朽,其对高等院校控制力与管理能力很弱,不仅对教会大学、私立大学缺乏有效的管理,即使对国立大学的管控也很有限,所以这些政策法律并未得到有效的落实。

由北京大学、清华大学、南开大学合并组建的西南联大,是民国大学的典范,虽然为支持全民族抗战、挽救国家于危亡,西南联大的

---

① 郝瑜、周光礼、罗云、曾鹿平:《高等教育的"延安模式"及其当代价值》,《高等教育研究》2017年第11期。

② 中国第二历史档案馆编《中华民国史档案资料汇编》第五辑第一编教育(一),江苏古籍出版社,1994,第5页。

③ 蔡元培:《中华民国教育宗旨》(1928年),中国蔡元培研究会编《蔡元培全集》第六卷,第286页。

④ 中国第二历史档案馆编《中华民国史档案资料汇编》第五辑第一编政治(二),江苏古籍出版社,1997,第331页。

⑤ 中国第二历史档案馆编《中华民国史档案资料汇编》第五辑第一编教育(二),江苏古籍出版社,1997,第1052页。

⑥ 中国第二历史档案馆编《中华民国史档案资料汇编》第五辑第一编政治(二),江苏古籍出版社,1997,第399页。

⑦ 中国第二历史档案馆编《中华民国史档案资料汇编》第五辑第二编教育,江苏古籍出版社,1997,第291页。

教授们进行了许多直接服务于抗战的科学研究，师生员工也直接开展了许多为抗战服务的活动，为抗战胜利做出了重要的贡献，但即使在抗日战争这个事关民族存亡的紧要时期，西南联大的主体办学逻辑仍然是学科逻辑，国民党统治区的主要高等院校与西南联大的办学逻辑基本是一致的。因此，中国高等院校办学所遵循的社会需求逻辑，与中国共产党延安时期扎根中国大地办高等教育的实践就有了密切的关系，也成为中国现代高等院校办学逻辑转换的重要一环。"这种逻辑的形成根据除了'中国有独特的历史、独特的文化、独特的国情，决定了我们必须走自己的高等教育发展道路'之外，就是高等教育'延安模式'的成功经验。"[①] 这是符合中国共产党延安时期扎根中国大地办高等教育的历史事实的。

五、 中国现代高等院校办学逻辑延安时期的转换

中国共产党延安时期是中国现代高等教育发展历程中的重要时期，其最为突出与重大的成就之一，就是从根本上实现了中国现代高等院校办学逻辑的转换与创新。中国共产党延安时期扎根中国大地办高等教育的实践，特别是实现中国现代高等院校办学逻辑的转换与创新，不是一蹴而就的，而是经历了一个比较曲折的发展过程。

民国时期是中国现代高等教育发展的重要阶段。这一时期中国现代高等教育以欧美高等教育为主要模式取得了长足的发展，建立起了比较完善的体系与机制，的确成为中国现代高等教育的主流，产生着极其广泛的影响。

延安时期中国共产党内有一大批高级干部、高级知识分子，自身经受过这种高等教育，有的还曾在这些高校任职、任教，甚至有欧美国家留学经历，还有许多从苏联留学归来的高级干部。因此，他们不能不受到民国高等教育和欧美及苏联高等教育的深刻影响。另外，抗日民族统一战线形成后，由于中国共产党高举抗战与民主两面大旗，吸引了大量国统区、沦陷区，以及包括欧美在内的海外知识分子和知识青年奔赴延安，他们的到来也必然会对延安的高等教育发展产生深刻的影响。

由于上述原因，延安时期高等教育起步时期，还是期望以民国高

---

① 郝瑜、周光礼、罗云、曾鹿平：《高等教育的"延安模式"及其当代价值》，《高等教育研究》2017 年第 11 期。

等院校为基本模式兴办高等教育。如著名的陕北公学的创办，中共中央起初拟将这所大学定名为陕北大学，办成一所全日制的国民教育性质的普通大学。陕北公学首任校长成仿吾回忆说，"原来我们准备办五个系，即社会学系、师范系、国防工程系、日本研究系和医学系"。为了取得国民党政府的支持，中共中央以陕甘宁边区政府的名义向其提出"在延安地区创办一所大学"的申请。但是，国民党政府拒绝了这一要求。① 由于国民党政府的限制、阻挠、破坏，加之抗战初期党、军队和抗日民主根据地的建设迫切需要大量的干部，所以中国共产党按照实事求是的原则，将陕北公学办成了以干部短期培训为主的干部高等院校。大量吸收培养政治、军事、行政、民政、司法、文化教育、青年民族等方面的干部，更多地体现了中国传统高等教育的特色。比如，在人才培养目标上，注重"治才"，培养服务于党的中心工作和抗战急需的党政军管理干部；在教育内容上，更多地体现《礼记·大学》所强调的"大学之道，在明明德，在亲民，在止于至善"，将思想道德教育放在教育的首要地位；在教学原则上，强调"少而精，学用一致"。

从1939年到1942年初，抗日战争进入并处于相持阶段，"皖南事变"后，国民党公开开始溶共、防共、限共、反共，武装"围剿"新四军，停发了八路军的军饷，阻止知识分子与知识青年奔赴延安及各抗日民主根据地。日寇与国民党顽固派公开对陕甘宁边区进行军事包围与经济封锁，陕甘宁边区发生了严重的财政经济困难。同时，延安各干部高等院校的生源锐减。另外，全面抗战初期，各方面急缺干部的状态也有了很大的缓解。因此，客观上使延安的高等教育需要调整与整顿。在这种局势下，延安高等院校办学开始了一段有意识的转换。强调高等院校的"正规化"，延长学制、精选学员、细化学科专业设置，强调专业教育，这在当时成为一种趋势。其实质是向民国高等教育模式转变，甚至在高等院校办学逻辑上，自觉不自觉地向学科逻辑转换。

随着马克思主义中国化的不断深入，特别是延安整风运动的开展，中国共产党对中国国情的认识不断深入，对新民主主义革命和建设中国道路的探索不断深化与成熟，全党对马克思主义中国化的第一

---

① 中国第二历史档案馆编《国民教育资料汇编》，江苏人民出版社，1982，第172页。

大理论成果——毛泽东思想的认识和运用不断地走向自觉与自如。所以，高等院校的这种所谓的"正规化"在延安整风运动中受到了严厉的批评。在延安整风运动中，延安所有干部高等院校比较集中检讨的是从 1939 年到 1941 年底高等教育的"正规化"问题，实质就是照搬民国大学模式和办学的学科逻辑问题，当时将其概括为学校教育指导思想和实际工作中存在的主观主义、教条主义倾向。

从 1942 年初全党普遍整风阶段开始，延安教育系统特别是干部高等院校开始集中整顿学风、党风、文风等"三风"。他们在传达、讨论中共中央有关整风决定及毛泽东整顿"三风"报告过程中，初步检查本校的实际工作，特别是前三年的办学历史，开始对办学方针、办学方向等重大问题进行检讨反思。延安整风运动后，在毛泽东思想的指导下，延安干部高等院校的师生员工经过学习、反思、检讨、批判，终于确立了高等院校办学的中国逻辑，即由学科逻辑明确转换为社会需求逻辑，以及一系列新的教育思想理念、方针政策、体制机制。由此，中国共产党延安时期的高等教育开始走向成熟，为现代高等教育的改革发展开辟了一条崭新而广阔的中国道路。

"高等教育'延安模式'是中国共产党在延安时期领导陕甘宁边区人民在发展、建设高等教育过程中所形成的比较稳定的指导思想、教育方针、办学体制、管理制度、人才培养模式、课程体系、教学内容、招生和学生管理等高等教育要素的集成。"[1] 它是中国共产党领导中国人民扎根中国大地办大学的一次伟大探索，是用马克思主义理论指导中国高等教育改革和发展的实践创新，是马克思主义教育理论与中国实际相结合的初步成果，也是当代中国高等教育模式形成的基础，确立了高等院校办学的中国逻辑，开启了中国高校立德树人新途径。

按照潘懋元、王伟廉（2013）的表述，高等院校办学社会需求逻辑与学科逻辑为社会导向与学术导向，并认为"这是高等教育在业务发展方向上的一个根本性问题"[2]。他们指出："所谓社会导向，指的是高等院校的主旨在于为社会经济、政治需要服务，促进社会的生产发展和生活水平的提高；而学术导向则强调高等学校应以增进人类的科学文化知识，进行高深的学术研究为首务。这两种思想不仅对高等

---

[1] 郝瑜、周光礼、罗云、曾鹿平：《高等教育的"延安模式"及其当代价值》，《高等教育研究》2017 年第 11 期。

[2] 潘懋元、王伟廉主编《高等教育学》，福建教育出版社，2013，第 91 页。

学校的业务方向、人才观念以及对知识价值的认识等方面产生重大影响，而且也影响到一个国家整个高等教育系统的结构和布局。"① 他们认为这是一对矛盾，或者说是高等教育的基本矛盾，并引申为"学"与"术"的关系，即基础与应用的关系。"学"与"术"的关系是社会导向与学术导向的矛盾在高等教育办学方向以及结构上或布局上的反映，基础与应用的关系在社会导向与学术导向的矛盾中反映在课程与教学领域。而我们这里使用"办学逻辑"这一概念，其基本内涵与之有相同之处，但亦有很大的区别：

第一，我们所谓的办学逻辑包含着高等教育的整体价值观，或者说根本的价值观，而不仅仅是高等教育的业务发展方向，并且我们认为社会需求逻辑在高等教育的根本价值观上是正确的。因此，我们所谓的高等院校办学的社会需求逻辑与学科逻辑的概念，比之社会导向与学术导向的概念，其内涵与外延都有不同，其重点在"逻辑"。在这里，"逻辑"的含义为某种理论、观点、行为的方式，或者顺理成章，而"导向"则为引导的方向，使事情向某个方向发展。从这个角度出发，我们认为高等院校办学的社会需求逻辑与学科逻辑，作为"逻辑"两者是矛盾的，但"社会需求"与"学科"并不是对立的，相反，这两者应该是辩证统一的。也就是说，社会需求逻辑并不是排除学科与学术，它排除的是"逻辑"。社会需求逻辑内在地包含着"学科"与"学术"，但又明确以"社会需求"为主导，以其为出发点与归结点。其核心是党的中心工作、国家战略和经济社会发展现实需要，这是高等院校办学的出发点与落脚点。而学科逻辑的核心在于为学术而学术，学术产出是衡量高等院校办学的唯一标准，这里的要害在"逻辑"而不在"学科"。所以，我们认为高等院校办学的学科逻辑问题，在这里是高等教育的根本价值观问题，而不是学科本身的问题。

第二，我们所谓的高等院校办学的社会需求逻辑不同于高等院校办学的社会导向，而是以社会需求为主导的社会需求与学科逻辑的辩证统一和有机融合。为了表述方便，本书均以社会需求逻辑表述，但表述的核心是"逻辑"而非"学科"。其更本质的表述应该是以社会需求逻辑为主体、以学科逻辑为载体，辩证统一的高等院校办学逻辑。

---

① 潘懋元、王伟廉主编《高等教育学》，福建教育出版社，2013，第 91 页。

中华人民共和国成立后，中国共产党将在局部执政条件下所举办的新型高等教育模式推广到全国。特别是 1952 年的院系调整，其实质则是完全按照高等院校办学的社会需求逻辑，为适应党的中心工作、国家战略和经济社会发展现实需要，在全国范围内进行院校、学科、专业调整。这次大调整之后，事实上在全国（除港澳台）范围内确立了高等院校办学的社会需求逻辑，而且一直到今天从未改变。因此，要真正认识我们今天的大学，就必须回望延安；而要实现扎根中国大地办大学，走出一条建设中国特色、世界一流大学的新路，也必须回望延安。高等教育"延安模式"的基本思想、理念与精神，高等院校办学的中国逻辑，延安时期中国共产党举办高等教育的成功实践，仍然具有重大的历史启迪与现实指导意义。

这里需要特别说明的是，本书题目中所谓的"红色基因与科学逻辑"，"红色基因"的指向十分明确，而"科学逻辑"不是指高等院校办学的逻辑，而是指科学逻辑的一般概念，即"科学"是指致力于揭示自然与客观现象，对自然与客观现象做出理由充分的观察或研究，既包括具体的科学知识与科学理论体系，也包括科学的方法与科学的精神。而"逻辑"是在形象思维和直觉顿悟思维基础上对客观世界的进一步抽象。在认识客观世界时舍弃个别的、非本质属性，抽出共同的、本质的属性。科学逻辑就是逻辑思维要科学，即科学思维，也就是逻辑的科学性。更具体地说，就是在扎根中国大地办高等教育，探索创新现代高等教育中国道路、中国逻辑、中国模式的理论与实践中，遵循高等教育自身发展的内在客观规律、自身逻辑，以科学的方法与精神，用科学的逻辑思维，研究总结国内外现代高等教育的历史与现状，寻求其规律性、科学性，并结合实际，指导高等教育的改革与创新，寻求红色基因与科学逻辑的有机结合，不仅具有革命性，更要具有科学性。

特别是避免以往关于中国共产党新民主主义革命时期高等教育创新发展研究过度意识形态化解读，缺乏科学性、逻辑性与学理性的缺陷，揭示中国现代高等教育"延安模式"的科学性与规律性，彰显其在中国现代高等教育创新发展中的普遍意义与科学价值。这是本书要着力解决的重大问题，在以后的章节中将对此进行比较详细的阐述，这里不再展开论述。

第一章

开启新篇：
中国共产党创办高等教育的初步探索

　　中国共产党的成立使中国历史发展的方向发生了深刻变革。以社会主义和共产主义为目标的无产阶级革命，以不可阻挡之势，在饱受屈辱、灾难深重的中国大地波澜壮阔地拉开了帷幕。这一变革必然深刻地影响中国社会的方方面面，以传承、移植与创新为主题的中国现代高等教育的发展自然也不例外。马克思主义的教育思想由理论开始走向实践，从建党初期的工农运动到大革命时期，从掀起土地革命的风暴到苏维埃革命根据地的创立、建设与发展，中国无产阶级的革命教育走上了历史舞台。从建党初期的局部探索到苏维埃根据地的全面实践，以马克思列宁主义教育思想与中国革命与建设实际相结合的新民主主义高等教育开始酝酿、创立与发展，中国现代高等教育的发展之路开始分野。扎根中国大地办大学，创新发展以马克思列宁主义教育思想为指导的具有中国特色的现代高等教育，成为中国共产党的历史使命和实践目标。

　　尽管这一使命与目标是在中国共产党延安时期得以较完整地实现，并在中华人民共和国成立之后由抗日民主根据地和解放区推向全中国，彻底扭转了中国现代高等教育的发展方向，但中国共产党的成立无疑是其不可取代的历史前提。而建党初期与苏维埃革命根据地时期的探索与实践，为中国共产党延安时期探索中国特色大学之路，实现中国现代大学办学逻辑的转换，创新发展中国现代高等教育"延安模式"，提供了思想理论以及基本方针和体制机制，积累了经验与教训，锻炼和培养了干部，奠定了坚实的基础。

第一节 / 中国共产党的使命和马克思主义教育思想

习近平总书记在党的十九大报告中明确指出："中国共产党人的初心和使命，就是为中国人民谋幸福，为中华民族谋复兴。这个初心和使命是激励中国共产党人不断前进的根本动力。"这是对中国共产党历史使命科学而本质的概括。

马克思主义教育思想是对教育的本质和规律的最高、最科学的概括，始终以树立正确的世界观、人生观、价值观，全面提高人的素质为根本目的。马克思主义教育思想的基点就是人，是从事具体生产活动的人。马克思主义教育思想创立了科学的人的本质观，其主旨是人的全面发展，以人作为教育的逻辑起点，其目标是追求教育的公平和人的全面与自由发展。马克思主义教育思想强调教育必须为上层建筑和经济基础服务，并且随着上层建筑和经济基础性质的不同、发展程度的不同，特别是生产力发展程度的不同，教育要及时地适应这种变化，有效地为其服务。其具有阶级性、科学性、公平性、实践性的特点，是无产阶级和劳动人民的教育学说，是马克思主义政党制定教育方针政策的根本指导思想。

中国共产党的使命是中国共产党创办、领导、创新中国现代高等教育中国道路、中国逻辑、中国模式的历史前提与根本动力；马克思主义教育思想是中国共产党发展教育的根本指导思想。这也是中国现代高等教育"延安模式"探索、实践与创新的历史前提与根本遵循。

一、 中国共产党的成立及其使命

1840年鸦片战争以后，西方列强的侵略与压榨，封建王朝及地主阶级的奴役，使中国陷入苦难深重和极度屈辱的深渊中，国家主权丧失，人民生活在水深火热之中。随着帝国主义的入侵和现代工业的发展，中国产生了无产阶级，而且在不断发展壮大。到1919年，中国的产业工人已经发展到200万人左右。无产阶级的产生和发展，为中国共产党的建立奠定了阶级基础。1917年俄国十月革命的胜利给中国送来了马克思列宁主义，使中国的先进分子找到了救国救民的真理。马克思列宁主义在中国的广泛传播，为中国共产党的建立奠定了理论基础。1919 年爆发的五四运动，促进了马克思主义同中国工人运动的结合，为中国共产党的建立做了思想上和干部上的准备。

1921 年 7 月 23—31 日，在上海召开了中国共产党第一次全国代表大会。大会通过了中国共产党的第一个纲领和决议。纲领规定：党的名称是中国共产党；党的性质是无产阶级政党；党的奋斗目标是推翻资产阶级，废除资本所有制，建立无产阶级专政，实现社会主义和共产主义；党的基本任务是从事工人运动的各项活动，加强对工会和工人运动的研究与领导。党的一大宣告中国共产党的正式成立。从此，中国革命有了正确的前进方向，中国人民有了强大的凝聚力量，为灾难深重的中国人民带来了光明和希望，给中国革命指明了方向。

中国共产党是在一个幅员辽阔、人口众多、情况复杂、经济文化落后的半殖民地半封建社会的旧中国进行革命活动的。把马克思列宁主义的普遍真理同中国革命的具体实践正确地结合起来，这是一项前人没有遇到过的、缺乏现成经验的艰巨工程，需要有一个摸索的过程，一个在斗争中积累经验的过程。因此，要搞好自身的建设，要制定出一整套适合中国国情的马克思主义路线、方针和政策，这是中国共产党的重大历史使命，不能不经过艰难曲折的历程。

1840 年鸦片战争之后，随着帝国主义列强的入侵，中国传统社会的根基被外强彻底动摇，中国社会发生了根本的变革：一是独立的中国逐步变成了半殖民地的中国；二是封建的中国逐步变成了半封建的中国。在帝国主义和封建主义的双重压迫下，中国的广大人民，尤其是占人口绝大多数的农民日益贫困化以致大批破产，他们过着饥寒交迫和毫无政治权利的生活。沦落到如此悲惨的境地，正如毛泽东所说："其原因：一是社会制度腐败，二是经济技术落后。"[①] 因此，帝国主义和中华民族的矛盾，封建主义和人民大众的矛盾，就成为近代中国社会的主要矛盾。而帝国主义和中华民族的矛盾，乃是各种矛盾中最主要的矛盾。要使国家独立富强，人民安宁幸福，民族复兴繁荣，就必须打倒帝国主义、封建主义联合统治的半殖民地半封建的社会制度，争得民族独立和人民解放；就必须改变中国经济技术的落后面貌，实现国家的繁荣富强和人民的共同富裕。这是鸦片战争以后中

---

① 中共中央文献研究室编《毛泽东文集》第 8 卷，人民出版社，1999，第 340 页。

国人民必须完成的两大历史任务。伟大的近代中国革命，正是在这些基本矛盾的基础之上，围绕这"两大历史任务"发生和发展起来的。

争取民族独立、人民解放和实现国家富强、人民富裕，这两者是相互关联的。前者为后者创设前提，开辟道路。因为不首先进行革命，以争得民族独立和人民解放，就不可能实现国家的繁荣富强和人民的共同富裕，实现中华民族的伟大复兴。这个伟大的历史使命必然地落在了新生的无产阶级及其领导核心——中国共产党的肩上。要完成这一伟大的历史使命，首先必须确立科学而明确的革命纲领。

党的二大在全中国人民面前破天荒地第一次提出了明确的反帝反封建的民主革命纲领，这是具有重大历史意义的。早在 19 世纪就已经开始进行的中国民主革命，长时间里没有弄清革命的对象和动力，没有正面提出过反对帝国主义封建势力的主张；中国共产党成立刚刚一年，就把这个问题基本解决了。由于历史与认识的局限，当时中国共产党虽然已经分清了民主主义革命与社会主义革命的界线，但还不懂得新旧民主主义革命的界限，不懂得处在新的历史条件下的中国民主主义革命应当是由无产阶级领导的新民主主义革命。这一问题直到延安时期毛泽东发表《新民主主义论》才从理论层面得以系统解决。但党的二大明确提出反帝反封建的民主革命纲领，为中国共产党领导全国人民实现其伟大使命提供了历史前提。

二、 马克思主义教育思想

马克思恩格斯从唯物史观的基本原理出发，以教育是由社会决定的这一基本命题为核心，科学地阐明了教育的本质、职能，教育的阶级性、生产性、继承性，以及在资本主义社会和社会主义社会条件下所发生的变化。它第一次科学地阐明了教育的社会性、阶级性，深刻地揭露了资产阶级教育的本质，明确地提出了无产阶级的历史使命就是要使教育摆脱统治阶级的影响，要消灭阶级的教育。它以废除私有制和充分发展大工业为前提，第一次科学地阐明了人的全面自由发展的历史必然性，以及把教育同生产劳动结合起来等，从而实现每个人的自由发展是一切人的自由发展的条件，为提出无产阶级政党的教育纲领奠定了直接的理论基础。

马克思主义教育思想的形成，经历了萌发、充实、成熟的阶段。

工人阶级争取教育权的斗争，是其萌发的社会基础；对黑格尔、费尔巴哈和空想社会主义教育观的批判，是其萌发的理论起点。作为马克思主义教育思想核心内容的人的全面发展的学说，是伴随着唯物史观的形成而出现的；无产阶级政党的教育纲领，是在教育本质学说的基础上提出的。随着剩余价值学说的创立，马克思主义教育思想才真正从理论上对人的全面发展学说和教育同生产劳动相结合的学说进行了充分而深刻的论证，从而使马克思主义教育思想体系趋于成熟。其主要理论有以下几点：

（一）对资本主义社会教育的批判

马克思恩格斯对人类优秀教育思想的批判和继承主要是指马克思恩格斯对德国古典哲学家、英国古典政治经济学家、19世纪三大空想社会主义者等有关教育思想的批判和继承。在论述教育和人的发展问题时，马克思恩格斯吸取了康德、费尔巴哈、黑格尔等人关于教育与人的发展观点中的合理成分，并对其唯心论和形而上学的错误进行了批判。他们批判了康德和黑格尔等人抽象的唯心的人的本质观，吸取了黑格尔人的发展的历史规定性和制约性，以及费尔巴哈思想中作为自然实体的现实的社会性的人这些合理的成分，创立了科学的人的本质观，得出了"人的本质不是单个人所固有的抽象物，在其现实性上是一切社会关系的总和"[①] 的科学结论。马克思恩格斯在确认人的自觉能动性、社会实践和生产劳动等基本特征时，批评了18世纪法国唯物主义者以及费尔巴哈忽视人的能动作用的形而上学观点，吸取了康德关于人有认识和行为的能动性的合理思想成分，同时对其观点中先验性、抽象性的成分进行了批判。

马克思恩格斯主张争取为工人及其他劳动人民子女开办国民学校，并提出要以社会教育代替家庭教育，与康德提出的公共教育比家庭教育为佳的观点，以及黑格尔的通过对儿童实行强迫义务教育，保障儿童受教育的权利的观点也不无联系。在马克思恩格斯提出理论联系实际原则的过程中，康德的知行合一、理论联系实际的思想也为其提供了思想素材。费尔巴哈关于对宗教教育的批判，主张普及教育和

① 中共中央马克思恩格斯列宁斯大林著作编译局：《马克思恩格斯选集》第1卷，人民出版社，2012，第135页。

发展科学技术等正确观点，也得到了马克思恩格斯的重视。

（二）人的本质观与全面发展的教育观

马克思在《关于费尔巴哈的提纲》中确立了自己的历史唯物主义教育观，这一教育观与其人的本质观密切相关。马克思基于对人的本质的自然属性、社会属性和类特性的认识，提出了人是环境和教育的产物，"环境是由人来改变的，而教育者本人一定是受教育的"①科学的教育观，为观察、研究教育这种社会现象提供了科学的方法论。马克思肯定了旧唯物主义者关于人是环境和教育的产物这一唯物主义观点。同时指出，他们关于环境对人的影响，是一种消极的、被动的、直观的决定论，而且完全抹杀了先天素质在人的发展中的作用，认为教育是万能的。这种仅仅通过教育实现根本改造社会的学说，是唯心主义的历史观。马克思肯定环境对人的发展的影响，也强调环境本身是可以改变的；肯定教育对人的发展的重大作用，也认为教育要在革命实践中得到改革，教育者一定要在实践中学习，接受教育。他明确指出，"环境的改变和人的活动的一致，只能被看作是并合理地理解为革命的实践"②。"无论为了使这种共产主义意识普遍地产生还是为了达到目的本身，都必须使人们普遍发生变化，这种变化只有在实际运动中，在革命中才有可能实现。"③马克思以实践的观点，科学地解决了环境和教育在人的本质的实现中的作用的问题，从而为理解教育这一社会现象奠定了科学的理论基础。

马克思主义争取实现的人的全面发展，不仅是单个人的发展，而且是使"每个人""任何人"，即"全体社会成员"都普遍地得到发展。第一，体力的智力的充分自由发展。人的生存离不开体力和智力，没有体力和智力，人就无法从事认识人和改造世界的活动，无法获得解决衣食住行所必需的物质资料，生命就不能维持。第二，人的才能的多方面发展。个人能力的全面发展包含自己发展的意义，而人的自由发展既受自然界和社会客观条件的限制，也受人类自身体力和智力发展的限制。第三，个人与社会关系的高度丰富和发展。人不仅

---

①② 中共中央马克思恩格斯列宁斯大林著作编译局：《马克思恩格斯选集》第1卷，人民出版社，2012，第134页。

③ 中共中央马克思恩格斯列宁斯大林著作编译局：《马克思恩格斯文集》第1卷，人民出版社，2009，第543页。

是自然界长期发展的产物，而且是社会劳动的产物，人是社会的人。人的主体能动作用的发挥受制于他所生活的社会关系，这是马克思把社会关系的发展作为人的全面发展内涵的又一重要内容。马克思主义关于人的全面发展的科学理论，是建立在社会物质生活条件的发展，即社会存在的发展所提出的已经成熟的任务基础上的。这个理论一经提出，不仅反过来会影响存在，影响物质生活条件，而且为彻底解决社会物质生活条件已经成熟的任务，为社会物质生活条件的进一步发展，创造了必要的条件。

（三）教育与生产劳动相结合

《资本论》是马克思从事无产阶级解放事业，倾尽毕生精力进行科学研究的最高结晶，是全世界无产阶级和全人类的知识宝库。马克思在《资本论》中，从剖析资本主义社会的细胞——商品开始，揭露了无产阶级和资产阶级对抗性矛盾的根源，指出资本主义社会的基本矛盾是生产的社会性和生产资料占有的私人性之间的矛盾，并从这一基本矛盾出发，深刻地揭示出现代社会的一切矛盾或一切矛盾的胚芽。马克思在论述剩余价值生产的同时，从资本主义生产的基本矛盾出发，深刻地阐明了资本主义生产分工的发展对工人发展的影响，揭露了现代机器大工业生产对于人的全面发展的要求同人的片面发展现状之间的矛盾，从资本主义现代大生产的革命本性出发，论证了人的发展从片面走向全面的必然趋势，论证了教育同生产劳动相结合的必要性、可能性，从而预见了教育发展的未来趋势。这标志着马克思主义的人的全面发展的学说、教育同生产劳动相结合的学说及马克思主义教育思想进入到完全成熟的历史阶段。

马克思恩格斯所指的"生产劳动"是指物质生产劳动、现代机器工业工厂劳动，而不是手工劳动，而"教育"则是指家庭以外的社会教育，主要是学校教育。教育与生产劳动相结合的含义就是建立在机器大工业生产基础上的现代教育与现代生产劳动的结合，从而彻底消除脑力劳动与体力劳动的分离、对立，彻底消除旧分工，实现人的全面发展。教育同生产劳动相结合，包括多方面的内容，正如他们在《临时中央委员会就若干问题给代表的指示》中所说："我们把教育理解为以下三件事：第一：智育。第二：体育，即体育学校和军事训练所教授的那些东西。第三：技术教育，这种教育要使儿童和少年了解生产各个过程的基本原理，同时使他们获得运用各种生产的最简单的工具的技能。"① 可见，它不仅包括科学知识与生产劳动相结合，也包括生产劳动要创造精神财富。

马克思恩格斯非常重视把教育与生产劳动相结合，将其作为培养全面发展的人的根本途径和唯一方法。在《德国工人党纲领批注》中，马克思提出，"生产劳动的教育和早期结合是改造现代社会最强有力的手段之一"②。马克思指出："未来教育对所有已满一定年龄的儿童来说，就是生产劳动同智育和体育相结合，它不仅是提高社会生产的一种方法，而且是造就全面发展的人的唯一方法。"③ 列宁同样强调教育与生产劳动相结合，他提出："教师不能把自己放在狭隘的教学活动的圈子里。教师应该和一切战斗着的劳动群众打成一片。新教育学的任务是要把教师的活动同组织社会主义社会的任务联系起来。"④ 并且深刻揭示："训练、培训和教育要是只限于学校以内，而与沸腾的实际生活脱离，那我们是不会相信的。"⑤ "没有年轻一代的教育和生产劳动的结合，未来社会理想是不能想象的；无论是脱离生产劳动的教学和教育，或没有同时进行教学和教育的生产劳动，都不能达到现代技术水平和科学知识现状所要求的高度。"⑥ 随着人类社会实践的发展和社会生产力的提高，特别是社会生产力发展到现代社会，生产劳动所要求的劳动技术和文化知识越来越高，这就使本来属于两个不同社会生产部门的独立系统之间的联系越来越紧密。一方面，通过教育，可以使人们获得现代科学知识，懂得现代生产中的科学原理。现代教育起着传递科学知识和生产技术的重要作用，是培养和造就具有知识、技能的劳动者的重要手段，高等教育还是发展社会

---

① 中共中央马克思恩格斯列宁斯大林著作编译局：《马克思恩格斯全集》第 16 卷，人民出版社，1964，第 218 页。

② 中共中央马克思恩格斯列宁斯大林著作编译局：《马克思恩格斯文集》第 3 卷，人民出版社，2009，第 449 页。

③ 中共中央马克思恩格斯列宁斯大林著作编译局：《马克思恩格斯全集》第 23 卷，人民出版社，1972，第 530 页。

④ 中共中央马克思恩格斯列宁斯大林著作编译局：《列宁全集》第 34 卷，人民教育出版社，1985，第 392 页。

⑤ 中共中央马克思恩格斯列宁斯大林著作编译局：《列宁全集》第 39 卷，人民教育出版社，1986，第 392 页。

⑥ 中共中央马克思恩格斯列宁斯大林著作编译局：《列宁全集》第 39 卷，人民教育出版社，1986，第 461 页。

生产的重要阵地。另一方面，通过生产劳动，使学生获得操作生产工具的技能，得到多方面的技术训练，学会在生产劳动中运用科学原理做指导。

把生产劳动同教育结合起来，既可以使教育获得科学实践的基础，使感性认识和理性认识、理论和实践结合起来，提高教育的质量，又可以使生产劳动受到科学原理和智力活动的指导，在生产中广泛地运用教育和科技发展的成果，促进社会生产力的提高，推动社会物质生产的发展。

（四）教育是阶级斗争的武器

教育是阶级斗争的武器，教育为无产阶级政治服务，强调教育必须为上层建筑和经济基础服务，并且随着上层建筑和经济基础性质的不同、发展程度的不同，特别是生产力发展程度的不同，教育要及时地适应这种变化，有效地为其服务。这是马克思主义教育理论的根本原理。马克思恩格斯从现实的阶级斗争中揭露了资产阶级教育的阶级实质，鲜明地提出：在阶级社会，教育是阶级斗争的武器。这一观点在《共产党宣言》中就已初步提出来了。马克思恩格斯在谈到无产阶级参加资产阶级民主革命这一问题时，曾经指出，"在这一切斗争中，资产阶级都不得不向无产阶级呼吁，要求无产阶级援助，这样就把无产阶级卷进了政治运动。于是，资产阶级自己就把自己的教育因素即反对自身的武器给予了无产阶级"①。这里所说的"教育因素"，就是指政治教育和普通教育的因素。由于反对封建统治阶级斗争的需要，资产阶级把政治教育和普通教育的因素交给了无产阶级，实际上也就是把阶级斗争的武器交给了无产阶级。马克思恩格斯就是用这一思想教育工人阶级，提高其觉悟，彻底摆脱空想社会主义者和小资产阶级否认阶级斗争的改良主义的幻想，为实现自己的历史使命——为推翻资产阶级的统治，建立无产阶级专政，实现共产主义社会制度而斗争。

列宁还论述了教育与政治的密切关系，他在《关于民族问题的批评意见》中指出："在任何资本主义社会中，重大的阶级斗争都首先是在政治和经济领域内进行的。把教育部门从这个领域分出来，首

---

① 中共中央马克思恩格斯列宁斯大林著作编译局：《马克思恩格斯选集》第1卷，人民出版社，2012，第410页。

先，这是一种荒谬的空想，因为学校（以及笼统的'民族文化'）脱离经济和政治是不行的。"① 他在全俄教育工作第一次代表大会上的演说中也指出："我们公开声明，所谓学校可以脱离生活，可以脱离政治，这是撒谎骗人。"② 在《论无产阶级文化》中，列宁进一步指出："苏维埃共和国的整个教育事业，无论是在一般的政治教育方面，或者艺术方面，都必须贯彻着无产阶级斗争的精神，为了顺利实现其专政的目的，即推翻资产阶级，消灭任何人剥削人的现象。"③

三、 中国共产党成立前后中国高等教育的状况

中国现代高等教育发展的社会动因是很直接、很明确的，就是"救亡图存"，具有很强的社会需求逻辑，或者说实用主义与功利主义倾向。中国现代高等教育是在社会大变迁与西学东渐的历史背景下，由洋务运动推动而产生的，以"师夷长技以制夷"为手段，以"中学为体，西学为用"为宗旨，学习西方的科学技术，培养所谓的"艺才"即科技人才，企图实现"自强""御侮"的目的。同时，"当晚清科举流弊加深、西方列强侵略迭起际，传统高等教育模式面临严重的危机，改革科举考试制度，培育和选拔新式人才，成为晚清一部分先进士人应对教育危机的迫切要求"④。所以，中国现代高等教育从一开始就选择专业教育，建立具有现代高等教育性质的洋务学堂，而且多为跨层次办学，兼具中等技术教育与高等教育的特征。其"所办理的学校，类多偏重一技一艺的传习，既乏高远的理想，亦鲜整体的规划"⑤。

1895 年开始创办的北洋大学堂，标志着中国人自己所办的新型高等教育学校的出现。"甲午战争以后，一般知识分子已经憬悟徒袭西方技艺的皮毛，实不足以救亡图存；同时又深慨于中国的圣贤义理之学，实为立国的根本，不可尽弃，中西学术必须兼容并包，不可偏废。故而'中体西用'的思潮一时甚为弥漫，无论'京师大学堂章

---

① 中共中央马克思恩格斯列宁斯大林著作编译局：《列宁选集》第 24 卷，人民出版社，1996，第 139 页。
② 中共中央马克思恩格斯列宁斯大林著作编译局：《列宁全集》第 35 卷，人民出版社，1985，第 77 页。
③ 中共中央马克思恩格斯列宁斯大林著作编译局：《列宁全集》第 39 卷，人民出版社，1986，第 331 页。
④ 刘海峰、史静寰主编《高等教育史》，高等教育出版社，2010，第 100 页。
⑤ 伍振鹜：《中国大学教育发展史》，台北三民书局，1982，第 172 页。

程'、德宗'定国是诏'，以及朝臣奏章与学者议论，均莫不视'中体西用'为教育设施的圭臬。"[1] 这一时期，中国高等教育的发展虽然并未摆脱封建政治的影响，仍然以"中学为体，西学为用""忠君""尊孔"为教育宗旨，但在学习西方现代高等教育，特别是日本现代高等教育方面，有了很大的深化。"它最终确立新式学堂取士的独立地位，直接推动高等教育规模的发展和程度的提高；引发中国教育行政系统大变动，使近代高等教育行政管理体制得以创立和转型；促进高等教育培养目标与课程结构的重大变革，新式知识分子群脱颖而出。留学教育发展、学校考试制度和学位制度的变革以及高等学校的办学实践，均产生巨大推动作用。这些标志着中国近代高等教育跨入新的发展阶段。"[2] 同时，这一时期，全国高等专门学堂及学生人数都得以长足发展。到 1909 年，学校达到 111 所，学生达到 20648 人。

　　1912—1927 年，是中国现代高等教育发展的第三个时期。晚清开始的教育现代化进程自此开始在新的时代光照下继续发展，中国高等教育发展模式进入多元化时期。南京临时政府对尊孔读经的封建教育进行了猛烈的批判，促成了壬子癸丑学制的颁布，标志着中国现代高等教育的正式确立。

　　从 1922 年新学制制定到 1927 年，这是中国现代高等教育在民国时期的一个重要奠基与发展时期，也恰好是中国共产党成立到土地革命时期，中国社会正在风云激荡地发生着深刻的变革，中国现代高等教育自然也随着社会的变革而发生着剧烈的变革。"具体而言，这一阶段主要出现了两个重要的转变：一是从日本模式到美国模式的转变，以 1922 年新学制的制定为标志，并延续到 1927 年；二是从以引进外国教育制度为主到与中国实际相结合，建立有自己特点的教育制度的转变。""在三民主义教育制度方面，抗战前的南京政府主要致力于正规化教育制度的建设，以加强对教育的集中统一控制。"[3]

　　其主要有以下特点：

（一）确立新的教育宗旨

　　1912 年 7 月召开的临时教育会议讨论通过新的教育宗旨，9 月 2

---

① 伍振鹭：《中国大学教育发展史》，台北三民书局，1982，第 158—159 页。
② 刘海峰、史静寰主编《高等教育史》，高等教育出版社，2010，第 115 页。
③ 刘海峰、史静寰主编《高等教育史》，高等教育出版社，2010，第 127 页。

日公布实行，明确宣布废除清末教育宗旨"忠君、尊孔、尚公、尚武、尚实"，代之以"注重道德教育，以实利教育、军国民教育辅之，更以美感教育完成其道德"。这个教育方针体现了资产阶级关于人的德、智、体、美和谐发展的思想，否定了君权的绝对权威和儒家思想的独尊地位。新教育方针的颁定，是中国教育的一个进步，是资产阶级反对封建主义旧教育的一个重大胜利。1922 年国民政府制定颁布新学制，没有制定教育宗旨，而是以七项标准作为改革的指导思想，即"适应社会进化之需要，发挥平民教育精神，谋个性之发展，注意国民经济力，注意生活教育，使教育易于普及，留各地方伸缩余地"。这七项标准是新学制的指导思想，吸收了当时教育改革的新成果，尤其是对当时教育界所认同的"教育要义"精神予以重申，整个表述更为全面和准确。"'七项标准'体现了五四、新文化运动所倡导的民主与科学精神，突出了教育应尊重学生个性、联系实际生活、适应社会发展的重要性，强调了教育的发展受经济发展的制约、教育制度应具有一定的灵活性等原则。从一定意义上可以说，'七项标准'的确立，集中体现了我国教育界在 20 世纪 20 年代对西方教育理论教育思想接纳和对本国教育实际了解认识的水平，也反映了西方教育，特别是美国教育对中国教育的影响"[①]，在中国现代教育发展历史上具有重大意义。

1927 年 4 月 12 日，蒋介石发动"四一二"反革命政变，屠杀共产党人和革命群众，轰轰烈烈的大革命失败了。1927 年 4 月 18 日，蒋介石集团在南京成立国民政府。随着国共统一战线的最终分裂，宁汉趋于合流，并与西山会议派言归于好，国民党三股主要政治势力在反共的基础上达成一致。1928 年，蒋桂冯阎联合北伐及东北军"易帜"，使国民政府在形式上统一了中国。1928 年 8 月，国民党二届五中全会宣布"军政时期"结束，"训政时期"开始。同年 10 月，国民党公布《训政纲领》，规定由国民党对全体人民实行"训政"，一切国家大计，均由国民党中央政治会议决定，再交由国民政府执行。这种"以党治国"的专制统治深刻地影响了中国现代高等教育的发展，由此开始的"党化教育"逐渐渗入民国的教育宗旨之中。1926 年 7 月出台的《浙江省实施党化教育大纲》更是明确提出要以训练党

---

① 田正平、商丽浩主编《中国高等教育百年史论》，人民教育出版社，2006，第 103 页。

员之方法训练学生，以国民党的纪律为学校规约，以训政时期国家的组织为学生自治组织，以三民主义的中心思想确定学生的人生观。这一思想的蔓延与深化，为中国现代教育发展前景蒙上了专制主义阴影。

　　1928年5月，国民政府大学院召开第一次全国教育会议，对实施"党化教育"进行了讨论，会上绝大多数人主张以"三民主义教育"取代"党化教育"，并形成了《废止党化教育名称代以三民主义教育案》。在这次会议上，对"三民主义教育宗旨"做了如下界定：（1）恢复民族精神，发扬固有文化，提高国民道德，锻炼国民体格，普及科学知识，培养艺术兴趣，以实现民族主义。（2）灌输政治智识，养成运用四权之能力，阐明自由界限，养成服从法律之习惯；宣传平等精义，增进服务社会之道德；训练组织能力，增进团体协作之精神，以实现民权主义。（3）养成劳动习惯，增高生产技能，推广科学之应用，提倡经济利益之调和，以实现民生主义。（4）提倡国际主义，涵养人类同情，期由民族自决，进于世界大同。[1] 国民党中央执行委员会训练部对大学院的这一教育宗旨提出批评，认为它"对于三民主义之真谛，既无所阐明，而教育于党之关系，尤乏实际联络"[2]。他们坚持以"党化教育"作为教育宗旨，经过讨论协调，最后由国民党中央宣传部提交《确定教育方针及实施原则案》给国民党第三次全国代表大会。1929年3月，国民党"三大"经过讨论决议通过这一提案，并于4月以国民政府令形式正式公布"三民主义教育宗旨"："中华民国之教育，根据三民主义，以充实人民生活，扶植社会生存，发展国民生计，延续民族生命为目的；务期民族独立，民权普遍，民生发展，以促进世界大同。"[3] 国民党政权所颁布的三民主义教育宗旨强化了政党意志，以变质的三民主义强加给国家教育。"三民主义教育的本质实际上是国民党的'一个政党'、'一个领袖'、'一个主义'的专制主义统治在教育领域里的直接反映。三民主义教育事实上成为国民党维护一党专政、镇压中国共产党领导的工农运动和进步师生参加的民主运动的工具"[4]，从而中止了近代以来追求人格回归的教育改革潮流。

---

[1]　中央教育科学研究所编《中国现代教育大事记》，教育科学出版社，1988，第163页。

[2]　《第一次中国教育年鉴》甲编，开明书店，1934，第10页。

[3]　《第一次中国教育年鉴》甲编，开明书店，1934，第8页。

[4]　王炳照、郭齐家、刘德华等编《简明中国教育史》，北京师范大学出版社，2007，第404页。

（二）制定颁布新学制

中华民国政府成立之后，国民政府教育部于 1913 年前后先后颁布法令与规程，重新修订学制，建立新的学校系统，史称"壬子癸丑学制"。该学制将高等教育纵向分为三级——大学预科、大学本科和大学院，规定大学预科须附设于大学内，不得独立。大学预科生修业期满、试验合格、获有毕业证书者，可升入大学本科；大学本科以教授高深学识、养成硕学闳材、应国家需要为宗旨；大学分文、理、法、商、医、农、工七科；大学以文理两科为主，但须文理两科并设者，文科兼法商两科者，理科兼医农工三科或两科和一科者，才可名大学；大学各科修业年限 3—4 年等。[①] "壬子癸丑学制的颁行，在现代高等教育制度建设上具有重要意义，它废除了体现封建专制政体在高等教育办学宗旨、科系设置、课程开设和学生奖励等方面影响的有关规定；它初步确立的大学设评议会、系科设教授会的管理体制体现了现代大学内部运作的重要特征；它明确了私人和私法人创办高等教育机构的法律保障；它初步建立的对大学教师实行资格检定与聘任制度、学术休假制度等都具有开创性意义；还第一次正式引进了对大学毕业生授予相应学位的西方学位制度。所有这些制度建设，尽管由于民初政局的不稳定和其他许多因素的制约，并未能完全付诸实施，有相当一部分仍停留在纸面上，但毕竟是在国家法规政策的层面上得到了体现。"[②] "壬子癸丑学制"尽管反映了资产阶级改革教育的一些主张，但该学制与清末学制框架结构没有根本性的变化，依然以日本的教育制度为蓝本。

1922 年 9 月，北洋政府教育部在北京专门召开了学制会议。会议经过十天的深入讨论，吸取各方合理意见，对全国教育会联合会所提出的学制系统草案进行修改，通过了《学校系统改革案》。又于同年 10 月送交在济南召开的全国教育会联合会第八届年会征询意见。11 月 1 日，以大总统令名义正式颁布《学校系统改革案》。1922 年诞生的学制称为"新学制"，或称"壬戌学制"，学制系统分为三段——初等教育、中等教育、高等教育，各段的划分大致以儿童身心发展时期为根据。这个学制借鉴了美国学制，即单轨制，抛弃了此前一直采

---

① 熊明安：《中华民国教育史》，重庆出版社，1997，第 28 页。
② 田正平、商丽浩主编《中国高等教育百年史论》，人民教育出版社，2006，第 101 页。

用的德国、日本的双轨制学制。

壬戌学制关于高等教育的条款主要有：第一，大学校设数科或一科均可，其单设一科者，称某科大学校，如医科大学校、法科大学校等。第二，大学校修业年限四年至六年（各科得按其性质之繁简，于此限度内斟酌定之）。医科大学校及法科大学校修业年限至少五年。师范大学校修业年限四年。第三，大学校用选科制。第四，因学科及地方特殊情形，可设专门学校，招收高级中学毕业生，修业年限三年以上。如修业年限与大学校相同，则其待遇也与大学校相同。第五，大学校及专门学校，可附设专修科，修业年限不定，招收志愿学习某种学术或职业，且有相当文化程度者入内学习。第六，大学校教育科或师范大学校可附设二年制师范专修科，也可于师范学校或高级中学设二年制师范专修科，招收师范学校及高级中学毕业生入学，以补充初级中学教员之不足。第七，大学院为大学毕业及具有同等程度者研究之所，年限不定。[①] 1924 年，北洋政府颁布《国立大学校条例》，同时宣布废除 1912 年（民国元年）颁布的《大学令》和 1913 年（民国二年）颁布的《大学规程》。新的规定确立了"国立大学校以教授高深学术，养成硕学闳材，应国家需要"的教育目标，并确立了大学的组织结构及有关制度的规定。此外，这一时期颁布了一系列教育法规，确立了高等教育基本制度。

这些法规除《大学令》《大学规程》外，还包括《公私立专门学校规程》《女子高等师范学校规程》《修正大学令》《大学教员资格条例》《中华民国教育宗旨及其实施方针》《三民主义教育实施原则》《专科学校组织法》《大学组织法》《专科学校规程》《修正专科学校规程》《大学研究院暂行组织规程》《学位授予法》等，同时制定了统一的课程标准，规定了大学教师的级别和资格以及招生考试的方式与具体办法，从而确立了高等教育发展的基本制度与规则，使高等教育的发展能够在法律的保障下合理而有效地运作。

壬子癸丑学制和壬戌学制都确立了允许私人或私法人设立大学的基本原则。因此，从 1912 年到 1926 年出现了两次兴办私立大学的热潮。"综合起来说，'新学制'的产生是一种历史的进步，是中国教育

---

① 中国第二历史档案馆编《中华民国史档案资料汇编》第三辑教育，江苏古籍出版社，1994，第105—106页。

现代化发展到一个重要阶段的标志，是中国现代教育史上的一座里程碑式的成果。该学制此后除进行个别改动、调整外，一直沿用到 1949 年全国解放时为止，推动了 20 世纪 20—30 年代的教育发展。"①壬戌学制及《大学规程》等一系列法规的颁行，标志着中国高等教育的制度建设在经历了新文化运动以后近十年的改革，最终完成了由模仿日本、学习德国到借鉴美国的转变。

（三）高等教育有了新的发展

从 1922 年新学制的制定到 1927 年，是中国现代高等教育的一个深刻变革时期。由于国共第一次合作所形成的大革命高潮的推动，五四新文化运动的"民主""科学"精神得以进一步弘扬与普及，人们的思想比较解放，社会环境比较宽松，中国现代高等教育由效法日德转向学习美国。"就在蔡元培以德国高等教育为模式对北京大学进行着大刀阔斧的改造的同时，另一所国立大学——在南京高等师范学校基础上发展起来的东南大学迅速崛起。留美归国教育博士郭秉文主持下的东南大学以美国大学为榜样，延揽一批留美学生到校任教，集基础研究与应用研究为一体。从管理体制、系科设置、课程内容以至于经费筹措等，全面学习、借鉴美国高等教育。至 20 世纪 20 年代中期，东南大学声誉日隆，影响日广，成为与北京大学南北呼应、交相辉映的中国高等教育领域中的又一重镇。"② 在这一时期出现了中国封建主义教育向资本主义教育、中国传统教育向新教育的转变，出现了中西方高等教育的交流、移植、借鉴与融合，许多高等教育思想家、改革家与实践者纷纷引进国外的高等教育制度与发展模式，力图寻求中国高等教育自身发展的方向，建立新的教育制度与体系，中国现代高等教育发展模式也经历了由取向日本到借鉴德国，再到模仿美国的转换。同时，中国近现代高等院校办学逻辑经历了以社会需求逻辑为主体，转向以学科逻辑为主体，又转向以学科逻辑为主体兼有社会需求逻辑的过程。因此，中国高等教育在十分艰难的条件下得到了一定的发展。

20 世纪的前十年，中国自办的大学仅有 3 所，在校学生 749 人，虽然当时也有一批高等学堂和专门学堂，但这些学校一般仅具有中等

红色基因
与科学逻辑 031

① 王炳照、郭齐家、刘德华等编《简明中国教育史》，北京师范大学出版社，2007，第 386 页。
② 田正平、商丽浩主编《中国高等教育百年史论》，人民教育出版社，2006，第 3—4 页。

程度。据中华平民教育促进会的统计，1924—1926 学年，全国共有高等专门学校及大学校 151 所，其中国立 33 所、省立 42 所、私立 61 所、教会及外国人立 15 所，在校学生数 43161 人。[①] 据国民政府教育部统计，抗日战争全面爆发前夕的 1936 年，全国有专科以上高等学校 108 所，在校学生 41922 人。[②] 当然，这些成绩还只是初步的、有限的，于当时中国社会发展对高等教育、对人才培养的需求而言，差距十分巨大。同时，中国新民主主义革命正在兴起，力量有限，中国社会半殖民地半封建的社会性质并未改变，西方高等教育对中国现代高等教育的控制、影响与制约还很严重，以西方高等教育为圭臬的趋势，不仅没有改变而且进一步深化。国民党集团的反动本质也从根本上制约着中国现代高等教育的发展创新，现代高等教育中国化的发展与创新的路程依然还十分艰难。

历史在发展，时代在呼唤。以马克思主义与中国实际相结合的新民主主义高等教育已经登上了历史舞台，以其科学性、真理性、人民性、继承性、公平性、实践性及中国化的鲜明特点，昭示着它强大的生命力，中国现代高等教育的创新发展及其中国化开始了无限光明的前景。历史由此而改变，民族由此而迈上新的复兴征程。

第二节　新民主主义高等教育的萌芽

中国共产党的成立，不仅开创了中国新民主主义革命的新篇章，也开创了中国现代高等教育改革创新的新局面。从此，马克思主义教育思想从理论走向了实践，中国现代高等教育的发展之路出现了两种不同的历史分野。以马克思主义教育思想为指导，结合新民主主义革命与建设实际，吸取中国传统高等教育、民国高等教育，以及包括西方高等教育在内的一切人类优秀文化遗产的新民主主义高等教育登上了历史舞台，开启了正确的改革、创新与发展之路。随着马克思主义

---

① 中国第二历史档案馆编《中华民国史档案资料汇编》第三辑教育，江苏古籍出版社，1994，第932—933 页。

② 中国第二历史档案馆编《中华民国史档案资料汇编》第五辑第二编教育（一），江苏古籍出版社，1997，第345 页。

中国化的进程，新民主主义高等教育扎根中国大地办大学、开创中国特色现代大学发展之路越来越宽广，并以势不可挡之势阔步向前。

新民主主义高等教育的萌芽出现于建党前后，至 1927 年大革命失败与轰轰烈烈的土地革命开始，经历了马克思主义教育思想在中国的传播及中国化马克思主义教育思想的萌芽，早期马克思主义者的教育活动，如留法勤工俭学、参与平民教育运动与举办工人教育，中国共产党教育纲领的提出，举办培养革命干部的学校，第一次国共合作下的革命干部学校教育等历程，既有光辉成就与经验，也有曲折与教训，为苏维埃根据地的高等教育奠定了坚实的基础。

一、 中国共产党早期教育思想

马克思主义教育理论是中国共产党确立教育方针的指导思想，因此马克思主义教育理论的传播与学习研究，是中国共产党早期教育思想形成的前提与理论基础。马克思主义学说在中国的传播始于 19 世纪末 20 世纪初，但马克思主义作为一种改造社会的指导思想传入中国，则是俄国"十月革命"以后。李大钊是中国最早接受和宣传马克思主义的人。随后，陈独秀、李达、蔡和森、邓中夏、恽代英、毛泽东等早期马克思主义者也在各地宣传马克思主义。作为马克思主义重要组成部分的马克思主义教育思想也随之传入中国，并开始影响中国的教育思想，特别是中国早期的马克思主义者开始用马克思主义观点重新思考中国的教育问题。

马克思主义教育理论主张以阶级观点考察教育，教育为革命斗争服务。所以，中国早期的马克思主义者首先是从教育与政治、经济的关系角度，在与以胡适为代表的主张杜威以教育为手段的社会改良论，以张东荪为代表的宣传罗素的基尔特社会主义，以及形形色色的教育救国论的论争中，阐明和传播了马克思主义教育观。李大钊指出："依马克思的唯物史观，社会上法律、政治、伦理等精神的构造，是表面的构造。它的下面，有经济的构造作为它们一切的基础。经济组织一有变动，他们都跟着变动。换一句话说，就是经济问题的解决，是根本解决。经济问题一旦解决，什么政治问题、法律问题、家族制度问题、女子解放问题、工人解放问题，都可以解决。"[①] 因此，

红色基因
与科学逻辑　**033**

---

① 《李大钊文集（下）》，人民出版社，1984，第 37 页。

离开经济和政治而提倡教育，只能是一句空话。中共第一任总书记陈独秀也指出，"中国底知识方面物质方面都这样不发达，所以有心改造中国之人都早已感觉着发展教育及工业是顶重要的事"，中国应当"用社会主义来发展教育及工业"，不走资本主义的老路。①

毛泽东于 1920 年在回答中国应走什么道路，给在法新民学会会员的信中明确指出：无产阶级不夺得政权，以教育为工具的温和的改良主义"事实上做不到"，因为"教育一要有钱，二是有人，三要有机关。现在世界，钱尽在资本家的手；主持教育的人尽是一些资本家，或资本家的奴隶，现在世界的学校及报馆两种最重要的教育机关，又尽在资本家的掌握中，总而言之，现在世界的教育，是一种资本主义的教育"；"教育所以落在资本家手里"，是因为他们有议会、政府、法律、军队和警察。所以，不改变现有的社会制度，平民"安能握得其教育权"②。这一论述正确地理解了教育与政治、经济的关系问题。恽代英更是明确指出，不是教育了一切人，才可以改造社会，而是改造了社会，才可以有好教育。"教育是改造社会的有力的工具"，但要使教育发挥这一作用，关键"要看甚么是今天最急最要的事情以决定教育的方针"③。

早期的马克思主义教育理论家杨贤江于 1928 年出版了《新教育大纲》。在这部著作中，杨贤江运用马克思主义基本原理，对当时中国社会广泛流行的否定或贬低教育的社会性，鼓吹"教育神圣说""教育清高说""教育中正说""教育独立说"，或者是夸大教育的作用，鼓吹"教育万能论""教育救国论""先教育后革命论"等等错误思潮和论调进行了批判，系统地阐述了马克思主义关于教育的本质、教育与政治的关系、教育在社会改革中的地位和作用的思想与理论。在《新教育大纲》中，杨贤江依据唯物史观，从教育的产生和发展论述了教育的本质，明确指出教育属于社会上层建筑。他说："教育是社会上层建筑之一，是观念形态的劳动领域之一，是以社会的经济阶段为基础的。"④ 他认为，"教育这种上层构造自是依据经济构造以成形且跟随

① 陈独秀：《独秀致罗素先生底信》，《新青年》第 8 卷第 4 号。
② 毛泽东：《复和森》，载《中国现代史资料选编（一）》，黑龙江人民出版社，1981，第 242 页。
③ 恽代英：《革命运动中的教育问题》，载《新建设》第 1 卷第 3 期。
④ 杨贤江：《新教育大纲》，载任钟印主编《杨贤江全集（第三卷）》，河南教育出版社，1995，第 271 页。

经济发展以变迁的"。① "政治本身也是受制于经济的"，教育和政治虽然同为受制于经济的上层建筑，但教育是"更较为第二义的，更较为派生的。因为它不仅由生产过程所决定，也由政治过程所决定"②。

关于教育的产生与发展，杨贤江在《新教育大纲》和《教育史ABC》中，根据历史唯物主义的基本观点，彻底否定了教育起源于人性、教育起源于教育者的意识、教育起源于天命等脱离现实经济生活的唯心主义观点，创造性地提出教育是由社会生活和生产劳动的需要而产生的。他说："教育的发生，就只植根于当时当地的人民实际生活的需要；它是帮助人营造社会生活的一种手段。""自有人生，便有教育。因为自有人生，便有实际生活的需要。"③ 他通过对教育进行历史的考察，指出阶级社会的教育已经由"全人类的，也是统一的"教育转变为"阶级的，且是对立的"教育了，这种教育"是人类有文明历史以来的教育的特质，这在教育的本质而言，却是变质的"④。他认为，阶级社会的教育具有五个特征，即：体脑分离，教育与劳动分家；教育权跟着所有权走；教育专为支配阶级的利益服务；两种教育制度的对立；男女教育的不平等。到了资本主义社会，又有了第六个特征，即教育的"独占化与商品化"⑤。因此，脱离社会条件而奢谈教育发展，不可能实现教育的普及。

杨贤江是运用马克思主义历史唯物主义阐述教育问题的中国早期马克思主义教育理论家的代表。他在论述教育本质、教育的起源与性质等问题上所提出的创造性思想，可以代表中国共产党早期的教育思想。

关于新民主主义教育的性质与任务，这是中国共产党早期教育思想的重要内容和核心问题。中国共产党早期领导人根据马克思主义教育思想理论，结合中国新民主主义革命的实际，初步回答了这一核心问题，确保了新民主主义教育的正确方向。关于新民主主义教育的性

红色基因
与科学逻辑 035

---

① 杨贤江：《新教育大纲》，载任钟印主编《杨贤江全集（第三卷）》，河南教育出版社，1995，第415页。

② 杨贤江：《新教育大纲》，载任钟印主编《杨贤江全集（第三卷）》，河南教育出版社，1995，第424页。

③ 杨贤江：《新教育大纲》，载任钟印主编《杨贤江全集（第三卷）》，河南教育出版社，1995，第266页。

④ 杨贤江：《新教育大纲》，载任钟印主编《杨贤江全集（第三卷）》，河南教育出版社，1995，第273页。

⑤ 杨贤江：《新教育大纲》，载任钟印主编《杨贤江全集（第三卷）》，河南教育出版社，1995，第279—297页。

质和任务，针对当时小资产阶级宣扬的"平民教育"，早期的马克思
主义者深刻指出，小资产阶级知识分子主张平民教育，总的倾向是企
望通过教育的改良实现政治改良。他们所称的"平民"的含义、平民
教育的内容和目的也与共产主义者不同，他们只是希望通过教育使平
民有知识、有文化，使有产阶级觉悟，使军阀官僚、土豪劣绅不能随
意地奴役人民，从而实现政治的改良。

　　当时的马克思主义者已经明确提出了教育的阶级观念、人民教育
的思想。李大钊指出，工人之所以没有受教育的机会，是资本剥削的
结果。他指出，不同的阶级所要求的民主平等是不同的。"一个是想
管治他人，一个是想把自己的生活由穷苦中释放出来，两种阶级的利
害，根本不同；两种阶级的要求，全然相异。"① "因此，工人阶级劳
动群众在教育上要求的民主主义是和他们在政治上、经济上的斗争联
系在一起的，其任务是为了提高觉悟和能力向资产阶级宣战，打破资
产阶级专断的社会。明确区分了工人阶级新的民主主义的教育和资产
阶级鼓吹的平民教育的原则差异。"② 毛泽东在《湖南自修大学组织
大纲》中明确提出，自修大学要成为"一种平民主义的大学"，"使
文化普及于平民，学术周流于社会"③。"他认为实现让平民上学的理
想，其实质是从根本上改变教育制度，把教育权和学术权交给人民大
众，发展人民大众自己的文化教育，其核心是从剥削阶级手中彻底夺
回教育权的问题，从本质上讲是与劳苦大众争取自身解放的目标相一
致的，这种教育权的获得是与打破政治上、经济上、文化上的一切特
权阶级同时进行的，这是更高层次的平民主义教育思想。毛泽东提出
的平民主义教育思想，对党成立以后改革旧教育，普及与发展新教育
产生了深远的影响。"④ 早期马克思主义者还通过报刊介绍当时苏联的
教育，如《新青年》杂志专门开辟"俄罗斯研究"专栏，刊登了
《苏维埃的平民教育》《苏维埃的教育》《俄罗斯的教育状况》《革命
的俄罗斯底学校的学生》《俄国的社会教育》等文章，通过对苏联社
会主义教育的宣传，明确阐明中国共产党的新民主主义教育的性质是

----

① 《李大钊选集》，人民出版社，1959，第 144 页。

② 王炳照、郭齐家、刘德华等编《简明中国教育史》，北京师范大学出版社，2007，
第 387 页。

③ 李桂林主编《中国现代教育史教学参考资料》，人民教育出版社，1987 年版，第
11 页。

④ 谢兰荣：《毛泽东与湖南自修大学》，《教育史研究》1996 年第 4 期。

无产阶级的教育，其方向是社会主义教育。

总之，中国共产党早期的教育思想基本实现了马克思主义教育思想与中国新民主主义革命实际的初步结合，体现了新民主主义革命的性质，形成了新民主主义教育的基本纲领，不仅为建党初期的新民主主义教育实践提供了指导思想，而且为中国共产党延安时期实现新民主主义教育，并形成科学完整的理论体系奠定了重要的思想基础。

二、 毛泽东早期的高等教育思想

1921 年 8 月，毛泽东与何叔衡在长沙利用"船山学社"旧址创建了中国现代教育史上一所新型大学———湖南自修大学，他亲自撰写了《湖南自修大学创立宣言》、校刊《新时代·发刊词》、《湖南自修大学组织大纲》以及《湖南自修大学入学须知》。在这一系列重要文献中，毛泽东比较全面、集中地阐发了关于该校的性质与方向、办学宗旨、办学模式、教学方法的观点。在创办湖南自修大学的实践中，形成了他早期的高等教育思想。这些思想以及教育实践，对早期中国共产党创办发展高等教育产生了重大影响，而且是毛泽东延安时期形成系统而完备的新民主主义教育理论体系的思想源头之一。

毛泽东首先明确地提出了高等教育的性质与方向。《湖南自修大学创立宣言》中指出，传统的书院和官式大学共有的弊病就是"非平民主义"，表现在：（一）"书院和官式大学均有极严峻的程限，不及程限的，不能入学"，"现在确有好些有志青年，没有得到求学的机会"。（二）"书院和官式大学，将学术看得太神秘了，认为只有少数特殊人可以来学，多数平民则为天然的不能参与。从此学术为少数'学阀'所专，与平民社会隔离愈远，酿成一种知识阶级奴使平民阶级的怪剧。"（三）"书院非赤贫的人所能入，官式大学更非阔家不行，欲在官式大学里毕个业，非千余元乃至两千元不可，无钱的人之于大学，乃真'野猫子想吃天鹅肉'了。"①

毛泽东在分析了书院和官式大学的弊病以后，指出湖南自修大学实行平民主义，"凡有志于向学者均可入学"。《湖南自修大学组织大纲》关于办学宗旨明确规定："本大学鉴于现在教育制度之缺点，采取古代书院与现代学校二者之长，取自动的方法，研究各种学术，以

---

① 转引自谢兰荣《毛泽东与湖南自修大学》，《教育史研究》1996 年第 4 期。

期发明真理，造就人材"，"因而招生只凭学力，不限资格；学习方法以自由研究，共同讨论为主，教师负提出问题，订正笔记，修改作文等责任。"① 在《湖南自修大学入学须知》中进一步指出："我们这个大学，不是由另外一些'办学'的人设的，是由一些有学问兴趣的学生感于现时教育制度不好，要合古时书院现实学校两样之长，变被动的求学为自动的求学——基于这个意义之上设的。"② 因而，招生对象只看有无自修能力，而不看是否有钱，是否有学历资格。《湖南自修大学组织大纲》对学生入学资格明确规定为："凡中等以上学校毕业生，不分男女长少，具有自修能力，志愿用自修方法以研究高深学术者，经本大学证明认可，得报名入学。非中等以上学校毕业，而具有与之相等之学科根柢者，经本人证明认可，亦得入学。"③ 由此，我们已经非常清晰地看到了苏区和延安时期高等院校招生原则的雏形。毛泽东办湖南自修大学的目的，就是要"打破学术秘密，务使公开，每人都可取得一份"，"自修大学在现在这'金钱就是生命'的时代，固不能使'无产阶级'的人，人人都有机会得到一份高深学问，但心理则务必使他趋向'不须多钱可以求学'的路上去"。④ 毛泽东的上述论述不仅明确指出了自修大学的性质和方向，而且阐明了高等教育的阶级性与高等教育受教育平等的价值观，可以说是中国共产党新民主主义时期教育纲领———民族的科学的大众的文化教育的奠基石。

关于大学的教育宗旨，毛泽东在湖南自修大学校刊《新时代·发刊词》中明确指出，"努力研究致用的学术，实行社会改造的准备"，因此自修大学的学生"不但修学，还要有向上的意思，养成健全之人格，涤除不良习惯，为革新社会做准备"⑤。在《湖南自修大学入学须知》中，毛泽东指出："我们求学不是没有目的的，我们的目的在于改造现实社会，我们求学是求实现这个目的的学问。我们不愿意我

---

① 李桂林主编《中国现代教育史教学参考资料》，人民教育出版社，1987 年版，第11 页。

② 李桂林主编《中国现代教育史教学参考资料》，人民教育出版社，1987 年版，第10 页。

③ 李桂林主编《中国现代教育史教学参考资料》，人民教育出版社，1987 年版，第13 页。

④ 转引自谢兰荣《毛泽东与湖南自修大学》，《教育史研究》1996 年第 4 期。

⑤ 毛泽东：《新时代·发刊词》，转引自谢兰荣《毛泽东与湖南自修大学》，《教育史研究》1996 年第 4 期。

们的同学中有一个'少爷'或'小姐'，也不愿意有一个麻木或糊涂的人。"① 其目标非常鲜明，就是要把有志于革命又有自修能力的青年、干部培养和造就成有觉悟有理想的改造社会的中坚，以及无产阶级的革命先锋。

在湖南自修大学中，毛泽东非常强调对学生的劳动教育，突出强调教育与生产劳动相结合。《湖南自修大学组织大纲》中专设了第七章"劳动"，并明确规定："本大学学友为破除文弱之习惯，图脑力与体力之平均发展，并求知识与劳力两阶级之接近，应注意劳动。本大学为达劳动之目的，应有相当之设备，如园艺、印刷、铁工等。"② 教育与生产劳动相结合，这是马克思主义教育思想的基本原则，也是毛泽东始终不渝坚持的教育思想。

概括地讲，毛泽东关于大学教育的宗旨就是：研究致用学问，注重教育和社会实际以及和生产劳动的密切结合，以期发现真理，造就人才，为社会改造发挥作用。"这两个方面是紧密联系在一起的，研究致用学术也好，发现真理造就人才也好，最终目标还是一个，即为社会发展服务，为改造社会服务。"③

关于大学的教学模式与教学方法，毛泽东特别关注中国古代书院的优秀传统，并对这一优秀传统给予特别的重视，形成了他对大学教学模式与教学方法的基本思想。在延安时期，他的这一思想得以更加充分与科学的展示，体现了他对中国优秀传统文化的高度重视，以及对扎根中国大地办大学、实现现代高等教育中国化的强烈追求。同时，他对从西方引进的现代学校教育，与中国传统高等教育采取同样的态度———批判地继承与吸收，保持其一贯的思想———"古为今用、洋为中用"。

在《湖南自修大学创立宣言》中，毛泽东深刻分析了"书院和官式学校各有其可毁，也各有其可誉"。学校的长处是其"研究的内容专用科学，或把科学的方法去研究哲学和文学，这一点则是书院所不及学校的"，但学校的缺陷也很多，"划一的机械的教授和管理法"，

---

① 李桂林主编《中国现代教育史教学参考资料》，人民教育出版社，1987年版，第10页。

② 李桂林主编《中国现代教育史教学参考资料》，人民教育出版社，1987年版，第15页。

③ 谢兰荣：《毛泽东与湖南自修大学》，《教育史研究》，1996年第4期。

"它坏的总根，在使学生立于被动，消磨个性，消灭性灵，庸懦的随俗学浮沉，高才的相与裹足"；书院可誉之处在于"一来师生的感情甚笃；二来没有教授管理，但为精神往来，自由研究；三来课程简而研讨周，可以优游暇豫，玩索有得"，故从"研究的形式一点来说，书院比学校实在优胜得多"。① 首先，毛泽东认为自修大学应"采取古代书院与现代学校两者之长"，即以古代书院自动研究之形式与现代学校科学之内容，建立自修大学的教学模式。正如毛泽东所说："自修大学所以为一种创新，就是取古代书院的形式、现代学校的内容，而为适合人性便利研究的一种特别组织。"② 为了实施这种教学思想，毛泽东在湖南自修大学相关规定中明确指出，自修大学的"学习方法以自由研究、共同讨论为主"。"自修大学学生研究学问的主脑是'自己看书，自己思索'。"教员一般把讲义发给学员，由其自行钻研。"自修大学里面的图书馆就是专为这一项用的。"③ 如果学生自认"无自修能力，对于所认定之学科不能尽心研究"，可令其退学④。其次，毛泽东还认为："自修大学学生于自己看书、自己思索之外，又有共同讨论共同研究。"各种研究会的组织，就是专为这一项用的。"自修大学以学科为单位，学生研究一科也行，研究数科也行，每科研究的时间和范围，都听学生依自己的志愿和程度去学。"⑤ 研究方法也很灵活，可以单独研究，也可以团体研究。再次，自修大学强调以自学为主，但自学不是不需要教员，而是对教员有更高的要求。教师的指导作用具体表现在："（一）开示书目。（二）指示研究方法。（三）解释疑问。"⑥ "以自学为主、以研讨为主是毛泽东一贯的教育主张，从根本上来讲，是正确地解决了还给学生学习主动权的问题，是重视学生的主动精神，相信学生的学习能力的具体表现，因此，它从根本上解决了对待学生的态度问题。""毛泽东关于自学为主、研讨为主的教育思想之所以精辟，还因为它正确地解决了有限学习时间和浩如烟海

---

① 转引自谢兰荣：《毛泽东与湖南自修大学》，《教育史研究》，1996年第4期。
② 谢兰荣：《毛泽东与湖南自修大学》，《教育史研究》，1996年第4期。
③ 谢兰荣：《毛泽东与湖南自修大学》，《教育史研究》，1996年第4期。
④ 《湖南自修大学组织大纲》，李桂林主编《中国现代教育史教学参考资料》，人民教育出版社，1987年版，第14页。
⑤ 谢兰荣：《毛泽东与湖南自修大学》，《教育史研究》，1996年第4期。
⑥ 《湖南自修大学组织大纲》，李桂林主编《中国现代教育史教学参考资料》，人民教育出版社，1987年版，第15页。

的知识之间的关系，强调了有无自修能力对一个人顺利工作的重要性。"①

在湖南自修大学的办学实践中，还体现了毛泽东兼收并蓄、包容开放的高等教育思想。毛泽东在湖南自修大学办学中规定了通讯员制，以加强自修大学与国内外其他大学、其他学术团体和文化区域的联络，要求通讯员随时将他们的情况报告于大学校部。《湖南自修大学组织大纲》规定："本大学于国内国外重要之各大学、各专门学校及各学术团体设通讯员，担任本大学与各校各团体之联络。并注意各校各团体学术研究之情形及其重要之结果，报告于本大学；本大学于国内国外学术昌明之区域（如北京、上海、广州、南京、武昌、巴黎、伦敦、柏林、纽约、莫斯科、东京等）设通讯员，担任本大学与各文化区域之联络，并注意各区域内一切重要文化学术之情况，报告于本大学；本大学与湖南省内（省城及各县）各重要之中等以上学校，并各种学术团体，设通讯员，担任本大学与各校各团体间之联络，并互相介绍其学术。"② 由此可见其联系范围非常广泛，国际、国内、省内无不涉及，社会主义、资本主义，传统与现代，东方与西方无不包含，显示出宽广的视野与博大的胸怀。这是毛泽东教育思想极其重要的一个方面，体现出毛泽东思想的本质。这一点毛泽东在延安时期更加自觉，更加深入，更加体系化。

这些关于大学的教学模式、教学内容与教学方法，及开放办学的思想，后来成为毛泽东教育思想一个极其重要的方面，在苏区和延安时期的干部高等教育中得到了全面深入的贯彻，并取得了卓越的成就，也成为中国共产党探索现代高等教育中国化和中国现代高等教育"延安模式"的重要思想源泉。

三、 中国共产党早期高等教育的实践与探索

中国共产党成立之前，早期马克思主义者的教育实践活动主要是参与了由李石曾、吴稚晖、蔡元培等人发起，以学习西方文明、科学技术，"图中国道德、知识经济之发展"的留法勤工俭学活动。"1919—1920 年达到高潮，参加赴法留学者一千六百多人"③，吴玉

---

① 谢兰荣：《毛泽东与湖南自修大学》，《教育史研究》，1996 年第 4 期。

② 李桂林主编：《中国现代教育史教学参考资料》，人民教育出版社，1987 年版，第 15 页。

③ 王炳照、郭齐家、刘德华等编《简明中国教育史》，北京师范大学出版社，2007，第 388 页。

章、毛泽东等都组织参与了这一活动。"早期共产主义者是抱着学习马克思主义和与工人阶级相结合、以俭学与勤工相结合的方式探索改造中国与世界的出路等的思想赴法留学的。留学期间他们不仅亦工亦读，而且亲自考察了资本主义社会的状况。"① 他们在法国还创建了共产党的组织。这批留法勤工俭学的早期共产主义者，后来涌现出一批杰出的人物。如周恩来、邓小平、陈毅、聂荣臻、蔡畅、向警予等人，他们后来成为中国共产党的领袖、人民军队的统帅、老一辈无产阶级革命家。吴玉章、徐特立等人则成为无产阶级教育家、中国共产党高等教育的开拓者与领导者。同时，邓中夏等参与组织了平民教育运动，北京共产主义小组组织了京汉铁路工人教育运动。

中国共产党成立前后，在开展工农教育运动的同时，也开始了以培养革命干部为主要目标的高等教育，或带有高等教育性质的干部学校教育的初步实践与探索。这些学校主要有建党前夕在上海创办的外国语学社，建党初期由毛泽东、何叔衡在湖南长沙创办的湖南自修大学，由中共湘区委员会创办的湘江学校，还有国共第一次合作的大革命时期创办的上海大学、广州农民运动讲习所、黄埔军校，以及由吴玉章在重庆创办的中法大学，还有劳动学院，等等。

（一）外国语学社

外国语学社创办于中国共产党正式成立前夕，由共产国际与上海共产党早期组织联合创办，是建党初期创办最早的革命干部学校，也可以说是中国共产党创办的第一所干部学校。它既是建党初期为全国各地进步青年搭建的赴苏联学习的平台，也为处于秘密状态的上海共产党早期组织提供了公开开展革命活动的场所。

1920 年 9 月，在共产国际的帮助下，外国语学社在上海法租界霞飞路（今淮海中路）新渔阳里 6 号成立。在此基础上，1921 年初，上海早期党组织成立了教育委员会，包惠僧担任委员会主任，杨明斋任副主任。

外国语学社从共产国际的意图上讲，是物色选拔到莫斯科东方大学学习的中国知识青年，但上海共产党早期组织却旨在创办一所培养革命青年干部的学校。因此，其教师多是上海共产党早期组织成员，

① 王炳照、郭齐家、刘德华等编《简明中国教育史》，北京师范大学出版社，2007，第 388 页。

如讲授俄语的杨明斋、讲授法语的李汉俊、讲授日语的李达、讲授英语的沈雁冰（茅盾）和袁振英、讲授《共产党宣言》的陈望道等。学生大多是通过各地共产党早期组织推荐而来的，也有一些是经早期共产党人个人介绍的，毛泽东、贺民范、陈独秀、陈望道、俞秀松等人都曾介绍不少革命青年到外国语学社学习。外国语学社的学员来自全国各地，其中湖南、浙江、安徽、四川等省学员最多。

学员的学习目标非常明确，"就是要到俄国去，学习革命道理，回来搞革命，改变落后黑暗的旧中国"①。学员除了学习外国语，还要求学习马列主义理论知识。学校特别重视学生的社会实践，安排学生到工厂调查、帮助编辑报刊、到街上散发传单、到工人夜校教学、参加工人罢工等，以多种形式开展革命实践活动。

早期党团组织在外国语学社所从事的革命活动引起了法租界的警觉，外国语学社的活动受到法租界的严密监视。1921年8月，外国语学社被迫宣告结束。外国语学社存在的时间还不到一年，却为党组织培养了大批革命干部。很多人后来成为中国革命和建设的卓越领导者，其中有刘少奇、任弼时、萧劲光、任作民、柯庆施等。其学员罗亦农、俞秀松、李启汉、汪寿华、谢文锦、王一飞、梁伯台、傅大庆、吴芳、雷晋笙、陈为人、叶天底等人为中国革命献出了宝贵生命。

外国语学社相当于莫斯科东方大学的预科。其办学特色鲜明，从创办之日起就以学习马列主义理论，从事中国革命斗争为宗旨，"烙下了深深的红色印记，体现了开创性、灵活性、革命性、国际性的特点。外国语学社推动了中国共产党干部教育事业的发展和干部队伍的壮大，在中国革命史上留下了光辉的篇章，对中国革命产生了深远的影响"②。同时，它作为中国共产党干部高等教育的开拓者，对中国共产党干部高等教育的创立与发展亦具有奠基意义。

（二）湖南自修大学

湖南自修大学是中国共产党正式成立后创办的第一所大学。1921年7月中国共产党宣告成立，8月毛泽东与何叔衡两位党的一大代表、中共湘区委员会主要负责人，在长沙创建了湖南自修大学，1922年又附设了补习学校。来自湖南全省13个县、外省4个县的学员，共200

---

① 陈安杰：《建党时期创办最早的革命干部学校》，《学习时报》2020年11月14日。
② 陈安杰：《建党时期创办最早的革命干部学校》，《学习时报》2020年11月14日。

多人来到了这所学校。① 毛泽东不仅亲自担任指导主任，主持工作，而且亲自规定了自修大学的性质和方向、教育宗旨、教学模式和教学方法，使其与当时民国各类大学从本质上分离。

湖南自修大学的办学目的是"改造现社会"，学员修业年限不定，修毕一科，成绩合格，给予证书。设有文、法两科，学员任选其一。文科设有中国文学、西洋文学、英文、伦理学、心理学、教育学、社会学、历史学、地理学、新闻学、哲学，法科设有法律学、政治学、经济学。同时，自修大学还把农民问题列为重点课程，要求学员认真加以研究。

为了实现学校为社会发展服务、为改造社会服务的教育宗旨，毛泽东认为，自修大学的课程设置一定要根据中国革命的实际需要来确定，重点学习马克思主义经典著作，如《共产党宣言》《哥达纲领批判》《社会主义从空想到科学的发展》等，并要求学员把学习马克思主义理论与中国革命实际联系起来，研究中国革命的实际问题，如"将来国家如何改造？政治如何澄清？帝国主义如何打倒？武人政治如何推翻？教育制度如何改革？文学艺术及其他学问如何革命、如何建设？"② 等问题。

自修大学不仅在课程设置上注重学以致用，而且利用一切可能的机会组织学员参加社会实践活动，向社会做调查，向民众做宣传。如1922 年正值马克思 104 周年诞辰之际，毛泽东在长沙组织了一次全市性的纪念大会，并在会上做了《共产主义和中国》的专题讲演，运用共产主义原理详尽深刻地论述了中国革命的实际问题，对社会和民众产生了很大的影响。又如自修大学补习学校教务主任夏明翰在《寒暑假期间同学回去应做的工作》一文中，也号召学员们在一个多月的假日里去做农村教育工作。此外，自修大学校刊《新时代》上发表的文章也都是论述中国革命实际问题的文章，这些文章在理论和实际方面对中国革命都经过一番认真研究，对社会改造确有创建性见解。

毛泽东还要求自修大学的学员"破除文弱之习惯，图脑力与体力平均发展"，"注重劳动"。学生一面学习，一面从事生产劳动，这样

---

① 谢兰荣：《毛泽东与湖南自修大学》，《教育史研究》1996 年第 4 期。
② 毛泽东：《新时代·发刊词》，转引自谢兰荣《毛泽东与湖南自修大学》，《教育史研究》1996 年第 4 期。

既有利于教育和生产劳动的结合，使学生得到劳动锻炼，又补充了大学经费的不足。同时，学校在教学模式和教学方法上，按照毛泽东的要求，以中国传统高等教育机构书院与现代学校教学模式和教学方法相融合，又采用以书院的教学模式和教学方法为主的教学模式和教学方法，以"自由研究、共同讨论"为主，以学生"自己看书、自己思索"的自主学习为主，以老师指导为辅。毛泽东说，"自修大学虽然不要灌注食物式的教员，但也要有随时指导的人做学生自修的补助"①，同时强调教学内容少而精、学以致用。1922年9月，湖南自修大学附设了补习学校，公开招生。补习学校的负责人和教师多是由自修大学的教员和学生兼任，课程主要有国文、数学、历史、地理、英文，各科教学都注重介绍马克思主义。

湖南自修大学创立后，在全国影响很大。蔡元培认为，该校"注重研究，注重图书馆、实验室，全与我的理想相合，我欢喜得了不得"，"可以为各省的模范"。② 1923年11月，湖南自修大学被湖南军阀赵恒惕以"学说不正，有碍治安"的罪名强行封闭。与此同时，中共湘区委员会又创办了湘江学校，湖南自修大学及其附设补习学校的学生大都转入此校。罗宗翰、易礼容、何叔衡先后任校长。夏明翰、陈昌、罗学瓒、李维汉、谢觉哉等担任过教员。湘江学校分为中学、农村师范和农运讲习班，在办学目的上延续了湖南自修大学的传统，以"启迪学生，使为健全战士，为国民除障碍，为民族争自由"为宗旨，注意培养学生的民族独立思想与革命精神，提倡学习与劳动相结合。在北伐战争期间，湘江学校师生积极投身于革命活动之中。1927年3月，湘江学校完成了它的历史使命，自动停办。湘江学校可以说是湖南自修大学的延续。

（三）上海大学

上海大学的前身是上海私立东南高等专科师范学校（简称"东南高师"），创办于1922年春。在五四运动倡导民主科学精神的推动下，以全国各地学生为改革校务、撤换校长、争取民主而掀起的斗争浪潮为契机，1922年10月18日，学生们以学生自治会名义宣布驱逐

---

① 毛泽东：《湖南自修大学创立宣言》，转引自谢兰荣《毛泽东与湖南自修大学》，《教育史研究》1996年第4期。

② 转引自刘海峰、史静寰主编《高等教育史》，高等教育出版社，2010，第156页。

东南高师的旧校长，改组为上海大学，设社会科学院、文艺学院及附属中学，下设社会学系、中国文学系、英国文学系、艺术系和俄文班。校长为于右任。他到广州任职后，由邵力子代理校长，陈望道担任教务长，兼任中国文学系主任，邓中夏任总务长，瞿秋白是社会学系的创办人和系主任。

　　上海大学具有国共合办的性质。于右任任校长时，聘请孙中山为名誉校董，汪精卫、张继、章太炎、马君武等为校董。上海大学创办初期，孙中山正在上海筹划与中国共产党进行合作事宜，改组国民党，因而对上海大学非常关注与支持。广州革命政府重建后，孙中山亲自批准每月拨款，给予上海大学经济资助，但上海大学是共产党人实际上在主持校务工作。茅盾在《回忆上海大学》一文中写道："这时学生中有与党有联系的，就来找党，要党来接办这学校。但中央考虑，还是请国民党出面办这学校于学校的发展有利，且筹款也方便些，就告诉原东南高等师范闹风潮的学生，应由他们派代表请于右任出面担任校长，改校名为上海大学。于是于右任就当了上海大学的校长，但只是挂名，实际办事全靠共产党员。"[①] "有着丰富开展工人运动经验的邓中夏，经李大钊推荐来'办上海大学'，目的是把上海大学建设成为'党的干部学校'。在出任上海大学总务长后，他负责主持学校的行政工作。在上大工作的两年时间里，邓中夏制定了《上海大学章程》，鲜明地提出了'传播革命理论，培养建国人才，推动革命运动'的办学宗旨。"[②] 同年 7 月，中共又派刚从苏联回国不久的瞿秋白出任上海大学教务长。

　　瞿秋白在国内大学首创社会学系，其课程以马克思主义基本理论为主，重视政治经济学、科学社会主义、哲学（辩证法唯物论）、社会发展史等，以及对劳动问题、农民问题、妇女问题等现实问题的研究，教学方式采取教师授课与学生自学相结合。学生自觉读书，提出问题，按级组成学习会，开展研讨活动。同时，参照苏联教育模式，根据中国教育发展的实际状况，瞿秋白撰写了《现代中国所当有的"上海大学"》，对上海大学的发展目标、院系设置、课程设置等都做

---

　　① 转引自黄宏、方华玲：《中国共产党初创时期的上海大学》，《百年潮》2020 年第 9 期。

　　② 黄宏、方华玲：《中国共产党初创时期的上海大学》，《百年潮》2020 年 第 9 期。

了详细的规划与安排。国民党右派陈德征在 1924 年被学生们驱逐出校，紧接着其他右派教师也相继离校。"非马克思主义学生大都相率去校，国民党教员更无插足余地，因此该校获有清一色的'共产党大学之称'。"① 除邓中夏、瞿秋白、陈望道之外，李大钊、任弼时、施存统、蒋光赤、蔡和森、恽代英、张太雷、萧楚女、沈雁冰（茅盾）等众多学识渊博的著名共产党人都先后到上海大学任职任教。

上海大学的学生来自全国各地，初期 160 余人，1924 年增至 300 多人，1926 年学生人数最多时近 800 人。学生成分不同、信仰各异，但多半是为了学习革命知识和救国道理而来。

上海大学也是中国共产党在自己创办的高校中第一个建立起党组织的学校。1923 年 7 月 9 日，上海地委兼区委决定将居住相近的党员重新分组。全市党员被编为四个小组，上海大学为第一组，组员有瞿秋白、张太雷、邓中夏、施存统、王一知、许德良、林蒸等 11 人，以林蒸为组长。这也是上海市大学中最早的中共基层组织。从 1923 年 8 月到 11 月间，许德良、施存统、王一知、陈比难等先后担任过上海大学的党小组长。随着党员人数的不断增加，为了加强党的组织建设，加快党组织的发展进度，上海大学在原先党小组的基础上建立了党支部。1926 年 3 月，党支部改为直属中共上海区委领导的独立支部，这也是当时上海市学校系统中唯一的党支部。至 1926 年底，中共上大支部已经从 61 人迅速增长至 130 人，成为全市党员最多的支部。上海大学基层党支部的创建与发展，不仅使马克思主义在中国的早期传播具备了一定的组织形态，更推进了马克思主义在校园内外的宣传与教育。

上海大学也是中国共产党创办的第一所对学生进行马克思主义哲学、社会科学教育，以及以马列主义为指导进行社会科学研究的高校。如社会学系为学生们开设了"社会学概论""马列主义哲学"（瞿秋白）、"社会进化史"（蔡和森）、"帝国主义铁蹄下的中国"（漆树芬）、"民族革命演讲大纲"（董亦湘）、"科学社会主义"（熊得山）、"青年问题"（杨贤江）、"新社会学"（李达），以及"对列宁《帝国主义论》的解读"（张太雷）等众多课程。一批教师还编写

红色基因
与科学逻辑 **047**

---

① 黄宏、方华玲：《中国共产党初创时期的上海大学》，《百年潮》2020 年第 9 期。

了用马克思列宁主义指导下研究社会科学和现实问题的讲义、著作。如瞿秋白、施存统、安体诚的《社会科学讲义》，蔡和森的《社会进化论》，恽代英的《中国政治经济状况》，萧楚女的《中国农民问题》，邓中夏的《中国劳工问题》，等等。这些讲义、著作不仅发给学校内的学生，而且由上海书店出版活页本，在社会上广泛发行。

上海大学还将理论教育与革命斗争实际、课堂教学与社会实践结合起来，培养学生"具有家国情怀"，成为"致力于社会发展和国家建设的栋梁之材"，组织师生走出校园、深入工农，组织兴办平民教育、工人夜校。1924 年春，上海大学在西摩路的校园内开办了平民学校，由上海大学师生担任教职员；11 月，学员已经达到 460 余人。五卅运动爆发前，上海大学在上海学生运动中已经占有重要地位。1925年五卅运动中，学校的政治思想活动以共产党和国民党左派占优势，他们积极参加群众革命运动，成为运动中的先锋。当时在上海大学就读的中共早期重要领导人李硕勋，是全国学联总会会长兼交际部主任，林钧、高尔柏、梅殿龙、刘辟云、余泽鸿、韩光汉、余季女等上海大学学生都是上海学联的干部。他们积极组织演讲，援助工人罢工，在革命斗争中发挥了重要作用。1926 年北伐战争开始后，上海大学学生纷纷南下，投身北伐战争者数百人。

上海大学的办学还有一个具体的目的，那就是为中国共产党培养研究社会实际问题和建设新文艺的革命人才。上海大学的学生秦邦宪（博古）、陈绍禹（王明）、王稼祥、杨之华、丁玲、阳翰笙等人后来都成为中国共产党理论与思想宣传、文艺战线上的著名人物。

因上海大学在五卅运动中积极参加反帝斗争，帝国主义曾派海军陆战队包围学校，驱逐学生，强占校舍。当年秋季，上海大学被迫迁校，以租赁民房的形式开学授课。1927 年春，学校迁入江湾新校舍。1927 年 4 月，蒋介石发动反革命政变后，封闭了上海大学。

上海大学从 1922 年到 1927 年存续五年时间，虽然时间并不长，但它却是中国共产党成立后，一直到延安时期前，办学时间最长的高等学校。广大进步师生为宣传马克思主义理论、结合中国革命的实际研究马克思主义，以及为反帝反封建的民主革命做出了重要的贡献。特别是为中共早期培养了一批优秀的、高层次的理论工作者。更重要的是，为中国共产党后来创新发展具有中国特色的高等教育奠定了良好的基础，提供了丰富的经验，培养了优秀的干部。

（四）农民运动讲习所

农民运动讲习所 1924 年 7 月在当时的大革命中心广州成立，校址原为番禺学宫（孔庙）（今广州市越秀区中山四路 42 号）。它是第一次国共合作时期，由共产党人彭湃等倡议，以国民党名义开办的，是国共合作时期培养农民运动的干部学校和全国农民运动研究中心。其初名广州农民运动讲习所，从 1924 年 7 月至 1926 年 9 月，在广州共举办了六届。第一届到第五届，讲习所主要为广东、湖南等地培养农民运动的干部。彭湃、罗绮园、阮啸仙、谭植棠等著名农运领导人先后担任前五届主任。

农民运动讲习所招收革命知识青年、从事农运的农民和少数从事工运的工人。课程有革命基础知识、农民运动的理论及实施方法、军事训练等。学习期限各期不同，大致为一到三个月，结业学员 454 人。1926 年，为了适应全国农民运动迅猛发展的形势，中国国民党农民部农民运动委员会决定扩大农民运动讲习所的规模，招收中学程度的学生，培养全国农运干部，实行所长负责制，由毛泽东担任所长。1926 年 5 月，第六届开学，学员来自全国二十个省区，经过四个月学习，结业学员 318 人。毛泽东、萧楚女、周恩来、李立三、彭湃、恽代英、张太雷、邓中夏、林祖涵（林伯渠）等中国共产党早期领导人担任专题课教师。

农民运动讲习所的教学活动坚持马克思主义理论与中国农村实际相结合的原则，采取课堂讲授与课外实习、自学与集体讨论、实际调查研究的方式。如毛泽东主持的第六届，理论课采取专题讲授的办法，计二十五个专题。其中，基础理论课有中国史概要、中国民族革命运动史、中国国民党党史、各国革命史、苏联状况、中国政治状况、中国财政经济状况、帝国主义、社会问题与社会主义、经济学常识、法律知识、地理、三民主义等十三个专题，专业理论课（包括农运理论和农村工作必需的知识技能）有中国农民问题、农村教育、中国职工运动、军事运动与农民运动、农村合作概论、农业常识、革命歌、革命画以及广东省农民运动状况等十二个专题。为了引导学员养成关注实际的意识和研究实际问题的能力，讲习所把来自二十二个省的学员分成十三个农民问题研究会，每周开会一两次，研究各自所在省区农民实际问题，做出包括租率、田赋、抗租减租、地主财富来源、国防情况、兵祸天灾、妇女地位、厘金、杂税杂捐、民歌民俗等三十六个主题的全国调查，调查所得资料编印成《农民问题丛刊》在各地交流传播。

在理论学习的同时，讲习所还对学员进行"正规之军事训练"，"俾学成之后，能为农民武装自己之领导"。[①] 军训内容包括军事理论、实际调查、军事操练等，军训时间约占总学时数的三分之一。蒋介石发动"四一二"反革命政变后，农讲所的军事课增加到每天四小时。

从 1926 年 11 月下旬起，毛泽东赴江西、湖北、湖南进行农民运动考察，向三省国民党党部建议"在武昌合办农讲所，三省党部自然都表赞同"，"并由湖南省党部提议，组织湘、鄂、赣农民运动讲习所筹备处，筹划进行"。1927 年 1 月 16 日，在武昌成立筹备处，毛泽东与周以栗、陈克文为筹备委员。2 月下旬，国民党中央常务委员会第七十六次会议决定，将筹备中的湘、鄂、赣三省农民运动讲习所扩大为国民党中央农民运动讲习所。3 月初，国民党中央农民运动委员会第一次会议批准中央农民运动讲习所筹备处提出的农讲所章程。章程明确规定，"本所以养成深明党义之农民运动实际工作人员为宗旨"，并互推邓演达、毛泽东、陈克文三人为常务委员。

3 月 7 日，江西、湖北、江苏、河南、河北及东北三省到中央农民运动讲习所报到的学员已有 400 余人，农讲所常务委员会决定先期开班上课，以应各省农民运动之急需。农讲所聘请周以栗为教务主任，陈克文为训育主任，季刚为事务主任，郭增昌为总队长。同时，广州农民运动讲习所也迁到武汉，与中央农民运动讲习所合并，各省学员又陆续到校，学员不断增加。

中央农讲所招收的 800 多名学员来自全国各地，以"两湖"、江西最多。学员最初被编为三个班，学习时间原定为 4 个月。课程设置根据当时农民运动发展的需要，除军事训练外，共 28 种，其中"农民自卫""乡村自治""湘省农民代表大会决议案及宣言""农民组织及宣传""农民运动理论及策略""农民调查统计及报告""中国农民运动及其趋势""各国农民运动概况""国民党宣言及决议案""帝国主义与中国""世界政治经济状况""社会进化史""政治常识"等

---

① 《第六届农民运动讲习所办理经过》，《中国农民》第 2 集第 9 期，1926 年 11 月。

13门课是新开的。毛泽东亲自为学员讲授"农民问题""农村教育"两门课程。他在这年的春夏之交，还为学员讲授了由他撰写的重要著作《湖南农民运动考察报告》。

这时的农讲所学员实行军事编制，每日军训两小时，每周到野外进行一次军事演习。1927年5月，湖北麻城发生了土豪劣绅勾结河南光山红枪会匪徒捣毁农会、屠杀农友、围攻县城的恶性事件。武汉国民政府闻讯派出警卫二团一营赴麻城镇压，中央农民运动讲习所派出的200余名学员被编为中央独立师第二团第三营，很快肃清了麻城的土匪。5月17日，国民革命军独立十四师师长夏斗寅在宜昌叛变，进攻武汉。毛泽东组织农讲所部分学员在武昌城内同黄埔军校武汉分校学生一起实行戒严，直到19日叛军被击退。

蒋介石、汪精卫相继发动反革命政变后，农民运动讲习所学员被迫撤离武汉，参加了著名的八一南昌起义，讲习所的历史宣告结束。农民运动讲习所为新民主主义革命培养了一批从事农民运动的优秀干部，促进了大革命时期农民运动的发展。土地革命的风暴掀起之后，许多人又成为各地武装起义和工农武装割据的骨干。同时，这所学校除具备中国共产党初期干部高等学校的一般特征外，还是一所培养专门干部即农民运动干部的学校，这为中国共产党在革命根据地局部执政条件下大力兴办专门干部高等教育院校提供了实践基础与宝贵的经验。

四、 中国共产党早期高等教育的基本特征

总括中国共产党这一时期的高等教育，有以下显著特征。

一是以马克思列宁主义为指导，并对师生进行马克思列宁主义的宣传教育，强调无产阶级的教育，这是与民国时期其他各级各类高等教育的本质区别。

二是将马克思列宁主义基本原理与中国实际相结合，尽管是初步的，但无论是对学员进行马克思列宁主义教育，还是运用马克思列宁主义教育思想办学，都有了这种"结合"的自觉意识，并进行了初步的实践探索，取得了初步的成果和宝贵的经验。

三是以服务现实革命斗争需求为办学逻辑，以培养革命现实需要的干部与人才骨干为主要目标，这是中国共产党新民主主义革命时期高等教育的显著特征。

四是理论与实际相结合，注重革命实践教育，强调学用一致，强调教学内容的少而精，注重脑力劳动与体力劳动的结合，注重对现实问题的研究，将对现实问题的研究成果纳入教育教学中，具有了马克思主义教育思想中关于人的全面发展观的意识。

五是高度重视思想政治教育，注意对学员进行马克思列宁主义世界观、人生观的改造与革命化的思想作风培育。

六是注意到了现代高等教育中国化的问题，注重吸收改造中国传统高等教育的优秀成分，特别强调自主学习、自主研究，以自学为主、以教授为辅，教学相长、师生平等。这一点在毛泽东的早期教育思想与湖南自修大学的教育实践中表现得特别突出。同时，还注意学习吸收西方现代高等教育与民国高等教育的优秀成分，并未排斥西方高等院校办学的学科逻辑对于学科与学术的高度重视，这一点在上海大学体现得较为明显。

上海大学的前身是私立大学，本身是按照当时民国大学模式建立的学校，而上海当时又是民国大学最发达的城市，有许多当时已很著名的大学，如复旦大学、交通部南洋大学（上海交大前身）等。当时在校任职任教、实际管理上海大学的共产党人，大多具有民国大学学习与任职任教以及国外留学的经历，因此不能不受到以西方高等教育模式为主体的民国大学的影响。但作为中国共产党实际领导、以马克思主义者为骨干而管理的上海大学，与民国大学是有本质不同的，它吸收了民国大学许多优秀的成分，受到民国大学的深刻影响，但主体上依然是以马克思主义为指导的新型大学。它的兼收并蓄，为中国共产党延安时期创新发展中国特色新型高等教育发挥了特殊的重要作用。

七是开创了专门干部教育的先河，如专门培养妇女干部的上海平民女校，特别是专门培养农民运动干部的农民运动讲习所。这一点对苏维埃根据地，特别是延安时期的干部高等教育影响都非常大。

八是首开在高等院校建立党组织之先河。如在上海大学设立与发展党的基层组织，发挥了党支部的战斗堡垒作用与党员的先锋模范作用。这一点在土地革命之后的根据地与解放区高等学校得以全面实施。

中国共产党早期高等教育的实践与探索，无论是从中国共产主义运动的历史上讲，还是从中国现代高等教育的发展历史上讲，都是开天辟地的事业，对于中国革命与中国现代高等教育的发展都具有不可替代的重大意义。特别是对中国共产党创新发展中国特色现代高等教育的理论与实践历程而言，这是奠基之作，是初心之初心，是逻辑起点，也是中国共产党实现中国现代高等教育"延安模式"的理论与实践的源头与根基，是研究中国现代高等教育"延安模式"必须回望的重要历史阶段。

第三节　苏维埃政权下的高等教育

　　武装割据，建立农村革命根据地，使中国共产党有了局部执政的条件，中国历史上第一次出现了人民当家做主的民主政权。当时的根据地称为"苏维埃区域"，简称"苏区"（苏维埃是俄语的音译，即工农兵代表大会）。"在土地革命战争时期的苏区教育，由于密切结合革命战争，土地革命和工农政权的建设，才突破近代以来那种'正规化'的办学道路，开始形成自己的特色。"① 革命根据地的社会性质是新民主主义的，在革命根据地，随着政治经济的变革，文化教育也实行了变革。在教育方面，废除了奴化的、封建主义的、法西斯主义的教育，创立了新民主主义教育，并初步形成了一个独立的教育体制。这种教育以崭新的姿态出现于中国，为中国教育史写下了新的篇章。

　　苏区的教育体制包括在职干部教育、干部学校教育、群众业余教育、小学教育和部队教育五个组成部分。在整个教育事业的比重中规定，干部教育放在第一位，国民教育放在第二位；在干部教育中，又把在职干部教育放在第一位；在国民教育中，工农业余教育重于儿童教育；等等。因此，高等教育的地位并不十分突出，只是在干部学校教育中具有了高等教育的性质，而且只存在于中央苏区，其他农村根据地在土地革命战争时期基本没有高等教育。这主要源于国民党反动派对各个苏区残酷的军事"围剿"和经济封锁，使各个苏区处于相互分割且不稳定，经济、文化、教育与社会处于极端落后的状态，不具备发展的基本条件。

红色基因
与科学逻辑　**053**

―――――――――

① 　陈桂生：《中国革命根据地教育史（上）》，华东师范大学出版社，2015，第1页。

一、 苏维埃政权的建立与苏维埃的教育方针政策

正当以国共合作为基础的大革命运动轰轰烈烈开展，北伐节节胜利之际，1927 年 4 月 12 日，以蒋介石为首的国民党右派在上海发动反革命政变（"四一二"政变），开始用暴力手段实行"清党""分共"，对中国共产党发动突然袭击，屠杀共产党员与工农革命群众。由于当时右倾机会主义错误在党内占据统治地位，中国共产党对此没有足够的准备，也没有有效的应对措施。4 月 18 日，蒋介石在南京另行成立代表大地主大资产阶级利益的"国民政府"。以左派面目出现、继续保持国共合作的武汉国民政府，在汪精卫等的主导下也很快撕下面具，公开反共、叛变革命，大革命运动遭受失败，共产党人和革命群众遭到野蛮屠杀。"据党的六大时的不完全统计，从 1927 年 3 月到 1928 年上半年，被杀害的共产党员和革命群众达 31 万多人，其中共产党员 2.6 万多人。"① 中国革命遭受重大损失。

国民党蒋介石集团和汪精卫集团相继叛变革命后，经过一段时间的相互争斗达成妥协，宁、汉两个"国民政府"实现合流。在此基础上，1928 年 2 月南京国民政府改组。宁、汉合流之后的国民党已经不再是工人、农民、城市小资产阶级和民族资产阶级的革命联盟，而是变成了一个由代表地主阶级、买办性的大资产阶级利益的反动集团所控制的政党。国民党在全国范围内建立了自己的统治，中国共产党人带领工农大众开始进行武装反抗国民党反动统治的斗争。

从进攻大城市转到向农村进军，这是中国革命历史上具有决定意义的新起点，而中央革命根据地的开辟与稳固，则为苏维埃政权下的高等教育提供了基础条件。从 1929 年初开始，红四军转战于赣西南、闽西广大地区，建立赣西南和闽西两大革命根据地，奠定了中央革命根据地的基础。1931 年 11 月，苏区中央局和中央革命军事委员会成立，第三次反"围剿"胜利后，赣西南、闽西根据地连成一片，中央革命根据地开始形成。

中央革命根据地，亦称中央苏维埃区域，简称中央苏区，位于江西南部、福建西部，是土地革命战争时期全国最大的革命根据地，全

---

① 中共中央党史研究室：《中国共产党的九十年（新民主主义革命时期）》，中共党史出版社、党建读物出版社，2016，第 101 页。

国苏维埃运动的中心区域，中共中央和中华苏维埃共和国党、政、军首脑机关所在地，最大时辖有瑞金、会昌、寻邬（寻乌）、安远、信丰、雩都（于都）、兴国、宁都、广昌、石城、黎川、建宁、泰宁、宁化、清流、归化、龙岩、长汀、连城、上杭、永定等 21 个县，人口约 250 万。它对各地区红军游击战争的发展和革命根据地的建设起到了鼓舞和示范的作用。

中央革命根据地诞生了中国共产党独立领导创建的第一个国家政体——中华苏维埃共和国，成为中国共产党治国理政的核心实践区。根据地坚持把党的建设、政权建设、军队建设、经济建设、文化教育事业作为推行土地革命、发展壮大革命力量、实现新民主主义革命的奠基工程，进行了积极的探索实践，为以后领导革命和建设事业积累了宝贵的经验。

1931 年 11 月 7 日至 20 日，中华苏维埃第一次全国代表大会在中央革命根据地首府瑞金召开，选举产生了中华苏维埃共和国中央执行委员会，宣布成立中华苏维埃共和国临时中央政府。随后，毛泽东当选为中央执行委员会主席和中央执行委员会人民委员会主席。大会通过的宪法大纲规定，苏区"建设的是工人和农民的民主专政的国家"，在苏维埃政权领域内的工人、农民、红军士兵及一切劳苦群众和他们的家属，不分男女、种族、宗教，"在苏维埃法律前一律平等，皆为苏维埃共和国的公民"。中央革命根据地的建立为中国共产党创新发展新民主主义的各项教育事业，特别是高等教育事业创造了历史前提与实践基础。

在中央苏区，中共中央形成了苏区教育的总方针，这是苏区教育发展的根本指针。苏区实行"工农武装割据"，配合和服务于"工农武装割据"是教育的主要任务，因而必须"实行普及教育，提高革命文化"。[①] 中华苏维埃第一次全国代表大会通过的《中华苏维埃共和国宪法大纲》确定的文化教育方针政策为："中华苏维埃政权以保证工农劳苦民众有受教育的权利为目的。在进行国内革命战争所能做到的范围内，应开始施行完全免费的普及教育，首先应在青年劳动群众中施行，并保障青年劳动群众的一切权利，积极地引导他们参加政治

---

① 江西省档案馆、中共江西省委党校党史教研室选编《中央革命根据地史料选编（下册）》，江西人民出版社，1982，第 1 页。

和文化的革命生活，以发展新的社会力量。"① 《中华苏维埃共和国第一次全国工农兵代表大会宣言》也宣布："工农劳苦群众，不论男子和女子，在社会、政治、经济和教育上，完全享有同等的权利和义务。""一切工农劳苦群众及其子弟，有享受国家免费教育之权，教育事业之权归苏维埃掌管，取消一切麻醉人民的、封建的、宗教的和国民党的三民主义的教育"；"在苏维埃政权之下，取消各种宗教团体的特别权利……政权组织、教育机关与宗教事业绝对分离，但人民有信仰宗教或反对宗教的自由"。② 这次大会设立了中央教育人民委员部，瞿秋白任教育人民委员部部长，徐特立任副部长。教育人民委员部下设初等教育、高等教育、社会教育和艺术四个局，初等教育及高等教育两个局协同管理普通教育，社会教育局及艺术局协同管理社会教育。此外，还设立编审局和巡视委员会。关于地方教育行政机构，1933 年规定省、县、区设教育部，省教育部下设普通教育科、社会教育科、编审出版委员会和总务科。

　　1934 年 1 月，毛泽东代表中华苏维埃共和国中央政府在中华苏维埃第二次全国代表大会上所做的《在第二次全国苏维埃代表大会的报告》中提出："苏维埃文化教育的总方针在什么地方呢？在于以共产主义的精神来教育广大的劳苦民众，在于使文化教育为革命战争与阶级斗争服务，在于使教育与劳动联系起来，在于使广大中国民众都成为享受文明幸福的人。"苏维埃文化建设的中心任务"是厉行全部的义务教育，是发展广泛的社会教育，是努力扫除文盲，是创造大批领导斗争的高级干部"③。毛泽东在《第二次全国苏维埃代表大会上的报告》中，还就教育应该为革命战争和阶级斗争的政治服务以及如何服务的问题做了明确的论述。他指出，苏维埃文化教育建设的目的就是"为着革命战争的胜利，为着苏维埃政权的巩固与发展，为着动员民众一切力量，加入伟大的革命斗争，为着创造革命的新时代"。为了达到此目的，苏维埃的文化教育政策就必须实行"文化教育的改

　　① 《中华苏维埃共和国宪法大纲》，载《苏区教育资料选编》，江西人民出版社，1981，第 1 页。
　　② 皇甫束玉、宋荐戈、龚守静编著《中国革命根据地教育纪事（1927.8—1949.9）》，教育科学出版社，1989，第 51 页。
　　③ 《毛泽东同志论教育工作》，人民教育出版社，1958，第 15 页。

革，解除反动统治阶级所加在工农群众精神上的桎梏，而创造新的工农的苏维埃文化"。同时，他还指出，在革命根据地内"应该实行文化革命，武装工农群众的头脑"①，其主要精神就是苏区的文化教育工作必须为无产阶级政治服务。

1933 年 4 月，中华苏维埃共和国临时中央政府教育人民委员部第一号训令规定"苏区当前文化教育的任务是要用教育与学习的方法，启发群众的阶级觉悟，提高群众的文化水平与政治水平，打破旧社会思想习惯的传统，以深入思想斗争，使能更有力的动员起来，加入战争，深入阶级斗争，和参加苏维埃各方面的建设"②，明确地指出了教育为无产阶级政治服务的意义，以及在当时条件下贯彻执行这个方针的具体任务。

苏区的教育方针已明确提出教育要密切地与生产劳动相结合，各地都必须坚决贯彻这一方针。如江西、闽浙赣工农兵代表大会文化教育工作决议案都规定苏区的文化教育方针，要"使文化教育与目前革命战争联系起来，使文化教育工作与工农群众实际生活联系起来，使劳动与知识联系起来，简单说来，就是要使文化教育社会化、政治化、实际化、劳动化"。《中华苏维埃共和国小学校制度暂行条例·总纲》中明确地提出了教育的任务——"要消灭离开生产劳动的寄生阶级的教育，同时要用教育来提高生产劳动的知识技术，使教育与劳动统一起来"③，并制度化地将教育与生产劳动相结合的方针落实到苏区各级各类教育的实践之中。

发展革命根据地文化教育事业的一个重要条件，是培养工农知识分子和利用旧知识分子。毛泽东在《第二次全国苏维埃代表大会的报告》中指出："为了造就革命的知识分子，为了发展文化教育，利用地主资产阶级出身的知识分子为苏维埃服务，这是苏维埃文化政策中不能忽视的一点。"1933 年 10 月举行的全国苏维埃文化教育建设大会根据党的统一战线政策，宣布苏维埃政府"吸收一切愿意为苏维埃服务的人才，旧的教员、旧的知识分子以及各种自由职业家"④。但在当

红色基因
与科学逻辑 **057**

① 转引自陈元晖主编《老解放区教育简史》，教育科学出版社，1981，第 7 页。
② 《中华苏维埃共和国宪法大纲》，载《苏区教育资料选编》，江西人民出版社，1981，第 6 页。
③ 转引自陈元晖主编《老解放区教育简史》，教育科学出版社，1981，第 8 页。
④ 转引自陈元晖主编《老解放区教育简史》，教育科学出版社，1981，第 13 页。

时，由于革命根据地受到"左"倾错误的影响，在某个时期内采取了对知识分子过"左"的政策，影响了团结、教育、改造知识分子政策的贯彻执行，这对于苏区教育事业，特别是高等教育事业的创立发展产生了消极的影响。

苏区的教育方针中还明确规定了各地可因时因地制宜，采取多种教育形式。《中央文化教育建设大会决议案》中关于苏维埃教育事业建设，要求在"对于一切人民，施以平等教育"的原则下，考虑到当时"革命形势的激急的转变"以及对人才的需求，"因此在学校种类上、科目增减上、修业期限上、课程标准上，以至教材选择上，均需有极大的伸缩，唯不违背实际环境，逐渐进到统一目标"。这一点对于苏区各级各类教育的发展，特别是高等教育的发展具有特殊的作用，也是以后抗日民主根据地和解放区教育发展的基本方针之一。

二、 苏维埃地区高等教育的实践与探索

苏区的高等教育一般归入苏区的干部教育体系之中，"苏区干部教育经历了三个时期：1931 年 11 月以前，由地方举办，以短期训练班为主，在军内主要是随营学校；1931 年 11 月至 1932 年年底，从以地方举办为主到中央与地方并举，干部训练班与干部学校并举，干部学校教育与在职干部学习并举；1933 年 1 月到 1934 年 9 月，干部教育从不正规、半正规向正规化过渡"。[①] 干部高等学校的创办集中在第三阶段，其主要有红军大学、苏维埃大学、马克思共产主义大学三所学校。

（一）红军大学

红军大学，全称为"中国工农红军大学"。前身为 1931 年秋建立的中央红军学校，该校从 1931 年到 1933 年共办了六期，其任务是"培养一大批工农分子的军事政治干部，以供充实红军各部队创造铁的红军及扩大红军以及地方武装的需要"。校长兼政委为叶剑英。随着中央苏区各方面工作的"正规化"和整个教育工作的"正规化"，加之革命战争的需要，红军学校改组并与苏维埃大学军事、政治等部合并而成红军大学，1933 年 11 月 7 日正式成立，首任校长兼政委为何长工。因为它设立在瑞金大窝的森林中，所以又称红军森林大学。

---

① 陈桂生：《中国革命根据地教育史（上）》，华东师范大学出版社，2015，第 45 页。

其学生是根据中央军委与总政治部的命令，从红军部队中招收久经锻炼、有实际工作经验、可资深造的干部，第一期招收学员六七百人。

学校的教育方针是"理论与实际并重，前方与后方结合"，着重阶级教育和党性锻炼，以及国际主义教育，培养目标是营团级以上的军事、政治干部。学校设指挥、政治、参谋三系，分高级指挥、上级政治、上级指挥、上级参谋四科，附设教导队、高射队和测绘队。另设高级班，调训军级以上干部。学习期限一般为八个月，各系的主要课程有党的建设、社会发展史、红军政治工作、步兵战斗条令、野战条令等。教员是专兼职结合，以兼职为主，刘伯承、王稼祥、邓小平等曾担任学校教员，当时党中央、中央革命军事委员会、苏维埃中央政府的主要领导都在这里担任教员或做报告。其教学方法为理论联系实际，理论与实际并重、前方与后方结合。当时处在残酷的战争环境中，因此更强调战争实际，更注重学以致用。所以，红军大学在教学上有一个非常突出的特点，就是在战争之中学习战争，除必要与少而精的理论课外，更着重于总结实际作战经验和军事演习指挥工作。

据陈元晖主编的《老解放区教育简史》记载：有时前线的指挥人员不幸阵亡，红军大学的学员就立即被派往前线代理他们的职务，亲自指挥作战，一直到战斗结束、新的指挥员接任后，才回学校继续学习，这在世界军事高等院校中恐怕都是极其特殊的。由于红军大学与前线建立了密切的联系，教员和学员都能够随时收集前线丰富的现实作战经验和各方面的材料，以便更好地充实教学内容，使教学工作更加密切地结合战争实际。除此以外，还经常进行各种军事演习。学员们分工订出作战计划，组成演习的指挥集体，由军事领导部门调配一部分战斗部队归他们指挥，进行实兵演习。[1]

红军大学也很重视正规化训练，重视干部素质的提高，教育干部在战时如何灵活领导与指挥战斗，在平时如何管理教育部队和战士，建立正规军队生活，建立政治工作制度，等等。同时，重视生产劳动教育，密切与人民群众的关系。在学习期间，学员们经常参加生产劳动。红军大学的校舍都是学员们自己建造起来的，校内还开辟有园圃、畜牧场、碾坊等。师生们在课余参加生产劳动，一方面进行劳动

红色基因
与科学逻辑 **059**

---

[1]　参阅陈元晖主编《老解放区教育简史》，教育科学出版社，1981，第15页。

教育，一方面也通过生产劳动，自力更生改善生活条件。在春耕、秋收农忙时节和夏季防汛紧张时期，学校就组织学员帮助驻地群众进行劳动。通过这些生产劳动，不仅加强了学员的劳动观点和劳动习惯，而且密切了学校和群众的联系。

红军大学在很短的时间里为红军培训了一批军事和政治工作骨干。如宋任穷、张宗逊、程子华、彭雪枫、宋时轮、周子昆、郭天民、刘道生等一批后来人民军队的高级将领，都曾在这所学校学习过。1934 年 10 月红军大学随红军长征，改名为"干部团"，工农红军到达陕北后，1936 年 6 月 1 日改名为中国抗日红军大学，全面抗战时期发展为中国人民抗日军政大学。

（二）苏维埃大学

苏维埃大学是中国共产党在抗日民主根据地创办的第一所具有综合性质的大学。据陈桂生所著的《中国革命根据地教育史（上）》记载：1933 年 8 月 16 日，中央人民委员会会议决定开办苏维埃大学。会议认为，因为革命战争的迅猛开展，围绕着革命战争的各项重大工作，如查田运动、经济建设、工人斗争、文化建设、财政工作、肃反工作、道路建设、新苏区的发展以及选举运动，都需要大批干部。这不是几十几百人的事，而是要有几千几万人充实到各项工作中去。临时中央政府各部都在开办训练班，为集中领导、统一教学与学习方法起见，需要开办综合性的苏维埃大学，并任命毛泽东、沙可夫、林伯渠、博古和潘汉年为大学委员会委员，以毛泽东、沙可夫为正副校长，着手筹备。当月 21 日，大学委员会决定招收 1500 名学生，暂分普通班与特别班（即专业班）。特别班包括土地、国民经济、财政、工农检察、教育、内务、劳动、司法等八个班，定于 9 月初开学，学生业已陆续到校。[①] 学制半年，学习内容有理论、实际问题和实习三个部分。普通班为预科，为文化水平不高的学员进行文化补习教育，学习期限不定。苏维埃大学的学员为苏维埃各级政府保送来的干部，他们必须是具有半年以上革命斗争的锻炼和工作经验，并且是在革命工作中有积极表现的在职干部。

1934 年 4 月 1 日，学校举行开学典礼，中华苏维埃人民委员会主

---

① 　参阅陈桂生《中国革命根据地教育史（上）》，华东师范大学出版社，2015，第 47 页。

席张闻天在开学典礼上提出：苏维埃大学学生应当学习领导广大工农劳苦群众，进行一切战斗动员工作，以支持革命战争；学习改善群众生活，保护工农利益；学习管理苏维埃国家和政权。① 新任校长瞿秋白在开学典礼上的讲话中指出，"大学开学的战斗任务，是为了发展中国的苏维埃革命，供给苏维埃革命运动的干部人才"；"每个学生同志，都应深刻地了解自己的伟大的使命，努力学习，努力参加实际的社会工作，遵守纪律，严厉制止一切地方观念以及开小差的行为，为中国的苏维埃革命运动而斗争"②。为纪念中华苏维埃革命运动的领袖之一沈泽民，学校定名为"国立沈泽民苏维埃大学"，徐特立任副校长。教员分正教员和副教员，正教员负责各科教学，副教员帮助正教员搜集教材、编写提纲、解答学生提问和检查学生学习等工作。在校长和学校管理委员会监督下设"学生公社"，由全体学生大会选举干事会来领导。

沈泽民苏维埃大学章程规定：苏维埃大学以造就苏维埃建设所需的高级干部为任务；招收有半年以上革命斗争历史、16 岁以上的青年；在文化程度方面，只要求能看普通文件……其课程包括苏维埃工作的理论、实际问题和实习三项。③ 为了使生活军事化，全校师生都要参加赤卫军，进行经常性的军事训练。

1934 年 7 月 16 日，中央人民委员会决定，苏维埃大学合并在马克思共产主义大学办理。不久，又随马克思共产主义大学以及红军大学合编为干部团参加长征。"苏维埃大学除具有苏区干部学校的一般优点以外，它的显著特色在于专业设置同政府各个工作部门挂钩，直接为政府各部门输送具有较高革命觉悟的各类业务干部。"④ 这一点对于抗日民主根据地，特别是延安时期的干部高等教育影响很大。

（三）马克思共产主义大学

马克思共产主义大学于 1933 年由苏区中央局与全国总工会执行局联合创办，校址在瑞金沙洲坝，直属苏区中央局，为党校性质的干

---

① 《国立沈泽民苏维埃大学志盛》，载《老解放区教育资料（一）》，教育科学出版社，1981，第 227—229 页。

② 《红色中华》第 170 期，1934 年 4 月 3 日。

③ 《沈泽民苏维埃大学简章》，载《老解放区教育资料（一）》，教育科学出版社，1981，第 226—227 页。

④ 陈桂生：《中国革命根据地教育史（上）》，华东师范大学出版社，2015，第 48 页。

部高等学校。其主要任务是培养领导前、后方革命政治工作的干部，分设高级班和初级班。高级班是训练中央苏区各省省委、省政府及各省总工会选送的高级干部，学习期限 6 个月。初级班分新苏区工作人员训练班和党团干部培训班，前者学习 2 个月，后者学习 4 个月，学校课程为马克思列宁主义基本原理、党的建设、苏维埃建设、工人运动、历史、地理、自然常识。

马克思共产主义大学于 1933 年 3 月 13 日开学。首任正、副校长为任弼时、杨尚昆，4 月初任弼时调离中央苏区以后，由洛甫（张闻天）、董必武接任正、副校长。在洛甫之后，罗迈（李维汉）也担任过该校校长。马克思共产主义大学共分三个班：（1）新苏区工作人员训练班。学员额原定 80 人，主要造就新苏区与白区工作人员。预定修业 2 个月，于 1933 年 6 月 14 日举行毕业典礼，实际学习 3 个月。（2）党、团、苏维埃政府和工会工作者训练班，又分四个小班。学员额每班 50 人，修业 4 个月，故通称"四月班"，于 1933 年 8 月 13 日毕业，实际学习 5 个月，毕业人数为 150 人。（3）高级训练班。学员额 40 人，原定修业 6 个月，学员由各省委、省苏维埃政府、省工会派送。同年 12 月 15 日毕业分配，实际学习 9 个月。

约在 1933 年 5 月，中共临时中央曾要求党校改变教学内容，即以俄共（布）历史为中心，压缩中共党史、中国苏维埃革命史内容。从 7 月初开始，党校高级训练班曾停课一个月，学员到粤赣省省会会昌县筠门岭实习，协助前线工作。回校后，董必武总结这次实习的收获是：帮助了边区对敌斗争，锻炼了工作能力，培养了工农感情。在学习期间，学员每隔两个星期要同中共区委联系一次，有计划地参加农村支部活动，星期六和假日还参加共产主义星期六义务劳动。①

中共中央和中央红军长征离开中央苏区时，马克思共产主义大学与并入的苏维埃大学及红军大学合编为干部团，随中央红军开始长征，1935 年到达陕北后改称中央党校，1937 年迁入延安。

马克思共产主义大学是中国共产党创办的第一所具有党校性质的干部高等学校，尽管它当时还不是完全意义的党校，但却为中国共产党延安时期创办著名的中央党校，以及党校系统奠定了坚实的基础，

---

① 陈桂生：《中国革命根据地教育史（上）》，华东师范大学出版社，2015，第 49—50 页。

具有重大的历史贡献。特别是"1936 年 7 月 19 日，张闻天在同斯诺的谈话中提到：一贯重视对干部的培养，这是我们党的优良传统。系统地'全面讲授'马克思主义，江西中央苏区马克思共产主义大学'还是第一次'"。[①] 这对于中国共产党以后的干部教育，特别是延安时期的高等教育产生了极其深远的影响。

（四）高尔基戏剧学校

中央苏区的高等教育，除了上述三所学校之外，高尔基戏剧学校值得关注。高尔基戏剧学校是苏区革命根据地创办的一所新型艺术学校，是在苏区红色戏剧运动基础上产生的。在游击战争时期，红军内就开展了各种文艺活动。1931 年底，中央军事政治学校成立了"八一剧团"。在它的带动下，各部队和地方陆续建立了许多业余剧团，并于 1932 年 9 月成立"工农剧社"。剧社举办的剧团，称为"蓝衫团"。1933 年 3 月，工农剧社决定举办蓝衫团训练班，也就是"蓝衫团学校"，设在瑞金西门外下场。蓝衫团学校于当年 4 月 4 日开学，9 月 14 日一期毕业，李伯钊担任蓝衫团团长兼蓝衫团学校校长。这是高尔基戏剧学校的前身。

1934 年 2 月，瞿秋白到苏区就任中央教育人民委员部部长，亲自指导苏区的戏剧运动。瞿秋白当时主张"话剧要大众化、通俗化，采取多样形式，为工农兵服务"[②]。他建议该校改名为高尔基戏剧学校，并为健全教学制度、提高教学质量，亲自领导制订了《高尔基戏剧学校简章》，使学校的教育工作更加规范化。该简章规定，高尔基戏剧学校"培养苏维埃戏剧运动与俱乐部、剧社、剧团的干部，养成苏维埃文化运动的人才；招收 17—25 岁曾参加一定革命工作的青年；修业 4 个月；课程为政治、文学、活报、舞蹈、唱歌和俱乐部问题、政治常识、戏剧理论。此外还有课外文艺活动与社会工作；教员分正教员和助教员两种，正教员教授各门专门技术与理论，助教员教授各种初步技术，指导学生课外活动"[③]。学校隶属于瑞金工农剧社总社，并直接受苏维埃临时中央教育人民委员部领导。该校集中了瑞金的许多

---

① 陈桂生：《中国革命根据地教育史（上）》，华东师范大学出版社，2015，第 49—50 页。

② 石联星：《秋白同志，我们怀念你》，《人民日报》1980 年 6 月 16 日。

③ 《高尔基戏剧学校简章》，载《老解放区教育资料（一）》，教育科学出版社，1981，第 244—246 页。

文艺人才，组成了强有力的教师队伍，李伯钊、石联星、王普青、刘月华、施月英、施月娥等任专职教员，沙可夫、赵品三、钱壮飞、李克农等来校兼课。

高尔基戏剧学校的教学贯彻理论与实践相结合的原则，艺术教育与现实斗争生活紧密联系，课堂教学与实习演出紧密结合。学校的教学安排和组织有以下三个特点：一是教授学生戏剧运动及革命文艺运动的基本知识；二是有组织地分派学员到各地俱乐部、剧社、剧团去实习；三是在学习期间组织各种研究会，培养学生的创造性。学生在校学习4个月，设唱歌、跳舞、活报剧、俱乐部问题、戏剧理论和政治常识等课程。学校除经常排演活报剧、小话剧、歌舞节目进行汇报演出和参加社会上的宣传活动外，还参加中央苏维埃剧团和工农剧社的演出。

高尔基戏剧学校先后办过普通班、地方班和红军班，两期毕业学生约有1000名，他们大都成为苏区工农剧社、苏维埃剧团、文艺宣传队和各级俱乐部的骨干力量，为苏区红色戏剧的建设和发展做出了重要贡献。1934年10月，中共中央和中央红军长征开始后，高尔基戏剧学校停止活动。

1938年4月，鲁迅艺术学院在延安创办时，与高尔基戏剧学校创办的基础、方式以及初期的办学模式几乎是一样的，沙可夫、李伯钊、石联星等高尔基戏剧学校的领导与教员都成为鲁迅艺术学院的具体创办人与骨干。

三、 苏维埃地区高等教育的主要特征

苏区的高等教育虽然具有初创性、不完善性，更多地体现出干部教育的性质，但它是中国现代高等教育发展史上出现的一种完全意义的新型高等教育，开创了中国共产党新民主主义革命时期革命根据地干部高等教育的先河，奠定了以后革命根据地干部高等教育的基础，同时也具有鲜明的特征。

（一）分庭抗礼的对立政权下的新型高等教育

"分庭抗礼的对立政权下的两种教育"，这个概念是华东师范大学陈桂生教授在其所著的《中国革命根据地教育史》中提出的。这是从中国现代高等教育史的角度考察苏区高等教育的重要切入点，也是重

要的前提。

"四一二"反革命政变之后，国共两党由合作变为对立，中国共产党领导的红色政权与国民党控制的国民政府开始分庭抗礼、水火不容，"围剿"与反"围剿"，生死对抗、尖锐惨烈，军事、政治、文化全面对抗。在教育领域当然也是如此，由此前依托或与国民党合作，转变为尖锐对立。正如陈桂生教授所指出的，北伐战争中"那个时期还缺乏无产阶级教育事业大规模发展所需的历史前提，即人民政权的建立。当时中国共产党的许多著名活动家掌握了一部分实际权力，在干部教育和群众教育方面尤其是这样，不过，在国共合作的统一战线中，不能不受到国民党各派势力牵制。虽然办起了颇有影响的干部学校，毕竟只是凤毛麟角。至于蓬勃发展的群众性教育事业，免不了带有自发性，最后也随着工农运动失败而遭受摧残。随着工农民主政权的建立和土地革命的展开，才开创了人民教育的新局面，使北伐大革命时期的国民教育传统得到继承和发扬"。① 这一论断是符合历史事实的，也是正确的。

从毛泽东带领秋收起义部队上井冈山开始，中国大地开始出现壁垒分明的两种政权——国民党政府统治下的白色政权与共产党独立领导的红色政权，由此也相应地产生了两种性质不同的教育，而中国现代高等教育发展的历史也开始了本质性的分离。中国现代高等教育的发展沿着不同的两条道路开始中国化探索。国民党政府领导下的三民主义教育以党化教育开局，离中国化似乎越来越远，没有也不可能突破西方高等教育的主体框架。而中国共产党领导下的革命根据地的新民主主义教育，则始终使教育紧密配合根据地军事斗争以及政治、经济和文化建设，重视教育制度与中国农村的实际结合，重视干部教育与群众教育，不断向高等院校办学的社会需求逻辑演进，不断地走向中国化。

（二）中国共产党对高等教育的绝对领导

中国共产党对高等教育及高等院校的绝对领导，开始于苏区高等教育的实践，是苏区高等教育最重要的特色。

党对高等教育及高等院校的绝对领导是具有前提条件的，这就是必须建立人民政权，必须具有执政地位。建党前后以及大革命时期，

---

① 陈桂生：《中国革命根据地教育史（上）》，华东师范大学出版社，2015，第 6 页。

因为党处于白色恐怖下的秘密状态，以及国共合作以国民党为主导时期，中国共产党没有合法地位，更没有政权与执政地位，所以没有对高等教育及高等院校绝对领导的历史条件。虽然党也根据马克思主义的教育思想制定了若干关于教育的指导思想、方针政策，党组织、党的领导者以及与国民党也联合举办过一些旨在培养干部的高等院校，但正如陈桂生教授所指出的，党的领导更多的是通过党的"著名活动家掌握了一部分实际权力"而实现，或者通过党的领导人、党员个人的影响力来实现。即使党组织自身举办的学校，在当时的历史条件下也必须以其他社会组织的名义出现，其学校的党组织也只能处于地下的秘密状态。在这种条件与环境下，要做到党对高等教育与高等院校的绝对领导是不现实的。

红军和苏维埃根据地的创建以及苏维埃政权的建立，使中国共产党获得了局部执政的地位，也使党对高等教育与高等院校的绝对领导具有了历史前提。特别是中央苏区的创建与巩固，以及中华苏维埃共和国的建立，为中国共产党创办和领导高等教育与高等院校建立了良好的前提条件。中国共产党制定了比较系统的新民主主义教育的指导思想、方针政策，并通过中华苏维埃全国代表大会将这些指导思想、方针政策变为人民的意志与中华苏维埃共和国的法规，由中华苏维埃共和国各级政府遵照执行，并在中央人民政府教育人民委员部下设了高等教育局，组织领导苏区高等教育。这就使党对苏区高等教育与高等院校的绝对领导有了坚强的保障与切实的抓手。

党对高等教育与高等院校的绝对领导，主要体现在五个方面：一是党依据马克思主义教育思想，结合中国新民主主义革命与建设实际，制定出新民主主义教育的思想路线、方针政策；二是将党的思想路线、方针政策，通过中华苏维埃全国代表大会变为苏区人民的意志，以及中华苏维埃共和国的国家法规；三是通过国家机器保障这些法规的实施；四是党的中央组织与地方组织亲自创办高等学校；五是在高等学校公开设立党组织，以保障党的思想路线、方针政策在学校得以贯彻执行，充分发挥党支部的战斗堡垒作用和党员的先锋模范作用。从苏区开始，党对高等教育与高等院校的绝对领导，在中国共产党创新发展中国现代高等教育新型模式的整个历史过程中，尽管在不同的历史时期其领导方式有所变化，但主题始终未变。

（三）马克思列宁主义教育思想的指导与马克思列宁主义理论教育

马克思列宁主义教育思想的指导与马克思列宁主义理论教育，这是中国共产党创新发展中国现代高等教育新型模式的灵魂，党从一开始就抓住了这一灵魂。但在苏区之前，与党的绝对领导一样，由于缺乏必要的历史前提，马克思列宁主义教育思想的指导与马克思列宁主义理论教育更多地只能在党的纲领、文件中体现，通过党的"著名活动家掌握了一部分实际权力"，以及从事高等教育的党的领导人、党员个人的影响力与自觉行为来实现，因此只能是局部的、有限的。

苏区党和政府公开制定和实施了以马克思列宁主义教育思想为指导的新民主主义教育指导思想与方针政策，公开在高等院校设立了马克思主义基本理论课程，明确要求对师生员工进行系统的马克思主义理论教育，明确要求高等院校学员必须学会马克思主义的基本原理，树立马克思主义的世界观与人生观，掌握马克思主义的方法论。马克思列宁主义光明正大地成为各项工作的指导思想。

尽管"左"倾教条主义错误逐步在党内形成统治地位，对中央苏区造成了较为广泛的影响，给革命事业造成了重大损失，特别是影响了马克思主义中国化的发展，而苏区高等教育的兴起与发展又主要是在中央苏区适逢"左"倾教条主义错误发展比较严重的时期，因此在马克思列宁主义教育思想为指导，以及进行马克思列宁主义理论教育方面都存在教条主义的倾向与问题。但由于马克思列宁主义教育思想对苏区高等教育的指导，苏区高校马克思列宁主义理论教育的实践奠基地位，在中国共产党创新发展中国现代高等教育新型模式的历史中是永恒的，有着重大的历史价值。

（四）强化教育的阶级性，主张教育为阶级斗争、革命战争和根据地建设服务

强调无产阶级教育的阶级性质与教育为无产阶级政治服务，这是马克思主义教育思想的灵魂。土地革命使党有了军队，有了根据地，有了政权，党领导的新民主主义革命有了基本的载体，这就是武装斗争与根据地建设。革命战争与根据地建设成为新民主主义革命相互依托、互为前提的两大基本任务与两大主题，这就决定了教育，特别是高等教育必须为革命战争与根据地建设服务。

与国民党政权的分庭抗礼、阶级斗争的激烈残酷以及劳动人民被

剥夺受教育权利的现实都强化了苏区教育的阶级性，使苏区教育成为无产阶级的为广大工农兵服务的教育，并使得在中国历史上真正有了人民的教育。正如陈桂生教授所指出的那样，突破了近代以来那种"正规化"的办学道路，开始形成自己的特色。高等教育更是如此，民国的高等教育进入 20 世纪 30 年代后，进一步强化了高等教育的"正规化"，在高中毕业生中实行会考制度以整齐大学生的入学程度，国民政府教育部制定并实行有关大学教师任职资格的规定，强调大学毕业考试制度，等等。从中国现代高等教育的发展历程看，这也是具有积极意义的，但从当时两种政权对立、阶级斗争激烈、教育严重不公平的社会现实来看，这无疑进一步强化了高等教育的精英化，加剧了高等教育的不公平，使广大工农群众及其子女更加失去接受高等教育的机会。而苏区的高等教育则反其道而行之。从教育的无产阶级性质，与为人民，首先是为工农兵大众服务的思想出发，取消了高等院校入学的学历、文化程度等资格限制。苏区没有高等学校入学的统一考试制度，也无学历要求，入学要求非常宽泛，教师也无学历资格要求，但都有政治素质与政治觉悟的要求，有革命工作经历和工作经验的要求。这是一种崭新的高等教育价值观，这种高等教育价值观从建党之初开始建立，并初步予以实践。从毛泽东创办的湖南自修大学，到苏区时全面实践取得成效与经验并初步确立，中国共产党始终如一地坚持这一高等教育的价值观，这是与民国高等教育的本质区别。

　　从高等教育必须为革命战争与根据地建设服务这一宗旨出发，苏区高等教育强调从革命战争与根据地建设实际出发，弱化高等院校办学的学科逻辑，强化社会需求逻辑与学以致用，其专业设置同政府各个工作部门挂钩，直接为政府各部门输送具有较高觉悟的各类业务干部。同时，弱化了高等教育的社会性，而强化了高等教育培养、培训干部的性质，甚至完全抛开了学历教育而强化高等教育的本质属性，为现实的革命与建设事业服务，培养能够从事新民主主义革命与建设的干部骨干人才。

　　苏区高等教育这一显著特征，既有历史局限性，更有历史必然性。这个思想、宗旨与价值观成为中国共产党创新发展中国现代高等教育新型模式的基本思想、宗旨与价值观。这一显著特征，虽然随着历史条件的变化，其实现方式有很大变化，但本质上始终没有改变。

（五）以干部教育为中心，联系实际与生产劳动相结合

这是苏区高等教育为阶级斗争、革命战争和根据地建设服务，以及强调其阶级性的逻辑必然，也是其实现的重要而具体的措施。在整个新民主主义革命历程之中，中国共产党一直将干部教育放在第一位，而将国民教育放在第二位；在干部教育中，又把在职干部教育放在第一位。"这是我国教育体制上具有特殊意义的独创结构"①，在高等教育中尤其如此，而苏区的高等教育则是其理论与实践的奠基者。"这个新的教育体制的建立，不是一朝一夕所能办成的，而是从创建革命根据地起到延安时期逐步形成的。""土地革命战争时期农村革命根据地的教育发轫于红军中对士兵的教育，后来才发展起各级各类教育。在各级各类学校的发展过程中，首先举办的是红军中各种干部学校以及训练班，其次才是以扫盲为中心的工农业余教育和开展普及教育中的小学教育。""苏区教育建设，为抗日根据地教育体制的改革积累了经验，描画了蓝图。"②

教育从社会实际出发、与生产劳动相结合是马克思主义教育思想的基本原则。马克思主义非常强调教育的社会性、实践性，因此中国共产党从一开始就将教育从社会实际出发、与生产劳动相结合作为教育发展的基本原则，并给予特别强调。

苏区时期是中国共产党首次对这一教育原则进行全面贯彻，并取得丰富实践成果与经验的时期。特别是苏区的高等教育，就是从苏区的社会实际出发，在教育形式、教育内容等方面紧密联系苏区的革命与建设实际，因地制宜、灵活机动，不拘一格、求真务实，教育、教学内容紧密地同生产实际、生活实际、革命实际联系起来，并结合各自的特点，组织广大师生参加生产劳动。在生产劳动中，对学生进行思想政治教育，培养劳动观点、群众观点和集体主义精神，加强组织性、纪律性，养成艰苦奋斗的作风等，克服了中国传统社会遗留下来的教育与生产脱节，与劳动人民分离，"万般皆下品，唯有读书高"，学生厌恶和轻视体力劳动，轻视劳动人民，自由散漫、纪律松弛等痼疾。此外，参加生产劳动，还创造了物质财富，增加了经济收益，减

---

① 陈元晖主编《老解放区教育简史》，教育科学出版社，1981，第Ⅶ页。
② 陈元晖主编《老解放区教育简史》，教育科学出版社，1981，第Ⅶ—Ⅷ页。

轻了人民政府和群众的经济负担，把教育和生产劳动结合起来，使苏区的高等教育为中国现代高等教育开一代新风，进入了一个崭新的阶段。

（六）创建崭新的符合实际的教学制度

土地革命时期，由于苏维埃政权与国民党政权分庭抗礼，国民党反动派对革命根据地进行疯狂的进攻与封锁，革命根据地又地处生产力水平与社会发展都极端落后的山区农村，这就决定了苏区的高等教育与民国高等教育是不同的两种高等教育。所以，苏区的高等教育不仅在教育指导思想、教育目标、方针政策方面与民国高等教育本质不同，而且在学制、专业、课程、教材和教法等方面完全抛开了民国高等教育以学习移植欧美西方高等教育的所谓"正规化"趋势，而是根据党和苏维埃政府的教育方针政策，为使革命根据地的教育适应革命战争和根据地建设的需要，进一步与生产劳动相结合，对学制、专业、课程、教材和教法等进行了全面的改革创新，建立了一套新的学制和课程及专业设置，自编了新的教材，改进了教学方法，形成了一套新的教学制度。

各级各类学校，为适应革命战争的迫切需要，打碎了旧的一套，所规定的学制都比较短。课程设置根据具体情况、学生成分、学校性质和办学形式而决定，没有统一标准。取消了刻板的科目设置，减少了一些繁杂无用的科目，改革了一些内容陈旧的科目，增设了革命战争和革命根据地建设需要的课程，以少而精、学以致用为原则。首先要学习马列主义和革命理论、党的历史与革命历史，党的政策和根据地情况。其次是学习与根据地建设密切相关的课程，而且课程必须与根据地建设的各种具体工作、各项具体任务相关。同时，凡比较复杂的技术课程，需要单纯讲授的，也列为重点讲授的课程。另外，文化水平低的干部，还要补习文化。在教学方法上，废除注入式、填鸭式教学，注重启发式、讨论式教学和自主式学习。教师专兼职相结合，以兼职为主，提倡实际工作部门的领导、专家到学校给学员授课做报告，倡导教学相长，自学为主、教授为辅。特别重视实习与实践，将其作为重要的教育教学手段。

尽管受当时条件与认识的局限，这种教学体制具有粗浅性、零碎性等缺陷，但对中国现代高等教育的改革发展来说，的确独树一帜，而且对以后中国共产党创新发展高等教育影响深远。

（七）确立了同志式新型的师生关系

苏区高等教育的一个非常突出的特征就是同志式的平等师生关系。这是中国共产党的政党性质以及以马克思主义教育思想为指导所形成的重要的教育价值观，是中国共产党教育思想的鲜明特征。

"师道尊严""一日为师，终身为父"，无论是文人表达还是民间表达，都形象而深刻地反映了中国传统师生关系的依附性与从属性，这是中国传统师生关系的基本伦理准则。即使中国传统书院的"师生关系融洽"，也是在"师道尊严""一日为师，终身为父"理念基础之上的融洽，而不是本质意义的平等，师生关系的基本伦理准则是不能也绝不容许突破的。西方现代高等教育从"人生来平等"理念出发，强调师生人格的平等，中国现代高等教育主体从西方移植，师生人格平等的理念也在中国现代高等教育中有所体现，对于中国传统的师关系来说这是一种很大的进步。但这种平等也只是职业关系基础上的平等，仍不是本质意义的平等。

苏区高等教育师生关系的平等是本质意义的平等。其核心在于：不仅师生实现了人格平等、地位身份平等，更本质的是师生形成了一种新型同志关系。同志是为共同的理想、事业而奋斗的人，亦特指同一个政党的成员。在我国古代，同志与先生、长者、君等词的含义一样，都是朋友之间的称呼，但一般是指志同道合的人。春秋时期，左丘明在《国语·晋语四》中对"同志"一词做了解释："同德则同心，同心则同志。"《后汉书·刘陶传》曰："所与交友，必也同志。"中国共产党赋予"同志"新的内涵，这就是具有共同的马克思主义信仰、共同的共产主义理想，以及共同为新民主主义革命事业而奋斗。这是新型同志关系的政治与伦理基础，所以在革命队伍中没有高低贵贱，没有人身依附，都是平等的同志关系。

高等院校作为革命事业的有机组成部分，师生员工自然都是革命同志，因而师生之间既不是上下关系，也不是职业关系，而只是革命的分工不同，教与学是辩证的统一。所以，教学相长，互相学习、互相批评，互帮互助、相亲相爱、共同奋斗是内在的逻辑。同时，学生不仅可以自由、自主地成立自治组织，实行自我管理、自我教育，更重要的是学生能够参与学校管理，成为学校的主人。如苏维埃大学的

"学生公社"，既是学生自治组织，也是代表学生参与学校管理的组织机构。特别要指出，由于学生与学校目标的高度一致性与师生新型的同志关系，苏区高等学校的学生组织自觉接受学校党组织的领导，与学校是促进关系而绝非对立关系。这种关系既体现了民主更体现了集中，既有自由意志也有纪律约束，这与国民党统治区的学生自治与学生运动具有本质的不同。

苏区高校师生新型同志关系的确立，为中国共产党创新发展中国现代高等教育，确立新型师生关系，奠定了思想、价值观以及实践基础，同时，在中国现代高等教育发展史上也是一个伟大的创举。

（八）受到"左"倾教条主义错误的一定影响

土地革命后期，以王明为代表的"左"倾教条主义曾在党内占有统治地位，给各项革命事业造成了重大损失。"王明等人在反对国民党反动统治、主张土地革命和红军斗争这些中国革命基本问题上的观点，同党的纲领是一致的。但他们所采取的政治策略、军事策略和干部政策在主要方面都是错误的。""要求继续打击中间营垒，强调推行'进攻路线'。整个来说，王明的'左'倾教条主义错误比李立三的'左'倾错误更坚决，形态上也更完备，并且更有'理论'色彩，造成的危害也更大。"[①] 其危害是脱离中国革命的实际，脱离革命战争和苏区的实际，把马克思列宁主义教条化，将共产国际指示与苏联经验神圣化，盲目蛮干。其在党内逐步占据统治地位，因此不可能不对苏区，特别是中央苏区的整个教育包括高等教育造成深刻影响。其主要表现在两个方面：

其一是"左"倾教条主义者强调以共产主义为内容的国民教育政策。他们过早地、过"左"地确定以共产主义为内容的国民教育政策，把进行共产主义宣传、共产主义精神的教育，与确定以共产主义为内容的国民教育政策混为一谈、不加区别，所以他们对教育内容和制度以及政策的厘定都是过"左"的、不正确的，在当时的社会条件下必然会妨碍教育事业的发展。超越历史条件，必然欲速而不达；脱离现实条件，必然事倍而功半。

---

① 中共中央党史研究室：《中国共产党的九十年（新民主主义革命时期）》，中共党史出版社、党建读物出版社，2016，第146页。

其二是对知识分子过"左"的排斥与关门主义政策，这对苏区高等教育的影响更大。高等教育是一项特殊的事业，必须以知识分子为主体。苏区包括中央苏区都地处偏僻的山区农村，不要说知识分子，就连识字的人也都是凤毛麟角。因此，要发展苏区的高等教育事业，理应大力吸收知识分子，尤其是苏区之外的知识分子。但"左"倾教条主义不适当地、错误地强调知识分子的资产阶级属性，认为知识分子属于"中间势力"，而中间势力又是"最危险的敌人"，因而他们自觉地排斥知识分子，这些政策同他们的政治路线一样是错误的。这种过"左"的政策受到革命根据地广大教育工作者的抵制，但也造成了苏区高校缺乏知识分子、师资队伍薄弱、整体水平偏低等问题。

当时苏区的高等教育还处在中国共产党领导的新民主主义高等教育起步阶段，初具形态。同时，国民党政权还只是对全国政权实现了形式上的统一，中国实际上还处于四分五裂的状态，许多地方军阀各据一方，西方列强在中国仍有很大的势力，军令政令事实上无法统一，国民党对全国的控制力很弱。这一方面为中国共产党武装割据，创建农村根据地提供了极好的条件。另一方面，国民党政权事实上对国统区高等教育的控制力也较弱，虽然在高校推行三民主义，强化"党化教育"，但实际上徒有虚名，这反而为中国现代高等教育发展提供了较为宽松的环境，出现了多元并举、快速发展的良好态势。但由于两个政权的尖锐对立，国民党反动派对苏区实施疯狂的"围剿"与封锁，苏区与国统区完全处于隔绝状态，这使得苏区的高等教育与国统区的高等教育彻底分离，没有也不可能有任何交流。客观上讲，这在一定程度上影响了苏区高等教育发展的视野。再加上中央苏区后期越来越严重发展的"左"倾教条主义错误，也使苏区自觉地排斥民国高等教育，这在很大程度上影响了苏区高等教育的多元化，影响了对民国现代高等教育发展积极因素的吸取。

尽管有这样那样的缺陷与不足，但事物的原始状态最能反映事物的本质。苏区的高等教育是中国共产党领导下的新民主主义高等教育，以及中国共产党扎根中国大地办大学，探索创新现代高等教育中国道路、中国特色、中国模式的重要的逻辑起点。同时，它也是中国现代高等教育"延安模式"的逻辑起点、最初形态，在中国现代高等教育历史上具有重大的价值与意义。

第二章

走向兴盛：
延安时期的干部高等教育

延安不仅以中国革命的指挥中心和战略总后方闻名于世，而且以"学城"吸引着各抗日民主根据地的各级各类干部，以及国统区、沦陷区的广大优秀知识青年和革命知识分子。

延安时期是中国共产党整个新民主主义革命历程中干部高等教育的发展与成熟时期，经历了从速成培训班到正规学校教育、从干部教育到干部教育与国民教育相结合的转变，更是中国共产党扎根中国大地办大学的全面探索时期，并初步建立起较为完整的高等教育体系。在抗日战争和解放战争极其艰苦的条件下，这些院校在中共中央和中共中央西北局、陕甘宁边区政府的直接领导下，围绕党的中心工作，开创性地进行教育思想、教育体制、教育教学内容与方法的改革和实验，在马克思主义中国化的第一大理论成果——毛泽东思想的指导下，在延安精神和延安文化的培育熏陶下，在教育改革与创新的伟大实践中，逐渐培育和制定出新的教育思想、教育理念、方针政策、体制机制，形成了中国现代高等教育的"延安模式"，实现了中国现代高等院校办学的逻辑转换。

延安时期的干部高等教育与高等院校发展的鼎盛具有极其重要的历史前提与历史条件，同时也是时代的主题与现实困境的逻辑必然。

第一节　时代的主题与现实的任务

长征胜利到达陕北、中共中央落脚延安，以国共合作为基础的抗日民族统一战线的形成，陕甘宁边区和陕甘宁边区政府的创建，这是开创中国共产党延安时期辉煌业绩的历史前提，也是延安时期干部高等教育与高等院校发展鼎盛的历史前提。

全面抗战爆发之后，领导中国人民建立抗日民族统一战线，抗击日本帝国主义侵略，驱逐日寇出中国，实现中华民族独立解放，成为新的时代主题。在这一历史前提和时代主题下，需要组织起千百万的抗日大军，需要千千万万的领导骨干去落实党的政治路线以及各项方针政策，实现中国共产党在全民族抗战中的政治领导，发挥中流砥柱作用，需要大量的各方面的专业技术人才，进行新民主主义的政治、经济、文化和社会建设，以巩固和发展中国共产党所领导的敌后抗日民主根据地。然而，现实的困境在于，由于以王明为代表的教条主义错误，第一次土地革命遭受重大挫折，中共中央和南方红军被迫长征，革命力量遭到严重削弱，已不足以承担起这一伟大历史主题的责任。这是延安时期干部高等教育与高等院校发展鼎盛的现实动力。

一、 延安时期干部高等教育发展的历史前提

1934 年 10 月，中央革命根据地第五次反"围剿"失败，中共中央和工农红军一方面军八万余人不得不退出中央革命根据地，实行战略大转移，开始长征。1935 年 10 月 19 日，中共中央和中央红军历经艰苦卓绝的二万五千里长征，胜利到达陕北吴起镇与陕北红军会师，中共中央和中央红军长征宣告结束。

10 月 22 日，中共中央在吴起镇召开政治局会议，决定在陕北"立足"，"保卫和扩大陕北苏区，以陕北苏区领导全国革命"[①]。会议指出，我们在这里将开始"新的有后方的运动战"，陕、甘、晋三省将是我们将来"发展的主要区域"。

11 月 4 日至 24 日，毛泽东、周恩来、彭德怀指挥红一军团和红十五军团进行了直罗镇战役。直罗镇战役的胜利，彻底粉碎了敌人对陕甘根据地的第三次"围剿"，为党中央和红军把革命的大本营放在西北，推动全国抗战，举行了一个奠基礼。

1935 年 12 月 17 日，中共中央在驻地安定县（今子长市）瓦窑堡

① 中共中央文献研究室编撰《毛泽东年谱（上卷）》，人民出版社、中央文献出版社，1993，第 482 页。

召开政治局会议。会议着重讨论全国政治形势和党的策略路线、军事战略。25 日，会议通过了《中共中央关于目前政治形势与党的任务决议》，确定了建立抗日民族统一战线的政治路线。27 日，毛泽东根据会议精神，在党的活动分子会议上做了《论反对日本帝国主义的策略》的报告。毛泽东在报告中详尽地阐述了建立抗日民族统一战线的可能性和必要性，并且批评了党内长期存在的"左"倾关门主义。毛泽东还特别指出党在抗日民族统一战线中坚持领导权的极端重要性。

瓦窑堡会议总结了两次国内革命战争的历史经验，决定建立广泛的抗日民族统一战线，从而解决了遵义会议没有来得及解决的党的政治路线问题。瓦窑堡会议后，建立抗日民族统一战线的工作在全党范围内卓有成效地开展起来。

依据瓦窑堡会议确立的抗日民族统一战线理论，中国共产党改变过去只做下层统战工作的状况，采取上下层相结合的办法，把重点放在上层，一方面尽可能争取爱国领袖，另一方面尽可能争取地方实力派和军队将领。中共中央分析当时西北地区的形势，把争取张学良的东北军和杨虎城的西北军作为上层统战工作的重点，分别对张杨部队展开统战工作，争取这两支进驻陕甘的国民党军队同红军一起抗日，首先实现西北地区抗日大联合。

1936 年 4 月 9 日，周恩来与张学良在延安城内一座天主教堂内秘密会晤，双方一致同意停止内战、共同抗日，并对许多问题交换了意见，达成协议。从此，红军、东北军、西北军三位一体，一个抗日民族统一战线的全新局面在西北逐渐形成。

西北统一战线的形成，使红军得到迅速恢复和发展。与张杨停战议和之后，陕北革命根据地有了一个相对稳定的和平发展时期，又因与东北军、西北军实施交通、贸易等协定，根据地生产有了一定程度的恢复发展。红军既有了休整的时间，又得到张杨的资助，红军力量也得到迅速发展。1936 年 10 月，中国工农红军一、二、四方面军在甘肃省会宁地区会师，宣告长征的胜利结束。1937 年初，在陕北的红军由长征结束时的三万余人，增加到七万多人，为全面抗战做了一定的人力和物力准备。

西北统一战线的形成，在国民党不抵抗主义的阵线上打开了一个大缺口，打破了国民党反动派"攘外必先安内"的反动政策。

由于中国共产党政策的感召和全国抗日救亡运动的推动，1936 年
12 月 12 日张学良、杨虎城发动"西安事变"，扣留蒋介石，提出停
止内战、保障人民的民主权利、共同抗日等八项主张。中国共产党迅
速确定了和平解决"西安事变"的方针，并应张学良、杨虎城的邀
请，派周恩来、叶剑英、博古（秦邦宪）等人赴西安谈判，迫使蒋介
石接受停止内战、联共抗日等 6 项条件。从此，结束了国共内战，形
成了国内和平新局面，西北革命根据地也迎来了相对稳定的时期。

1937 年 2 月 10 日，中共中央为实现第二次国共合作致电国民党
五届三中全会，提出了救国救民的"五项国策""四项保证"。"五项
国策"即："（一）停止一切内战，集中国力，一致对外；（二）保障
言论、集会、结社之自由，释放一切政治犯；（三）召集各党各派各
界各军的代表会议，集中全国人才，共同救国；（四）迅速完成对日
作战之一切准备工作；（五）改善人民生活。"中国共产党方面则保
证："（一）在全国范围内停止推翻国民政府之武装暴动方针；
（二）工农政府改名为中华民国特区政府，红军改名为国民革命军，
直接受南京中央政府与军事委员会之指导；（三）在特区政府区域内，
实施普选的彻底民主制度；（四）停止没收地主土地之政策，坚决执
行抗日民族统一战线之共同纲领。"

1937 年 2 月 15 日至 22 日召开的中国国民党五届三中全会，对中
国共产党给中国国民党三中全会电做出了反应。21 日，全会通过了
《关于根绝赤祸之决议案》。这个决议对中国共产党领导的中国革命进
行了诬蔑，但决议实际表明，国民党已经接受了中国共产党提出的两
党合作的建议，并规定取消国民革命军与红军的对立，取消国民政府
与苏维埃政府的对立。[①]

1937 年 7 月 7 日，日本侵略军向北平西南的卢沟桥发动进攻，制
造了震惊中外的七七事变。七七事变标志着日本帝国主义发动全面侵
华战争的开始。事变第二天，中共中央发布通电："全中国的同胞们！
平津危急！华北危急！中华民族危急！只有全民族实行抗战，才是我
们的出路！我们要求立刻给进攻的日军以坚决的反攻，并立刻准备应

---

① 《关于根绝赤祸之决议案》，载《中国国民党历次代表大会及中央全会资料（下
册）》，光明日报出版社，1985，第 433—436 页。

付新的大事变。全国上下立刻放弃任何与日寇和平苟安的希望与估计。"[①] 7 月 15 日，中共中央将《中国共产党为公布国共合作宣言》送交蒋介石。该《宣言》提出发动全民族抗战、实行民主政治和改善人民生活三项基本要求，重申中国共产党为实现国共合作的四项保证。17 日，中共代表周恩来等在庐山与蒋介石继续谈判。同一天，蒋介石发表了准备抗战的谈话："如果战端一开，那就是地无分南北，人无分老幼，无论何人，皆有守土抗战之责，皆抱定牺牲一切之决心。我们只有牺牲到底，抗战到底，唯有牺牲的决心，才能搏得最后的胜利！"然而，事实上蒋介石的最后抗日之决心依然未定。

1937 年 8 月 13 日，日军大举进攻上海，扬言 3 个月灭亡中国。由于国民党统治的中心地区直接受到威胁，8 月 14 日，国民政府发表《自卫抗战声明书》。8 月中旬，中共代表周恩来、朱德、叶剑英同蒋介石等就发表中共宣言和改编红军问题在南京举行第五次谈判。8 月 22 日，国民政府宣布中国工农红军主力部队改编为国民革命军第八路军，简称"八路军"。8 月 25 日，中共中央军委发布命令，将红军第一、第二、第四方面军和西北红军改编为国民革命军第八路军，朱德任总指挥，彭德怀任副总指挥（从 9 月 11 日起，按战斗序列又称第十八集团军，朱德、彭德怀改称正、副总司令），叶剑英任参谋长，左权任副参谋长，任弼时任政治部主任，邓小平任政治部副主任，下辖 3 个师，全军共 4.6 万人。9 月 22 日，国民党中央通讯社发表了《中国共产党为公布国共合作宣言》。23 日，蒋介石发表谈话，实际上承认了中国共产党的合法地位。至此，抗日民族统一战线正式形成，第二次国共合作开始。

1937 年 1 月 10 日，中共中央机关离开保安（今志丹县），13 日进入东北军退出之后的延安城。1937 年 2 月 24 日，中共中央政治局决定由林伯渠主持中华苏维埃共和国西北办事处工作，开始筹建陕甘宁边区政府。9 月 6 日，中华苏维埃共和国西北办事处正式改组为陕甘宁边区政府，经中共中央决定，林伯渠、张国焘、秦邦宪、董必武、徐特立、谢觉哉、郭洪涛、马明方、高岗 9 人为边区政府委员（也称主席团委员），林伯渠为主席，张国焘为副主席，首府延安，宣告陕

---

① 中央档案馆编《中共中央文件选集（第 11 册）》，中共中央党校出版社，1991，第 274—275 页。

甘宁边区政府正式成立。10 月 12 日，国民政府行政院第 333 次会议通过陕甘宁边区政府任免决议（未正式公布），承认陕甘宁边区政府直属国民政府行政院领导。

陕甘宁边区位于陕北、陇东和宁夏东南，北起府谷、横山，横跨宁夏盐池，南临泾水至宜川、金锁关而达鄜县（今富县），东临黄河，西接六盘山脉，临宁夏预旺、甘肃固原，从北到南约九百华里，从东到西约一千华里，共计 129608 平方公里，人口 200 万，可耕地约 4000 万亩。1941 年 11 月，由于国民党军队多次发动反共高潮，重兵侵犯边区，边区辖区曾经失去了陇东与关中等边境地区的一部分土地和人口。为了领导方便，陕甘宁边区政府将边区行政区划进行了调整。调整后，全边区 29 个县、市，266 个区，1549 个乡，150 余万人口。截至 1946 年，陕甘宁边区政府所辖为延安市及延属、关中、绥德、三边、陇东 5 个分区，共 32 县（区）。

陕甘宁边区政府的正式成立，标志着工农苏维埃政权时期的结束和建设抗日民主政权阶段的开始。它不仅在陕甘宁根据地的政权建设史上有重大的意义，而且对中国共产党领导的整个新民主主义革命过程中的政权建设具有划时代的意义。

二、 全面抗战爆发后中国共产党面临的形势与任务

延安时期特别是全面抗战爆发后，中国共产党面临着中国革命的重大历史转变。以国共合作为基础的抗日民族统一战线宣告成立，"这将给予中国革命以广大的深刻的影响，将对于打倒日本帝国主义发生决定的作用"[①]。因而，中国共产党面临的形势与任务都发生了极其深刻的变化。全面抗战爆发后，国民政府仍然是国民党一党专政的政府，而不是民族民主统一战线的政府，仍然将抗战胜利的希望寄托在国际援助上，甚至企图在对日作战中削弱以至消灭中国共产党领导的人民革命力量。由于国民党当权派存在这样的两面性，国共两党合作抗日局面虽然形成，却很难巩固和顺利发展，不可能不经历波折。

全面抗战的这种严峻的形势和艰难的任务决定了依靠国民党及其政府的领导，是不可能实现抗战的胜利、民族的独立和人民的解放

---

① 《毛泽东选集》第 2 卷，人民出版社，1991，第 364 页。

的，中国共产党必须承担起政治领导及全民族抗战中的中流砥柱作用。而要做到这一点，前提是统一战线中的独立自主。毛泽东在全面抗战刚开始时就尖锐地提出："在统一战线中，是无产阶级领导资产阶级呢，还是资产阶级领导无产阶级？是国民党吸引共产党呢，还是共产党吸引国民党？在当前的具体的政治任务中，这个问题即是说：把国民党提高到共产党所主张的抗日救国十大纲领和全面抗战呢，还是把共产党降低到国民党的地主资产阶级专政和片面抗战？"他毫不含糊地做出结论："统一战线中的'独立自主'这个原则的说明、实践和坚持，是把抗日民族革命战争引向胜利之途的中心一环。"① 以后事实的发展充分证明他的预见是正确的。

1937 年 8 月 22 日至 25 日，中国共产党在陕北洛川召开了中央政治局扩大会议，会议决定必须坚持统一战线中无产阶级的领导权，在敌后放手发动群众，独立自主地开展山地游击战争，使游击战争担负配合国民党正面战场、开辟敌后战场、建立抗日根据地的战略任务，并代表中华民族的根本利益，提出一条全面抗战路线。会议明确指出，中国是有力量进行抗战并最后取得胜利的，这种力量的深厚的根源是在广大人民中，只有动员和组织人民，才能抵御强敌。因而，必须在全国进行必要的政治经济改革，废除国民党的一党专政，给人民以充分的抗日民主权利，适当地改善工农大众的生活，充分动员、组织和武装民众抗战，使抗日战争成为真正的人民战争。洛川会议通过的"抗日救国十大纲领"② 是全面抗战路线的具体体现。

采取全面抗战路线，必将得到一个驱逐帝国主义，实现中国自由解放的前途；采取片面抗战路线，就不能取得抗战胜利，而可能得到一个日本占领中国的前途。这两条截然不同的路线，必然会发生矛盾和冲突，并且贯穿在抗日战争的全过程中。因此，中国共产党必须组织起强大的力量，赢得全国人民的支持拥护，将全国抗日民主力量逐渐汇集到中国共产党周围，以打败日本帝国主义，粉碎国民党反动派的阴谋，谋取中华民族与中国人民的光明前途。

采取全面抗战的路线、持久战的战略，必须动员并组织人民群众进行，必须建立、扩大和发展抗日民主根据地，必须壮大人民武装力量，持续开展敌后游击战。因此，瓦窑堡会议通过的政治决议《中共

---

① 《毛泽东选集》第 2 卷，人民出版社，1991，第 391、394 页。
② 《毛泽东选集》第 2 卷，人民出版社，1991，第 354、356 页。

中央关于目前政治形势与党的任务决议》提出了"在组织上扩大与巩固党"的任务，并提出了"两个先锋队"的概念，即党是无产阶级的先锋队和中华民族的先锋队。而要承担起这"两个先锋队"的历史使命，完成历史赋予中国共产党的重大责任与任务，就必须组织起千百万人民群众与人才队伍。毛泽东指出："中国共产党是在一个几万万人的大民族中领导伟大革命斗争的党，没有多数才德兼备的领导干部，是不能完成其历史任务的。"① 因此，党中央对干部问题特别重视，提出了"任人唯贤"的干部路线和"德才兼备"的干部标准。毛泽东认为，在干部工作中，我们的责任就在于组织干部、培养干部、爱护干部，并善于使用干部。

三、 吸收培养干部的紧迫性

延安时期干部学校与干部教育的鼎盛具有深刻的认识基础和历史条件。从认识上说，中国共产党历来重视干部的吸收和培养。1938 年10 月，毛泽东在延安召开的中共六届六中全会上明确指出："现在的骨干还不足以支撑斗争的大厦，还必须广大地培养人才。"② 而对于知识分子和青年学生的吸收和培养，陈云则用了一个"抢"字，他指出："现在各方面都在抢知识分子，国民党在抢，我们也在抢，抢慢了就没有了。日本帝国主义也在收买中国知识分子为他服务。"③ "谁抢到了知识分子，谁就抢到了天下。"为此，1939 年 12 月，毛泽东亲笔为中共中央起草了《大量吸收知识分子》的决定。该决定开宗明义："在长期的和残酷的民族解放战争中，在建立新中国的伟大斗争中，共产党必须善于吸收知识分子……没有知识分子的参加，革命的胜利是不可能的。"④ 并且十分明确地要求"一切战区的党和一切党的军队，应该大量吸收知识分子加入我们的军队，加入我们的学校，加入政府工作"，对他们"加以教育，使他们在战争中在工作中去磨炼，使他们为军队、为政府、为群众服务，并按照具体情况将具备了入党条件的一部分知识分子吸收入党"⑤。正是因为有这样明确的认

---

① 《毛泽东选集》第 2 卷，人民出版社，1991，第 526 页。
② 《毛泽东选集》第 2 卷，人民出版社，1991，第 526 页。
③ 《陈云在延安》，社会科学文献出版社，2008，第 398 页。
④ 《毛泽东选集》第 2 卷，人民出版社，1991，第 618 页。
⑤ 《毛泽东选集》第 2 卷，人民出版社，1991，第 619 页。

识，所以从中共六届六中全会之后，全党就建立起了正规的学习制度和干部培训制度。

这个制度主要包含两方面的内容：一是在职干部教育；二是干部学校教育。为落实党的六届六中全会精神，1939 年 2 月 17 日，中共中央专门成立了以张闻天兼任部长、李维汉任副部长的干部教育部，同时还成立了由毛泽东、张闻天、李维汉等组成的中共中央干部教育委员会，领导全党的干部教育工作，并于 1941 年底和 1942 年初制定颁布了《中共中央关于延安干部学校的决定》和《中共中央关于在职干部教育的决定》，明确规定了干部学校教育和在职干部教育的原则、体制、教育内容和教育方针等，尤其强调了理论与实践相结合和学以致用的原则，使干部教育工作迈上了制度化和正规化的轨道。同时，在《中共中央关于在职干部教育的决定》中明确指出："在目前条件下，干部教育工作，在全部教育中的比重，应该是第一位的。"[1]

从历史条件上讲，主要有五方面的因素：一是当时现实的迫切需要。由于王明"左"倾冒险主义的错误，中共中央和中央红军长征到达陕北之后只剩下不足一万人，全国红军也不足四万人，中共党员全国也只有不足四万人，这样的力量显然不足以领导全国人民完成新民主主义革命。中共中央进驻延安后，从中央到地方的党、政、军、文化、教育等各条战线都严重缺乏干部。"要干部的呼声遍于各地，于是饲养员一跃成为营政委者有之；特务员、文书一跃而为队长、团政委、主任者有之；党龄才两天即任营教导员者有之。"[2] 这还只是军队的情况，地方党政方面的干部更加缺乏。

二是大量知识青年云集延安，为中国共产党吸收培养干部，特别是知识分子干部提供了难得的历史机遇。西安事变之后，在民族危机空前严重的情况下，中国共产党坚持抗日和民主的政治主张，赢得了众望所归。沦陷区和国统区的广大青年学生和知识分子，为了抗日救国，为了追求自由民主，潮水般地纷纷涌向延安。对于这些来延安的知识青年和知识分子，按照毛泽东的说法："我们的责任，就在于组

---

① 中央档案馆编《中共中央文件选集》第 13 册（一九四一——一九四二），中共中央党校出版社，1991，第 347 页。

② 白继忠：《延安时期干部教育述论》，《甘肃教育》1999 年第 3 期。

织他们、培养他们、爱护他们，并善于使用他们。"① 因此，大力兴办各级各类干部高等学校就成为历史的必然。

三是大量知识青年来到延安参加革命，虽然给中国共产党带来了生机和活力，也为中国共产党完善干部队伍结构提供了历史机遇，但是这些来自全国各地的知识青年虽然富有革命热情和朝气，却缺乏革命的坚韧性，对中国革命的历史，特别是中国共产党的历史缺乏了解，对马克思主义，特别是中国化的马克思主义缺乏认识，因而必须对他们进行教育与培养，帮助他们转变世界观。同时，在原有干部中，特别是中下层干部大多出身工农，文化水平低，小农意识浓厚，整体素质亟待提高。另外，或"左"或右的错误仍在很大程度上影响着干部队伍建设，特别是在相当一部分党内中高级干部中，王明"左"倾教条主义的影响还比较普遍。面对以上种种情况，如果不加强干部教育工作，不提高干部的马克思主义特别是中国化马克思主义水平，中国共产党就会缺乏战斗力，就不能在马克思主义特别是中国化的马克思主义基础上团结统一，就不能完成时代赋予的伟大使命。

四是以国共合作为基础的抗日民族统一战线的建立，使中国共产党结束了自长征以来颠沛流离、四处转战的状态。陕甘宁边区的建立与敌后抗日民主根据地的开辟，使政权建设、经济建设、文化建设、社会建设的任务提上了重要议程，根据地的新民主主义建设与发展成为支撑长期抗战、完成新民主主义革命任务的重要基础，因而不仅需要大量的政治军事干部，同时也急需大量的各方面的专业技术人才，必须发展科学技术，需要大力发展高等专业教育。这也为中国共产党扎根中国大地办大学，探索和确立高校办学的中国逻辑，提供了历史条件和现实动力。

红色基因
与科学逻辑 **083**

五是 1936 年西安事变和 1937 年"七七事变"，使国民党政府不得不放弃"攘外必先安内"的方针，国共双方停止内战，建立了抗日民主统一战线，特别是武汉会战之后，抗日战争进入相持阶段，延安和陕甘宁边区的时局相对稳定，进入了十年的相对和平时期，这也在客观上为中国共产党在延安兴办干部学校，大规模吸引、培育干部和专业人才创造了物质条件。

———————

① 《毛泽东选集》第 2 卷，人民出版社，1991，第 526 页。

中国共产党延安时期的教育构成了延安时期辉煌业绩的丽彩华章，在国民教育、社会教育、干部学校教育、在职干部教育等方面都堪称中国共产党领导的新民主主义教育发展成熟的典范。正如延安时期的老教育工作者刘宪增、刘端棻（1994）所指出的：“在陕甘宁边区教育中，高等干部学校教育不仅占有十分突出的地位，而且颇具特色，成效显著。在较短的时间，培养出大批政治、军事、经济、文化教育等方面的人才，为赢得土地革命、抗日战争、解放战争的胜利，为完成新民主主义革命的任务，做出了重要贡献，同时也为社会主义革命和建设准备了数以万计的领导骨干。”① 延安时期，中国共产党通过开展干部学校教育和在职干部教育，培养了约百万干部，为中国共产党完成新民主主义革命的历史使命奠定了坚实的干部基础。

第二节 中国共产党的知识分子政策和文化教育方针政策

政策和策略思想是毛泽东思想的一个重要组成部分，对于广大党员干部认清客观形势变化，把原则性和灵活性结合起来，有针对性地开展工作，推动中国革命从胜利走向胜利，起到关键指导作用。毛泽东曾深刻地指出：“只有党的政策和策略全部走上正轨，中国革命才有胜利的可能。政策和策略是党的生命，各级领导同志务必充分注意，万万不可粗心大意。”② 知识分子既是高等教育发展的重要目标，也是高等教育发展的动力及其骨干力量。延安时期，中国共产党的高等教育之所以能发展到新民主主义革命的鼎盛阶段，就是因为随着马克思主义中国化的深入发展，中国共产党对知识分子和文化教育在中国新民主主义革命和建设中的地位与作用有了正确的认识，从而制定了正确的路线、方针与政策。

一、 对知识分子的认识及政策

文化自觉与文化自信，决定着对知识分子的认识与态度，在很大

① 刘宪增、刘端棻主编《陕甘宁边区教育史》，陕西人民出版社，1994，第 114 页。

② 《毛泽东选集》第 4 卷，人民出版社，1993，第 1298 页。

程度上又决定着高等教育的发展状态与方向。发展与创新文化教育，特别是高等教育，必须建立起一支以知识分子为主体的文化大军。能不能依据党的统一战线策略制定和执行正确的知识分子政策，充分发挥知识分子的作用，是关系到文化教育事业，特别是高等教育发展的重大问题，也是革命和建设事业能否取得胜利的关键之所在。

（一）对知识分子的认识

正确的知识分子政策的制定，首先取决于对知识分子的正确认识。毛泽东等党的领导人多次强调知识分子在中国新民主主义革命中的特殊作用，特别是在抗日战争中的作用。一二·九运动爆发后，毛泽东在瓦窑堡党的活动分子会议上称赞知识分子是"民族解放斗争的先锋"。全面抗战爆发后，中国共产党进一步深化了知识分子先锋队的思想。1939 年 5 月，在纪念五四运动 20 周年的演讲中，毛泽东指出，中国知识青年"起了某种先锋队的作用，这是全国除顽固分子以外，一切的人都承认的"①。之后，在《中国革命和中国共产党》一文中他再次强调："他们在现阶段的中国革命中常常起着先锋和桥梁的作用，……革命力量的组织和革命事业的建设，离开知识分子的参加，是不能成功的。"②

抗日民族统一战线建立后，中国共产党进一步认识到知识分子是革命的先锋和桥梁，"没有革命的知识分子，革命就不能胜利"，"工农没有革命的知识分子帮忙，不会提高自己，工作没有知识分子，不能治国、治党、治军"。③ 1939 年 12 月，毛泽东在为中共中央起草的《大量吸引知识分子》的决议中明确强调："对于知识分子的正确的政策，是革命胜利的重要条件之一。我们党在土地革命时期，许多地方许多军队对于知识分子的不正确态度，今后决不应重复；而无产阶级自己的知识分子的造成，也决不能离开利用社会原有知识分子的帮助。中央盼望各级党委和全党同志，严重地注意这个问题。"④

1939 年 5 月，中共中央发布了《关于宣传工作的指示》，特别强调："估计到中国文化运动（文艺运动在内）在革命中的重要性，各

---

① 中共中央文献研究室编《毛泽东文集》第 2 卷，人民出版社，1993 年版，第 565 页。
② 《毛泽东选集》第 2 卷，人民出版社，1991，第 641 页。
③ 中共中央文献研究室编《毛泽东文集》第 2 卷，人民出版社，1993 年版，第 233 页。
④ 《毛泽东选集》第 2 卷，人民出版社，1991，第 620 页。

级宣传部必须经常注意对于文化运动的领导，积极参加各方面的文化运动……在必要时，可吸收一部分文化工作的同志，在党区委、省委以上的宣传部下组织文化工作委员会。"①

1939 年 6 月 25 日，中央军委总政治部发出《关于大量吸收知识分子和培养新干部问题的训令》，其中明确指出，由于工作开展，老干部不足，吸引革命知识分子参加军队工作，成为目前干部政策上的一个重要任务。1940 年 10 月 10 日，中央宣传部、中央文化工作委员会联合发出《关于各抗日根据地文化人与文化人团体的指示》，指出"应该重视文化人，纠正党内一部分同志轻视、厌恶、猜疑文化人的落后心理"，要求并希望各抗日根据地设法致力于收集大批文化人，使他们安心工作，求得自己进步，使根据地成为文化人施展天才的场所。

正是由于对知识分子有这样正确的认识，中共中央在延安时期彻底纠正了"左"倾教条主义的"关门主义"错误，确立了关于知识分子工作的正确方针，制定了正确的知识分子政策。延安和各根据地及有关部门根据党的这些方针政策相继做出宽松、自由的文化教育工作政策，从思想上、组织上、物质上为知识分子致力于文化教育工作和文化教育创新提供了保障。

（二）大力吸收知识分子

中共中央在延安时期所制定的知识分子政策，首要的一条就是大力吸收知识分子。1940 年 12 月，毛泽东在为中共中央起草的党内指示信《论政策》中明确地指出："应容许资产阶级自由主义教育家、文化人、记者、技术专家来根据地和我们合作，办学、办报、做事。应吸收一切较有抗日积极性的知识分子进入我们办的学校，加以短期训练，令其参加军队工作、政府工作和社会工作；应放手地任用和放手地提拔他们。不要畏首畏尾，惧怕反动分子混进来。这样的分子不可避免地要混进一些来，在学习中，在工作中，再加洗刷不迟。"② 陕甘宁边区能够成为指导民族抗战的中心，在很大程度上得益于中国共产党吸收知识分子的政策。这种政策召唤全国各地各类知识分子到陕甘宁边区工作学习，知识分子成为教育和培养干部的中坚、新文化的

————————————

① 《中共中央文件选集（第 12 册）》，中共中央党校出版社，1991，第 21 页。
② 《毛泽东选集》第 2 卷，人民出版社，1991，第 768—769 页。

开创者。

抗日战争全面爆发后，中国共产党高举抗日民族统一战线的大旗，实施抗日民主政治，制定了大力吸引知识分子的政策，使陕甘宁边区成为中国抗日的民主"圣地"，吸引了成千上万的爱国知识分子，他们怀着抗日救国的满腔热忱和寻求革命真理的渴望，潮水般地涌进延安。

据八路军西安办事处统计，1938 年 5 月至 8 月，经该处介绍赴延安的知识青年有 2288 人①，全年总计有 1 万多名青年从这里获准去延安。1940 年 2 月 5 日，陕甘宁边区科技人员大会召开，"有理、工、农、医等高、中级科技人员三四百人参加"②。截至 1942 年，全边区中等学校学生人数 1828 人，高等教育共培养造就 2 万多各类人才③。1944 年春，毛泽东说，"延安有六七千知识分子"④。按不同层次计算：延安（含陕甘宁边区）共有各类知识文化人约 4 万人，其中高等教育程度近万人，人文社会科学知识分子百余人。⑤

这些奔赴延安的知识分子是陕甘宁边区文化教育事业发展繁荣的人才基础，是陕甘宁边区文化教育事业的主力军。

（三）团结、教育、改造知识分子

团结、教育、改造知识分子，这是中国共产党延安时期知识分子政策的核心内容，也是将小资产阶级知识分子转变为无产阶级知识分子的基本方法与途径。

1. 团结优待知识分子。

团结和优待知识分子是中国共产党统一战线有关知识分子政策的出发点。毛泽东明确指出："为了改造，先要团结。"⑥ 这是由知识分子在中国革命中的性质和特点所决定的，也是中国共产党对知识分子在理论认识上的逻辑必然。1942 年 9 月 17 日，八路军总政治部发布的《关于对待部队中知识分子干部问题的指示》中，将对待知识分子

① 《延安大学史》编委会编《延安大学史》，人民出版社，2008，第 25 页。
② 《延安自然科学院史料》，中共党史资料出版社、北京工业学院出版社，1986，第 355 页。
③ 牛昉、康喜平：《陕甘宁边区人口概述》，《延安大学学报》1992 年第 3 期。
④ 《胡乔木回忆毛泽东》，人民出版社，1994，第 251 页。
⑤ 朱鸿召：《延安文人》，广东人民出版社，2001，第 4 页。
⑥ 《毛泽东选集》第 3 卷，人民出版社，1991，第 1012 页。

的政策概括为三个字"容、化、用"："容"，争取知识分子加入我们的队伍；"化"，转变知识分子的小资产阶级思想意识；"用"，正确地分配他们的工作。其中，"容"和"用"就是团结的问题。在团结和优待知识分子方面，中共中央与陕甘宁边区党和政府主要做了以下几方面的工作。

第一，政治上高度关心知识分子。这是团结和优待的前提。首先明确知识分子奔赴延安和陕甘宁边区是为了抗日救国，是为了追求民主与进步，是为了革命。无论是党中央还是陕甘宁边区的党组织和政府，在这一点上的认识都是一致的。因此，就能够敞开胸怀、满腔热情地欢迎知识分子，并在政治上给予其积极的肯定。毛泽东和中共中央其他领导人以及陕甘宁边区党政军负责人经常挤出时间接见看望来延安的知识分子中的代表性人物，了解他们来边区的情况，征求他们的意见和建议，满腔热情地激励他们为边区的建设事业和中国的革命事业做出贡献。这种榜样的力量是巨大的，不仅对奔赴延安的知识分子是一种鼓励和鞭策，对于其他党员干部，特别是各级党员领导干部更是教育和引导，从而形成一种尊重知识分子、信任知识分子的良好氛围。

政治上的信任和关心，不仅体现在态度上，更体现在实际工作中。因此，中共中央和陕甘宁边区政府根据来自全国各地的爱国知识分子，特别是青年知识分子的特长和志愿，及时安排他们进入不同类型的干部学校接受培训，对他们进行马列主义和革命理论教育；对有各种技术专长的知识分子，党政军各机关、各群众团体、工厂、学校等单位，积极吸收他们参加各项工作并作为技术骨干；为帮助他们早日加入中共党组织，陕甘宁边区党委专门做出规定，不论在军队中、政府中还是救亡团体中、文化运动中，凡是无党无派的、真正为国家民族奋斗的，政治纯洁、能吃苦耐劳、有共产主义觉悟的，愿意为无产阶级的革命事业而奋斗到底的知识分子，我们均应大量地吸收他们入党。在中共中央的领导下，各级党组织都注意吸收具备入党条件的知识分子到党内来。以抗大第四期为例：这一期于1938年4月开学，8—12月分批毕业，共招收学员5562人，知识分子4655人中原有党员530人，至毕业时党员增加到3304人，占知识分子总数的71%。①

_____

① 转引自仲青平《百川归流——中国青年政治信仰的百年变迁》，《中国青年报》2022年5月30日，第4版。

由此可见，中共中央和陕甘宁边区各级党组织在政治上非常关心知识分子的成长。

与此同时，在彻底实行民主政治的陕甘宁边区，给予知识分子以高度信任，使他们充分享有民主权利。陕甘宁边区参议会是边区最高权力机关，边区的大量知识分子当选为各级参议会参议员。如1941年10月，边区经二届参议会选举和聘请的参议员中，仅自然科学研究会就有赵一峰（边区政府建设厅工业局局长）、鲁之俊（国际和平医院院长）、巴苏华（印度援华医疗队医生）、翁远（八路军制药厂主任）、何穆（中央医院肺科专家）、金茂岳（中央医院妇科主任），文化教育、社会科学界等也都有人当选边区参议员。由于政策正确，知识分子人人心情舒畅，对党更加信赖，从而在各自的工作岗位上充分发挥了自己的聪明才智，为边区各项建设事业做出了显著贡献。

第二，工作上大胆使用知识分子。陕甘宁边区地处偏僻的山区，虽然在抗日战争时期实现了政治上的高度民主，但经济、文化、教育事业仍然很落后。要把边区建设成为全国模范的根据地，急需各种文化和科学技术人才，在积极培养的同时必须大胆放手使用已有的知识分子，充分发挥他们的各种专长。为此，1942年7月13日，陕甘宁边区政府根据中共中央指示精神，提出对于工程师、技师、医生等各种人才，一律以他们的专门学识为标准，给予充分的负责工作，如工厂厂长、医院院长等等，而不是以他们的政治认识为标准，对他们应有充分的信任。并指出，要尊重边区各类有专长的知识分子的工作经验，提高其威信，不论在行政上或技术上都要大胆地提拔他们做负责工作。

第三，生活上优待照顾知识分子。延安和陕甘宁边区经济本来就很落后，特别是1939年至1942年抗日战争最艰苦的年代，由于日本帝国主义和国民党顽固派的双重军事包围和经济封锁，陕甘宁边区的财政经济发生了严重的困难，几乎到了没有衣穿、没有饭吃的地步。但是就在这样艰苦的环境下，中共中央和陕甘宁边区政府在物质待遇上想尽办法优待照顾知识分子，创造良好的条件使其安心工作。

为了保证各类技术干部和产业工人的生活待遇，陕甘宁边区在整个财政支出中，生活费占有首要的位置，在分配经费的排列次序上也经常是生活费第一、事业费第二。陕甘宁边区党和政府从延安和边区的特殊情况出发，抗战以来几乎经常拿出财政收入的 2/3 保障生活，使当时的 6 万多"公家人"享受各种待遇（5 万人是一般生活标准，1 万人享受差别优待）。1942 年，陕甘宁边区政府按不同标准，把所有享受待遇的人员按性质分为 10 类 40 余种，区别对待。第一类是国际友人及少数民族；第二类是学校教职员；第三类是荣誉军人；第四类是技术人员——医务、保育、工程师、技师等；第五类是财经税务人员；第六类是公营工厂工人；第七类是老弱病残；第八类是非党中间人士；第九类是党政机关干部；第十类是一般工作人员。对各种技术人员，为了区分情况制定各类行之有效的供给标准，陕甘宁边区政府专门成立技术干部资格审查委员会，负责技术干部类别划分和职称审查工作。此外，依据中共中央关于优待技术干部条例"物质优待的标准依照其能力学识的程度规定之，要使他们及其家属无生活顾虑，专心工作。对于特殊的人才，不惜重价延聘"的精神，陕甘宁边区政府对技术人员提出了分类及优待标准，即按"实际能力、现任职务、服务年限"三者为主要依据。在"关于资历"还特别强调："主要根据其实际和知识能力，而非机械地看出身。"

依据上述原则，陕甘宁边区政府将文化教育与技术干部分为甲、乙、丙三类。甲类是在文教界有威望、有著作、有成就者，每人每月发给津贴费 15—30 元，伙食标准按小灶供应，住宿可 1 人独住，勤务及马匹须以尽量便利工作为原则；其家属应安排工作或进学校学习，因故不能者，其生活待遇应同本人。

文教和技术干部曾试行薪金及津贴两种制度（后停）。按照薪金制，校长（兼课不计薪）每月 270 元，专任教员上课 1 小时支薪 3 元（每周不超过 18 小时），每月亦可达 200 元以上；津贴制规定，校长每月 8 元，专任教员（每周上课 12 小时）每月 6 元，统由公家供给衣服、粮食、菜钱等。按财政厅规定：校长及专职教员每月发菜钱 15 元，另外凡编著讲义，经本校教材编审会采用，每千字按 2 元发给稿酬。

陕甘宁边区建设厅技术干部生活待遇，经边区政府第 19 次政务会议通过执行，将本系统技术干部分为四类（一至四级）。一级，凡专门学校毕业，并在所学习的专门技术工作中服务 5 年以上，或有 7 年以上专门技术经验，并自修专门技术理论相当于以上程度者，每月津贴95—100元，每年发单衣两套、衬衣一套、被褥各维持一床，可独住一室，出差应有牲口驮行李或代步，书报人手一份……

当时从事文教技术工作的知识分子的待遇均高于党政机关干部（当时中央政治局委员津贴每月仅10元）。可见，陕甘宁边区党和政府对知识分子的生活是非常优待的。

总之，抗日战争时期，在相对和平环境的陕甘宁边区，实行这些行之有效的措施，对充分调动广大知识分子的积极性，提高工作和生产热情，有序地进行各项建设事业，都产生了很好的效果。①

2. 教育改造知识分子。

教育、改造知识分子是中国共产党统一战线中知识分子政策的关键一环。教育、改造是为了更好地发挥知识分子在中国革命和边区文化建设中的特殊作用，使广大知识分子坚定马克思主义信念，特别是中国化的马克思主义的立场、观点和方法，实现与工农大众的结合并改变原有的阶级属性，实现由小资产阶级知识分子到无产阶级知识分子的转变，在与工农大众相结合中实现自己的人生理想和人生价值。可以说，延安时期中国共产党对广大知识分子的教育改造是十分成功的，并为抗日战争和解放战争的胜利，为陕甘宁边区和各个敌后抗日根据地的经济和社会发展奠定了坚实的基础。

毛泽东在《文化工作中的统一战线》一文中明确指出文化工作统一战线的两条原则：第一是团结，"第二个是批评、教育和改造"。② 在抗大第二期开学典礼上，毛泽东在讲话中也明确要求知识青年："抗大像一块磨刀石，把那些小资产阶级意识——感情冲动、粗暴浮躁、没有耐心等等磨它个精光，把自己变成一把雪亮的钢刀，去创新社会，去打倒日本帝国主义。"③ 在《在延安文艺座谈会上的讲话》中，毛泽东着重谈了知识分子出身的文艺工作者的立场、态度、工作对象和感情问题，明确要求要将立场、态度、感情"由一个阶级转变到另一个阶级"，并且指出："我们知识分子出身的文艺工作者，要使自己的作品为群众所欢迎，就得把自己的思想感情来一个变化，来一

---

① 以上内容参见中共中央统战部、陕西省委统战部、延安市委统战部编著《延安与中国统一战线》，华文出版社，2004，第255—260页。

② 《毛泽东选集》第3卷，人民出版社，1991，第1012页。

③ 《新中华报》，1937年3月7日。

番改造。"① 在《大量吸收知识分子》一文中，毛泽东也明确提出了"使工农干部的知识分子化和知识分子的工农化，同时实现起来"②的双重任务。要实现对知识分子的改造，前提条件是教育，因此延安时期中国共产党在知识分子改造问题上，教育始终是一条突出的主线。

干部高等院校是知识分子尤其是高级知识分子的主战场，同时也是中国共产党对延安和陕甘宁边区的知识分子，特别是青年知识分子培养教育的主渠道。中共中央和陕甘宁边区政府对这些干部高等院校十分重视，并选派陈云、李富春、高岗、林伯渠、李维汉、成仿吾、徐特立、吴玉章、周扬等党和边区政府的重要领导人担任校院长。选派艾思奇、何思敬、何干之、张如心、李凡夫、王观澜、吴亮平等知名的理论家去干部学校任职、任教。毛泽东、刘少奇、周恩来、朱德、张闻天、王稼祥等党中央重要领导人经常到各校讲课，做报告。毛泽东的两部重要哲学著作《矛盾论》《实践论》，最初就是在抗日军政大学的讲稿。

在 1938 年 2 月 20 日召开的专门讨论陕北公学工作情况的中央政治局常委会上，当时中共中央的总负责人张闻天（洛甫）对陕北公学的工作做了总结发言。会议还确定了"陈昌浩、王若飞、徐冰、张然和、吴亮平担任教员，张闻天、毛泽东、康生、凯丰等中央负责同志每人每月到学校做一次报告"③。毛泽东在陕北公学讲过"中国宪政运动""青年运动的方向""哲学""抗日游击战争问题""国共合作问题""论持久战问题"，周恩来在陕北公学讲过"大后方的抗日形势""平江惨案情况"，朱德在陕北公学讲过"敌后战场的开辟和发展""根据地经济"，董必武在陕北公学讲过"正统观和六法全书的批判"，张闻天在陕北公学讲过"新民主主义文化"，等等。

延安的干部高等院校将青年知识分子的思想教育和立场转变放在首位。毛泽东 1937 年 10 月 23 日为陕北公学的题词，确定了各干部高等院校的培养目标："要造就一大批人，这些人是革命队伍的先锋队。这些人具有政治的远见。这些人充满着斗争精神与牺牲精神。这些人是胸怀坦白的、忠诚的、积极的与正直的。这些人不谋私利，唯一的

① 《毛泽东选集》第 3 卷，人民出版社，1991，第 851 页。
② 《毛泽东选集》第 2 卷，人民出版社，1991，第 619—620 页。
③ 《延安大学史》编委会编《延安大学史》，人民出版社，2008，第 50 页。

为着民族与社会的解放。这些人不怕困难，在困难面前总是坚定的、勇敢向前的。这些人不是狂妄分子，也不是风头主义者，而是脚踏实地富于实际精神的人们。中国要有一大群这样的先锋分子，中国革命的任务就能够顺利地解决。"因此，"在延安这个革命圣地和革命熔炉里，众多的知识分子通过中国共产党的教育培养和自身的社会实践，逐步转变阶级属性，成为中国共产党的追随者和新民主主义革命的奋斗者。其中，有许多人加入了中国共产党。陕北公学从 1937 年 9 月至 1939 年 6 月间共培养学员 6000 余人，其中约有 3000 人被发展入党。抗大第二期共吸收外来青年知识分子 609 人，毕业时有 427 人加入了党组织，成为共产主义战士"①。通过教育培训和实际工作锻炼，有大批知识分子成为享誉中外的政治家、经济学家、教育家、文学家、音乐家、戏剧家、画家、电影导演、表演艺术家、新闻记者、律师、科学家、技术专家、医生、学者、教授。

延安时期，中国共产党对广大知识分子教育与改造的另一条重要途径和方法就是引导广大知识分子深入群众、深入基层，走与工农相结合的道路。经过延安各干部高等院校培训的青年知识分子，大多数被分配到陕甘宁边区的各个基层单位和广大乡村。他们从区、乡文书，小学教师，县区基层干部做起，在延安实际的社会环境中与工农群众朝夕相处，使得他们与工农群众原有的隔阂和距离在共同的生活、工作、战斗中逐渐得以消除，其立场、观念、感情都在向工农大众转化。这是大量小资产阶级知识分子转变为无产阶级知识分子的关键一环，也是延安时期中国共产党教育改造知识分子具有鲜明特色和成功的经验。

延安时期，中国共产党对知识分子教育改造最为广泛和深入的应当首推延安整风运动。延安和陕甘宁边区的知识分子都参加了这次整风运动。对他们来讲，这是一场十分深刻的思想解放和改造运动，是一场普遍的马克思主义，特别是中国化的马克思主义——毛泽东思想的教育运动，也是一场中国革命和中国共产党历史，特别是党内路线斗争的生动教育，更是一场灵魂深处的革命运动。正如时任延安大学校长吴玉章在评价延安大学师生参加整风运动的收获时所指出的：

① 中共中央统战部、陕西省委统战部、延安市委统战部编著《延安与中国统一战线》，华文出版社，2004，第 261 页。

"这次整风运动是我们学习怎样'做人'、'怎样做事'的一个大运动，也可以说是人类改造自身的一个伟大运动，它有很重大的历史意义……所以说整风运动奠定了我们学校的坚实基础。"①

可以说，延安整风运动最终完成了中国共产党延安时期对知识分子教育改造的历史任务，使大量的小资产阶级知识分子真正转变成为无产阶级知识分子，并达到了政治上的成熟，成为中国革命的骨干力量，有力地推动了抗日战争和解放战争的胜利以及新中国社会主义革命和建设的成功实践。

二、 文化教育方针与政策

文化教育方针政策不仅关系到文化教育事业的发展状况，更关系到文化教育事业发展的性质与方向，是文化教育事业发展的前提与基础。延安时期的文化教育方针政策，主要体现在文化教育事业是党和革命事业的组成部分，以及坚持党对文化教育工作的领导、文化教育工作的统一战线、教育为革命战争服务、教育与生产劳动相结合等五个方面。

（一） 党和革命事业的组成部分

中国共产党在领导中国人民进行艰苦卓绝的民族独立和人民解放的伟大斗争中，始终将文化教育事业作为党和革命事业的组成部分，并给予高度重视。

毛泽东的《新民主主义论》在阐述了新民主主义文化即当时中国先进文化的性质之后，明确地指出："革命文化，对于人民大众，是革命的有力武器。革命文化，在革命前是革命的思想准备；在革命中，是革命总战线中的一条必要和重要的战线。而革命的文化工作者，就是这个文化战线上的各级指挥员。"② "新的政治力量，新的经济力量，新的文化力量，都是中国革命的力量，它们是反对旧政治旧经济旧文化的。"③ 正因为如此，中共中央在延安时期对文化教育工作十分重视，将其作为党的事业、革命事业的重要组成部分，站在战略的高度给予其不寻常的地位。

---

① 《延安大学史》编委会编《延安大学史》，人民出版社，2008，第73页。
② 《毛泽东选集》第2卷，人民出版社，1991，第708页。
③ 《毛泽东选集》第2卷，人民出版社，1991，第695页。

1936 年 11 月，中共中央和中央红军刚到陕北不久，立足未稳，就由丁玲等主持成立了西北根据地第一个文艺团体——中国文艺协会，毛泽东对此予以高度评价，认为这是"苏维埃运动的创举"①，并强调要从单纯搞"武"转到"文武双全"，提出两个"发扬"，即"发扬苏维埃的工农大众文艺，发扬民族革命战争的抗日文艺"。中共中央机关移驻延安之后，毛泽东经常亲自到抗大、陕公做报告、讲课，亲自担任抗大教育委员会主任。甚至在全面抗战初期，毛泽东的主要精力除了进行马克思主义中国化的理论总结与理论思考之外，就是亲自对干部高等院校的指导以及在这些院校做报告和讲课。党的其他领袖及领导人刘少奇、周恩来、朱德、任弼时、张闻天、陈云等都直接关注干部高等院校的发展改革，经常到这些院校做报告、讲课。

1938 年 2 月，毛泽东、周恩来又亲自发起成立了中国共产党新民主主义革命时期的第一所文学艺术高等院校——鲁迅艺术学院，并亲自为鲁艺书写校名和题词。此后，又多次去鲁艺做报告、视察工作。1942 年 5 月 2 日至 23 日，毛泽东亲自主持延安文艺座谈会，并在会上发表了著名的《在延安文艺座谈会上的讲话》，系统地阐述了中国共产党无产阶级文艺理论和政策，进一步强调："革命文艺是整个革命事业的一部分，是齿轮和螺丝钉……如果连最广义最普通的文学艺术也没有，那革命运动就不能进行，就不能胜利。"② 延安整风运动中，毛泽东兼任中央党校校长。1944 年 5 月 24 日，毛泽东、朱德亲自参加延安大学的开学典礼并发表讲话。

1942 年 9 月，罗迈（李维汉）在担任陕甘宁边区政府秘书长时，毛泽东在枣园与他进行了谈话，当面嘱咐边区政府抓紧进行的四项任务之一就是发展文化教育事业③。根据党中央和毛泽东的指示，陕甘宁边区政府 1943 年明文确定，"目前政府工作必须集中力量于急要和首要的任务，第一是发展生产"，"第二是教育"，把教育事业列入重要议事日程。

1944 年 4 月上旬，为筹备陕甘宁边区文教大会，毛泽东召集中共

---

① 西北五省区编纂领导小组、中央档案馆编《陕甘宁边区抗日民主根据地·回忆录卷》，中共党史出版社，1990，第 78 页。
② 《毛泽东选集》第 3 卷，人民出版社，1991，第 866 页。
③ 西北五省区编纂领导小组、中央档案馆编《陕甘宁边区抗日民主根据地·回忆录卷》，中共党史出版社，1990，第 64 页。

中央宣传部、西北局宣传部、边区政府负责同志和陕甘宁边区 5 个分区的党委书记座谈会。会上，毛泽东反复阐明了文教工作的重大意义。他说，1943 年一年把经济搞好了，但文化问题还未提到议事日程上来。有些宣传部门不知如何干法，只会搞军事、政治，不会搞经济、文化，这不行。接着，毛泽东又进一步就文化教育与政治、军事、生产的关系做了论述。他说，过去军事、政治第一是对的，要打垮阻碍经济文化发展的东西，才能搞经济文化。军事、政治是推翻阻碍生产力发展的力量，目的在于发展经济文化。他又说，文化反映政治经济，反过来又影响政治经济。孔夫子办学校，目的是宣传封建秩序。资本主义没有文化建设不成，我们建设抗日根据地，没有文化也不行。军队需要文化，才能战胜旧军队。战士没有文化，不可能提高战斗力。如果不发展文化，经济发展会受阻碍。最后，毛泽东说，"现在就要开始准备，今年冬天要展开讨论文化教育问题。文化教育中有四个问题，就是报纸、学校、艺术、卫生"。①

1944 年 10 月 11 日至 11 月 16 日，为期一个多月的陕甘宁区文教大会在延安隆重召开，参加大会的代表有 450 余人。他们中有在边区文教建设实践中涌现出的工人、农民、士兵、文教工作者，有知名学者、诗人、作家、画家、医生，有少数民族和宗教团体的文教代表，还有帮助边区文教事业发展的国际友人。大家济济一堂，总结陕甘宁边区文教工作的经验，畅谈边区文教事业未来的发展蓝图。这是陕甘宁边区文教事业发展的一次盛会，也是中国共产党在新民主主义革命时期文教事业发展具有历史意义的重要会议。

毛泽东、朱德等党的领导人对这次大会十分重视，朱德在大会开幕式上发表了重要讲话。毛泽东在 10 月 30 日向大会做了题为《文化工作中的统一战线》的重要讲演。在这个讲演中，毛泽东又一次明确地指出："我们的工作首先是战争，其次是生产，其次是文化。没有文化的军队是愚蠢的军队，而愚蠢的军队是不能战胜敌人的。"② 再一次将文化工作提到了一个十分重要的地位。

（二）坚持党对文化教育工作的领导

毛泽东在《新民主主义论》中明确指出："由于现时中国革命不

_____

① 西北五省区编纂领导小组、中央档案馆编《陕甘宁边区抗日民主根据地·回忆录卷》，中共党史出版社，1990，第 81 页。

② 《毛泽东选集》第 3 卷，人民出版社，1991，第 101 页。

能离开中国无产阶级的领导，因而现时的中国新文化也不能离开中国无产阶级文化思想的领导，即不能离开共产主义思想的领导。"① 而这种领导的实现形式，则无疑是无产阶级的先锋队——中国共产党来领导的。《在延安文艺座谈会上的讲话》中，毛泽东进一步指出："党的文艺工作，在党的整个革命工作中的位置，是确定了的，摆好了的；是服从党在一定革命时期所规定的革命的任务。"② 要完成这些"革命的任务"，就必须加强和改善党对文化工作的领导。

因此，在整个新民主主义革命时期，中国共产党始终坚持党对文化教育工作的绝对领导，采取了一系列措施。中共中央专门成立了由当时党的总负责人张闻天兼任部长的干部教育部和中央文化工作委员会，统一领导全党的干部教育与延安及各抗日民主根据地的干部高等院校。1939 年 12 月，中共陕甘宁边区第二次代表大会做出的《关于发展边区教育提高边区文化的决议》中明确指出："每个党员，必须清楚认识加强边区文化教育工作对于巩固提高边区的重要性。党的领导机关，必须加强对文化教育工作的推动与检查。党员尤其是党的干部，必须成为文化教育活动中的模范，必须建立边区青年组织与文化教育机关的联系制度，加强动员边区青年来热烈参加与推动边区的文化教育运动。"③ 1940 年 2 月 23 日，中共陕甘宁边区委员会宣传部在《关于提高边区群众文化水平的通知》中也强调："各级党部对各级政府第三科（文化教育科——笔者注）的工作应实行切实领导。"④ 为了加强对边区文化工作的领导，党中央、中共中央西北局做出一系列决定和决议，如《中共中央关于延安干部学校的决定》《中共中央关于在职干部学习的决定》《中共中央西北局关于边区教育工作的决定》等。同时，明确规定各级党委宣传部为文化工作的最高领导和指导机关。

（三）文化教育工作的统一战线

文化教育工作的统一战线，这是党的统一战线工作的重要组成部分，也是延安和陕甘宁边区文化教育工作发展的前提与基础之一，所

---

① 《毛泽东选集》第 2 卷，人民出版社，1991，第 705 页。
② 《毛泽东选集》第 3 卷，人民出版社，1991，第 866 页。
③ 西北五省区编纂领导小组、中央档案馆编《陕甘宁边区抗日民主根据地·文献卷（下）》，中共党史出版社，1990，第 378 页。
④ 西北五省区编纂领导小组、中央档案馆编《陕甘宁边区抗日民主根据地·文献卷（下）》，中共党史出版社，1990，第 395 页。

以延安时期文化教育工作的一条极其重要的经验就是始终坚持与完善文化工作教育的统一战线。在《新民主主义论》中，毛泽东明确指出，所谓民族的科学的大众的文化"在今日，就是抗日统一战线的文化①"。在延安文艺座谈会上的讲话中，毛泽东又强调："文艺服从于政治，今天中国政治的第一个根本问题是抗日，因此党的文艺工作者首先应该在抗日这一点上和党外的一切文学家、艺术家（从党的同情分子、小资产阶级的文艺家到一切赞成抗日的资产阶地主阶级的文艺家）团结起来。"② 在1944年召开的边区文教工作者大会上，毛泽东所做的重要演讲的题目就是《文化工作上的统一战线》。他指出："解放区已有人民的新文化，但是还有广大的封建遗迹。……我们必须告诉群众，自己起来同自己的文盲、迷信和不卫生的习惯做斗争。为了进行这个斗争，不能不有广泛的统一战线。而在陕甘宁边区这样人口稀少、交通不便、原有文化水平很低的地方，加上在战争期间，这种统一战线就尤其要广泛。"③ 同时，毛泽东还指出了文教统一战线的基本原则。他说："在统一战线中，投降主义是错误的，对别人采取排斥和鄙弃态度的宗派主义也是错误的。我们的任务是联合一切可用的旧知识分子、旧艺人、旧医生，而帮助、感化和改造他们。"④ 因此可以说，毛泽东阐述的建立文化教育工作的统一战线，就是要联合一切赞成抗日的知识分子，利用一切可以表现新内容、新思想的旧文化、旧教育的形式，在联合利用中加以改造。其目的是扩大文教统一战线，反对共同敌人——封建迷信思想和文化教育的落后状态，发展和繁荣新民主主义的新文化。

正是由于实行了文教战线最广泛的统一战线，延安和陕甘宁边区才吸引了全国各地一大批知识分子加入到延安和陕甘宁边区的文化建设中来，同时也调动起边区内旧知识分子、旧艺人的积极性，促进了延安和陕甘宁边新民主主义文化教育事业的发展与繁荣，使之成为当时中国先进文化前进方向的代表。正如艾思奇所说的："边区的文化干部是从各方面的来源上走来的，除了边区和八路军共产党过去原

---

① 《毛泽东选集》第2卷，人民出版社，1991，第698页。
② 《毛泽东选集》第3卷，人民出版社，1991，第867页。
③ 《毛泽东选集》第3卷，人民出版社，1991，第1001—1002页。
④ 《毛泽东选集》第3卷，人民出版社，1991，第1012页。

有的文化工作干部之外，还有全国各地来的文化人，各科专家及大批青年知识分子。靠着边区内外这些文化工作者的团结一致，共同工作，才能把边区的文化很快地提高到今天的水准。"① 这种文化教育的统一战线，不仅在内容和形式方面广泛吸收一切具有民主的积极的传统内容和形式，而且广泛地团结旧文化教育工作者来参加农村文化建设。

统一战线也是延安干部高等院校的重要特征。除中央党校之外，中共中央明确规定其他高等院校均为统一战线性质的学校，而中国人民抗日军政大学是延安时期被纳入国民政府高等教育序列的唯一学校。干部高等院校的统一战线性质主要体现在以下几方面：

一是中国共产党将延安的干部高等院校不是看成一党之校，而是看成中华民族和中国人民的学校，愿意与国内一切愿意抗战、拥护抗日民族统一战线的社会组织及个人合作办学。

二是不在高等院校公开设立党组织，没有专职党务工作干部。1948年以前，学校党组织与党员均不公开。

三是热情欢迎国统区、沦陷区以及海内外华侨中的教育工作者及知识分子来延安和陕甘宁边区，参加干部高等院校的教育与管理工作。事实上，延安干部高等院校的教学、科研与管理骨干主体是全面抗战后从国统区、沦陷区奔赴延安的教育工作者与高级知识分子，也有许多是海内外华侨及留学归国的硕士、博士。如曾担任中央马列学院副院长兼教务处处长的日本归侨王学文和曾任陕北公学教务长的何定华，曾任中国人民抗日军政大学教员、陕北公学教务长的菲律宾归侨林仲和曾任陕北公学、华北联大政治部主任的张然和，曾任安吴青训班指导员、干部队（政治处）主任和泽东青年干部学校指导员兼中国问题教员的印尼归侨杨诚，曾在中央马列学院、中央研究院、海外工作研究班工作的印尼归侨钟庆发（谢生），曾任中央研究院研究员的泰国归侨肖鲁，曾任中共中央海外工作委员会海外干部训练班班主任的马来西亚归侨何英，曾在鲁迅艺术文学院工作的泰国归侨韩托夫、黄树桐，新加坡归侨曾远辉及著名诗人、法国归侨艾青，从丹麦哥本哈根归来的化工博士、曾任延安自然科学院副院长、延安大学自然科学院院长的陈康白，还有在延安掀起红色歌曲潮流的冼星海（侨居新加坡、法国，曾任鲁艺音乐系主任）、张光年（侨居缅甸），等等。

———————————

① 艾思奇：《抗战以来陕甘宁边区文化运动的成绩和缺点》，《中国文化》1940年第一卷第2期。

延安大学成立后，其主要领导人和骨干绝大多数有侨居海外或华侨背景。校长吴玉章曾留学日本、苏联，并有侨法经历，副校长赵毅敏有侨居法国和留苏经历，秘书长赵飞克是从英国归来的工程硕士，社会科学院院长艾思奇出身华侨儒商家庭，并有留日和侨居东南亚的经历，法学院院长何思敬具有留学和侨居日本的经历，社会科学院副院长何干之出生于广东华侨家庭，具有留学日本的经历，俄文系系主任黄正光是越侨，学员中也有许多华侨和朝侨、越侨。

四是学员主体部分是来自国统区、沦陷区以及海内外华侨中的青年学生及知识分子，而且来去自由，毕业（结业）后可回国统区或者海外工作。如鲁艺在1943年3月并入延安大学前，"该院已毕业四期，毕业生五百零二人，其中分发八路军新四军工作者一百一十六人，分发各抗日根据地工作者一百四十六人，去友军友区工作者五十五人，转学他校者二十八人，留校研究或工作者一百五十七人"[1]。所谓友军友区，是指国民党军队和国统区。可见，鲁艺毕业生不仅在八路军、新四军和抗日民主根据地工作，也有去国民党军队和国统区工作的，其他学校也有去中共执政区域以外地区工作的，尽管比例不是很大，但从政策上讲是完全容许的，这也说明了其统一战线的性质。

（四）教育为革命战争服务

在中国共产党把中国革命的大本营落脚延安之后，中国革命面临的最大的政治任务就是以革命战争手段，争取抗日战争与解放战争的胜利，实现民族独立与人民解放。因此，延安时期的教育更明确地走上了为战争服务的道路。

1937年7月，抗日战争全面爆发，中国的教育格局发生了重大的变化。为适应抗日战争的需要，中国共产党的教育方针和政策也随之有所调整，救亡图存、发动全民族的抗战成为新形势下教育的主要任务，因此将服务抗战作为教育的主要任务和目标。西安事变后，教育方针适时地进行了调整，由原来的反对封建主义、争取民主自由的教育，转变为顺应时代和历史发展潮流的国防教育和抗战教育，培养抗战需要的各方面人才，特别是急需的国防人才。所以，中国共产党在当时财政极其困难、各种物质条件受到限制的情况下，在全国范围内

---

① 延安自然科学院史料编委会编《延安自然科学院史料》，中共党史出版社、北京工业学院出版社，1986，第177页。

第一个创造并实行了国防教育，把教育从少数人的专有品中解放出来，把教育和实际生活联系起来，培养抗战所需要的各方面人才，使教育成为抗战的一个有力的武器。

随着陕甘宁边区抗战教育的发展，中国共产党的政策越来越深入人心，这也为中国共产党在抗日战争中获得普遍的支持奠定了广泛的群众基础。1937 年 8 月，中国共产党在《抗日救国十大纲领》中提出"改变教育的旧制度、旧课程，实行以抗日救国为目标的新制度、新课程"① 的方针。1938 年又提出了抗战的具体教育政策：第一，改订学制，废除不急需与不必要的课程，改变管理制度，以教授战争所必需之课程及发扬学生的学习积极性为原则。第二，创设并扩大各种干部学校，培养大批的抗日干部。第三，广泛发展民众教育，组织各种补习学校、识字运动、戏剧运动、歌咏运动、体育运动，创办敌前敌后各种地方通俗报纸，提高人民的民族文化与民族觉悟。第四，办理义务的小学教育，以民族精神教育新后代。

这一时期，陕甘宁边区无论高等教育、中等教育、初等教育，还是干部教育、社会教育，均紧紧围绕抗战救国这一中心任务进行。政治课的主要内容是抗战建国纲领、统一战线、论持久战，军事课的内容有基本操练、行军、射击、野外演习、游击战术、地方卫戍、后方勤务、防空防毒常识等。1938 年 9 月，毛泽东在中共六届六中全会上把抗战教育当作全民族抗战中急需解决的十五大问题之一，指出在这场全民族的战争中教育的转变是必然的。同时，毛泽东将抗战教育中学校的宣传功能与报纸、刊物、宣讲团并列，可见其对学校和其他教育机构在抗战教育中的地位的重视。

同时，这一时期干部高等院校的课程设置与国防教育密切联系，目的在于培养千百万的抗战干部，"打仗需要什么样的人才就培养什么样的人才"。抗日战争爆发后，中国共产党的中心任务是动员一切抗日力量，组成抗日民族统一战线，打败日本侵略者，夺取抗日战争的全面胜利。1937 年拟订的《抗日军政大学招生简章》就明确规定，抗大"以训练抗日救国军政领导人才为宗旨"。1938 年 4 月鲁迅艺术学院成立后，中共中央为其规定的教育方针是"以马列主义的理论与立场，在中国新文艺运动的历史基础上，建设中华民族新时代的文艺

---

① 毛泽东：《毛泽东同志论教育》，人民教育出版社，1958，第 134 页。

理论与实际，训练适合今天抗战需要的大批艺术干部，团结与培养新时代的艺术人才，使鲁艺成为实现中共文艺政策的堡垒和核心"①。延安大学在其暂行方案中也规定："本校以适应抗战与边区建设需要，培养与提高新民主主义的政治、经济、文化建设的实际干部为目的。"②

具体来说，抗大第一期的课程有军事战略学，抗大第四、五期有步兵战术规则、游击战术等，陕北公学有游击战争课。中国青年干部培训班具体规定："本班以遵照抗战建国纲领，训练青年工作干部，服务战区、军队、农村，开展青年运动，组织动员青年参加抗战，达到统一青运完成中华民族彻底解放为宗旨。"③ 课程和教学内容立足于实际需要，体现了"少而精"、学用一致的原则，课程分为社会科学、中国问题、三民主义、统一战线、青年运动、游击战术、战时政治等项，以青年运动为主。④ 青训班的军事学习主要是为造就初级干部，培养他们具备实际参加战斗和指挥战斗的技能，学习内容包括：操场动作，侧重于应用的战斗动作；武器使用，侧重于步枪使用与手榴弹投掷，说明各种武器性能，拆卸、保管、瞄准、射击要领等；步兵战术，包括班、排、连长的各项指挥动作；游击战术，侧重实战经验的研究。⑤ 同时，中共中央还根据抗战形势的发展和其他根据地的需要，以及陕甘宁边区的实际，或组建新的学校到敌后根据地办学，或调整、合并一些学校，使干部学校教育结构、教育制度和教育内容更加符合抗战时期与解放战争时期党的中心任务的要求。

延安时期的干部高等教育以新民主主义文化教育方针为指导，为革命战争和根据地建设服务，面向工农大众，走群众路线办学的道路，建立起了一个全新的教育体制，在办学和管理形式、学制和课程设置以及教学内容和方法上都有众多创新和改革。正是由于不拘于传统的教育模式和观念、一切从陕甘宁边区的现实环境和革命斗争的需要出发，延安时期的教育才能取得巨大的发展，在有力地支持新民主主义革命取得全国胜利方面具有不可磨灭的历史功绩。即使是单从教

---

① 李维汉：《回忆与研究（上）》，中共党史出版社，1986，第440页。

② 《延安大学史》编委会编《延安大学史》，人民出版社，2008，第137页。

③ 李智：《熔炉·丰碑——安吴青训班文献集（上）》，中共党史出版社，2006，第40页。

④ 李智：《熔炉·丰碑——安吴青训班文献集（上）》，中共党史出版社，2006，第40页。

⑤ 纪希晨：《战火中的青春》，中国青年出版社，1997，第45页。

育史的角度来看，它也提供了大量有价值的教育观念、方针、政策以及教育教学的内容、方式和方法，在中国教育史上留下了光辉的一页。

（五）教育与生产劳动相结合

教育与生产劳动相结合，是中国共产党根据马克思主义教育思想，结合中国新民主主义革命和建设实际所提出的重要而鲜明的教育方针。延安时期，这一教育方针得到了进一步发展与完善。

马克思主义认为，人之所以能够脱离自然而成为社会的人，就是在生产劳动过程中一步一步实现的。随着生产的发展、生产力的提高，人们从生产过程中吸取的经验和知识也随之增多起来。毛泽东把经验区分为直接的经验和间接的经验。直接的经验知识是直接从生产过程（包括生产力与生产关系）中概括出来的，它还没有完全脱离生产过程中经验的东西。间接的经验知识是间接从生产过程中概括出来的，它已经脱离了生产过程中个别的、局部的经验，变成了普遍的东西，上升为理论形态。教育工作者学习这些理论的东西是完全必要的，不学习这些东西，便不能抓住事物的本质、抓住事物内在的规律性，就不可能提高生产的水平、推动社会的进步。但是，因为间接的经验知识是从直接的经验知识中概括出来的，在运用这些经验知识回到生产过程中去的时候，如果没有亲自参与实际的生产斗争，就往往不能正确地把所学的理论知识与实际工作很好地结合起来。正因为如此，革命的教育工作者就要很好地参与实际斗争，向实际学习在书本上学不到的东西。

教育与生产劳动相结合在高等教育方面具有更加丰富的内涵，它并不是简单地指高等院校的师生直接参加生产劳动，特别是体力生产劳动，而是包含着两个方面的内涵：其一是教育要贯彻理论联系实际的原则，也就是毛泽东所讲的直接的经验和间接的经验相结合，在教育体制上将学校的理论教育与社会的实际教育有机融合，教育教学内容紧密地同生产实际、生活实际、革命实际联系起来，通过教学科研与生产劳动相结合，增强教学科研的针对性，培养学员一切从实际出发、理论联系实际的作风和学以致用的能力。其二是参加直接的生产劳动，以有组织的生产劳动培养学员的建设精神、劳动习惯和劳动观点。同时，在延安时期特定的历史条件下，生产劳动既是干部高等院校思想教育的内容，也是学校建设发展的物质基础，通过生产劳动增加物质财富，度过严重的困难，解决办学经费不足，提高办学能力。

由于陕甘宁边区是一个以小农经济为主的极端贫困的山区，生产力水平低下，物质基础非常薄弱，加之抗日战争进入相持阶段后，日寇和国民党顽固派对延安和陕甘宁边区进行军事包围和经济封锁，造成延安和陕甘宁边区严重的经济与财政困难。面对严重困难，中共中央认为，为了克服巨大的财政经济困难，必须从根据地所处的政治、军事、经济和社会环境出发，自力更生，生产自救，开展大规模的生产运动。为此，中共中央制定了"自己动手，克服困难，发展生产，保障供给"的方针，并且首先在陕甘宁边区掀起了群众性的大生产运动，延安和陕甘宁边区的干部高等院校师生员工都积极投入大生产运动之中。

当时，党中央、边区政府要求延安和陕甘宁边区所有机关单位包括干部高等院校，要通过生产劳动解决供给经费的百分之四十到六十。在延安和陕甘宁边区现实的生产力水平和经济基础上，生产自给只能是农业和手工业生产，劳动方式主体上是体力劳动。如陕北公学分校在陕甘分界处的何家山建立了一个"陕公新村"，开荒2100多亩，种了洋芋、谷子、糜子、麻子、蔬菜，师生轮流到那里边劳动边学习边做群众工作；陕北公学分校的合作社"还实验自造肥皂，生产草鞋"。当时延安的最高学府延安大学的生产规模就很大，办有农场、手工作坊、运输社、商店等产业实体。据1944年6月学校的统计，全校共有1660人（全校总人数为1877人，其中学员1302人）参加生产，其中1572人参加工业生产，136人参加农业生产，种有土地3458.83亩。上半年全校的生产总收益达到了63996220元（边币），占到学校总开支的65.5％。[1] 师生员工参加生产劳动，创造了物质财富，增加了经济收益，减轻了政府和群众的经济负担。这不仅有经济意义，还有自力更生克服困难的政治意义。把教育和生产劳动结合起来，延安和陕甘宁边区的高等教育进入了一个崭新的阶段。

第三节　延安时期干部高等院校的概况

延安时期建立的干部高等院校是培养抗战干部的主要形式。1936年，全国政治形势正处在由国内革命战争向抗日民族战争的转变关头，毛泽东在给抗大的指示中说："要驱逐日本帝国主义出中国，争

---

[1] 《延安大学史》编委会编《延安大学史》，人民出版社，2008，第91页。

取抗战胜利，就必须大大增加抗战力量，改变敌我力量强弱的对比，才能达到这个目的。增加抗战力量的工作方法很多，然而其中最好最有效的方法是办学校，培养抗日干部。"① 1940 年，毛泽东更明确地指出："每个根据地都要尽可能地开办大规模的干部学校，越大越多越好。"② 随着抗日战争的不断深入，从延安到陕甘宁边区，从华北到华南，抗日民主根据地的干部学校纷纷建立起来，仅延安城就有二十多所。其中，著名的有中国人民抗日军政大学（简称"抗大"）、中央党校、陕北公学、鲁迅艺术文学院、中国女子大学、马列学院、延安自然科学院、泽东青年干部学校、行政学院、民族学院、军事学院、中国医科大学、延安大学等等，培养、训练了大量党、政、军、工、青、妇、医疗、文教以及科技等各种类型各个方面的干部，干部高等教育取得了巨大的成就，形成了鲜明的特征。

一、 延安时期干部高等院校的类别与性质

中共中央到达陕北后，最早恢复的干部学校是中共中央党校。1935 年底，中共中央决定在瓦窑堡恢复建立中共中央党校，董必武任校长，学校随后迁往定边县办学。1937 年 1 月，中共中央党校随中共中央迁到延安，进入了比较稳定的发展时期，成为中共中央在延安时期创办的"培养地委及团级以上具有相当独立工作能力的党的实际工作干部及军队政治工作干部的高级与中级学校"。③ 1941 年 12 月 17 日，中共中央决定设立中央党校管理委员会。1942 年 2 月 28 日，中共中央政治局决定，中共中央党校直属于中央书记处，其政治指导由毛泽东负责，组织指导由任弼时负责。1943 年 3 月后，毛泽东兼任校长。从 1942 年到 1945 年中共七大之前，中共中央党校主要集中培训党内高中级干部。延安及中国共产党领导的所有抗日民主根据地的党、政、军主要领导干部均分批在中共中央党校进行了整风学习。可以说，全党特别是党的高中级干部的思想能够在毛泽东思想的基点上达到高度的统一，中共中央党校起到了极其重要的作用。

随后恢复成立的干部学校是抗日军政大学。其前年是中央苏区的

① 《毛泽东对抗大的指示》，《八路军军政杂志》第 I 卷第 4 期，第 35 页。
② 《毛泽东选集》第 2 卷，人民出版社，1991，第 769 页。
③ 中央档案馆编《中共中央文件选集（第 13 册）》，中共中央党校出版社，1991，第 258 页。

红军大学，1936 年 6 月 1 日，中共中央在瓦窑堡决定恢复成立，根据毛泽东的提议改名为"抗日红军大学"，随后同中央机关一起迁入保安县城（今志丹县）。1937 年 1 月，抗日红军大学随中共中央由保安迁到延安，为适应抗日民族统一战线形成后的形势需要，学校更名为中国人民抗日军事政治大学。1938 年初，抗大以隶属地方政府的形式纳入国民政府教育机构序列。从 1938 年到 1945 年春，抗大先后在晋东南、晋察冀、山东、延安、淮北、苏北、晋绥、苏中、鄂豫皖等抗日民主根据地创办了十多所分校。八年全面抗战中，抗大总校共办 8 期，培训了一万余名干部，加上各分校总共吸收培养了 20 余万名抗日军政干部，是延安时期中共中央创办的最著名也是培养干部最多的学校。

1937 年 7 月，全面抗战爆发后，随着大批知识青年奔赴延安参加革命，延安时期的干部学校和干部教育开始进入鼎盛阶段。从 1937 年 8 月陕北公学创办开始到 1948 年 3 月中共中央离开延安，先后创办干部高等和中等学校 30 余所。这些学校分为政治、军事、经济、科技、教育、文学艺术、党务、民运、青运、保卫、医疗、综合等类别和专业，形成了一个较完整的培养干部的学校教育体系。整个延安成

为一座学校城，延安城里最多的人就是学生，学生人数超过了从中央到地方的党政机关干部总和。除党校和抗大外，从办学目的和培养任务来看，这些学校大体可分为以下几类。

第一类是培训类的学校。如 1937 年 8 月创办的陕北公学，1937 年 10 月在陕西三原县斗口镇创办的战时青年短期训练班（后迁至泾阳县安吴堡，称安吴战时青年训练班），1939 年 5 月创建的延安工人学校，1939 年 7 月创建的中国女子大学，1939 年夏在延安由陕北公学、鲁迅艺术学院、延安工人学校、安吴堡战时青年训练班四校全部或部分合并组建的华北联合大学，等等。这些学校的培训方式，正如时任中共中央组织部部长陈云所形象比喻的是"热炒热卖"，主要是吸收培养广大的知识青年，对他们进行思想、政治、军事、组织上的"启蒙"教育和各种业务训练。抗战开始后各方面急需人才，决定了干部学校教育必须以办短期训练班为主，各学校的课程设置和教授内容立足于实际需要，体现"少而精"①、学用一致的原则。1938 年 12 月，冯文彬在全国党的青年工作人员会议上就曾强调，"今天由于局势

---

① 中央档案馆编《中共中央文件选集（第 13 册）》，中共中央党校出版社，1991，第 259 页。

变动，必须重新训练干部"，"安吴青训班应专门训练青年工作干部"。①
这些学校（包括抗大）的贡献是巨大的。

第二类是专门学校，这一类学校的数量比较多，但规模相对较小，专业性相对较强。如 1938 年 4 月创建的鲁迅艺术学院（1940 年改为鲁迅艺术文学院）、1938 年 5 月创建的马列学院（1941 年改组为中央研究院）、1940 年 9 月创办的自然科学院、1940 年 9 月创办的中国医科大学、1940 年 7 月创办的行政学院、1940 年 5 月创办的泽东青年干部学校、1940 年 8 月创办的八路军军政学院（1941 年改为军事学院）、1941 年 1 月创办的新文字干部学校、1941 年 9 月创办的延安民族学院、1941 年 10 月创办的西北公学（培养情报、保卫干部）、1946 年 6 月创办的西北医药专门学校等。此外，还有一批中等专业和职业学校，如八路军卫校（1937 年 1 月）、延安农业学校（1939 年 7 月）、部队艺术学校（1941 年 4 月）、边区艺术学校（1942 年 5 月）、边区职业学校（1942 年 6 月）、俄文学校（1942 年 8 月，1944 年改为延安外国语学校并增设英文专业）、炮兵学校（1944 年 12 月）等。还有两所特殊的学校，一所是 1941 年 5 月创办的日本工农学校，另一所是 1945 年 2 月创办的朝鲜军政学校。这类学校涉及艺术、文学、科技、哲学、社会科学、行政、司法、教育、医疗卫生、农业、工业、青年、民族、外语等经济和社会生活的各个领域，体现了为陕甘宁边区及各个抗日民主根据地培养各种专业建设人才的办学思想。

第三类是综合性、带有现代意义的大学，以延安大学为代表。1941 年 7 月 13 日和 30 日中共中央政治局两次召开会议研究了延安学校的合编问题，并于 7 月 30 日正式做出成立延安大学的决定，学校受中共中央文化委员会领导。1941 年 9 月 22 日，延安大学正式开学，并确立正规的学科专业设置。

1941 年 12 月，中共中央政治局通过的《中共中央关于延安干部学校的决定》规定："延大、鲁艺、自然科学院为培养党与非党的高级与中级的专门的政治、文化及技术人才的干部学校。"② 1943 年 1 月 12 日，中共中央政治局会议决定：延大、鲁艺、自然科学院由中

---

① 李智：《熔炉·丰碑——安吴青训班文献集（上）》，中共党史出版社，2006，第 16 页。

② 中央档案馆编《中共中央文件选集（第 13 册）》，中共中央党校出版社，1991，第 258 页。

共中央西北局直接管理。3 月 16 日，中共中央西北局决定，将鲁迅艺术文学院、自然科学院、新文字干部学校、民族学院并入延安大学。1944 年 4 月 7 日，中共中央西北局又做出决定：延安大学与行政学院合并，作为边区政府设立之大学，培养为边区服务的人才。

此时，延安大学设立了行政学院、鲁迅文艺学院、自然科学院和一个独立的医学系。行政学院设有行政、司法、财经、教育四系，鲁迅文艺学院设戏剧音乐、美术、文学三系，自然科学院设机械工程、化学工程、农业三系，加上医学系共 11 系近 30 个专业。另外，行政学院和鲁迅文艺学院还设有研究室招收研究生。据 1944 年 6 月统计，全校教职员工 575 人，学员 1302 人，成为一所文、理、工、农、医、教、艺术等学科设置较为齐全的综合大学。正如一些教育史家所指出的："从设置和规模看，此时的延安大学即使与正规大学相比，也算得上佼佼者。"[①] 同时，一些教育史家明确指出："这是抗日民主革命根据地第一所具有工、农、文、理、医、艺等科的综合性的高等学校。"[②]

1945 年 10 月以后，根据抗日战争胜利后国内局势的重大变化和党中央的战略部署，延安的干部高等学校纷纷东迁华北与东北，支援全国解放战争，陕甘宁边区仅留延安大学建制。1947 年 3 月，胡宗南进犯延安和陕甘宁边区，延安大学师生随党中央、西北局、边区政府转战陕甘晋，实施战时办学，支援边区自卫战争。

1948 年后，因战争形势的迅速发展，各解放区一边积极扩大各类学校规模，发展教育事业，一边创办干部学校或训练班，招收各种知识分子参加学习。原有的干部学校逐渐"分流"：一类继续办训练班，用"速成"的方法培养大批军政干部；另一类把相当一部分干部学校转变为高等学校或中等专业学校，为新中国建设培养大量专业人才。如 1948 年 8 月，华北联合大学和北方大学正式合并成立华北大学，成为解放区的最高学府。在成立不过一年多的时间里，华北大学就培养了近两万名干部。

---

① 王建军编《中国教育史新编》，广东高等教育出版社，2003，第 463 页。
② 王炳照、郭齐家、刘德华等编《简明中国教育史》，北京师范大学出版社，2007，第 305 页。

二、 延安时期干部高等院校的发展阶段与成就

延安时期，干部高等学校教育大致可分为三个阶段。第一阶段从1937年至1940年初。"这一阶段的干部学校全属训练班性质。为了满足抗日战争特别是敌后抗日根据地的迫切需要，学习时间短，大多只有三个月、半年，最多一年，就结业分配工作。因此，这个阶段的课程内容一般是符合实际工作需要的。也教授一些理论课如中国问题、马列主义等，但只是启蒙性质。"①这一阶段干部教育的基本特点是："首先，是从抗战的实际需要出发；其次，要求有一定的理论水准和实际技能；第三，带有鲜明的无产阶级的特征，无论是鲁艺，还是其他的干部学校，都是在党的领导下，以马列主义为指导来培养人才和进行学科的研究。"②第二阶段从1940年初至1941年12月。"1940年下半年以后，转到干部学校正规化阶段。延长学制，确立比较正规的学习制度。学习时间一般改为一年、两年甚至三年。要求比较系统地学习马列主义的基础理论知识，提高干部的理论水平。"③第三阶段从1941年12月到解放战争。这一阶段，"延安干部学校根据毛泽东《改造我们的学习》的建议和这一决定的精神，进行了若干改革"④。延安时期中国共产党创办的各类干部培训学院和高等院校，为新民主主义革命和社会主义建设以及改革开放，吸收、训练、培养了大量党、政、军、工、青、妇、医疗卫生、文教以及科技等各种类型、各个方面的干部，做出了卓越的贡献。

1939年6月，毛泽东在《反对投降提纲——在延安高级干部会议上的报告和结论的提纲》中指出，"两年来，在中央直接领导下建立了抗大、陕公、党校、马列学院、鲁艺、青训班、女大、工人学校、卫生学校、通讯学校、组织部训练班、行政人员训练班、边区党校、鲁迅师范等十七所学校，学生多的万余人，少的几百人几十人，几千个干部从事教育工作，教育出来的及尚未出来的学生三万以上，这是一个很大的成绩。这些学生现在还不能看出他们大的工作成绩，但数年以后就可以看见了"，"今后仍应继续这个方针"。⑤陕北公学"创办的近四年中"，"共培训了约一万一千多名学员"，这些学员"有共同

---

① ② ③ ④ 李维汉：《回忆与研究（上）》，中共党史出版社，1986，第439—441页。
⑤ 李智：《熔炉·丰碑——安吴青训班文献集（上）》，中共党史出版社，2006，第5页。

的收获"："提高了对共产党的认识，坚定了抗战意志与必胜信念，获得了抗战的理论与知识"，"领悟了建立统一战线的必要，以及巩固和扩大统一战线的方法"，"培养了民主精神与习惯，树立了为解放全中国而奋斗的决心"，"初步懂得了社会发展规律，懂得了改造旧社会旧中国的必要"，"养成了吃苦耐劳、艰苦奋斗的作风"。[①] 1939 年冬复办的陕北公学在民族干部培养方面也做出了重要贡献。1940 年 8 月，陕北公学成立少数民族工作队，专门培养少数民族干部，有少数民族学员 30 多人。1941 年夏，成立民族部，有学员 185 人，包括蒙、回、藏、彝、苗、满、汉七个民族，后又在民族部的基础上发展成为独立的民族学院。"这在中国是一个创举"，"为党的民族教育工作奠定了基础，为加强民族团结做出了贡献"。[②]

林伯渠曾指出，"陕甘宁边区在八年抗战中，为其他解放区训练了四万个以上的政治、军事干部，及成千的文化和技术干部"。[③] 这些干部的主体是延安各类干部高等院校的毕业生。

陈云曾经讲过："在整个抗战时期，延安各类院校采用'热炒热卖'的方针训练干部，共有 20 万人。"[④] 这些受训人员的主体是知识青年，而且陈云讲道："当时，在抗战中我们党提拔的中级干部，大多是从知识分子里产生的。"[⑤] 这里所讲的知识分子，大多数是经过这些院校培训的。

延安时期，中国共产党通过开展干部学校教育和在职干部教育，培养了约百万干部，为中国共产党完成新民主主义革命的历史使命奠定了坚实的干部基础。完全可以说，延安时期的干部学校和干部教育，成为培养大批治党、治国、治军、治学精英人才的重要基地，奠定了抗战与中国共产党发展的人才基础，是中国共产党走向胜利的干部之源，为中国的革命、建设和改革事业都做出了卓越的贡献。

延安时期的高等教育开创性地进行教育思想、教育体制、教育教学内容与方法的改革和实验，建立了完整的干部高等教育培训体系，形成了中国共产党高等教育思想与体制机制基础。

---

① 李维汉：《回忆与研究（上）》，中共党史出版社，1986，第 422 页。

② 李维汉：《回忆与研究（上）》，中共党史出版社，1986，第 418—419 页。

③ 陕西师范大学教育研究所编《陕甘宁边区教育资料·教育方针政策（上）》，教育科学出版社，1981，第 522 页。

④ 刘家栋：《陈云在延安》，中央文献出版社，1995，第 103 页。

⑤ 刘家栋：《陈云在延安》，中央文献出版社，1995，第 98 页。

第三章

探索践行：
从陕北公学到延安大学

延安时期，由于马克思主义中国化的伟大历史进程，中国共产党在思想理论上不断走向成熟，对当前需要与未来发展辩证关系的认识与处理更加炉火纯青，充分彰显了中国共产党的先进性，体现出"三个代表"的政党性质。这一点也鲜明地体现在中国共产党对现代高等教育中国逻辑、中国道路、中国模式的理论与实践探索上。

延安时期，中国共产党大力开展干部高等教育，兴办高等院校，探索创办新型高等教育，这是为抗日战争与抗日民主根据地新民主主义建设培养大批德才兼备的优秀人才的现实需要，也是中国共产党扎根中国大地办大学，在借鉴吸收国外高等教育优秀成果，以及晚清以来中国现代高等教育发展经验与教训的基础上，创新高等教育思想理念、办学逻辑、体制机制、教育内容、教育方式、办学模式的文化自觉。

从陕北公学到延安大学就是这一探索与实践的重要阶段，这一阶段有重大成就、宝贵经验，尽管也有某些历史条件下的缺陷与失误，但它为中国现代高等教育"延安模式"的形成、确立奠定了坚实的基础，是其重要的组成部分。

第一节　　陕北公学的发轫与蜕变

西安事变之后，中国共产党领导的抗日民族统一战线逐渐形成，领导中国人民打败日本帝国主义、实现民族独立成为党的核心任务。

1937 年 5 月，中共中央在延安召开苏区代表会议，毛泽东在会上做了题为《中国共产党在抗日时期的任务》的报告，明确指出"中国的救亡抗战，必须用跑步的速度去准备"，"政治上、军事上、经济上、教育上的国防准备，都是救亡抗战的必需条件，都是不可一刻延缓的"。在此次会议的另一个报告中，毛泽东强调："指导伟大的革命，要有伟大的党，要有许多最好的干部。"① 由于第二次国共合作的实现，国民党政府放松了对陕甘宁边区的控制，大量知识分子和进步青年涌入延安。同时，"许多党内知识分子在苏联接受高等教育后回到延安，认为党应当在陕甘宁边区创办高等院校，自办教育事业，号召吸引革命青年。因此，在这一时期，兴办学校、开展干部教育已经成为当时中国共产党的中心工作之一"。②

1937 年初，中共中央将中国人民抗日红军大学改编为中国人民抗日军事政治大学。再加上中央党校，延安当时只有这两所培养干部的学校。外地来延安的知识青年主要由抗日军政大学接收，"这个学校是带军事性质的，因为它的目的主要是为着教育与培养军队的干部"③，而中央党校则主要培训党内高中级干部。因此，这两所学校在当时并不具备国民教育的性质。

当时抗日军政大学的条件十分有限，已无法容纳大量奔赴延安的革命青年。在这种情况下，洛甫（张闻天）、李富春、李维汉、林伯渠、董必武、徐特立、谢觉哉、成仿吾等人向中央建议，在延安创办一所面向进步青年的社会性大学。这所大学就是后来著名的陕北公学，是后来延安与抗日民主根据地许多高等院校的母体。其经历了一波三折、比较复杂的办学历程，体现了中国共产党探索现代中国高等教育中国逻辑、中国道路、中国模式的艰难与曲折。

一、 探索现代大学的初步尝试

陕北公学是中国共产党延安时期创办的第一所面向全社会的普通高等院校，最初的意图并不是后来干部培训式的干部高等院校，而是

---

① 《毛泽东选集》第 1 卷，人民出版社，1991，第 256、277 页。

② 中国人民大学校史研究丛书编委会编《造就革命的先锋队——中国人民大学史》第 1 卷，中国人民大学出版社，2007，第 9 页。

③ 《聂荣臻回忆录（上）》，战士出版社，1983，第 286、287 页。

与国统区民国大学相同模式的普通大学。所以，中共中央起初拟将这所大学定名为陕北大学（或西北大学），办成一所全日制的国民教育性质的普通大学。

为了取得国民政府的支持，中共中央以陕甘宁边区政府的名义向其提出"在延安地区创办一所大学"的申请。但是，国民政府以"陕北已有抗日军政大学，无需再成立高校"为理由拒绝了这一要求。①在不能取得合法地位的情况下，为了避免蒋介石为首的国民政府以"破坏抗战政策"为名非难中国共产党，中共中央决定将原定校名"陕北大学"改为"陕北公学"，独立自主地创办面向社会的培养抗战干部的新学校。因为"公学"的概念比较宽泛比较模糊，既可以是高等教育也可以是中等、初等教育，既可以是像民国大学那样以学科为办学逻辑的全日制高等院校，并进行高等学历教育，也可以是成人教育，甚至是业余培训机构。所以，其办学形式、招生、毕业、教学内容方式等都可灵活多样。事实上，这也成为抗战初期中国共产党兴办干部高等院校、吸收与培养人才的基本模式。

1937 年 8 月初，中共中央成立了陕北公学筹备委员会，成仿吾任主任，成员有林伯渠、董必武、吴玉章、张云逸、徐特立等。陕北公学是边筹备边招生的，而且是边招生边编队上课，从 8 月中旬就开始开学上课。1937 年 11 月 1 日，陕北公学举行正式的开学典礼。

毛泽东出席开学典礼并发表了《目前的时局和方针》的讲话。在讲话中，毛泽东明确提出对陕北公学的期望："我们要造就大批的民族革命干部，他们是有革命理论的，他们是富于牺牲精神的，他们是革命的先锋队。只有依靠成千成万的好干部，革命的方针与办法才能执行，全面的全民族的革命战争才能出现于中国，才能最后战胜敌人。"② 至此，陕北公学正式成立。

陕北公学初建时，拟设社会学、师范专修、医学、国防工程以及日本研究五个系，学习期限为半年至两年。很明显，陕北公学初建时还是不想放弃办民国高等院校那样的大学以及办学的学科逻辑，这也是历史环境与历史条件下认识的必然反映。但此时的中国共产党在经历了长征和建立抗日民族统一战线的磨炼之后，已初步从以王明为代

---

① 《国民教育资料汇编》，江苏人民出版社，1982，第 172 页。
② 中共中央文献研究室编《毛泽东文集》第 2 卷，人民出版社，1996，第 63—64 页。

表的"左"倾教条主义的泥沼里走出，初步树立了解放思想、实事求是的思想路线。陕北公学创立后，当时的形势、条件及现实紧迫需求都不容许这样因循守旧、按部就班，必须根据客观现实，解放思想、实事求是地进行创新。所以，这个方案在学校正式开学时有所改变，学校最终确定按照军事化管理模式对学员编队并进行短期政治军事训练。

尽管中共中央已经独立自主地办起了陕北公学，但仍未放弃寻求社会各界支持、与社会力量联合办大学的想法。这一方面源于抗日民族统一战线的需要，另一方面也源于边区财政的极端困难。但由于史料的缺乏，这个问题在此前所有研究陕北公学历史的文献中均未涉及。笔者 2007 年主编《延安大学史》时，在中央档案馆查阅到一份名为《毛泽东对彭雪枫关于李公朴谈的问题与陕北公学的请示的复电》① 的珍贵历史档案，才使这一问题昭世。

在这份档案中，以毛泽东署名的电文内容如下：

致太原电：彭：陕北公学或西北大学，我们愿与上海左翼人士合办，以私立大学性质为宜，经费以向社会募捐为主，我们愿出一部并酌收学费。请与李、柳商复下列问题：（一）合办普通私立大学。（二）邀集艾思奇等人来校任教。（三）经费之募集。（四）学生之招收。（五）开办之时间等。

电报中的收报人"彭"指彭雪枫。彭雪枫（1907—1944），中国工农红军和八路军、新四军的杰出指挥员和军事家，是抗日战争中牺牲的新四军最高将领之一。1936 年秋，他受中共中央指派赴太原，做团结各界爱国人士、联合阎锡山抗日的统一战线工作。1937 年 8 月，任八路军总部参谋处处长兼驻晋办事处主任。电报中的"李、柳"指李公朴、柳湜。李公朴（1902—1946），著名的爱国民主人士，杰出的社会教育家、学者，他是抗战初期著名的"七君子"之一。1937年 8 月出狱后赴山西，经周恩来同意，担任"第二战区民族革命战地动员委员会"委员兼宣传部长，同时创办"全民通讯社"。

柳湜（1903—1968），我国现代文化史上优秀的新闻出版家、政治家和教育活动家。1928 年加入中国共产党，20 世纪 30 年代初期先后在上海、汉口、重庆等地从事党的文化工作，曾与李公朴、艾思奇

---

① 《毛泽东对彭雪枫关于李公朴谈的问题与陕北公学的请示的复电》（1937 年），中央档案馆档案，档案号：电 58/1。

等人共同主编《读书生活》半月刊，1941年初到延安任陕甘宁边区政府教育厅厅长，新中国成立后曾任教育部副部长。1937年8月，受"救国会"委派，柳湜协助李公朴赴山西开展抗日救亡宣传和统一战线工作。

电报发出的时间"冬亥"应为1937年12月，此时陕北公学已经正式开办一个多月，但办学面临的困难仍然非常大。"初建陕北公学时的困难真是多极了，可以说是白手起家，一无干部，二无校舍，而学生却源源不断地进来。接待工作很繁重。我们只有一边接收学生，一边调配干部，建立领导班子。"① 1938年3月中旬，陕北公学出版了《援助陕北公学》的小册子，向国内外争取支援。毛泽东为此题词："陕北公学是属于中华民族的，因为他为着抗日救亡而设，因为他收纳了全国乃至海内外华侨的优秀儿女。维持这个学校的责任我以为也应是全国乃至海内外华侨一切爱国人士的，因为这个学校无任何公私财产基础，教员学生们都吃小米饭，而且不能经常吃。"② 由此可见，尽管受到以蒋介石为首的国民政府的阻挠，中共中央不得不独立自主地创办陕北公学，但中国共产党从拯救民族危亡、建立抗日民族统一战线的大局出发，仍然千方百计地努力争取把陕北公学办成面向社会的开放的大学，而不是中国共产党一党之大学。因此，向彭雪枫发电报指示其与李公朴、柳湜协商，将陕北公学办成与上海左翼人士合作的私立大学，就是其重大决策之一。

私立大学是由民间资本投资设立的大学，一般是指由非地方政府或者中央政府投资，全部或者部分依靠学生的学费来维持大学经营而非公共资金，而且校方有权自主选择生源的大学。中国创办私立大学起始于清末，国民政府时期我国私立大学有了较大的发展。如张柏龄创办的南开大学、张謇创办的南通大学、陈炳权创立的广州大学、陈嘉庚兴办的集美专科学校群和厦门大学，还有大同大学、河南福州矿务大学（原焦作路矿学堂）、大夏大学、光华大学、武昌中华大学、广东国民大学、中法大学等等，都是在此时开始了初步的发展。

---

① 中国人民大学校史研究丛书编委会编《造就革命的先锋队——中国人民大学史》第1卷，中国人民大学出版社，2007，第20页。

② 中国人民大学校史研究丛书编委会编《造就革命的先锋队——中国人民大学史》第1卷，中国人民大学出版社，2007，第22—23页。

　　1937 年日本发动全面侵华战争，在外敌炮火下，全国高校包括许多私立大学多年惨淡经营的校舍校园被夷为平地，大量教学仪器与设备被毁。国难当头，国民政府给予私立大学的经费支持远远超出战前，在一定程度上推进了私立大学的发展。据第二、三次中国教育年鉴统计，1937—1945 年，全国新增私立高校 13 所。

　　中国共产党自建党开始，就一直把建立"无阶级的共产主义"社会，消灭私有制，建立公有制作为自己的奋斗目标。因此，从一般意义上讲，中国共产党不会在自己的执政区域容许私立大学的存在。中国共产党成立之初与国民党合作创办的上海大学，虽然其前身是私立东南高等师范学校，但国共两党合办后，应该说已经改变了其私立大学的性质。

　　在王明"左"倾教条主义统治时期，中国共产党内盛行把马克思主义教条化，把共产国际决议和苏联经验神圣化的错误倾向，在苏维埃政权之下办私立大学，那更是离经叛道、想都不能想的事情。因此，将陕北公学办成私立大学，尽管有一定的前提，是中国共产党与上海左翼人士合办，但从思想、理论方面来讲，这已经是一个十分重大的转折，说明中国共产党已经突破了"左"倾教条主义的桎梏，把马克思主义同中国革命实际结合起来，是中国共产党解放思想、实事求是、与时俱进的一个生动写照。

　　从历史事实看，中共中央与上海左翼人士合办私立陕北公学的计划并未实现，原因究竟是什么，我们目前尚未发现具体的历史资料。彭雪枫给中央和毛泽东的回电中，关于陕北公学的事只有一条，即"已面谈李代请陕北公学各种科学之教授，并请其指示办学意见，李闻概允，李柳均认二百名学生□□"[①]。由于电报稿系手抄稿，□为无法辨清之字，但大意还是能看清的。从回电中看，李公朴同意中共中央的计划，并允诺中共中央对他的请求。

　　从回电的日期看，电文署的是"冬子"，与去电的时间相对应，应当是 1938 年 1 月，此时李公朴已受阎锡山之邀赴山西省临汾，创办山西民族革命大学并任副校长，柳湜也于之前赴武汉开展党的抗日救亡宣传工作。此后不久，彭雪枫调任中共河南省委军事部部长，离

---

① 　中央档案馆档案，档案号：电 58/1。

开山西太原前往河南确山竹沟赴任，这可能是这一计划未能实现的客观原因之一。

山西民族革命大学在临汾和陕西宜川期间，李公朴曾动员和输送该校数百名师生奔赴延安进入抗日军政大学、陕北公学和鲁迅艺术文学院学习和任教，可以说兑现了他向彭雪枫的承诺。而且，李公朴本人也于 1938 年 11 月亲赴延安。

在延安的一个月，他考察了延安的各个干部高等院校，这当然也包括陕北公学，与毛泽东等中共中央领导人进行了深入的交谈。按说此间中共中央与李公朴之间有了商谈与上海左翼人士合办私立陕北公学的充裕时间和条件，但从现有资料看，我们没有发现双方对此问题再做商议的记载，因而计划未能实现的具体原因仍然不得而知。但从当时的局势来看，此时国共两党的关系与全面抗战之初相比，更加复杂微妙，国民党对共产党已开始了防备与限制，进步知识青年前往延安已开始受到国民党政府的阻挠，中共与国统区文化教育界的联系也出现了困难。尽管国民党政府在自己的统治区域是支持与扶助私立大学发展的，但国共合作的抗日民族统一战线并未消除国共两党的阶级矛盾，在知识分子问题上两党的斗争当时还十分激烈。因此，国民党统治的民国政府是绝不容许国统区的任何个人、团体与共产党合作，在共产党执政地区办私立大学的。由此推断，中共中央与上海左翼人士合办私立陕北公学的计划之所以未能最终实现，其根本的原因还是国民党的阻挠、破坏与限制。1939 年 1 月国民党五中全会正式确定了"溶共、防共、限共、反共"的方针，并于 1939 年 12 月发动第一次反共高潮，对延安和陕甘宁边区实施疯狂的军事包围和经济封锁，中共中央拟与上海左翼人士合办私立陕北公学的设想就彻底失去了客观条件。

尽管与上海左翼人士合办私立陕北公学的愿望最终未能实现，但此举充分体现了中国共产党建立全民族抗日民族统一战线，推动全国抗日救亡运动胜利发展的决心和诚意，也体现了中国共产党把马克思主义基本原理同中国革命具体实践相结合，一切从实际出发，实事求是，与时俱进的思想路线，以及中国共产党延安时期的改革开放精神，是中国共产党不断走向成熟的标志之一。因此，这份档案尽管只是中共中央与彭雪枫之间往来的电文抄件，但它对于研究中国共产党延安时期的历史，特别是高等教育的历史具有重要的意义。

二、 回归干部高等教育培训

在拟办陕北大学（或西北大学）遭到国民政府恶意否决，改办陕北公学拟继续参照民国大学模式以学科逻辑办全日制大学的计划因客观条件与现实需要无法实现，与上海左翼人士合办私立大学的想法也因国民党政府的恶意阻挠及其他原因未能实现的情况下，陕北公学最终的办学形式开始回归干部高等教育培训。一直到 1941 年 9 月与中国女子大学、泽东青年干部学校合并成立延安大学，这种办学形式是陕北公学办学的主体形式。

陕北公学一期开学时全校共有学员 600 余人，其中学校独立招生 400 余人，抗大招生后转入陕北公学学习的学员 200 人左右。全部学员编为 5 个大队。至 1937 年 12 月，陕北公学招收学员 700 余人，先后成立了第 6 至第 11 学员队。1938 年 1 月底又成立了第 12 至第 27 学员队。与此同时，已有第一、二期入校的 800 余人毕业奔赴抗战前线。此间的学员招收原则是来者不拒，从初识字者到大学毕业者都有。

陕北公学实行党组领导下的校长负责制。根据中共中央政治局常委会的决定：陕北公学设立党组，由成仿吾、邵式平、周纯全和袁福清四人组成。党组由党组书记主持，党组（团）受中共中央宣传部和组织部直接领导，是陕北公学的最高决策机构。设立了由正副校长和各部长、处长联合组成的校务委员会。校务委员会由校长担任主席，负责处理行政工作。自 1938 年 1 月起，学校开始迅速发展，新入校学员编为十六个学员队（9—24 队），其中第 14、18 两队为女生队，第 22 队是男女合编。同时，为了培养师资，学校还成立了一个高级研究班。此时，学校已接收培训学员 3000 多人。

随着招生规模的扩大和国民党封锁力度的加大，陕北公学在财政、物资方面遭遇到了更大的困难。对于陕北公学遇到的经济困难，在中共中央的指导下，陕北公学当时采取两种方式进行解决。其一，设立募款委员会向社会筹款，缓解学校遇到的经济困难。其二，自陕北公学第三期起在陕西关中地区的栒邑县（今陕西旬邑县）设立分校，以期从根本上解决由于外来人口激增、延安经济供应紧张，以及国民党封锁政策造成的边区进入不便等因素对陕北公学更好办学的干扰。

1938 年 5 月 30 日，在李维汉的带领下，陕北公学栒邑分校的工作人员从延安出发，同年7月初到达栒邑县并将分校校部设在该县看花宫，李维汉担任分校校长。此后，栒邑分校就成为陕北公学的一个重要组成部分。

分校招生按照总校序列编队。在这一原则指导下，分校第一批招收了第28至第38学员队，其中第31、37和38队是女生队。这批学员于1938年10月毕业。1938年8月至10月，分校又招收了第39至58学员队，其中女生队有第45队和第52队。与此同时，还专设了一个关中地方干部队，为关中分区培养干部。陕北公学栒邑分校办学期间吸收培养了3000多名学员。

1938年7月到1939年1月，陕北公学分校（栒邑）领导机构成员如下：分校校长李维汉，分校秘书室主任田文博，分校教务部教务长邵式平，分校政治部主任周纯全，分校校务部长袁福清。为缓解教学经费压力，分校还成立了募款委员会。

分校办学期间成立了中国问题、社会科学、游击战争三个研究室，分别由何干之、李凡夫与邵式平负责。刘春、季凯、陈琅环、尹达、温济泽、李唯一、孙洪志、谢滋群等参加了研究室工作。

1938年底，为了适应华北敌后抗日根据地对干部的急需，中共中央决定从陕北公学抽调干部到华北创办抗大分校。1939年1月，周纯全带领陕北公学千余人在晋东南长治一带建立了抗大一分校，何长工任校长，周纯全任副校长。邵式平率领陕北公学另千余人在晋察冀边区灵寿一带建立抗大二分校，陈伯钧任校长，邵式平任副校长。此后，为了支援安吴青年训练班的开办，陕北公学又向陕西泾阳县调派部分学生。同期，李维汉调回延安担任中共中央干部教育部副部长。

陕北公学分校成立之后，陕北公学在延安的规模大为缩小。这一时期，陕北公学在延安的领导构成如下：校长为成仿吾，教务部主任为江隆基，政治部主任为张然和，总务处长为鲍建章。为了节约人力、物力，并且为了加强领导，1939年1月，中共中央决定将陕北公学总部迁至栒邑看花宫与分校合并，合并后依然由成仿吾担任校长，并兼任学校中共党组书记。合并后的陕公共有600多名学员，主要任务是建立大学部，培养民政、民众运动和文化运动的较高级干部，学制延长为一年。江隆基任教务部长，鲍建章、柴树藩任总务部正、副部长，申力生任校党委书记。

陕北公学的教育方针源自党的政策与政治需要。1938 年，在中共六届六中全会上，毛泽东在《论新阶段》的政治报告中讲道，"在一切为着战争的原则下，一切文化教育事业均应使之适合战争的需要，"① 因而，陕北公学教育方针的具体内容是"坚持抗战，坚持持久战，坚持统一战线，实行国防教育，培养抗战干部"。陕北公学的教学原则是少而精、理论与实践联系、教学一致、计划与灵活相结合等。其中，少而精原则是由干部教育的本质所决定的，理论与实践联系原则是马克思主义教育思想的基本原则，教学一致原则是由于抗日战争的迫切需要。抗战时期，教育主要面向抗战干部的培养，因此教学内容必须依据抗日战争的需要来确定，通过教育使得学生将自己所学服务于抗战需要是教育的主要目的。计划与灵活相结合的原则是由当时所处战争环境所决定的。战争时期形势变化莫测，在情况发生重大变化时不能墨守成规，必须随时根据战争局势的变化和形势对教育内容做出调整，因此战争环境决定了计划与灵活相结合的原则的实施。

陕北公学的教育分为普通班和高级班两种。普通班主要面向抗战干部的短期培训工作，学制为三四个月。高级班主要为培养师资服务，学制为一年，作为抗战干部短期培训性质的陕北公学教学主要以普通班为主。陕北公学教学计划安排的原则是七分政治、三分军事。在这一原则指导下，陕北公学强调以下四方面的教学内容：革命的政治教育、民众运动和政府工作教育、军事教育、劳动教育。其中，革命的政治教育主要包括马列主义，抗日战争的基本理论、政策与方法，对时局的认识，政治思想教育和党的基本知识等内容。

陕北公学课程设置方面，普通班主要开设"社会科学概论"（主要讲授社会发展史、马克思主义政治经济学、辩证唯物主义和历史唯物主义等方面知识）、"抗日统一战线"（结合六届六中全会精神讲解中共在统一战线中的独立自主原则，分析统一战线中各阶级的政治态度和中共对各阶级、各阶层的政策以及如何坚持独立自主、又斗争又团结、以斗争求团结，如何正确处理民族斗争和阶级斗争的关系等方面的知识）、"游击战争"（该课程以毛泽东的《抗日游击战争的战略问题》为基础，以朱德、刘少奇、彭德怀、王若飞等中共领导人关于

---

① 中央档案馆编《中共中央文件选集（第 11 册）》，人民出版社，2013，第 557 页。

抗日游击战争的理论阐述为素材，具体讲解抗日游击战争中如何组织、发动与壮大抗日救国力量）、"民众运动"（由阐述边区政权建设、群众组织、民众运动和经验，以及阐述敌后根据地政权建立、动员群众参加抗战两部分组成）等课程。

陕北公学高级班相继开设的课程有"中国革命运动史""马列主义""政治经济学""中国问题""辩证唯物主义""科学社会主义""三民主义研究""世界革命运动史""世界政治""战区政治"等。后期陕北公学开设的共同课有"党的建设""联共（布）党史""中国古代史""社会发展史""世界革命史"等课程。

在陕北公学先后授课的教员有周起应（周扬）、艾思奇、何干之、吴亮平、凯丰、何思敬、吕骥、李凡夫、张如心、李培之、宋侃夫、邓止戈、何定华、李唯一、贾克、陈昌浩、陈伯达、徐冰、陈唯实、王观澜、毛齐华、杨松、任白戈、王思华、贾侃、李舜初、赵宗亚等。

三、 陕北公学的复办

中国工农红军正式改编为国民革命军第八路军（简称"八路军"）并开赴华北抗日前线，华北敌后抗日局势开始发生根本性转变。八路军与抗日民主根据地在华北敌后迅速发展，中国共产党开辟的敌后战场沉重地打击了日伪军。华北敌后抗日民主根据地成为中国共产党抗战期间极其重要的战略根据地，也使日寇与国民党顽固派感到异常震惊。

1939 年春夏以来，日军增兵华北，对八路军和抗日民主根据地实行"围剿""扫荡"，华北敌后抗战局势日趋紧张。与此同时，国民党顽固派也加紧了对抗日民主根据地的封锁和骚扰。延安与华北各抗日民主根据地的联系，由于日寇和国民党顽固派的"扫荡"、封锁，也变得越来越困难。与此同时，国民党军队也加紧了对陕北公学分校所在地区的封锁和骚扰。为了减少伤亡，同时为了解决华北各抗日民主根据地巩固和发展对各类人才的急需，加强华北敌后抗日根据地的干部教育培训，就近为华北地区培养专业人才，中共中央决定以陕北公学为主体，以鲁迅艺术文学院、安吴战时青年训练班一部分，延安工人学校之全部合并，在延安成立华北联合大学，由原陕北公学校长成仿吾担任校长和党团书记。

　　华北联合大学成立后，成仿吾校长立即率领一千多名师生员工，按照中共中央的指示，以八路军纵队的名义，从延安出发，突破了日寇和国民党顽固派的道道封锁线，千里转战，向华北敌后挺进，最终到达晋察冀边区办学。这是中共中央抗战初期在延安和陕甘宁边区之外创办的第一所干部高等学校。

　　华北联大成立并迁移晋察冀边区后不久，由于国统区、沦陷区仍有大量知识青年涌进延安，当时延安已有的马列学院、中央党校、鲁迅艺术学院等不能满足吸收培养的需要，为了适应客观需要，中共中央决定复办陕北公学，由时任中共中央宣传部副部长、干部教育部副部长的李维汉兼任校长和党团书记，史称"后期陕北公学"。

　　1939年12月，陕北公学在延安城北十余里的杨家湾正式复办。复校后陕北公学学员约500人，编为5个队。学员队排序与前期陕北公学相衔接，从第59队开始编号。1940年8月，由于学员大量增加，学校又成立了十几个学员队。同时，内蒙古大青山抗日根据地派送近40名少数民族干部参加培训。为此，学校专门成立了少数民族工作队，学制一年。至1940年下半年，学校学生总数达1300余人。

　　1940年7月，学校成立了文艺工作队，12月建成了文艺工作团。1940年9月学校改变学制，成立社会科学部和师范部，设本科和预科。除去少数民族工作队外，全体学生按照社会科学部和师范部重新分班。社会科学部培养民众运动干部。学员资格要求为具有初中以上文化程度，本科学制为一年半，预科为半年。张仲实任部主任。师范部培养师资和教育行政干部。学员资格要求为具有高中以上文化程度，本科学制为二年，预科为一年。孙力余、刘泽如先后担任部主任。这一办学模式与逻辑的转换与华北联大同步，实际上为1941年9月以陕北公学为基础创立延安大学打下了基础。

　　1941年6月，学校在少数民族工作队基础上成立了民族部，贾拓夫、杨静仁、王锋先后任部主任。民族部学员后来发展到185人，涵盖蒙古、回、藏、彝、苗、满等少数民族。1941年9月18日，中共中央西北局在陕北公学民族部的基础上成立了延安民族学院，由中共中央西北局书记高岗兼任院长，这是中国共产党历史上建立的第一所以少数民族学员为主、专门培养少数民族工作干部的高等院校。

　　陕北公学1939年冬复校至1941年8月一直由李维汉兼任校长和

党团书记。1940 年秋成立学校董事会。董事会成员有林伯渠、董必武、吴玉章、徐特立、谢觉哉、李富春、高岗、张仲实、李维汉。学校设校务办公室，杨石人任主任（1940 年夏校务办公室改为秘书处，杨石人任秘书长）；设教务处，胡松、施介先后任处长；设干部处，杨石人、武光先后任处长；设总务处，刘汉光、孙力余先后任处长。同时，学校还设有中共陕北公学总支委员会，石砚之任书记。[①]

前期后期陕北公学其实是统一的学校，其培养目标、办学形式、教育教学特色是一致的。陕北公学的培养目标集中体现在毛泽东 1937 年 10 月 23 日为陕北公学的题词之中。围绕这一目标，在基本课程开设之外，陕北公学经常开展时事政治报告活动，毛泽东、周恩来、董必武、任弼时、林彪、陈云、李富春、凯丰、刘少奇、彭德怀、王若飞、罗瑞卿、冯文彬、王明、张国焘、项英、康生、杨成武等都在陕北公学做过政治时事报告。时事政治报告不仅从不同角度给予陕北公学学生以新鲜有用的知识，还给予学生们较为深刻的思想启迪。

陕北公学的政治思想教育工作也做得相当有特色。陕北公学政治思想工作的任务是：保证教学计划的完成；对全体人员进行马克思列宁主义基本理论与社会主义共产主义理想信念及思想品德教育；加强党的建设；指导学生开展广泛的课外活动；引导学生进行必要的军事生活训练和体力劳动锻炼。围绕以上任务，陕北公学自学生入校起，政治思想工作干部就通过同吃、同住、同学习、同娱乐、同劳动等形式与学生一起生活，利用模范带头的教育方式去感化、教育学生，解决学生的思想问题。通过这种特殊的政治教育方式，陕北公学的学生在毕业的时候都能够树立革命的人生观，具有坚定正确的政治方向、远大的革命理想、大公无私的革命品质。

在进行革命理论学习的同时，陕北公学还强调革命实践活动的教学，主要体现在政权建设和军事斗争两个方面。政权建设方面的实践主要体现在学校规定每星期三为救亡日。在救亡日，学生需走出校园到地方政府、民众组织中参加政权建设工作、统一战线工作、群众工作等。军事斗争方面的实践主要体现在组织学生模拟军事战斗，以期在实践中提高学生的军事指挥能力。例如，1938 年 2 月第六队至第十

---

① 中共中央组织部、中共中央党史研究室、中央档案馆编《中国共产党组织史资料》第三卷第一编，中共党史出版社，2000，第 75、76 页。

队的学生在毕业前邀请许光达等指导制定演习计划并举行模拟前卫连打遭遇战的战斗演习。通过实践，学生们学习掌握了发动、组织群众建立根据地，领导根据地军事斗争等方面实践活动的运作技巧。

陕北公学在理论学习、政治教育以及实践活动方面对学生的塑造是成功的，但这只是陕北公学教育取得成功的一个方面。

陕北公学教育取得成功的第二个方面是通过劳动对学生进行人生观、价值观的重新塑造。陕北公学创办之初设备简陋，学生们在课余时间自己动手建设学校。学生们不仅为自己在清凉山上打下了供住宿的窑洞，还在当时的延安北门外为学校修建了一座可容纳八百人的大礼堂。学生们不仅自己去远郊打柴，而且利用周末帮助村里的老百姓送粪、整地。通过劳动，陕北公学成功地转变了学生的价值观，引导学生坚定地走上了与工农群众相结合的道路。

陕北公学教育取得成功的第三个方面是对民主精神的培养。为了培养学生的民主精神，陕北公学组织学生参加学生会竞选活动，由全体学生普遍选举产生学生会。具体过程如下：首先，各队推荐自己的竞选人，竞选人被推出之后可以以多种民主方式宣布施政纲领为自己做宣传；其次，大家在认真研究候选人施政纲领之后进行投票，选出自己心仪的学生会干部。对于陕北公学的民主，成仿吾曾做出如下的总结："这澎湃的民主运动是三民主义新中国的雏形。"①

理论结合实际的课堂教学，党员先锋模范的政治教育，在实践中强化课堂教育理论，以及在劳动中塑造具有无产阶级世界观的革命者、在民主实践中培养学生的民主意识，这些教学特色是陕北公学能够取得巨大成功的基本途径。

前后期陕北公学在办学期间共吸收培训了 13000 余名干部，成为中国共产党领导下与抗日军政大学齐名的抗战干部培训的重要基地。毛泽东曾高度评价陕北公学："中国不会亡，因为有陕公！"② 陕北公学代表着"中国的统一战线"，"是中国进步的一幅缩图"。③

---

① 成仿吾：《战火中的大学》，人民教育出版社，1982，第 52 页。

② 中国人民大学校史研究丛书编委会编《造就革命的先锋队——中国人民大学史》第 1 卷，中国人民大学出版社，2007，第 80 页。

③ 中共中央文献研究室编《毛泽东文集》第 2 卷，人民出版社，1993，第 104 页。

第二节 / 鲁迅艺术文学院、自然科学院的探索

延安时期是中国共产党开创中国特色高等教育的重要发展阶段，不仅举办了大量培训类型的干部高等学院，更创办了一批具有现代大学性质的普通高等院校，而且是在中国化马克思主义指导下，以全新的思想与理念进行改革与创新，所以是中国特色高等教育的逻辑起点。其中，鲁迅艺术文学院（以下简称"鲁艺"）与自然科学院的办学具有代表性。

这两所高校既有现代大学的一般特性，吸收了国内外现代大学的优秀成果，尊重高等院校办学的学科逻辑，注重学科专业设置，但也不照搬照抄，更强调为党和国家中心工作服务，理论联系实际，学以致用，具有在马克思主义教育思想指导下，改革创新中国特色现代高等教育的特性，是延安时期中国共产党扎根中国大地办高等教育，开创现代高等教育中国逻辑、中国道路、中国模式的重要实践成果。

一、 鲁迅艺术文学院"正规化" 办学的探索

鲁迅艺术学院创立于 1938 年春，1940 年改称鲁迅艺术文学院。1939 年夏，中共中央为加强华北敌后文化工作及文艺干部的培养，将鲁迅艺术学院一部分与陕北公学联合成立华北联合大学，成立后由沙可夫等人率领鲁艺部分师生奔赴晋察冀抗日根据地。11 月，根据中共中央的决定，留在延安的鲁艺部分师生恢复"鲁艺"。1943 年并入延大后，又更名为"鲁迅文艺学院"，仍简称"鲁艺"。它是中国共产党为培养抗战文艺干部和文艺工作者而创办的一所综合性高等文学艺术学院，也是延安时期中国共产党创办的第一所按照学科逻辑分设学科专业的高等院校，在中国共产党的高等教育发展史上具有重要的地位。

1937 年 7 月全面抗战爆发后，延安成为人心所向的革命圣地，许多进步文艺工作者及抗日文艺组织和演剧团体从平津、上海、武汉等地先后来到延安。1937 年 12 月，为了纪念"一·二八"淞沪抗战六

周年，从抗日军政大学、陕北公学、西北战地服务团二团等单位抽调了六七十位具有艺术特长的青年学员和文艺干部组成临时班子，以上海救亡演剧五队为骨干，排练公演了四幕话剧《血祭上海》。演出持续了 10 多天，受到延安群众的热烈欢迎。就在公演结束的座谈会上，有人建议在延安创建一所艺术学校。当时，中共中央采纳了这个建议。

1938 年 2 月间，由毛泽东、周恩来亲自领衔，林伯渠、徐特立、成仿吾、艾思奇、周扬等人联名发出鲁迅艺术学院《创立缘起》。该缘起指出："艺术——戏剧、音乐、美术、文学是宣传鼓动与组织群众最有力的武器。艺术工作者——这是对于目前抗战不可缺少的力量。因之培养抗战的艺术工作干部，在目前也是不容稍缓的工作。"于是决定成立艺术学院，而且以已故中国现代伟大的文学家鲁迅为名，要向着他所开辟的道路前进。

中共中央委托沙可夫、李伯钊、左明等人负责筹建鲁迅艺术学院。1938 年 3 月 7 日，中共中央公布了鲁艺院系主要机构和主要负责人名单。4 月 10 日，在中央礼堂举行隆重的开学典礼，毛泽东等中共中央领导参加典礼并发表了热情的讲话。4 月 14 日开始上课。校址初选在延安城北门外西侧的山坡上，1939 年 8 月迁入延安城东郊桥儿沟。

学院的最高行政组织机构是"院务委员会"，由沙可夫、周扬、徐以新等人组成，沙可夫任副院长（院长缺）。下设教务、政治、秘书三处：教务处处长由沙可夫兼任，政治处处长徐以新，秘书处处长魏克多。另外，还设立编审委员会，主任为李伯钊；晚会委员会，由徐以新负责。此后，又创办实验剧团，由崔嵬任主任。1939 年 5 月，中共中央增派赵毅敏来院任第一副院长，院部机构也做了一些相应调整，教务处处长吕骥，政治处处长李华，编译处处长萧三，院务处处长龚亦群，专修部部长沙可夫（兼），普通部部长张庚（兼），文学系主任沙可夫（兼），戏剧系主任张庚，音乐系主任冼星海，美术系主任王曼硕，研究部主任赵毅敏（兼）。1939 年 11 月 28 日，中共中央任命吴玉章为鲁艺院长，周扬为副院长，并委任宋侃夫兼任政治处主任。此后，鲁艺的日常工作由周扬负责。

1938 年 4 月，中共中央宣传部讨论拟订、中共中央书记处通过并确立了鲁迅艺术学院的教育方针。1939 年 5 月 10 日，鲁迅艺术学院举行创立一周年纪念大会，中共中央领导人亲临大会并题词。毛泽东挥笔为鲁迅艺术学院题词："抗日的现实主义，革命的浪漫主义。"1940 年 6 月，鲁艺纪念建院两周年时，毛泽东、朱德、张闻天、任弼时等中央领导亲临大会。毛泽东还亲笔为鲁艺写了"鲁迅艺术文学院"的校名，并题写了"紧张、严肃、刻苦、虚心"的校训。

鲁艺的师资队伍是不断发展的。1938 年建校时，教师不过 20 人左右，以后每年增加，最后达到百余人，而且质量很高，集中了一批当时已成就卓著、在全国知名度很高的文学家、音乐家、美术家、表演艺术家，如茅盾、冼星海、沙可夫、艾青、何其芳、陈荒煤、舒群、袁文殊、萧军、孙犁、鲁藜、严辰、齐燕铭、张庚、吕骥、贺绿汀、周立波、王朝闻、严文井、江丰、王曼硕、高长虹、力群、钟敬之、田方、阿甲、崔嵬、王大化等等，其师资质量不逊于当时全国任何一所艺术高等院校。

鲁艺创立后依据学科逻辑规范地设置了学科专业与课程，先设戏剧、音乐、美术三系，同年 7 月又设文学系。周扬主持学院工作后，系主任进行了调整——戏剧系主任张庚，音乐系主任吕骥，美术系主任沃渣，文学系主任由周扬兼任。

鲁艺的课程设置大致归为四类：一类是政治课，一类是公共必修课，一类是专业课，一类是选修课。政治课：一般开设马列主义理论、中国革命的问题、共产主义与共产党等课程。公共必修课：辩证唯物主义、中国问题、中国文艺运动、苏联文艺、艺术论等。专业课：四个系根据学科专业不同，比较规范地设置了不同的专业课程。文学系：世界文学、名著研究、写作、创作实习、旧形式研究、文艺批评、中国文学研究、作家研究等。戏剧系：戏剧概论、戏剧运动、导演、化妆术、舞台管理与装置、剧作法、表演术、地方戏研究、戏剧学研究等。音乐系：音乐概论、音乐史、音乐欣赏、和声学、作曲法、视唱、指挥、乐器、普通音乐学、民间音乐研究、近代歌曲研究等。美术系：美术理论、解剖学、透视学、色彩学、室内实习、野外写生、名画研究、民间美术研究、美术家研究、木刻、雕塑、漫画。[①]而选修课则为外国语和专题讲座。

红色基因
与科学逻辑 **127**

---

① 张颖：《改编后的鲁艺》，载《延安鲁艺回忆录》，光明日报出版社，1992，第 75 页。

尽管鲁艺按照学科逻辑设置了学科专业和课程，但在学制上并没有按照常规的大学修业期限设置，学制最初为 6 个月，很快又改为 9 个月，并分为三段，在校学习三个月，实习三个月，之后再回校学习三个月。从 1939 年 2 月开始，学制由初期的 9 个月改为 1 年，仍分为三个阶段，每个阶段四个月，仍按上课、实习、上课的办法进行教学。很显然，这还属于培训性质，主要有两个原因：一是在战争环境下，一切都必须服从战争的需要。当时抗战急需大量文学、戏剧、音乐、美术方面的专业技术人才，以宣传为手段，团结、组织人民，打击敌人，配合与服务抗战及抗日民主根据地的巩固发展。另一个原因是，当时延安干部高等院校均采取这种"短、平、快"的培训方式，吸收培养人才，鲁艺自然也不能例外。

为强化这一点，1939 年 2 月，鲁艺公布了新的改革方案，决定成立普通部、专修部和研究部三部。这次改革主要是新成立普通部，其主要任务是培养切合前线和敌后需要的一专多能的文艺宣传的通才。专修部包括原有的戏剧、音乐、美术、文学四个系，其任务是培养戏剧、音乐、美术或文学的专门人才。研究部内设研究室，研究员大部分由各系的教员兼任，并开始招收研究生，其功能一是开展专题研究，二是搜集有关资料。研究部内还设有艺术指导科，其任务是指导各地剧团的工作。同时，鲁艺先后成立了各种专业工作团体，如鲁艺实验剧团和鲁艺平剧团、鲁艺文艺工作团（后改为鲁艺文学研究室，内设创作组和理论组）、鲁艺音乐工作团、鲁艺美术工场（创作室）等，以更好地服务抗战与边区建设，更快地培养专业人才，这与延安的高等院校逐步形成向正规化和专门化方向发展的趋势，也就是重新强调学科逻辑，与民国大学模式的趋势同步。

1940 年和 1941 年，鲁艺曾两次修订教育方案和教学计划，明确提出办"正规大学"。1941 年 3 月，鲁艺在全面总结过去一年工作经验的同时，明确提出当前任务是"要专门化"，进行正规化教育，学校机构、教学等设施相应产生变化，将原有各专业系和研究性质的团体归口实行统一管理，设立文学部、戏剧部、音乐部和美术部。主要负责人分别为：文学部，周扬、何其芳、严文井；戏剧部，张庚、田方、阿甲；音乐部，吕骥、贺绿汀、冼星海；美术部，江丰、王曼硕、钟敬之。院部负责人调整为教务处处长吕骥、干部处处长宋侃夫、编译处处长周立波、院务处处长黄霖，院务办公室由龚亦群负责。对各专业的教学工作和创作研究实行统一领导，使艺术教育中的各种专业、学科更趋于向提高和专门化的方向发展。

教学计划也做了重新修订，新的培养目标为：为培养适合于抗战建国需要的文学艺术的理论、创作和组织的各方面人才，而这些人才必须具备相当的社会历史知识和艺术理论修养，并有基础巩固的某种技术特长。同时，还规定改变各系的短期学制，学制一律延长为5年。前两年着重进行基础知识和中国历史知识的教育，同时要求在技术上打好相当基础。后三年要求学员向专门化方向发展，按照培养目标设置各种专修课程。后来又统一调整为三年。

这段时间是鲁艺办学的一段重要探索与实验的时期，其实质还是在坚持马克思主义教育思想和党的教育方针政策，以及在党的领导、思想政治教育为先的前提下，依照民国大学模式和高等院校办学的学科逻辑，创立中国共产党高等教育正规化的新途径新模式。这种探索与实践是有价值、有意义的。一方面说明民国大学模式与高等院校办学学科逻辑的深厚影响，另一方面也说明扎根中国大地办高校，创建中国特色的高等教育模式，以及中国高校的办学逻辑的发展不会是一帆风顺的。这是一条曲折的道路，需要不断探索，需要吸取正反两方面的经验和教训。所以，鲁艺及延安大学、自然科学院等高校在同一阶段的探索与实践虽然在延安整风运动中受到批评，对学科逻辑的"逻辑"给予了明确的否定，但这是中国现代高等教育"延安模式"，特别是高等院校办学社会需求逻辑探索、发展、确立的必然过程，是不可逾越的发展阶段。

鲁艺在这一段办学中取得了卓越的成就。"前后共招收5期学员。第一期于1938年3月开学，同年11月毕业，学习时间9个月。本期学员绝大多数是抗日军政大学和陕北公学等学校招考来的，计戏剧系37人，音乐系14人，美术系15人，共66人。第二期于1938年8月开学，学习时间也是9个月。本期学员都是全国各地来延安的知识青年，计文学系53人，戏剧系40人，音乐系34人，美术系32人，共159人。第三期于1939年下半年入学，学习时间为1年。本期学员约

400 人，其中普通部学员 200 多人；专修部学员 184 人，包括文学系 49 人，戏剧系 40 人，音乐系 57 人，美术系 38 人。第四期学员是 1940 年入学的，计文学系 46 人，戏剧系 23 人，音乐系 34 人，美术系 35 人，共 138 人。第五期学员 1941 年入学，计文学系 49 人，戏剧系 39 人，音乐系 23 人，美术系 27 人，共 138 人。……第五期学员是并到延安大学后毕业的。"① 这些毕业学员中，涌现出一大批卓越的人才。如文学系的学员穆青、贺敬之、杨思仲、康濯、黄钢、贾芝、冯牧、马峰、孙谦、西戎等，音乐系的学员郑律成、马可、李焕之、瞿维、金紫光、卢肃、刘炽、时乐濛、张鲁、王昆等，戏剧系的学员干学伟、颜一烟、于蓝、于敏、成荫、陈强、凌子风等，美术系的学员古元、华君武、罗工柳、彦涵、李琦、张望等。这些学生不仅有良好的马列主义文艺理论修养、正确的文艺观，而且有文艺特长，成为当时抗战的一支重要力量，部分师生甚至为抗战献出了生命。

　　合并到延安大学前的鲁艺，创作了许多经久不衰、誉满天下的经典作品。如 1939 年 5 月 11 日，在鲁艺周年晚会首演的由光未然作词、冼星海作曲的《黄河大合唱》取得了空前的成功。这部作品还被编成钢琴协奏曲，在许多国家演出，受到一致好评。此外，成功的歌剧还有《农村曲》《兰花花》等。1941 年 10 月，吕骥为郭沫若创作的《凤凰涅槃》谱曲，同年 11 月在延安祝贺郭沫若五十诞辰的音乐会上首演。1942 年 1 月 10 日，在鲁艺音乐部举行的音乐会上又再次演出，轰动延安。这部作品在运用浪漫主义与现实主义手法相结合的创作方法方面，在掌握大型声乐作品的艺术表现方法方面，都是具有创造性的。鲁艺创作的优秀话剧，如《佃户》《公事》《中秋》《我们的指挥部》等，都很有名。美术方面的名作也很多，古元的木刻成就尤为突出，如《冬学》《割草》，以及力群的《开会》等，都享誉中外。

　　1943 年 4 月，根据中共中央西北局的决定，鲁艺并入延安大学，作为延大所属的一个学院，改名为"鲁迅文艺学院"。

二、 自然科学院的成立及其意义

　　自然科学院的前身是自然科学研究院，是中国共产党创办的第一

---

① 董纯才、张腾霄、皇甫束玉主编《中国革命根据地教育史》第 2 卷，教育科学出版社，1991，第 186—187 页。

所理、工、农性质的高等院校。1939 年 5 月，中共中央决定在延安创办自然科学研究院，由中央财政经济部领导，李富春部长兼任院长。1939 年底，财经部决定把自然科学研究院改制为自然科学院，既从事科学研究又培养学生，为建设抗日民主根据地服务。

1940 年 2 月 5 日，在中共中央的直接倡导和赞助下，边区召开有四千人参加的"自然科学同仁大会"，正式成立自然科学研究会。其任务是进行自然科学教育、开展科学研究、协助边区经济建设。毛泽东、陈云等到会并发表演讲，给予莫大的关怀。1940 年上半年，又相继成立农牧、卫生、化工、机械等研究小组或研究分会，此后又成立地矿、机电、军工、生物、航空、土木等研究分会，并积极开展多项研究工作。这为以后自然科学院的学科建设和教学工作提供了有利的条件。

自然科学院从 1940 年初开始筹建，著名国际友人路易·艾黎将其母亲的一万美元养老金捐给延安，其中大部分给了自然科学院。筹建工作由陈康白、屈伯川、卫之、杨宝诚等负责。到 1940 年 8 月底，筹建工作基本完成，校址位于延安城南杜甫川。经中共中央批准，1940 年 9 月 1 日，自然科学院举行开学典礼并正式上课。由李富春兼任院长，从德国留学归来的化工博士陈康白任副院长，另一位德国留学归来的化工博士屈伯川任教务处长。李富春宣布自然科学院的任务是"培养通晓革命理论，又懂得自然科学的专业人才"，要求学生"既是技术专家，又是革命通才"①。自然科学院的招生启事中也明确指出："本院以培养抗战建国的技术干部和专门的技术人才为目的。"② 自然科学院成立后，由中央财委领导，1941 年改由中央文委管理。1943 年 1 月 12 日，中共中央决定自然科学院由中共中央西北局直接管理。自然科学院开学不久，院长李富春调中宣部任副部长，徐特立接任院长。

学院建立初期设大学部和中学部。大学部设化学工程科、机械工程科、土木工程科、林牧科，偏重于理论研究与实际技术的结合。中学部则分纺织、缝纫、机械、化工（制革、造纸）、农林、畜牧等科，

———————————

① 《北京理工大学志》编纂委员会编《北京理工大学志》，北京理工大学出版社，1995，第 27 页。

② 《新中华报》1940 年 5 月 17 日。

偏重于实用技术的学习。中学部又分为预科和初中两个部分。另外，学院还附设有机械实习工厂、玻璃实习工厂、农场、科学馆等。各部均参加校外实习3—6个月。很明显，这种专业设置着眼于实际应用，带有明显的工科性质，也未脱开培训班的模式。但这个计划并没实施多久，开学后就很快做出调整，大学部确定为本科，学科专业改设为物理系、化学系、生物系、地质冶矿系（后因师资不足并入化学系），分别由阎霈霖、李苏、乐天宇、张朝俊四人担任系主任。这是明显的学科逻辑，而且其主体变为理科性质。学员多是高中毕业生，共80多人。预科招收初中毕业生，共有180人，编为两个班。带有附中性质的补习班，共有五个班。当时办预科和补习班，其目的是解决自然科学院大学部学员来源问题。根据上级的指示安排，学院增加附设一个医训班，学生每期约20人，为医务部门培训初级医务人员。自然科学院开始规定的学制是大学本科两年，预科两年，补习班一年半。三个月以后改为大学本科三年，预科两年，补习班三年。

大学本科的政治课，开设中国现代革命史、政治经济学、辩证唯物主义等。其专业教学强调必须扎实学好基础课。学校规定大学一年级不分系，开设五门基础课，即普通物理、普通化学、高等数学、工程制图和外语。二、三年级按各系实际情况学习技术基础和专业课程。当时，基础课的教材选用国民党统治区大学规范性教材，如谈明的《化学》、达夫的《物理》、克兰威尔的《微积分》等。同时，学校还决定基础课程要由学术造诣较深和教学经验丰富的学者或教授来讲授，以保证教学质量，使学员打好作为一个专门家所必须具有的科学基础知识。1939年1月30日，自然科学院设立了编译社，徐特立兼任社长，康迪任副社长，开始编译生物、化学、物理和数学等自然科学教材和图书。

自然科学院从开始筹办时起，在"要不要办"和"如何办"的重大问题上院内外一直存在着争论。开始时争论的焦点是要不要办大学：一种意见认为边区经济落后，没有太复杂的科学技术问题，用不着高深的理论，根本无须办大学，更没有必要办正规的大学；另一种意见则相反，认为如果要办大学就应该完全正规化，应完全照搬大后方办大学的传统做法，甚至照搬国外的经验。当学院办起来之后，在如何按照理论与实际一致的原则来确定培养目标、科系设置、教学计划、课程安排、教材内容、教育方法等问题上又有许多争论。其焦点主要有两个：一是在培养目标上，是适应当时边区的需要，办短期训练班培养初中级的专业干部，还是适应今后建设的需要，办正规大学，培养具有理论基础的专门人才；二是在科系设置和课程安排上，是侧重理论，还是侧重应用。

这实际上是一种高等院校办学逻辑的争论：是按照学科逻辑办自然科学院，还是按照社会需求逻辑办自然科学院？这种讨论与实践是非常有意义的，对于现代高等教育"延安模式"，特别是社会需求逻辑的确立具有不可替代的作用。

自然科学本身具有特殊性，学科逻辑与民国大学模式更容易被人们所接受，因此整风运动前，在具体办学中学科逻辑与民国大学模式有占上风的趋势。但正是因为有争论，有不同认识，所以自然科学院的办学其实更多的是两种办学逻辑的综合。这种综合是徐特立明确提出的。面对各种不同的意见，徐特立系统地阐述了他的认识和观点。他指出，"前进的国家与前进的政党对于自然科学不应该让其自发的盲目的发展，而是有计划有步骤的发展"；"先进的政党，每一步骤都不会忽略过去的历史，同时每一步骤，都照顾将来"；"科学研究如果停止在书本问题（原则上），与停止在解决目前的生活问题上，同样是非实际的"；"苏联十月革命后，曾进行设计教学，废止科学系统，结果儿童所了解的知识是最低的水平，在第一次五年经济建设前不久，停止了设计教学而提出了系统化的口号"；"如果缺乏最基本的科学知识，只有专门技术，必然会行不通"。[①] 整风运动对全盘依据学科逻辑和民国大学模式办学的做法给予了明确的否定，并确立了高等院校办学的社会需求逻辑，但没有全盘否定高等院校办学的学科逻辑中学科的基础地位和民国大学模式中重视学科专业的正确做法，大量吸取其精华，只是否定了其以"学科"为办学的"逻辑"。这与延安自然科学院的办学实践与徐特立的思想理论应该说是有着必然的联系。

事实上，自然科学院在并入延安大学之前的办学实践中，从开办时起就重视理论和实际联系、学和用结合的原则，其教学科研密切结合边区建设实际，着力解决边区遇到的实际问题，全力解决边区军工

---

① 徐特立的论述均转引自延安自然科学院史料编委会编《延安自然科学院史料》，中共党史出版社、北京工业学院出版社，1986，第7页。

及民用工业面临的重大和突出科学技术问题，为边区的巩固和发展，特别是打破日寇与国民党顽固派对陕甘宁边区的经济封锁做出了重大而杰出的贡献。

在学院筹建的同时，自然科学院就着手筹建实习工厂。1940年春，学校接收了一个七八个工人的油灯工厂，经过充实扩大和改造提高，组建成自然科学院机械实习工厂。学院规定的办厂方针是"为教学服务，为边区建设服务"。当时，从军工局茶坊兵工厂调来了一台小车床，这台小车床就是当时机械实习工厂的工作母机。依靠它，再发挥师生的智慧和毅力，几年工夫干出了惊人的成绩，满足了学院建设的需要，也为边区有关工厂解决了一些急需的配件。机械实习工厂也随之有所发展，招收了20多名固定工人，组成车工、钳工、铸工、锻工、木工、翻砂、铆工和土法炼铁等工场。机械实习工厂还积极满足延安地区工业和卫生等部门在机械维修配件和工具、模具等方面的需要，为边区的建设事业做出了贡献。

1940年3月，自然科学院刚成立，就与陕甘宁边区建设厅共同组成山林资源考察队，发现了南泥湾，并对其山林、土壤、水资源、植物等进行了综合科学考察。考察队先后现场考察三次，最后撰写了综合科学考察报告，建议对南泥湾进行综合开发，呈报中央，中共中央将其正式定为垦区。这为三五九旅开垦南泥湾，开展大生产运动提供了科学依据。

自然科学院既是当时延安进行自然科学教学和人才培养的最高学府，又是开展自然科学学术活动的中心，许多学科的学会都设在这里，许多学术报告、讨论会、专题讲座都在该院的科学馆进行。1941年10月4日，《解放日报》副刊《科学园地》创刊，由于当时延安自然科学工作者人数有限，《科学园地》的编辑由自然科学院来承担，由自然科学院物理系主任阎霈霖和地矿系教师武衡担任主编。截至1943年3月，《科学园地》共刊出26期。它把科学启蒙和科学普及作为首要任务，介绍边区的地理、地质、水土保持、土壤改良等，还撰写刊载边区作物栽培、病虫害防治以及畜牧和边区植物等方面的文章，在自然、工矿、军工、卫生等方面也有许多论文发表，对边区的科学研究与普及工作起到了一定的积极作用。

1942年秋天，自然科学院组织了一支煤层地质勘探队，承担边区经济建设厅关于勘探延安城东四十里铺煤矿藏量的任务。师生们运用所学到的理论知识，自制测量工具，查明了该矿的地质情况，取得了各种需要的数据，为开发该矿提供了科学依据。

自然科学院先后组织师生分别于 1941 年 5 月、8 月和 1942 年夏三次对陕甘宁边区进行森林和植物考察，乐天宇等撰写了《陕甘宁盆地植物志》，在学术界产生了很大影响。自然科学院生物系还对边区的药材、地方病等进行调查，写成《陕甘宁边区药用植物志》一书。这些考察调查活动在摸清陕甘宁边区的自然资源、开阔边区人民的视野、促进边区经济建设等方面发挥了重要作用。同时也为边区政府制定经济发展计划提供了重要依据，特别是对中共中央、边区政府制定农业开发政策发挥了重要作用，使边区农业得到迅速发展。

围绕边区经济建设，各种科研机构积极从事基础应用研究，使科技理论与生产实践紧密结合。在棉花种植方面，自然科学院农业系与光华农场技术人员"深入农村，在广泛调查、试验的基础上，找出了在边区种植棉花的合理办法，提出了一套关于下种、定苗、打卡以及促进早期开桃等栽培技术"。除了推广植棉技术，农业系还开展有关粮食、蔬菜、奶牛等良种的引进、培育、推广等研究，为边区大生产运动和军民的丰衣足食做出了重大贡献。

陕甘宁边区的三边分区是西北地区主要食用盐产区之一，对外出口盐的收入占到边区外贸收入的 95% 以上。1940 年夏秋阴雨不断，不仅冲走了盐堆，盐池内的积水也无法蒸发，导致"盐荒"。自然科学院副院长、从德国归来的化工博士陈康白受中央委派兼任三边盐业处处长，并带领科研小组，在边区食盐生产基地定边、盐池进行食盐新法开采技术的研究，并取得了重大的科研成果，极大地提高了食盐的生产能力（产量比之前提高了十倍），减轻了工人的劳动强度，为边区平衡对外贸易、增加财政收入、克服严重的经济困难发挥了重要作用，做出了突出贡献。

自然科学院化学系教师华俊寿、王士珍等利用陕北丰富的天然植物马兰草所研发的造纸技术，有效地缓解了由于日寇和国民党顽固派对延安和陕甘宁边区军事包围及经济封锁所造成的纸张严重匮乏的局面，为边区文化教育事业的发展同样做出了特殊的贡献。还有自然科学院的化学老师林华发明的土法玻璃制造技术，及军工局工程师徐池组织研发、设计、建造的炼铁小高炉，解决了边区军工及医疗器械生产的许多难题。自然科学院教师杨作材主持设计修建的中央大礼堂、中央办公厅大楼成为延安时期的标志性建筑。

自然科学院前后有五百余人入学，在延安时期有230多人毕业分配工作。经过党的教育、学校学习和实际工作的锻炼，他们中的绝大多数成为业务专家。新中国成立后，部分毕业学员逐步成为党和国家的各级领导干部，为共和国培养了总理一名（李鹏），全国政协副主席一名（叶选平），部长六名（原建设部部长林汉雄、原劳动人事部部长赵东宛、原能源部部长黄毅诚、原冶金工业部部长戚元靖、原轻工业部部长曾宪林、原司法部部长蔡诚）。中国科学院、中国工程院院士六名（包括学部委员），如"中国核潜艇之父"和核电站的创始人彭士禄，新中国无线电事业的卓越领导人李强，钢铁工业的奠基人之一戚元靖，中国南极科学考察事业的奠基者和组织者之一、著名地质学家武衡，组建我国第一个石油化工生产基地——兰州化工公司的化工专家林华，以及恽子强。1943年11月，自然科学院与延安大学正式合并，成为延安大学的一个独立学院。1945年11月，自然科学院随延安大学迁往华北、东北。

三、徐特立"三位一体"教育思想与延安高等院校办学逻辑转换

徐特立（1877—1968），原名懋恂，字师陶，湖南善化（今长沙县江背镇）人，著名的无产阶级教育家。1911年参加辛亥革命，1919年赴法勤工俭学。1924年回到长沙，创办长沙第一女子师范，并担任校长。1927年夏加入中国共产党，同年8月参加南昌起义。1928年赴苏联入中山大学学习。1930年回国，历任中华苏维埃共和国中执委委员兼教育部代理部长、苏维埃大学副校长等职。1932年10月兼任中央列宁师范学校校长，1934年参加长征。到达陕北后，担任中华苏维埃共和国中央政府西北办事处教育部部长、陕甘宁边区政府教育厅厅长，1941年1月至1943年3月，任延安自然科学院院长。

他在创办和领导自然科学院的整个过程中，先后撰写和发表了《怎样学习哲学》《新民主主义教育的基本内容》《我对于青年的希望》《怎样进行自然科学的研究》《怎样发展我们的自然科学》《祝〈科学园地〉的诞生》《我们怎样学习》《生活教育社十五周年》《再论我们怎样学习》《抗战五个年头中的教育》《各科教学法》《对牛顿

应有的认识》等一系列论著，将自己丰富的教育工作经验与中国革命根据地的实际情况相结合，系统地阐述了延安自然科学院办学的必要性，特别是办学的指导思想及教育方针，不仅对自然科学院的健康发展起到重要作用，而且是其教育思想的重要内容，也是中国共产党无产阶级教育思想的组成部分。

徐特立在担任自然科学院院长之际，正是延安高等院校向"正规化"发展的时期，同时又是延安整风运动的准备阶段，因而这种"正规化"受到质疑与批评，被认为是教条主义和盲目照搬国统区民国大学模式，甚至有全盘否定的趋向。同时，自然科学院内关于自然科学院"办不办""如何办"的争论仍然存在，甚至更趋激烈。为了回答这些问题、明确自然科学院的办学方针，徐特立提出了教育、科研和经济"三位一体"的教育思想，这不仅为延安高等教育改革发展的实践，从教育思想上提供了理论依据，也为延安整风运动确立中国共产党高等院校办学逻辑，提供了重要的思想基础和基本方向。

1941 年 8 月，徐特立为《解放日报》副刊《科学园地》写了发刊词《祝〈科学园地〉的诞生》。在这篇文章中，他正式地提出了教育、科研和经济"三位一体"的教育思想。他认为："科学教育与科学研究机关以方法和干部供给经济建设机关，而经济机关应该以物质供给研究和教育机关。三位一体才是科学正常发育的园地。"[①] 这是因为："一切科学都建筑在产业发展的基础上，科学替生产服务，同时生产又帮助了科学的正常发展。技术直接和生产连接起来，技术才会有社会内容，才会成为生产方法和生产方式的一部分。"[②]

基于"三位一体"的思想，徐特立提出：学校里主要是进行基础知识的教育，要抓好基本知识课的教学，打好基本知识的基础。他说"最基本的东西就是出发点的知识，入门的知识。""抓不到基本的东西，对于问题就会把握不定……万变不离其宗，宗就是基本知识，就是核心。"[③] 他说："普通原则问题越能多了解，就越能专门化。过早的专门化就只能完成，不能创造。在边区新的环境下，如果只有普通科学基础不够的专门家，想把科学推向进一步是不可能的。"[④] 他进一

① 中央教育科学研究所编《徐特立教育文集》，人民教育出版社，1979，第 66 页。
② 《徐特立文集》，湖南人民出版社，1980，第 238 页。
③ 李之钦：《徐特立教育思想研究》，四川教育出版社，1993，第 89 页。
④ 李之钦：《徐特立教育思想研究》，四川教育出版社，1993，第 91 页。

步指出："任何大学都不是纯理论的，在第一年只是补充中学时普通程度的不够，二三年才开始专门化，第四年分科更细。"① 最后，他总结道，"一切学问都是普通真理和具体事实相结合"，"所以专家必须建立在通才的基础上，而通才必须要有专门的知识"。② 同时，他又明确指出："科学越发展，人类学习的负担越重；必须很好的精简课程，着重基本知识。""理论对于技术的领导是十分必要的，所以对某些具体方面，可以不知，（但）不得不知其要。"③

　　基于"三位一体"的思想，徐特立认为，科学研究的基本任务是为经济建设服务。他指出："科学的方法应该与科学的任务一致，实际上就是理论与实践的一致。""在理论的技术的经济的结合下，消灭一切狭隘的经验和成见，一切生产的行动都成为合理化。""科学本身的存在是在它的作用，那么科学方法的对象是科学的作用，不然的话，方法就没有真实的内容。"④ 因此，徐特立提出延安自然科学院的科研方法是："我们的农业实验场必须建立在有经济意义的农场中。化学实验以实验羊毛退油而帮助纺织，进行有目的的实验，有生产关系的实验，这就是理论与实践合一的最高原则和基本方法。"⑤ 同时，他指出，抓科学中心来研究，对于陕甘宁边区的具体情况来说，更有重要意义。他说："我们以有限的物力、财力、人力，只有抓住科学的中心，才有正常发展的前途。"⑥ 徐特立还认为，"科学的基础在直觉，科学的发展在理性。脱离了直觉就变为神学，脱离了理性就变为低等动物的反射"⑦。总体来说，徐特立所说的科学研究方法必须首先研究对象的个性，然后研究它们之间的联系、各个的作用、共性与个性的关系；在此基础上加以综合，从直觉到理性，既离不开直觉，也不能离开理性，两者必须有机地联系起来。

　　基于"三位一体"的思想，徐特立认为，要在边区经济发展的基础上发展边区的教育与科学技术，而边区教育与科学技术发展了，经济也就会得到进一步的发展。它们是相互依赖、相辅相成的关系，因

① 李之钦：《徐特立教育思想研究》，四川教育出版社，1993，第251—252页。
② 李之钦：《徐特立教育思想研究》，四川教育出版社，1993，第91页。
③ 李之钦：《徐特立教育思想研究》，四川教育出版社，第90页。
④ 中央教育科学研究所编《徐特立教育文集》，人民教育出版社，1979，第241页。
⑤ 李之钦：《徐特立教育思想研究》，四川教育出版社，1993，第93—94页。
⑥ 中央教育科学研究所编《徐特立教育文集》，人民教育出版社，1979，第242、243页。
⑦ 李之钦：《徐特立教育思想研究》，四川教育出版社，1993，第96页。

此"科学从生产出发，一方面加强了我国的国力，另一方面又帮助了科学的发展"①。徐特立进一步指出："科学替抗战建国服务并不是缩小了科学的范围，也不是减低研究的程度，相反的，而是加强了理论的物质基础和加强了技术的理论指导，同时把理论和技术在生产上与大众联系起来，在研究自然科学时，同时研究生产方式和方法。技术社会化的过程，自然科学与社会科学联系的过程，经济是必然的媒介物，是唯一的桥梁。"② 他说："马克思在《共产党宣言》上提出的教育政策，其一是对一切儿童施以免费的普通教育，另一个是教育与生产联系起来。可见生产是教育的内容，同时也是科学的内容，如果科学离开了这一内容，那么物理学就会成为马哈主义，成为经验批判论的神秘，而数学的空间也就会成为康德的先验论。科学神秘化的源泉是理论不从生产出发，不从现实的宇宙出发，只凭理论来研究超现实的大宇宙和小宇宙。科学神秘化在产业不发展的国家更有它发展的物质条件；另一方面，离开了产业，科学必然会庸俗化，只资清谈，既无益于实际又无益于理论。"③

对如何实现教育、科研和经济"三位一体"的教育思想，徐特立提出了组织上的实施措施。"可以成立一个学校管理委员会，各工厂、农场的负责同志也作为主人翁参加，彼此商谈。工厂、农场需要哪一种人才，学校就培养哪一种人才。"徐特立还制定了更为细致的实施方案："与边区各有关实际工作部门建立一定组织上或工作上的联系。各有关实际工作部门负责人，依具体情况，直接参与本校有关系的教育工作之领导。"在徐特立"三位一体"教育思想的指导下，延安自然科学院与边区一些主要工厂、农场建立的密切联系，不仅具有教学、科研性质而且还具有经济性质。

徐特立的教育、科研和经济"三位一体"的教育思想，在自然科学的办学实践和争论中提出。其争论的核心问题从高等教育本身逻辑讲，其实就是高等院校办学学科逻辑与社会需求逻辑之争，争论双方都有极端化的倾向，要么是学科逻辑，要么是社会需求逻辑。而徐特立则是运用马克思主义辩证唯物主义思想，以及马克思主义教育思

红色基因
与科学逻辑 **139**

① 中央教育科学研究所编《徐特立教育文集》，人民教育出版社，1979，第239页。
② 中央教育科学研究所编《徐特立教育文集》，人民教育出版社，1979，第238页。
③ 中央教育科学研究所编《徐特立教育文集》，人民教育出版社，1979，第238页。

想，结合中国传统高等教育理念、中国新民主主义革命和建设的实际，特别是陕甘宁边区的实际，着眼当前与未来，以实事求是的原则，既遵循高等教育的一般规律，肯定这一阶段延安干部高等院校"正规化"改革的有益成果，没有全盘否定高等院校办学的学科逻辑，但也绝没有盲目照搬这个逻辑，以及国统区民国大学的模式，没有极端化地肯定实用主义的高等院校办学的社会需求逻辑（他其实是将社会需求逻辑从狭隘的实用主义中分离），而是寻求两者的有机结合，而这种结合又明确以社会需求逻辑为主导。

这一思想在整风运动准备阶段提出，为延安整风运动中关于延安高等院校办学方针的大讨论提供了明确的思想基础与方向。同时，又在全面整风运动开始后，随着马克思主义中国化的全面推进，特别是毛泽东思想科学体系的发展完善以及深入与普及，在延安高等院校师生乃至全党的大讨论中，不断补充完善与确立。因此，徐特立的这些论述不仅为延安高等院校确立教学、科研、生产"三位一体"的办学体制提供了理论基础，更重要的是为在延安整风运动中高等院校办学逻辑以及"延安模式"的确定，奠定了极其重要的思想基础。这是无产阶级教育家徐特立对中国共产党高等教育改革发展的重大思想理论贡献，也是对自清末民初以来中国现代高等教育继承、探索、改革、发展的重大思想贡献。

第三节 延安大学成立及延安高等教育的转变

延安大学的创立，是中国共产党延安时期高等教育改革发展的一个标志性事件，它具有承上启下的历史作用。所谓承上，是指对全面抗战初期以短期政治与专业培训模式为主的干部高等教育模式的某种转换，开始了比较自觉的以高等院校办学的学科逻辑，以及以民国大学模式兴办普通高等教育的探索性实践；所谓启下，则是为延安整风运动期间，随着马克思主义中国化的深入，随着延安时期对马克思主义中国化的第一大理论成果——毛泽东思想认识的自觉与运用的自如，在毛泽东思想指导下，确立中国现代高等院校办学的社会需求逻辑及"延安模式"，提供了实践与理论基础，以及正反两方面的经验与教训，是中国现代高等教育发展转换的重要一环。

一、 延安大学创建的历史条件与背景

延安大学的创建是中共中央在客观条件与主观认识双重变化的基础上，依据抗战发展的新需要、边区教育发展的现实，以及高等教育自身发展规律而决定的。

从 1939 年开始，抗日战争的形势发生了重大转变，日本侵略者占领了广州、武汉之后增兵华北，对中国共产党领导的敌后抗日民主根据地与八路军、新四军展开重点进攻，而对国民党采取了诱降方针。从 1941 年起，敌后战场的状况也发生了变化。日军用很大的力量在占领区进行所谓"治安建设"，将共产党和抗日民主根据地的人民武装作为主要进攻对象，企图在一定期限内通过反复的"扫荡""清乡"加以消灭。1942 年，日军投入华北、华中敌后抗日民主根据地的兵力有 55 万余人，这使敌后抗日根据地军民承受着巨大的军事压力。

从 1941 年到 1942 年，日军在华北连续五次推行"治安强化运动"，对华北抗日民主根据地的"扫荡"，一次投入兵力在千人以上至万人的达 132 次之多，万人以上至七万人的 27 次，日军对抗日民主根据地实行罪恶的烧光、杀光、抢光的"三光"政策。由于日军的疯狂进攻，加上华北连年的自然灾害，中国共产党领导的抗日民主根据地出现严重的困难局面。到 1942 年，八路军、新四军由 50 万人减为约 40 万人，华北平原地区相继由根据地变成游击区。一些抗日民主政权被摧毁，根据地面积缩小，总人口由 1 亿减少到 5000 万以下。根据地的生产遭到严重破坏，财政经济情况极端困难。

与此同时，1939 年 12 月至 1940 年 3 月间，国民党反动派掀起了全面抗战以来的第一次反共高潮。这次反共高潮的重点地区是陕甘宁边区、山西和河北地区。国民党顽固派发动这次反共高潮的根本目的是企图削弱以至逐步消灭中国共产党在华北的力量，掌握对华北敌后根据地的控制权。1938 年 12 月至 1939 年 10 月，国民党先后制造反共摩擦事件 150 多起。国民党中央秘密颁布《限制异党活动办法》，其军队在华北袭击了太行区域的八路军，在陕甘宁边区袭占了八路军驻防的淳化、栒邑、正宁、宁县、镇原五城。特别是皖南事变后，国民政府完全停发了八路军和新四军的军饷，并从 1939 年起，在陕甘

宁边区周围修筑了绵延千里的五道封锁线，用以对边区进行严密的经济封锁，号称"不许一粒粮食、一匹布进入陕甘宁边区"。中共中央机关所在地陕甘宁边区发生了严重的财政经济困难。毛泽东曾这样描述当时的困难情景："我们曾经弄到几乎没有衣穿，没有油吃，没有纸、没有菜，战士没有鞋袜，工作人员冬天没有被盖。国民党用停发经费与经济封锁来对付我们，企图把我们困死，我们的困难真是大极了。"① 在经济封锁的同时，国民党政府也加强了对边区人员进出的控制，严禁国统区、沦陷区的知识青年奔赴延安参加革命。这使得边区各学校人数骤然减少。在这种情况下，集中有限的人力物力办学已经历史地摆在中共中央的面前。

在客观条件变化的同时，传统集训班"短平快"的办学模式中的弊端也日益为中共中央领导所认识。教育有必要向纵深进一步发展，以期培养出更为优秀、更能适应革命需要的人才，已经成为当时中央领导的共识。加之，延安时期高等教育这一发展阶段的倡导者、领导者、具体举办者，主体是从苏联、法国、德国、英国等留学归来的党内高层领导及高级知识分子，他们中的许多人自身也都经历了民国时期的高等教育，有的还有在民国大学任职、任教的经历，所以他们主观上也的确有按照学科逻辑办大学的意识。同时，抗战初期急缺干部的状态有了很大的缓解，生源的骤减也减轻了延安与抗日民主根据地干部高等院校的办学压力，所以他们比较一致地认为，延安与抗日民主根据地干部高等院校应该整合，向"正规化"发展。

时任中共中央干部教育部副部长李维汉在 1940 年所著的文章《预祝 1941 年延安干部教育的胜利》比较典型地代表了这一认识。文章指出："关于延安方面的干部学校教育，抗战初期所采取的三几个月的短期训练班的方式，一般地已经过去了。依我看来，延安的干部学校正处在这种短期训练逐渐进到正规学校的过渡之中，个别学校已经开始正规化，但一般的做法，还多保留过去短期培训班的特点，这也可以说明理论落后实践吧！为迎接我们干部学校正规化的必然趋势，我以为我们应当立即着手研究和解决以下几个基本问题：第一是正规化学制的确立问题，这里包含着各个学校的性质、任务和招生标

---

① 《毛泽东选集》第 3 卷，人民出版社，1991，第 892 页。

准，各学校相互间的分工、配合和衔接，以及其他方面的制度等等问题。第二是课程、课程标准及教材的编审问题，这就是要依据学制的确定来分别规定各学校各班级的课程、课程标准，并编审教材。依我看来，在普通干部学校里，除一般理论和策略教育外，需要补充或提高关于历史的、地理的以及其他必要的自然科学知识的教育。第三是提高在职的干部教育，吸引新的力量，在教育干部中，加强关于教育工作——其理论及实际的研究。第四是密切各学校的联系，相互间确立交换经验与共同研究的制度。"① 这不仅是李维汉个人的认识，而且是当时中共中央领导中多数同志的认识。

客观条件的变化以及主观认识的转变使得当时延安的干部院校合并、调整、改革已经势在必行。因此，中共中央决定对延安干部高等院校进行调整改革，而延安大学的创建就成为其重大的举措。

二、 从干部高等培训向现代大学的转型

中共中央对延安大学的创建是非常慎重的，其筹建规格之高前所未有。1941 年 7 月 2 日，由任弼时主持，朱德、洛甫（张闻天）、陈云、凯丰、康生、王明等多位政治局委员，及高岗、邓发、王首道等重要领导参加的"改革中央组织机构与筹备总供给委员会"会议，研究了时任中共中央总负责人洛甫（张闻天）提出的"青干、女大、陕公等合并成立大学"的意见。

会议决议事项中提出："关于学校合并问题：委员会同意洛甫同志提出青干、女大、陕公等合并（鲁艺、科学院也在合并之内组成单独的院）成立大学的方针，请中央政治局会议批准。并提出办法如下：1. 将现有各校学生中从中学程度至大学程度的学生（约五百余人），设立大学，地点女大校舍（足够）；将初中以下程度的学生（约三百余人）附设中学部，地点青干校舍之一部。2. 以凯丰、罗迈、柯庆施、徐特立、冯文彬、周扬、王鹤寿等七同志组织学校合编委员会，以凯丰为主任，负责提出新的教育计划及筹备合编事宜，限于七月十五日前将计划提交中央批准。3. 将现在陕公少数民族班划交西北中央局管理。"②

红色基因
与科学逻辑 **143**

---

① 罗迈：《预祝 1941 年延安干部教育的胜利》，《新中华报》1941 年 1 月 16 日。
② 《改革中央组织机构与筹备总供给委员会会议决议事项》，中央档案馆馆藏档案，档案号：1941，中 72/2。

　　凯丰时任中共中央政治局委员、中宣部代部长、中央学校管理委员会主任。中共中央政治局对此也高度重视，先后一个月内在两次政治局会议上研究这一问题。在 1941 年 7 月 13 日召开的政治局会议上，对延安学校合并做出了如下决议："同意任弼时同志提议关于陕公、女大、青干校等学校合并的理由与原则，并决定办法如下：1. 以陕公、女大、青干、鲁艺学院、自然科学院等五校合并成立联合大学，但鲁艺与科学院则在联大系统下仍保存为单独的学院。并在联大之下附设中学部，收容各校初中程度之学生，原在陕公之少数民族班，划归西北中央局管理。2. 该校定名为陕北联合大学。3. 以凯丰、罗迈、徐特立、柯庆施、周扬、王鹤寿、冯文彬、赵一民（赵毅敏）等组织学校合编委员，以凯丰同志为主任，负责拟定联大教育计划及筹备合编事宜。"[①]

　　1941 年 7 月 30 日，中央政治局会议经过讨论，做出最终决定："青干、女大、陕公合并，定名为延安大学，以吴玉章同志为校长，赵毅敏同志为副校长。"[②]

　　8 月 28 日，《解放日报》公开发布了陕北公学、中国女子大学以及泽东青年干部学校三校合并成立延安大学的消息，并特别说明："闻延大学制将延长，使成正规大学，并附设中学部，现正积极进行筹备工作，约于 9 月中旬正式开学之。"[③] 9 月 5 日，延安大学在《解放日报》刊登招生启事，要求报考学生于 9 月 15 日前来学校教育处报名。9 月 19 日，中学部开始上课。

　　1941 年 9 月 22 日，延安大学正式举行开学典礼，学校受中共中央文化委员会领导。延安大学成立后，改变了此前干部高等院校短期训练班的模式，在专业设置、教学体制、学制、组织机构等方面按照凯丰为主任的学校合编委员会提出的新教育计划以及现代大学规范要求，以学科逻辑进行设置。学校设社会科学院，由著名哲学家艾思奇任院长，刘披云任副院长；法学院，由著名法学家何思敬任院长；教育学院，由著名教育学家、心理学家刘泽如任院长。另设俄文系、英

---

　　① 《七月十三日政治局会议决议事项》，中央档案馆馆藏档案，档案号：1941，政治局 016。

　　② 《七月三十日政治局会议决议事项》，中央档案馆馆藏档案，档案号：1941，政治局 016。

　　③ 《陕公、女大、青干三校合并成立延安大学》，《解放日报》1941 年 8 月 28 日。

文系和体育系，分别由黄正光（越南人，回国后曾任越南国家教育部副部长、国家科学院院长）、许乃生、张远任系主任，同时设立中学部，林迪生任部主任。由英国利物浦大学毕业的工程硕士赵飞克担任学校秘书长，并规定学制本科为三年，专修科二年，当时大学部是按照全日制普通高校学生入学标准遴选与招考的，所以人数很少，只有500多人，中学部学生有300多人。

在开学典礼上，吴玉章校长发表重要讲话："延安大学成立了，这是教育上很大的转变。中共中央以及边区政府在延安推行新的教育"，"我党实行整顿学校，变成正规化，纠正不切实习惯。今后要培养能做事的了解中国国情的青年，大家要努力学习科学和外国语"。[1]

参加学校开学典礼的中共中央宣传部副部长徐特立也发表了讲话，他指出："前进的政党要把握技术，旧的政治第一的口号，应该废除，今后政治与技术都要把握。在今天，我党不仅要领导政治也要领导技术。"[2] 由三所学校合并而来的延安大学并非三所学校的简单归并，而是一种新型教育体制的实施。如果说传统红色教育面向的是革命运动，那么以延安大学为代表的新红色教育已经开始有了面向社会的意识。"延安大学的诞生既是对中共中央领导下自进入陕北以来的传统红色教育（干部培训班）的一个总结，也是新红色教育的起点（正规大学教育）。"[3] 因此，延安大学的诞生在中国红色教育史发展历程中具有重要的历史意义，标志着陕甘宁边区干部高等院校的发展进入一个新阶段。

这种"标志"或者说"起点"主要表现在以下几个方面：第一，延安大学成立后不久，1941年12月17日，中共中央政治局通过了《中共中央关于延安干部学校的决定》，而"这个决定是在以凯丰为主任的八人学校合编委员会提出的延安大学新教育计划的基础上形成的"[4]。因此，延安大学可以说是该《决定》的第一个实施学校。延安大学从成立之日起，就全面贯彻《决定》的精神，体现了《决定》的原则，是一种新型教育体制的实施。"这种教育体制注重的不仅仅

---

① 《吴玉章教育文集》，四川教育出版社，1989，第71页。
② 《解放日报》1941年9月23日第四版。
③ 《延安大学史》编委会编《延安大学史》，人民出版社，2008，第55—56页。
④ 《延安大学史》编委会编《延安大学史》，人民出版社，2008，第56页。

是价值观、世界观的革命化改造，而且注重科学技术的学习与应用；不仅是被培养者接受速成式的训练，而且注重被培养者深厚科学知识底蕴的积聚。"① 第二，延安大学成立与调整之后，按照普通大学的学科设置了明确的专业学科，其专业学科涵盖文、法、教、外语、体育等多个学科门类，并规定了明确的学制。第三，延安大学成立之后，根据学科专业设置与培养目标进行了科学系统而又务实的课程设置。第四，重视学术研究，积极开展学术研究活动。学术研究是立国兴邦的命脉所系，也是现代大学的本质属性。而最能典型体现这种由干部短期培训转向学科逻辑正规化办学，最终又转向社会需求逻辑办学的是延安大学的法学教育。

延安时期的法律高等教育始于 1940 年 7 月成立的边区行政学院，完善于延安大学，这是因为当时具备了两个重要的历史条件：一是陕甘宁边区新民主主义宪政的推进和实施；二是延安干部高等教育逐步形成向正规化和专门化方向发展趋势。

1940 年 2 月 20 日，在延安各界人民宪政促进会成立大会上，毛泽东发表了关于宪政、宪法问题的演讲。毛泽东说："中国缺少的东西固然很多，但是主要的就是少了两件东西：一件是独立，一件是民主。宪政是什么呢？就是民主的政治。"在毛泽东看来，中国人民要团结抗日，就必须实行民主政治，即宪政。但是，这种宪政从性质上讲，只能是新民主主义宪政。在延安各界人民宪政促进会成立大会上，吴玉章首次概括出新民主主义宪政的两大显著特点。其一，它必须是反帝的，即抗日民族统一战线的民主。其二，它必须是反封建的、反官僚的、反贪污腐化、反一切阴谋黑暗势力的民主。正是这两大特点，决定了新民主主义宪政前所未有的革命性。

法律是宪政的依据和实质内容。抗战时期，中国共产党在陕甘宁边区局部执政条件下制定和颁布了以陕甘宁边区施政纲领为核心的法律体系。这个法律体系包括 64 个类别 1000 多个法规和条例，涵盖政治、军事、文化、社会等各个方面及宪政、刑事、民事、诉讼等各个法律部门，为限制政府权力、保障人民合法权益提供了重要保障。制订和实施这些法规和条例，需要大量的法律专门人才。

① 《延安大学史》编委会编《延安大学史》，人民出版社，2008，第 55 页。

在中国共产党延安时期法学高等教育开办之前，为了适应司法实际工作的需要，陕甘宁边区最早实施的是司法职业教育。1937 年 7 月 23 日，中华苏维埃共和国政府西北办事处司法部决定设立司法讲习班，讲授目前政治形势与我们的任务、民事审判实务、刑事审判实务、检察实务、司法制度、看守所规则等项内容。受训学员以现任县裁判部部长或保卫局工作人员为限。同时，还决定编写法学讲义，内容分为民事、刑事、检察等实务：一方面为司法讲习班教学使用，另一方面作为各级司法干部在职学习教材。在 1937 年 12 月间的各县裁判员联席会议后，边区高等法院对参加会议的各地司法人员进行了应急式的短期培训，上课训练两星期，讲授旧的民法、刑法概要、审判、检察实务，并具体解释对锄奸、土地、婚姻、债务等各种问题的处理原则。①

从 1939 年开始，边区高等法院开始实施全面培训边区司法人员的计划，培训的重点是基层司法人员。计划从 1939 年开始，逐步对各县现有裁判员、书记员、检察员、看守员进行短期培训，每次定期训练三个月，培训科目主要是法律概论、民法述要、刑法述要、民事审判实务、刑事审判实务、检察实务、边区法令、司法行政、司法公文、看守工作、统计法、法医学及政治理论等，由边区高等法院的高级司法人员担任教师。边区高等法院的一般司法干部，则以在职在岗学习为主，每天集体学习两小时。

1940 年 7 月，边区行政学院成立，这是一所专门为陕甘宁边区培养政权干部的高等学院，不仅是中国共产党创办的第一所行政学院，也是我国乃至世界上创办的第一所行政学院。院长由陕甘宁边区政府主席林伯渠兼任，王凌波、李六如、王子宜先后任副院长、代院长。学院成立后设立了法律、行政、财政经济三系。尽管行政学院法律系是延安时期干部高等院校设立的第一个法律专业，但行政学院当时还是以在职干部培训为主，加之延续司法职业教育的习惯，因此当时行政学院法律系还属专修科性质，学期只有一年，学员主要是边区各级在职司法干部，总体来说是司法工作培训，不是培养法律学者。1941 年初，行政学院法律专业改为本科，这应当是一个重要标志，标志着延

红 色 基 因
与 科 学 逻 辑　**147**

———————————

① 《中央司法部关于司法工作的条例、指示、训令等》，陕西省档案馆馆藏陕甘宁边区政府档案，档案号：全宗 1—37。

安的法律教育由司法培训开始转向法学教育。延安大学法学院的成立则是这一转变的开始实施，这也是中国共产党历史上创办的第一所法学院。

延安大学正式成立后，边区行政学院法律本科专业并入延安大学法学院，但其法律系仍然保留，其重点又转向在职司法干部培训。由此可见，边区高等法律教育有了明确分工，行政学院主要培训边区在职司法干部，而作为综合大学的延安大学则主要培养法学人才。

值得注意的是，在此之前的司法培训班、法律系，负责人都是边区高等法院院长，而延安大学法学院院长却是学者何思敬。何思敬（1896—1968）是延安时期著名的马克思主义法学家。他曾在日本仙台第二高等学校攻读法学和哲学，后进入东京帝国大学和帝国大学研究院学习进修，1927 年 2 月回国后，受聘担任国立中山大学法学院教授、副院长，他也是延安新法学会的主要负责人。这显然符合高等院校办学的学科逻辑，所以延安大学法学院在何思敬的领导下，拟将法学院办成以培养法律学者为主的专业学院。但随着整风运动对教条主义的批判，理论联系实际、学以致用的教育原则逐渐得以确立，法学院这种学科逻辑的办学理念在边区当时的历史条件下显然是脱离实际的，有教条主义之嫌。因此，延安大学法学院只招收培养了一届学生，就改为司法系，何思敬不再担任司法系主任。从此以后，延安干部高等院校法律专业负责人不再由学者担任，而一直由边区高等法院负责人兼任。这不单纯是专业名称和学科负责人的改变，而是专业性质、教育内容、培养目标的根本改变。也就是说，边区的高等法律教育只有一个目标，那就是培养适应陕甘宁边区及中国共产党领导的抗日民主根据地所需要的司法干部，这个方针一直实施至新中国成立，而首先改变的是边区行政学院。

1942 年下半年，边区行政学院将法律系改为司法系。在此之前的1942 年 3 月，中共中央西北局常务委员会确定了边区行政学院的三条办学方针：一、学习科目要与政府工作沟通；二、学习科目要与现实沟通；三、学习程序由具体到理论。① 由法律系改为司法系就是这一方针的具体化，此后延安时期的法律高等教育就只有司法教育。总之，延安大学的创立开始了延安高等教育从干部高等培训向现代大学的初步转型。

---

① 《延安大学史》编委会编《延安大学史》，人民出版社，2008，第 122 页。

三、 延安大学的初步实践与探索

1941 年 9 月至 1943 年 3 月，延安大学根据凯丰等七人学校合编委员会提出的新的教育计划，建立正规学制，向新型正规综合大学的方向发展，到 1943 年 3 月首届毕业 200 余名学生。这个时期为延安大学的初创时期。

延安大学成立之后，各院系均有明确的专业划分和专业培养目标。社会科学院下设文艺系和经济系。文艺系又分新闻、文学等班，培养新闻、文学干部，招收高中毕业或具有同等学力者。经济系分设工业和农业两班。工业班以培养土木、水利、机工、工厂管理等技术干部为目的。农业班以培养农业技术与农业管理干部为目的，招收大专及高中毕业生。教育学院分设中等教育和国民教育行政两个班。中等教育班以培养中学师资为主要目的，分设国文、政治、史地、数学四组，招收高中毕业及具有同等学力者。国民教育行政班以培养县级行政人员为目的，招收初中毕业及具有同等学力者。[①] 俄文系、英文系主要培养俄、英文翻译人才，招收高中毕业或同等学力者。体育系主要培养体育专业人才及体育事业管理人才，招收高中毕业或初中毕业有体育特长者。

这一时期，学校的学科专业设置较为稳定，只是 1942 年 3 月将体育系并入教育学院，招生也比较正常。1942 年 4 月 1 日，学校在《解放日报》一版发布了一则有关招生的启事，可资证明。

一、本校大学部法学院、社会科学院、俄文专修科、中学部各班停止收生。

二、英文系仍继续收生，凡高中毕业及有同等学力者均可投考。

三、教育学院之体育系招生。

甲、本系为培养新体育建设人才为宗旨。

乙、初中毕业或有同等学力，身体健康，对各项运动稍具基础，年龄十八岁以上，二十四岁以下者。

丙、学校供给膳宿文具。

丁、学习期间三年（内实习一年）。

红色基因
与科学逻辑 **149**

---

① 参见董纯才、张腾霄、皇甫束玉主编《中国革命根据地教育史》第 2 卷，教育科学出版社，1991，第 178—179 页。

戊、毕业后自愿找职业者自便，愿出学校介绍者，学校当代设法介绍各机关部队，报送者仍归原部工作。

己、报名与考试自即日起至四月十五日止，随到随考。

根据正规学制，社会科学院、法学院、教育学院除专业必修课程外，还开设"马列主义学说""政治经济学""哲学""中国革命运动史""党的建设""中国政治""中国经济""根据地情况及政策""敌伪研究""中国通史""国际问题""三民主义""思想方法论""国文"等一般课程。① 教材的选用，一般采取既保证科学理论知识的系统性和完整性，又必须与实际相结合的原则。必修课教材，除尽可能适合一定理论体系的原则外，并力求实用。这个时期使用的教材仍然保留在延安大学档案馆和校史馆的尚有《社会科学概论》《中国现代史讲稿及中国共产党简史》《中国古代史》《"逻辑"一词问题提纲》《辩证唯物论与历史唯物论基本问题》《政治经济学》《比较宪法》《国家的起源及阶级斗争》《经济学批判》《抗日民族统一战线指南》《联共党史》《新民主主义经济报告提纲》《中国现时教育问题》等等。

以体育系为例，来说明当时延安大学专业必修课的设置和教员情况。当时体育系设置的专业课有"体育原理"，由系主任张远主讲；"排球"，由李鹰航、王禹夫任教；"篮球"，由蔡德仁任教；"田径"，由刘华峰任教；"体操"，由杨烈任教；"垫上运动"，由朱殷任教；"体育舞蹈"，由田雨任教；"单双杠"，由刘侠、朱殷任教；"冰上运动"，由田野任教；"游泳"，由李导任教；"三铁"，由李东野任教；"运动解剖学""运动卫生学"，由延安医科大学薛公绰教授主讲。② 体育专业设置的专业课有十多门，任教的老师也有 16 位。他们多数是由系主任在延安各单位聘任的。这些教员不是大学体育专业毕业生、教授，就是当时延安体育界的名人、运动健将，或者某个单项专业造诣较深的运动员、教练员。学校其他各专业的专业课设置及教员与体育系大体相同。

学校十分重视教学与学术研究。教学（讲授、阅读、漫谈、讨论）比较正规，上课按班次进行，一改过去听大报告式的上课方式。

① 《延大建立正规学制》，《解放日报》1942 年 2 月 10 日第四版。
② 张远：《延安体育生活片段》，《体育文史》1985 年第 1 期。

专门课占 80%，政治课占 20%，纠正了过去以政治课压倒其他一切课程的现象。教学上采取灵活多样的教学方法，理论联系实际，注重应用能力，收到了良好的效果。譬如俄文系，分设甲、乙两班，在开学的第一学期，实际教学时间 3 个多月内，大部分同学就学会俄语普通会话。甲班同学大都能翻译，从第二学期起成立了研究室，翻译苏联报纸刊物及编辑俄华字典，负责俄文部分的编撰工作，并辅导乙班同学的会话。乙班同学已学完基本文法，在第二学期除照规定课程进行外，还担任俄华字典中文部分的编纂工作，整理编印系主任黄正光的讲义。学习时间虽短，但同学们特别努力，成绩颇为良好。

当时法学院的学生杨琦回忆道："何思敬教授讲马列主义的组成部分，提纲挈领交代得清楚，特别是对辩证唯物论与唯心论的区别。他讲到黑格尔否定唯物主义，结果把自己也甩在后台，长期隐居乡野，消息闭塞，最终否定了自己。何思敬讲授时用语用词都很生动。在学习马列主义的同时，也学习毛主席在抗日时期的著作《论持久战》《中国革命和中国共产党》《新民主主义论》等，解决学生中的许多问题。抗战何时能胜利？抗战以后中国的前途是什么？在课程学习的进展中经过教师们讲授、小组讨论，又得到党中央和毛主席的关怀教导，问题得以解决。当时对时局问题，经常有时事报告，如解放日报社总编杨松同志就常来校做时事报告，还有叶剑英同志常从北门外讲到南门外，向大家做时事报告，朱德总司令在八路军大礼堂讲各根据地的抗战形势，使大家对打败日本的信心十足。这样就更丰富了学校课程的内容。"[1]

为了培养学生的实际工作能力，各院系组织 80 多名学生参加了中共中央组织的普调团，深入后方进行调查研究。在此期间，延安大学还和中央研究院联合组织边区经济调查组，到各地调研，既为陕甘宁边区政府发展经济出谋划策，又开展了教学实践活动。当时法学院的学生杨琦回忆道："（学校）从各院系抽调教职员工和学生组成调研组，我也在抽调之内，我们的组长徐达是徐向前将军的妹妹。我们组被派往延安县李家渠乡，对农民生产、生活、家庭经济进行调查。我们调查任务繁重的是每村每户耕种土地面积所有情况，每户的地块都

红色基因
与科学逻辑 **151**

① 延安大学西安校友会编《延安大学回忆录》，陕西人民出版社，1998，第 98—99 页。

进行丈量，登记核实全乡的耕地面积、作物收获、公粮负担情况。对耕地的调查，在中学所学的几何派上了用场，因为土地有长方形、三角形、圆峁形，用上了几何求面积定律。调查任务体现了党中央和边区政府关心人民疾苦。……调查活动挺有意思，使我们增添了知识，也见了世面，我虽然出身农民家庭，却对农村的事全然不了解，一是没有那些知识，二是没有那个整风以后的思想觉悟——为人民服务。"①

在学术研究方面，开设各种自由讲座，任何不同派系的言论均得以自由发挥。校长吴玉章亲自带头于 1942 年 1 月在学校组织了中国语文研究会，研究内容为文字学、文法学、国文教学。文字学由吴玉章亲自讲授。研究会的研究员由本校和延安各学校各机关的中文教员及志愿参加者组成，凡具有相当于高中程度者，均可参加，旁听的研究者不受此限，也可参加。研究时间为六个月，每星期一上午十一时至下午二时在延大举行研究报告会。在每一课目研究结束后，即进行一次测验。另外，每隔一周，吴玉章在学校做一次通俗文字讲演，校内师生和其他单位的文字爱好者都踊跃参加。1942 年 1 月 14 日，延大学生总会还在鲁艺美术部的帮助下，举办了现实主义名画家凯绥·珂勒惠支的优秀作品画展。

在校长吴玉章的带动下，学校的学术研究气氛十分浓厚，各种学术团体相继产生。如：部分师生组建的"老实学社"，出版《老实学刊》；教员马彬等人成立"马列研究会"；体育系和朱德、吴玉章、洛甫、李富春、冯文彬等及延安体育会、军人俱乐部等团体发起并参加"新体育学会"，研究新的体育理论与编译各种体育材料，并进行体育调查研究工作，研究体育训练与体质的增强途径和方法，改变轻视体育的观念；法学院和其他单位成立了边区"新法学会"；教育学院院长刘泽如和董纯才、吴伯箫、彭黔生、高克林等人于 1942 年 1 月发起成立了"延安新教育学会"，教育学院全体师生为该会的集体会员。各种学术团体的成立及其活动对活跃学校学术气氛及学术研究的深化起到了一定的作用。

特别值得关注的是，学校社会科学院院长、著名哲学家艾思奇，

① 延安大学西安校友会编《延安大学回忆录》，陕西人民出版社，1998，第 98—99 页。

法学院院长、著名哲学家、法学家、马克思主义著作翻译家何思敬，教育学院院长、著名教育学家和心理学家刘泽如，以及校长吴玉章这一时期的相关学术与理论研究，对于马克思主义哲学、法学、教育学与心理学中国化，对于推动延安整风运动，对于马克思主义中国化第一大理论成果——毛泽东思想的发展、运用与确立，均发挥了不可替代的重大作用。

艾思奇在中国哲学大众化与马克思主义哲学中国化方面做出了杰出的贡献。担任延安大学社会科学院院长后，他仍然主要从事这方面的学术研究和理论著述。1941 年，他在《抗战以来的几种重要哲学思想评述》一文中重点批判了陈立夫的唯生论、蒋介石的力行哲学和阎锡山的"中"的哲学。艾思奇指出，唯生论代表了当权的有钱人的世界观，是与辩证唯物论相对抗的，其主要目的在于反对唯物论。唯生论哲学是以孙中山思想中某些因素为渊源，以孙中山的某些话为根据，但唯生论哲学本身并不是孙中山的哲学思想，而只是他的一部分思想的附会夸大的产物。唯生论有着浓厚的反民主色彩，在哲学本身，它的主要倾向是唯心论和神秘主义。

关于力行哲学，艾思奇认为它的基本原理是和唯生论一样的，它的表现是二元论的，并且常常要理解唯物论来反对唯物论，它在本质上仍是唯心论，是以精神的原理，以"诚"作为创造一切的动力。力行哲学打着继承孙中山哲学的旗号，实际上只是发展了知行学说的消极方面，是站在大地主大资产阶级立场，对孙中山哲学做了歪曲、"补充"和"发挥"，在政治上则背叛了孙中山的三民主义。

艾思奇指出，阎锡山的"中"的哲学，是民国以来就始终自成一个局面的地方政权当局者的哲学，它也是有钱人为反对理性主义的斗争需要，根据山西统治者的利益、主张和经验，在新的形式上把中庸思想系统化而形成的。正如阎锡山自己所说，是为了"思想防共"。它是相当精致的伪装的反理性主义的哲学思想。

1942 年，受毛泽东的亲自委托，艾思奇组织编译并担任总编，从大量的马恩列斯著作中编译出版了《马克思、恩格斯、列宁、斯大林思想方法论》一书，该书被列为整风运动的必读文件之一。1943 年，艾思奇针对蒋介石抛出的《中国之命运》一书发表了《"中国之命运"——极端唯心论的愚民哲学》，批驳了《中国之命运》的反动政治观点和哲学思想，产生了极大反响。

何思敬在延安期间翻译了马克思恩格斯的《哥达纲领批判》《哲学的贫困》《经济学—哲学手稿》《论综合技术教育》《国民经济批判大纲》，以及黑格尔的《法律学批判》与《大逻辑》等著作，并受毛泽东的委托编译了克劳塞维茨的《战争论》。1943 年 8 月，何思敬在《解放日报》发表《驳蒋介石法律观》，驳斥了《中国之命运》一书。

刘泽如曾在北京大学从事研究工作十年，1939 年 5 月到达延安后不遗余力地钻研马列主义理论，撰写了近四万字的《神经系统怎样运动——机械的还是辩证的》和近七万字的《神经生理的矛盾运动和意识反映的矛盾过程》等多篇重要论文，开始了他在马克思主义指导下研究心理学的崭新学术历程。

校长吴玉章此时暂时停止了历史学的研究，而是根据陕甘宁边区推广新文字（一种拼音文字）的需要，将研究方向主要转到语言文字方面，并兼任延安新文字干部学校校长，主持编订新文字方案，编写新文字教材，主办《新文字报》，为陕甘宁边区开展新文字运动做出了奠基性贡献，同时也为新中国文字改革和汉语拼音工作积累了经验，奠定了基础。

总之，他们的学术研究、理论著述以马克思主义，特别是中国化的马克思主义为指导，着眼党和边区政府的中心任务，服务现实，推动工作，不仅有力地推动了抗日战争与新民主主义政治、经济与文化建设，而且以学术创新、理论创新，为中国化的马克思主义的发展成熟做出了独特而重要的贡献，同时也为学校以后的科学研究明确了方向和原则，起到了典范的作用。

1943 年 3 月，在鲁迅艺术文学院、自然科学院、民族学院、新文字干校合并前夕，学校首届二百名学员毕业分配工作，标志着延安大学初创阶段的结束。

这一阶段，学校根据《中共中央关于延安干部学校的决定》的精神，严格执行以凯丰为首的七人合校委员会主持制定的新教育计划，按照马克思主义基本原理，结合中国新民主主义革命与建设的实际，在教育思想、教育方针、教育理念、教育内容、教育方法等方面进行了全面的改革与创新，初步实现了马克思主义在高等教育领域的中国化，建立了独树一帜、比较完备的高等教育教学、科学研究和行政管理体系，为学校今后的发展壮大奠定了坚实的基础，积累了丰富的经验。

延安大学的创立与发展，是中国现代高等教育史上的重大转变，是中共中央推行新教育的开始，它继承并发扬了陕公、女大、泽东青干校的优点，创造性地向新的阶段发展，其最大的特点是依据现代高等院校办学的学科逻辑，设立了明确的专业，确立了正规学制，具有了现代大学的性质。

这里需要明确指出的是，严格地说，延安大学这一时期的探索与实践并不是完全而明确地遵循高等院校办学的学科逻辑，而是具有了向这种办学逻辑转换较为明显的倾向性。虽然它强化了学科、强化了专业、强化了学术，但并未以此为办学逻辑，其办学逻辑仍然是社会需求。但正是由于其强化了学科专业与学术，这就为整风运动后真正确立中国现代高等教育"延安模式"，特别是高等院校办学逻辑的根本转换，明确确立高等院校办学的社会需求逻辑，进行了十分宝贵的探索与实践，提供了珍贵的经验与教训，使这种转换没有排斥学科与专业，没有走向极端化，而是始终坚持了努力使两者有机融合，又以社会需求为导向的正确方向。

第四章

颠覆重构：
延安整风运动与社会需求逻辑的确立

1942 年到 1945 年 4 月中共七大召开前，中国共产党在领导敌后抗战的同时，在全党范围内开展了一场深入的马克思主义教育运动，这就是著名的延安整风运动。这场运动以批判教条主义、主观主义、宗派主义和党八股，树立实事求是、群众路线、独立自主三个方面毛泽东思想活的灵魂为核心目标，在以延安为中心的全党范围内开展。

延安整风运动彻底揭露、批判和清算了党内历次"左"、右倾错误，特别是王明"左"倾教条主义和右倾投降主义错误在党内的恶劣影响，使全党的马克思列宁主义水平得到了进一步提高，使党的领导机关和领导干部进一步掌握了马克思列宁主义的普遍真理同中国革命实践相结合的原则，树立了联系群众、调查研究、实事求是的优良作风，并帮助大量非无产阶级出身的新党员转变了思想立场，使全党紧密地团结在以毛泽东为核心的党中央周围，为夺取抗日战争的最后胜利和人民民主革命在全国的胜利提供了思想和组织保证。

延安整风运动对延安高等教育的改革发展具有决定性的意义，是中国共产党扎根中国大地办高等教育，探索现代高等教育中国之路，实现中国现代高等院校办学逻辑转换，以及现代高等教育"延安模式"最终确立的思想理论前提及实践基础，在中国现代高等教育改革发展历程中具有极其重要的作用，是至为关键的一环。

第一节 延安整风运动与延安高等教育方针的转变

在延安整风运动中，延安干部高等院校是作为一个独立的系统而进行的，是整风运动的重点系统，其直接动因就是从 1939 年后期到 1942 年初期的"正规化"问题，比较集中地揭露和批判了过去学校教育指导思想和实际工作中存在的主观主义、教条主义倾向。延安各个干部高等院校贯彻中共中央"四三决定"，特别是以《中共中央关于延安干部学校的决定》为指针，普遍开展了办学方向的大讨论。从高等教育自身的话语体系讲，实质上就是高等院校办学是遵循学科逻辑还是社会需求逻辑的重大问题。通过学习、总结、反思、讨论，大家的思想基本得到了统一，确立了高等院校办学的社会需求逻辑，并相应地对高等教育的方针、政策进行了调整转变。

一、 延安整风运动与教育改革

延安整风运动是一次深刻的马克思主义教育运动，它坚持马克思主义同中国实际相结合的正确方向，使实事求是的马克思主义思想路线在全党范围内深入人心，是加强党的建设伟大工程的一大创造。延安整风运动的内容是反对主观主义以整顿学风，反对宗派主义以整顿党风，反对党八股以整顿文风。其中，以批判和纠正主观主义的思想作风，树立和发扬理论联系实际、调查研究、实事求是的思想作风作为中心内容。

延安整风运动分为党的高级干部和一般干部、普通党员整风两个层次进行，重点是党的中高级干部，特别是党的高级干部的整风。高级干部整风的内容和重点是以讨论党的政治路线为主，一般干部和普通党员整风是以整顿思想方法和思想作风为主。两者有一个共同点，就是总结党的历史经验，消除以王明为代表的"左"倾错误的影响，通过批判教条主义和经验主义两种形态的主观主义，教育全党学会运用马克思列宁主义的立场、观点和方法，研究和解决中国革命的实际问题。

延安整风运动经过了三个基本阶段：

第一阶段，大体从 1941 年 5 月至 1942 年 2 月，是全党整风的准备阶段。这一阶段的重点是党的高级干部学习马列主义理论，提高思想认识水平。第二阶段，从 1942 年 2 月至 1943 年 10 月，是全党普遍整风阶段，着重组织党员干部学习马列主义，清理错误的思想方法和作风。1942 年 2 月 1 日，毛泽东在中共中央党校举行的开学典礼上做了《整顿党的作风》的报告，提出整顿党风、整顿学风、整顿文风的号召。2 月 8 日，毛泽东又做了《反对党八股》的报告。这两个报告深刻地阐明了整风运动的任务和方针，标志着全党整风运动的开始。

4 月 3 日，中共中央宣传部做出《关于在延安讨论中央决定及毛泽东同志整顿三风报告的决定》，对整风运动的目的、要求、方法和步骤做出明确的规定，决定了全党整风学习的 22 个文件，其中包括毛泽东的《整顿党的作风》《反对党八股》《改造我们的学习》《反对自由主义》《关于纠正党内的错误思想》，刘少奇的《论共产党员的修养》，陈云的《怎样做一个共产党员》，以及《中共中央关于延安干部学校的决定》等。6 月 8 日，中共中央宣传部发出《关于在全党进行整顿三风学习运动的指示》，同时军委总政治部也发出全军进行整风学习的指示。从此，整风运动在各抗日民主根据地陆续展开。

中共中央为了加强对整风运动的领导，于 1942 年成立总学习委员会，毛泽东任主任，在总学习委员会领导下按系统成立分学习委员会。中共中央直属机关、中共中央军委直属系统、陕甘宁边区系统、文委系统和中央党校都建立了学习委员会。各单位、各部门成立学习分会或中心学习组。各基层单位分别建立甲、乙、丙三种学习组。参加延安和陕甘宁边区整风学习的有 1 万余人。为了正确地解决党内矛盾，毛泽东主持制定了"惩前毖后，治病救人""既弄清思想，又团结同志"的方针。参加整风的同志首先要学习马克思列宁主义的若干基本文件，然后根据文件精神，检查思想、工作和个人的历史，经过批评和自我批评，最后写出学习和思想总结。

第三阶段，从 1943 年 10 月至 1945 年 4 月，为总结历史经验阶段。这一阶段，全党高级干部对党的历史，特别是对 1931 年到 1934 年的历史进行了讨论和总结。1943 年 10 月，中共中央决定党的高级干部在全党整风的基础上进一步学习党的历史和路线问题，延安整风运动发展到总结党的历史经验阶段。80%以上的党的高级干部参加了学习。为了对党史上的若干重大问题取得一致认识，并做出正式结论，中共中央政治局和党的高级干部多次讨论党的历史，特别是讨论党在1931年初到1934年底这一段时间的历史。1944年3月初，周恩来到中央党校做《关于党的"六大"的研究》的报告，回答干部学习中争论的一些重要问题。4月和5月，毛泽东分别在中共中央西北局高级干部会议上和中央党校做了《学习问题和时局问题》的报告，对党的历史中涉及的一些重要问题做了结论。

在全党通过整风运动达到思想认识高度一致的基础上，1944年5月至1945年4月，中共中央召开扩大的六届七中全会，会议讨论通过了《关于若干历史问题的决议》。这个文件对党的历史上的若干重大问题，尤其是土地革命时期以王明为代表的"左"倾教条主义错误做了结论，同时高度评价毛泽东在把马克思列宁主义理论和中国革命实际相结合方面所做出的贡献，认为要争取中国革命的更大胜利，必须以马克思列宁主义同中国革命实践相结合的毛泽东思想为指导。该《决议》的通过，使全党在马克思列宁主义思想一致的基础上获得了空前的团结和统一，实际上为党的第七次全国代表大会的召开奠定了思想上的基础。该《决议》的通过是整风运动的重大成果，它标志着全党整风运动的胜利结束。

延安整风运动取得了伟大的成果，通过整风运动，实现了在以毛泽东为核心的中共中央领导下全党的团结和统一，为抗日战争的胜利和新民主主义革命在全国的胜利，奠定了重要的思想和政治基础，同时也实现了中国现代高等院校办学逻辑的转换与高等教育"延安模式"的确立。

延安整风运动是延安时期教育改革与创新的思想与历史前提，也是其实践基础，这一改革涵盖干部教育、高等教育、中等教育、国民初等教育和社会教育，是一次全面而系统的教育改革与创新，而重点是干部教育、高等教育与中等教育。教育系统整风的目标就是通过转变思想与作风，在中国化的马克思主义第一大理论成果——毛泽东思想的指导下，联系实际，深入总结过去教育发展中的经验与教训，系统清理教条主义、主观主义对教育发展的消极影响，对各级各类教育思想、教育理念、教育内容与方法、体制机制进行改革与创新，实现马克思主义教育的中国化与时代化，以适应新民主主义革命与建设的现实需要。以 1944 年 4 月 7 日《解放日报》发表的社论《根据地普遍教育的改革》为标志，延安整风运动中的教育改革由讨论、检讨、批判、确立进入全面实施阶段，也就是说进入"新型现代化"阶段。而中央层面的文委学习分学习委员会的指导对象主体是干部高等院校，其整风学习与教育改革是由中央委托文委学习分委会统一领导与部署的，这表明中共中央对干部教育与高等教育的高度重视与特别关注。总之，没有延安整风运动就没有延安时期的教育改革，这是一个基本的逻辑关系。

二、 中共中央《关于延安干部学校的决定》 的制定

1941 年 12 月 17 日，中共中央政治局通过了《中共中央关于延安干部学校的决定》（以下简称《决定》[①] ）。这是中国共产党制定的第一部关于干部高等院校教育的法规性文件，其主要目的是指导规范延安与各抗日民主根据地的干部高等院校的办学，是延安整风运动第一阶段的成果，也是从 1942 年 2 月延安整风运动进入第二阶段即全党普遍整风阶段的基本学习文件，是延安各高等院校开展整风运动的基本遵循。

《决定》共十四条，指出了延安干部高等院校的基本缺点，提出了改进的指导思想与原则，具体规定了中央研究院、中央党校、军事学院、延安大学、鲁迅艺术文学院、自然科学院等 6 所干部高等院校的培养目的与领导关系，对招生、教员、课程、教学原则、教学方法、教学设备、学校党政组织及其相互关系、学风等均做出了全面的规定。

《决定》指出："目前延安干部学校的基本缺点，在于理论与实际、所学与所用的脱节，存在着主观主义与教条主义的严重毛病。这种毛病，主要表现在使学生学习一大堆马列主义的抽象原则，而不注意或几乎不注意领会其实质及如何应用于具体的中国环境。"这就抓住了学校教育工作的主要问题。正如 1942 年 1 月 13 日《解放日报》根据《决定》的精神发表的题为《教育上的革命》的社论所指出的："这种教育曾使若干干部只会死记和硬背各项原则和结论，而不会解

---

① 《中共中央关于延安干部学校的决定》，本书引述自《陕甘宁革命根据地史料选辑》第四辑，甘肃人民出版社，1983，第 665—658 页。以下引文除注明外，皆引自《决定》。

决实际问题。他们能够背诵《资本论》，但不能了解法币为什么会跌价。他们对于革命理论，并不能领会其实质，并不能真正了解其精神和方法，只是空洞地望文生义，机械地学习了革命理论的词句。"① 因此，为了整顿学校教育工作，克服上述错误，《决定》特别强调："学习马列主义理论的目的是为了使学生能够正确地应用这种理论去解决中国革命的实际问题。"《解放日报》社论《教育上的革命》对此做了具体阐述："马克思列宁主义教育之目的，是为了培养改造现实的战士，因此理论与实际、所学与所用一致，就是教育工作的基本原则。这就是说，使学生能够'用马列主义的精神和方法去分析中国历史与当前的具体问题，去总结中国的经验，使学生养成这种应用的习惯，以便他们比较之后，善于应用马克思主义的精神和方法分析问题与指导实践'。为此，除正确地教授马列主义理论之外，同时，必须增加中国历史与中国情况及党的历史与党的政策的教育，使学生既学得理论，又学得实际，并把二者生动地联系起来。"②

《决定》又指出："各学校没有明确规定自己的具体目的，亦是缺点之一。"为了克服这一缺点，《决定》对各干部高等院校办学的目的，即培养目标做了具体的规定：中央研究院为培养党的理论干部的高级研究机关；中央党校为培养地委以上及团级以上具有相当独立工作能力的党的实际工作干部及军队政治工作干部的高级与中级学校；军事学院为培养团级以上具有相当独立工作能力的军事工作干部的高级与中级学校；延大、鲁艺、自然科学院为培养党与非党的各种高级与中级的专门的政治、文化、科学及技术人才的学校。并明确规定："上述各校的课程教材与教学方法，必须与各校具体目的相适合。"《决定》还规定："凡带专门性质的学校（例如军事的、政治法律的、财政经济的、自然科学的、文艺的、师范教育的、医学的等等），应以学习有关该项专门工作的理论与实际的课程为主。文化课、政治课与专门课的比例应依各校情况决定之。一般说来，专门课应占百分之五十（不需补习文化之学校，则专门课应占百分之八十），文化课应占百分之三十，政治课应占百分之二十，坚决纠正过去以政治课压倒其他一切课目的不正常现象。"

---

① 《教育上的革命》，《解放日报》1942 年 1 月 13 日第一版。
② 《教育上的革命》，《解放日报》1942 年 1 月 13 日第一版。

　　在学校管理体制方面，"决定中央研究院直属中央宣传部，中央党校直属中央党校管理委员会，军事学院直属军委参谋部，延大、鲁艺、自然科学院直属中央文委。各校主管机关，应把自己直属学校的工作，当作该机关业务的重要部分。中央宣传部对各校课程、教员、教材及经费，应协同各主管机关进行统一的计划、检查与督促"。同时规定，"学校行政组织以短小精悍为原则。学校内党支部的任务，是保证学校教育计划的完成，纠正支部与行政并立的不正确现象。支部对学校行政的建议，可经党的路线提出，但不能出面干涉"。

　　"改善教员质量是学校办好的一个决定条件。"因此，《决定》特别规定："凡地委及团级以上干部的教育，应由中央委员及中央各机关负责同志亲自担任指导。"《决定》要求"对现有各校教员，应依据新的标准分别审查处理之"，"给各校教员以实际帮助，提高他们的质量，改善他们的政治待遇和物质待遇"。关于对教员的具体要求，《解放日报》社论《教育上的革命》做了进一步阐述："我们要求教员认真研究教课内容和教学方法，使其具体、生动、易懂，以贯彻理论与实际的一致。教员不仅在课堂上要负责，并且要在学生全部学习过程中负责。对于学生的学习、生活、思想各方面的情况，都有细致的了解，亲切的关心和具体的帮助。"①

　　《决定》要求各校根据自己的具体目的，对招收学生"应采取少而精的原则"，对在校学生的成分应重新进行审查，凡不符合各校具体目的的学生，坚持"以分配工作或转学他处的原则"。

　　关于教学方法，《决定》要求："应坚决采取启发的、研究的、实验的方式，以发展学生在学习中的自动性与创造性，而坚决废止注入的、强迫的、空洞的方式。"《解放日报》社论《教育上的革命》对此进一步补充道："新的方法应侧重启发和研讨，特别是实习。课堂上不仅有教师的讲授，而且要质疑、辩论和解答。这样才能咬得烂，懂得透，才能培养学习独立思考和钻研问题的习惯。实习的方法是马克思主义所认为最好的教育方法。一定的学校应与一定的工作机关或事业部门取得联系，进行定期的实地考察，以补充和印证正课的讲授。学生从处理事务的过程中，自然会获得分析、比较和综合等经

---

① 《教育上的革命》，《解放日报》1942 年 1 月 13 日第一版。

验，且能进而加强所学的信心和致用能力。"①

《决定》还提出："应在学校内养成学生自由思想、实事求是、埋头苦干、遵守纪律、自动自治、团结互助的学风，而坚决反对主观主义、宗派主义、教条主义、好高骛远、武断盲从、夸夸其谈、自以为是及粗枝大叶、不求甚解的恶习。关于这种学风的养成，教职员应该以身作则。"

需要明确指出的是，《决定》并未对前期延安高等院校"正规化"进行全盘否定，而且在某种程度上甚至给予强化，如正规化学制问题，各学校专业培养目标问题，课程改制、专业课与政治课的比例问题，以及教师队伍建设与学生选拔等问题，均延续了"正规化"时期的成果，仍然肯定了高等院校办学学科逻辑对学科专业、课程教材、教师学生的基本要求，遵循了高等教育自身的规律，没有否定高等院校办学学科逻辑的基本要素。

《关于延安干部学校的决定》是马克思主义教育思想、教育理念与原则，以及中国共产党干部高等教育方针政策的具体化，是指导中国共产党抗日民主根据地干部高等教育的纲领性文件。它的基本精神是贯彻理论联系实际、学以致用的原则，改革学校教育，克服教条主义，提高教育教学质量，实行新型的正规化、专门化教育，以推进延安及各抗日民主根据地的干部教育，特别是干部高等教育的改革与发展。

三、 延安干部高等院校的整风与办学逻辑的转换

在延安整风运动中，延安所有干部高等院校都是按照中共中央的统一部署而逐渐展开的，比较集中的是检讨从 1939 年到 1941 年底的高等教育"正规化"问题，实质就是照搬民国大学模式和办学的学科逻辑问题，当时将其概括为学校教育指导思想和实际工作中存在的主观主义、教条主义倾向。从 1942 年初全党普遍整风阶段开始，延安教育系统特别是干部高等院校开始集中整顿学风、党风、文风等"三风"。他们在传达、讨论中共中央有关整风决定及毛泽东整顿"三风"报告过程中，初步检查本校的实际工作，特别是前三年的办学历史，

① 《教育上的革命》，《解放日报》1942 年 1 月 13 日第一版。

开始对办学方针、办学方向等重大问题进行检讨反思。

1942 年 1 月，中共中央西北局常委会讨论了西北局教育委员会提出的关于行政学院办学方向问题的议题，并确定了三项原则。2 月，中央党校根据中央政治局通过的《关于党校组织及教育方针的新决定》，停止了过去所定课程，集中学习和研究整风文件和党的路线。延安大学决定在法学院、教育学院、社会科学院增设中国政治、中国经济、根据地情况和政策、敌伪研究、中国通史、国际问题、思想方法等为必修课，并组织普查团，深入乡村进行调查研究工作，求得教材和实际联系起来。

中央宣传部发出"四三决定"后，边区教育厅和延安各干部高等院校开始系统学习整风文件，领会其精神和实质，逐步联系实际，批判教条主义，普遍开展了办学方向的大讨论，集中进行总结、反思并揭露和批判过去实际存在的主观主义、教条主义，以解决办学的方向与办学逻辑问题。用当时的话语讲，"这些问题的中心是学风问题，即理论与实践相统一的马克思主义思想路线问题，而要解决学风问题，从根本上还得解决为谁服务的立场问题"①。"1942 年 5 月，毛泽东在延安文艺座谈会上的讲话，就是从这个根本立场出发解决文艺界整风中许多重大问题，它对教育界的整风也提供了有力的武器。于是，各干部高等学校为了把整顿学风和改进整个学校工作有机地结合起来，有领导、有组织、有计划地开展了对本校办学方向的讨论。"②

这一讨论以鲁迅艺术文学院和自然科学院为代表。以下我们以鲁迅艺术文学院和自然科学院为例，对延安干部高等院校的整风与办学逻辑的转换进行具体阐述。

1942 年春，鲁艺师生对学校的教学方针展开讨论，就是否按传统办"正规大学"出现了意见分歧。4 月初，院整风学习委员会向全院师生提出讨论学校办学方向和实施方案的问题。周扬院长在大会上号召和鼓励不同意见应充分地发表并展开争论，全院师生迅速展开激烈的争论，争论的中心点是办学方向及其实施方案是否脱离实际，是否有路线上的错误。经过空前热烈的大讨论，几种分歧意见逐渐趋于一致，认为鲁艺的教学活动与实际脱节，对战争和根据地环境缺乏足够

---

① 刘宪曾、刘端棻主编《陕甘宁边区教育史》，陕西人民出版社，1994，第 52 页。
② 刘宪曾、刘端棻主编《陕甘宁边区教育史》，陕西人民出版社，1994，第 52 页。

的认识，没有从此出发解决问题。教育计划、办学方面和实施方案里缺乏研究现状的精神，由此产生了"关门提高"的偏向，这种偏向表现在教学、研究、创作实践中，不是从战争和抗日民主根据地实际出发，而是同现实脱节，因而在课程配备上充满着西洋古典，在艺术作风上多是从个人出发，不注意普及和对普及的指导，同时在接受遗产中批判战斗的精神也很不够，等等。这个大讨论实际是对当时鲁迅艺术文学院的办学思想、办学道路所存在的主观主义、教条主义倾向进行了一次较深刻的批判。

在党内开展整风运动的同时，为解决当时文艺工作者中存在的问题，由中共中央宣传部主持，邀请在延安的文艺家百余人，其中鲁艺的领导、教师占到一多半，召开延安文艺工作座谈会。1942 年 5 月 2 日至 5 月 23 日先后开了三次。毛泽东出席第一次座谈会，并就文艺工作者的立场、态度、工作、学习及服务对象发表讲话。5 月 23 日，毛泽东再次到会，发表总结性讲话。这两次讲话，合称《在延安文艺座谈会上的讲话》，讲话针对"五四"文学革命以来，特别是 30 年代兴起的革命文艺运动以来我国文艺发展的实际情况，提出了文艺从属于政治并反过来影响政治的观点和革命文艺为工农兵服务的根本方向。同时，阐述了文艺的普及与提高、文艺创作的源泉、文艺的批评标准与文艺界的统一战线，以及文艺工作者的立场、态度与思想改造等问题，系统地回答了当时文艺运动中存在的主要争论，因此又被称为"文艺整风"。

延安文艺座谈会以后，毛泽东于 5 月 30 日亲自到鲁艺阐述他的讲话精神，特别号召鲁艺的师生们要走与群众相结合的道路，努力改造世界观，走出"小鲁艺"到"大鲁艺"中去，知识分子必须与工农群众相结合，努力改造自己。以后，他又多次到鲁艺发表演讲，这些讲话进一步推动了鲁艺的整风学习。因此，鲁艺的教育改革提上日程。1942 年 7 月，鲁迅艺术文学院师生展开了对本院办学方向的大辩论，针对鲁艺过去工作中存在的问题，诸如重数量而轻质量、把文艺普及与提高机械地分开、过分强调专业化和正规化、学习方法上的教条主义、文艺创作脱离现实等问题进行了反思，并提出鲁艺教育改革的设想，形成了鲁艺独具特色的教育方针。具体归纳为：（1）鲁艺的教育必须研究当前的艺术文学运动，其中特别是地方与部队的文艺运动的现状、经验与特殊的问题，这些研究必须列入课程的一定地位，为实现这个目标，必须有计划、有组织地进行搜集资料与通信联络的工作。（2）与各根据地文艺部门建立工作上的关系，改变过去互相隔膜的不正常状态。（3）强调深入生活，定期外出实习，收集资料，锻炼意识。（4）文艺创作人员，按照工作上的实际情形和基本要求，给予一定的机会，适当地采用轮流教学、轮流工作。（5）改变理论研究的方法，应当研究现状和参加实际工作。①

整风运动中，自然科学院在创办时，学院内外关于"边区有无条件办自然科学高等教育"和"边区仅有的少数科学技术工作者究竟是应该放在经济建设还是教育岗位上"的疑问，以及"自然科学院要办就应办成像国统区的大学那样，办成正规大学"的主张，再次成为争论的热点问题，以自然科学院墙报《学风》为阵地，各种不同意见都得到了展现。主要的分歧是："一部分人认为，依今日边区人力、物力、教育设备条件之困难，办一正规大学，难收功效，今后自然科学院应改为比较高级的职业专门学校；另一部分人认为，边区条件虽较困难，但困难可慢慢克服。今日之设备，经艰苦之努力已粗具规模，同时人才之培养，不但要注意现在之应用，同时要看到抗战胜利后建国之需要，故今天培养一般通晓科学原理的自然科学人才，仍为必需。"② 讨论从 1942 年 1 月开始，至 11 月 30 日结束。特别是 1942 年 9 月 30 日《解放日报》发表文章，将这一讨论由自然科学院引向整个延安，形成了延安机关学校历时 30 天的大讨论。

这既是一场教育方针的讨论，也是一场学术上的争论。除全院师生参加这场讨论外，还有总学委、中央组织部、中央宣传部、军委工业局、边区建设厅等 25 个部门和延安自然科学界的同志参加了讨论。讨论的问题归纳起来主要是：（1）创办自然科学院的必要性与可能性；（2）为了目前需要还是将来需要；（3）创办什么样的自然科学院。

在讨论中，每个同志都以整风精神开诚布公地开展了批评与自我批评，对问题做具体分析。对第一个问题仍然分为两派：一派认为，边区没有条件办自然科学高等教育，不能解决博与专的问题，主张取消延安自然科学院，只办中等职业学校。另一派则认为，自然科学院

---

① 《延安鲁艺回忆录》，光明日报出版社，1992，第 43—44 页。
② 《解放日报》1942 年 4 月 3 日。

的教学方法和课程设置并未脱离实际，边区条件差，绝不意味着边区就不能办自然科学的高等院校，不应该学习基本的科学知识。自然科学基础知识和解决实际问题的能力，既可以满足今天之应用，又可以为开展将来的工作服务。对第二个问题认识相对一致，有些同志检讨了自己的本位主义思想，有的揭露了教学当中忽视边区实际，只是搬用外面教材的倾向。这样，终于达到了认识上的统一，认为自然科学教育应与边区实际相结合。参加讨论的同志普遍认为，那种轻视抗战和边区建设工作，认为"为了边区建设的人才，可由边府办短期训练班"，而科学院则是培养为了"全国性"的与"将来新中国"的看法是不对的。他们设想超越现实去达到"为了将来"，甚至认为"今天办大学教育，不是为着目前应用，不应估计今天的价值而是为着将来培养大批建国人才"等等都是脱离实际的看法，因而也是错误的。经过充分的讨论，全院师生交换意见，开展批评和自我批评，对一些原则性的问题，意见基本趋于一致。

第三个问题实际是前两个问题的总结，也是大讨论最后应有的结论。比较一致的认识是："延安自然科学院属于新民主主义性质的教育，它反映着新民主主义政治、经济、文化的要求，并为之服务。在自然科学院，就集中表现在为抗战和边区建设服务的办学方向。""这一办学方向打破了中国历来大学教育的成规，克服边区教育中存在的教条主义与形式主义，为边区专门教育改革与发展提供了客观依据。""一谈到办大学，办自然科学院，就要照搬大后方大学甚至国外大学的传统模式，基本上按当时正规大学的教学计划开课，业务课教材主要选用大后方正规大学中文版的教科书，这势必脱离边区建设的实际，是行不通的。自然科学院作为一所新型的、革命的大学，应从抗战和边区建设的实际需要出发，来确定自己的教育方针、教学目标和课程标准，这是正确的选择。"①

在 1942 年 10 月 30 日召开的讨论会上，徐特立院长做了总结。他认为，自然科学院应该兼顾未来和当前两个方面，不顾条件地办正规大学是不对的，而不愿在已有的条件下加以创造，只知道天定胜人而不知道人定胜天，同样是错误的。他还认为，学校不能单独解决博与

---

① 谈天民主编《从延安走来——北京理工大学的办学道路》，北京理工大学出版社，2004，第79—80页。

专的问题，学校的任务是教育、培养具有独立工作能力的科学技术干部，给他们以基本的知识和技能。那种"学校即社会，把两个阶段混为一个阶段的杜威主义是有偏向的、不对的，相反，社会即学校的主张，否定学校教育的意义，想单独用带徒弟的方法，也是一种偏向"。他提出，"至于我们过去的课程标准，今天还不适合的话，可以全部否定，进行改造"。这个结论既给自然科学院提出了明确的办学方向，推进了学校教育工作的改革，又正确地回答了当时延安自然科学界在自然科学教育和发展科学技术问题上存在的分歧。这些思想不仅对自然科学院的办学，而且对于延安各个干部高等院校办学都具有指导意义。

大讨论之后，自然科学院的办学指导思想进一步明确，即理论联系实际，教育为工农业生产服务。围绕这一指导思想，学院对教学与课程标准也进行了改造，将物理系调整为机械工程系，化学系调整为化学工程系，生物系调整为农业系，总体从理科转向工科，并迅速走上为边区经济生产服务的轨道。

关于延安大学的整风，1944 年 6 月《延安大学概况》做了概括性的总结："今日的延大之形成，是曾经经过了一个剧烈的思想斗争过程的，这一斗争，便是整风运动。我们要了解学校改造的意义，必须研究整风运动在各校展开的具体情况及影响。""在抗战初期（一九三七年下半年到一九三九年上半年）边区的干部学校适应着战时的需要，培养了大批的抗战干部，在这时期干部学校方针基本上是正确的，但从一九三九年起，各学校组织上提倡所谓正规化，教学上搬运教条，致理论与实践分离，学与用脱节，这种教条主义的错误曾给予边区干部教育以极大的损失。""在一九四二年四月至九月的整顿学风学习中，由于大家进行了思想的改造（特别是学风文件之《改造我们的学习》《干部学校的决定》等文件给了大家以思想的武装），展开了清除过去错误教育方针之剧烈的群众性的斗争，鲁艺的全体教职员以空前热烈的情绪争辩着'鲁艺的教育方针是否从客观实际出发？搞实际还是搞理论'的问题作为检查该院教育方针的标准；行政学院也进行了整风运动，这一斗争高潮，对各校教育计划的改造是有着极其巨大的作用的，各校教条主义的教育方针经过了这次猛烈的批判才开始了根本的转变。""经过了这两个大的斗争（教育方针的讨论与审查干部)，本校全体教职学员就有了认识上的一致和行动上的一致，而这就是本校新教育之巩固的基础，没有这个也就不可能有新的教育方针，新的工作作风，也就没有今天的延大。"①

不仅新的延安大学是延安高等院校整风的重要成果，更为重要的是，延安整风运动确立了高等院校办学的社会需求逻辑，进一步完善升华了中国现代高等教育的"延安模式"，为中国现代高等教育开辟了一条崭新而广阔的中国道路。

四、 实施"新型正规化" 是延安整风运动的重要成果

延安整风运动开展之后，延安高等教育战线的各级领导和广大师生解放了思想，统一了认识，在马克思主义中国化的第一大理论成果——毛泽东思想的指引下，更加坚定地扎根中国大地办教育，紧密联系新民主主义革命和建设的实际，在高等院校办学的社会需求逻辑的基点上，开始了延安高等教育"新型正规化"的发展改革之路。这是延安整风运动的重要成果。

从高等教育本身的逻辑范畴讲，延安干部高等院校在整风运动中关于教育方针和教学内容，特别是办学方向的讨论，实质上就是高等院校办学逻辑的讨论。是遵循学科逻辑已有的陈规，还是创新确立社会需求逻辑，这是争论的本质问题，也是高等教育办学的核心问题。很明显，延安整风运动批判并在一定程度上否定了延安高等教育一度存在的高等院校办学学科逻辑的"逻辑"和照搬民国大学模式的问题，确立了高等院校办学的中国逻辑，即社会需求逻辑。但必须指出的是，延安整风运动并不是全盘否定学科逻辑，而是将社会需求逻辑置于学科逻辑之上，以社会需求逻辑为主、以学科逻辑为辅，以辩证唯物主义的观点寻求两种办学逻辑在社会需求逻辑之中的辩证统一。并明确提出："对旧大学和国外大学的有益做法和经验，凡属我们今天用得着的，都应该吸收；但决不能生吞活剥、毫无批判地吸收，也决不能主观地公式地应用它。"② 其核心在于"逻辑"以及"不能主

---

① 《延安大学概况》，载《延安自然科学院史料》，中共党史出版社，1986，第177—179页。

② 谈天民主编《从延安走来——北京理工大学的办学道路》，北京理工大学出版社，2004，第79页。

观地公式地应用它"，而不是全盘否定。

　　学科与学科逻辑是既有相互联系，也有根本区别的两个范畴。一般来说，学科有若干种含义。第一种含义是学术分类，指一定科学领域或一门科学的分支。如自然科学中的化学、生物学、物理学，社会科学中的法学、社会学等。学科是与知识相联系的一个学术概念，人类的活动产生经验，经验的积累和消化形成认识，认识通过思考、归纳、理解、抽象而上升为知识，知识在经过运用并得到验证后进一步发展到科学层面形成知识体系，处于不断发展和演进的知识体系根据某些共性特征进行划分而成学科，是自然科学、人文科学、社会科学三大知识系统内知识子系统的集合概念。学科是分化的科学领域，是自然科学、人文科学、社会科学概念的下位概念。

　　第二种含义指高等院校教学、科研等功能单位，是对高校人才培养、教师教学、科研业务隶属范围的相对界定。学科建设中"学科"的含义侧重于后者，但与第一个含义也有关联。第三种含义是指高等学校教育专业设置的分类，如我国高等教育划分为 14 个学科门类：哲学、经济学、法学、教育学、文学、历史学、理学、工学、农学、医学、军事学、管理学、艺术学、区域国别学。学科领域是知识创新的主战场，知识创新是技术创新、制度创新的基础与先导。所以，学科与学科发展是社会发展的重要基础，是引领与指导社会发展进步的动力和支撑力量。

　　现代大学的主要特征就是以学科专业为基础，以学科为教学、科研等的功能单位，以学科专业为实现人才培养、科学研究、社会服务，以及文化传承与创新的主要平台与载体。所以，现代高等院校办学以学科专业为基础，这是合理的也是必然的，是高等教育规律性的体现。

　　学科逻辑是专指高等院校办学的基本逻辑，是高等院校办学的出发点与归结点。所谓高等院校办学的学科逻辑，是指高等院校办学以学科本身为唯一的目标，以学科本身发展为出发点和落脚点，不考虑或主要不考虑社会现实，认为办大学就是办学科。学科与学科发展既是高等院校办学的功能载体，更是高等院校办学的目标指向，尽管这种指向的最终目的仍然是服务社会，但高等学院校办学的现实动力则不是从社会现实出发，而是从学科本身的发展出发，当然，现代高等院校办学若离开了学科那就不成其为高等院校。从这个角度讲，现代高等院校办学的学科逻辑有其合理性和必然性。但以学科本身为办学逻辑，以学科本身为唯一目标，那就会颠倒学科发展与社会发展的关系，必然与社会现实相脱节，容易与社会现实形成"两张皮"，从而使高等院校成为独立于社会现实的"象牙塔"，对社会现实缺乏必要的感应，其社会服务功能就会弱化。

任何社会行为都是为了社会的发展与进步，没有脱开社会发展进步而合理存在的存在，学科发展的目的是促进社会发展与进步。所以，为了学科自身发展而发展学科，这是一种荒谬的逻辑。尽管给予其为未来社会发展与进步的某种预期，但这种预期往往是空泛的，只会给人以科学神秘化的感觉。徐特立在延安整风运动的大讨论中，对这种科学神秘化的本质进行了一针见血的揭示与批判。而马克思在《关于费尔巴哈的提纲》一文中提出的著名命题——"哲学家们只是用不同的方式解释世界，而问题在于改变世界"，也许更有助于我们对这一问题的认识。

高等院校无论古今中外都是因现实需要而存在的，都是为了解决现实问题，或者主要为解决现实问题而设立的。虽然它要"仰望星空"，但更主要的还是为了"脚踏实地"，如果一味地"仰望星空"，那是没有意义的。而高等院校办学的社会需求逻辑则是将社会现实需求作为高等院校办学的出发点和落脚点。学科发展是高等院校办学的手段和载体而不是目的，学科的设立与发展服从并服务于社会现实需要，更确切地说首先要服务于党的中心工作、国家战略和经济社会发展现实需要。因而，高等院校办学的社会需求逻辑与学科逻辑，这是两种根本着眼点不同的高等院校办学逻辑，而延安整风运动则明确确立的是高等院校办学的社会需求逻辑，也就是以服务于党和国家的中心工作及其战略，以及经济社会发展的现实需要为高等院校办学的最高目标和办学的主要方向，这是高等院校办学的出发点和落脚点。但并不是说不要学科，不要学术产出。

学科建设与学术产出，虽然是现代大学的重要属性，也是其基本使命之一，但它绝不是唯一的。特别是在中国近现代历史的特殊社会现实条件下，中国高等院校办学的社会需求逻辑必须高于学科逻辑。学科的建设发展、学术的产出，必须服从、服务于国家战略和经济社会发展现实需要，这一点也是毋庸置疑的。所以，延安整风运动强化了高等院校办学的社会需求逻辑，但没有全盘否定高等院校办学的学科逻辑，而是在以高等院校办学的社会需求逻辑为主体的前提下寻求两者的辩证统一，并以此为基础，实施"新型正规化"。

所谓"新型正规化"，是针对 1939 年至 1941 年延安高等教育所提出的高等院校"正规化"而言的，其核心还是高等院校办学的逻辑问题。因为中国现代高等教育"延安模式"的其他核心特征，诸如以马克思主义为指导，坚持党的领导，实行校长负责制、学者治校和民主管理，高度重视思想政治理论课教学，强调学以致用，实行分类招考、科学选材、多元录取的招生制度等等，在延安干部高等教育发展的第一阶段已经形成。在向"正规化"趋势发展的第二阶段，这些核心特征不仅没有受到削弱，而且得到了进一步巩固与发展，只是在办学逻辑与模式上出现了盲目化的问题，有转向学科逻辑与向国统区民国大学看齐的倾向，出现了一定程度的主观主义、教条主义而脱离实际的问题。

高等院校"正规化"办学本身并没有错，高等院校办学的学科逻辑也具有它的合理性。同时，延安干部高等院校第一阶段以短期培训班为主要办学形式，以政治、军事和实际工作专业基础知识为主要教育内容，以转变学员思想为主要教育目标而吸收培养干部，这是客观形势的需要与客观条件的限制，是实事求是的，也是完全必要与完全正确的。

随着客观需要与客观条件的变化，当学校具备正规化办学的一定条件时，就必然要向正规化方向发展。但是，正规化是有条件、有前提的，那就是必须与马克思主义中国化的逻辑相一致，必须是中国化的，符合中国国情，必须与中国的新民主主义革命与建设实际相结合，服从并服务于党和国家的中心工作及其战略，以及经济社会发展的现实需要，这一点体现在高等院校的办学逻辑之中。离开了这一点，所谓的正规化就是盲目的、无益的，甚至是错误的、有害的。所以，正规化必须是以正确的高等院校办学逻辑为前提的正规化，而不是相反的所谓的正规化。这就是延安整风运动之后提出的"新型正规化"的核心所在、本质所在，也是延安整风运动对中国现代高等教育发展改革，以及高等院校办学逻辑转换的伟大贡献。

第二节 / 《毛泽东在延安大学开学典礼上的讲话》

1944 年 5 月 24 日，毛泽东亲自参加延安大学的开学典礼，并发表了重要讲话。在中国共产党延安时期对高等教育中国特色、中国逻辑、中国模式进行有益的探索和卓有成效的实践之中，毛泽东《在延安大学开学典礼上的讲话》具有十分重要的地位。这篇讲话阐述了一个非常重大的思想理论问题，那就是中国高等院校的办学逻辑，并明确提出了高校办学首先要服务于国家战略和经济社会发展需要的社会需求逻辑，在当时的历史条件下，就是服从服务于抗日救国及抗日民主根据地的政治、经济、文化建设。这篇讲话体现了毛泽东教育思想的核心与本质，以及实事求是这一毛泽东思想的灵魂，成为中国共产党延安时期探索高等教育中国特色、中国逻辑和中国模式的重要思想与理论指导。

一、 毛泽东在延安大学开学典礼上发表讲话的历史背景

1943 年 3 月 16 日，中共中央西北局召开常务会议，会议讨论了延大、自然科学院、鲁艺等学校的合并问题，决定将鲁迅艺术文学院、自然科学院、民族学院和新文字干部学校并入延安大学。这次合并主要有两方面的历史原因。

一是整风运动对高等教育领域的改造。正如刘海峰、史静寰主编的《高等教育史》中所指出的："1944—1945 年，是抗日民主根据地大学教育的大提高阶段。这一阶段，为了适应新形势的发展，院校之间进行了必要的调整，各校根据自己的性质和任务，制定了具体的方针，在学制、课程等方面进行了重要改革。"[①] 延安大学与鲁迅艺术文学院、自然科学院、民族学院、新文字干部学校的合并，特别是 1944 年 4 月延安大学与陕甘宁边区行政学院合并组建新的延安大学，就是这种改革的直接结果。

过去这些学校均由中共中央和中共中央西北局直接领导，新的延

红色基因
与科学逻辑　173

---

① 刘海峰、史静寰主编《高等教育史》，高等教育出版社，2010，第 160 页。

安大学组建后从领导体制上做了重大调整，改为由中共中央西北局与陕甘宁边区政府共同领导，目的就是更切实地为陕甘宁边区服务，由党举办大学向政府举办大学转变。另外，1943 年春开始，整风运动的主要任务逐渐转向审查干部。在干部高等院校系统，除审查干部外，还要继续联系过去，进一步深入系统清理教条主义错误。合并院校的一个重要目的，就是系统清理干部高等教育中的教条主义错误以及集中审查干部。

二是精兵简政、集中力量，有重点地办好一些学校，以提高教育质量和办学效益。1943 年春，陕甘宁边区开始了第三次精兵简政，以实现"精简、统一、效能、节约和反对官僚主义"的五项目标。这次精兵简政主要是精简党政机关的人员。干部调整和使用的基本原则为：加强生产和教育部门的干部配备；加强保安、司法及基层干部的配备；注意抽调一批可造就的干部到学校去学习。由此可见，学校属加强单位，学校精简的主要对象是管理和后勤人员，因此合并就成为最有效的办法。因为这样既可以使师资、图书、设备集中统一，实现资源共享，体现出办学的规模效益，又可以使原有的几套管理班子及后勤机构合而为一，大量精简非教学人员。事实上，合并后的延安大学学员由 800 多人增至 1600 多人，而学校机关则精简下大量人员，充实到学校的生产第一线。据 1944 年上半年统计，当时学校教职工 532 人，其中有 103 人专门从事工、农、副业生产，大大减轻了边区政府的财政负担。

在这种形势下，中共中央西北局根据中央精兵简政的精神，专门召开常委会会议，并做出如下决定：（一）延大、鲁艺、自然科学院、民族学院、新文字干部学校等五校合并，校名仍为延安大学，校址设在原鲁艺校址，即延安桥儿沟。（二）合并后的延安大学，校长仍由吴玉章担任，各校合并的筹备工作，委托周扬同志负责。（三）除鲁艺外，各校原有校址的分配问题，由贺龙同志负责解决。（四）在未正式合并以前，鲁艺及其他院校先搬至桥儿沟，其整风学习由周扬同志负责，受中宣部领导，自然科学院的整风学习，则由西北局直接领导。

1943 年 5 月 15 日，学校发布通报，正式公布学校合并有关事宜，公布了学校院系、机关机构设置和干部任命，并宣布从即日起，五校统一以延安大学的名义对外办公。① 学校实质性的合并一直到当年的 9 月份才最终完成。学校的规模也达到空前的程度，学生人数比之前整整扩大了一倍。专业设置也进行了较大的调整，由三院三系和中学部调整为四院一部，即鲁迅文艺学院、自然科学院、社会科学院、民族学院和中学部，同时在鲁迅文艺学院附设新文字系。

合并后的延安大学成立了由董必武、谢觉哉、林伯渠、吴玉章、周扬、刘春、陈康白、宋侃夫等人组成的校务委员会，吴玉章任校长，周扬任副校长，宋侃夫任秘书长。鲁艺院长由周扬兼任，院以下设戏剧、音乐、美术、文学四系。戏剧系负责人为张庚，音乐系负责人为吕骥、贺绿汀，美术系负责人为江丰、王曼硕，文学系负责人为何其芳。自然科学院院长陈康白，副院长恽子强，院以下设化工、机械、农业三系，系主任分别由李苏、阎沛霖、乐天宇担任。社会科学院院长先后由刘披云、何干之担任。院下属一个研究室，由何干之、姜君辰负责。民族学院院长刘春，新文字系主任由王子匀担任。中学部主任为林迪生。

1944 年是抗战胜利的前一年，中日双方的战争局势已经发生了根本性的转化。中国共产党所面临的首要任务，就是进一步建立已有的抗日民主根据地和大规模地开辟新的抗日民主根据地。因此，文教问题作为燃眉之急的问题提到了党的议事日程上。

早在 1942 年 10 月 19 日至 1943 年 1 月 14 日中共中央西北局召开的高级干部会议上，就明确规定了以生产和教育为陕甘宁边区建设的中心任务。毛泽东 1942 年 12 月下旬在西北局高级干部会上所做的《经济问题与财政问题》的报告中强调指出：在目前陕甘宁边区条件之下，大多数人做工作，除了经济与教育（理论教育、政治教育、军事教育、文化教育、技术教育、业务教育、国民教育均在内）两件工作以外，究竟还有什么工作值得称为中心工作，或谓第一位的工作呢？就大多数同志来说，确确实实地就是经济工作和教育工作，其他工作的进行都是围绕这两项工作而有其意义。

1944 年 4 月 7 日《解放日报》发表社论《根据地普遍教育的改革》，号召教育工作者从教条主义的思想方法中彻底解放出来：从人

---

① 《延安大学校长吴玉章、副校长周扬关于延大、鲁艺、自然科学院、新文字干部学校合并总称延安大学及其负责人等的通知》，中央档案馆馆藏档案，档案号：**866/11**。

民群众的实际出发，制定一套新制度、新课程、新办法。就在同一天，中共中央西北局常务委员会就边区高等教育改革做出决定，主要内容为：（一）延安大学与行政学院合并，作为边区政府设立之大学，培养为边区服务的人才，仍命名为延安大学，以周扬为校长、王子宜为副校长，由林伯渠及边区政府党团（组）领导。（二）延大所属之民族学院，迁移三边，由三边地委领导。（三）原延大所属中学部与延师合并，命名为延安师范，由延属地委领导。（四）前方来的朝鲜学生由延大接收。[①]

1944年4月11日，陕甘宁边区政府第72次政务会议通过了上述决定，并就有关改组后的延安大学的行政体制、组织机构、教育方针、教学方法、学制、课程设置等一系列问题，按照实际需要做了明确规定和具体要求。这样，延安大学在创办的第四个年头内做了第二次重大的变更和改组。这次改组是按照抗战与边区建设实际需要进行的，"为边区专门教育改革之重要措施，将打破中国历来大学教育之成规，彻底克服过去教育存在之教条主义与形式主义……该校不但将为边区各种工作干部的教育机关，同时将为总结边区工作经验的辅助机关，对边区今后各种事业的发展，定极大贡献"[②]。

我们认为，从中国共产党新民主主义革命的战略，以及中国现代高等教育史的角度讲，延安大学的这两次合并，特别是与行政学院合并成立新的延安大学，具有更为重要、更为深刻与深远的战略意义，这一点往往被研究者普遍忽略。这就严重影响了我们对整风运动后，延安高等教育实施"新型正规化"，以及新的延安大学成立，在中国共产党高等教育史以及中国现代高等教育史中所具有的重大意义的认识。同时，也影响了我们对党的最高领袖毛泽东亲自参加新的延安大学开学典礼并发表讲话，以及讲话本身重大意义的认识。

1943年至1944年，经过六七年的全面抗战，中国抗日战争的局势也已经发生了根本性的转变，由相持阶段即将转入战略大反攻，抗日战争全面胜利已经曙光在望。中国共产党领导的人民武装力量得到恢复和发展，进一步增强了抵御大规模进攻的能力，逐步掌握了战争

---

① 《4月7日西北局常务委员会决定》，原件存中央档案馆，本书引自延安大学校史陈列馆复制件。

② 《解放日报》1944年4月23日第二版。

的主动权。到 1943 年夏，人民武装力量已经基本打通了从华北到华中的战略联系，使根据地连成一片。与此同时，日军已陷入被动，战斗力日益减弱，在兵力严重不足的情况下被迫收缩战线，重点守备。到 1943 年 12 月，日本华北方面军被迫基本停止了向抗日民主根据地的进攻。

1945 年春，全国已有 18 个解放区，即陕甘宁、晋察冀、晋冀豫、冀鲁豫、晋绥、山东、苏北、苏中、苏浙皖、淮北、淮南，皖江、浙东、河南、鄂豫皖、湘鄂、东江、琼崖，总面积约 95 万平方公里，人口 9550 余万。八路军、新四军及其他人民军队发展到 91 万人，民兵 220 万人，党员也发展到百万余人。

不断扩大的抗日民主根据地，已经形成对日军占领的许多中心城市和交通线的包围。中国共产党领导的敌后军民的局部反攻，不仅在战略上有力地策应了国民党军队正面战场和英、美盟军的对日作战，同时也为对日全面反攻、抗日战争的最后胜利准备了重要的条件。

世界反法西斯战争与中国人民抗日战争局势的根本扭转，中国共产党自身与其领导的人民军队以及敌后抗日民主根据地的迅速发展壮大，使中国共产党已经发展成为能够与国民党抗衡的全国第二大党。因此，必然要谋划抗战胜利后建立新中国及其新民主主义革命的最后胜利。这就需要在延安举办一所规模较大、学科专业比较齐全的综合性大学，以实现三个战略目标。一是对整风运动所确立的高等教育发展改革的路线方针政策，以及高等院校办学的中国逻辑、中国道路进行具体实践。二是为陕甘宁边区及全国各地的抗日民主根据地和解放区培养各类高级专业技术人才，同时为各抗日民主根据地和解放区兴办高等院校，实施"新型正规化"树立典范。第三，也是最为重要的，为将来取得全国政权后，接收、接管全国的政治、经济、文化、科技、医疗卫生、艺术、教育，特别高等教育等专业机构，培养专业干部和专业技术人才。同时，为新中国的高等教育发展改革提供范式，奠定思想理念、方针政策、体制机制及其实践基础。

事实上，行政学院与延安大学合并后，延安具有学科专业性质的高等院校，除延安医科大学之外全部合并入延安大学，这本身就是一个非常重大的举措，是延安高等教育的一个重大转折，一个全新的局面。新的延安大学成立后，设立了行政学院、鲁迅文艺学院、自然科学院和一个独立的医学系。行政学院设有行政、司法、财经、教育四系，鲁迅文艺学院设戏剧音乐、美术、文学三系，自然科学院设机械工程、化学工程、农业三系，加上医学系共 11 个系近 30 个专业。另外，行政学院和鲁迅文艺学院还设有研究室招收研究生。据 1944 年6 月统计，延安大学全校教职员工 575 人，学员 1302 人，成为一所文、理、工、农、医、教、艺术等学科设置较为齐全的综合大学，是整个抗日民主根据地的最高学府。

1944 年 5 月 22 日下午，新组建的延安大学在陕甘宁边区参议会大礼堂隆重举行开学典礼。这不仅是延安大学的一件大事，更是中共中央、陕甘宁边区政府的一件大事，所以党的领袖毛泽东、朱德，边区政府副主席李鼎铭，中宣部副部长徐特立，延安大学原校长吴玉章等出席典礼。开学典礼由中共中央文化委员会主任、新任延安大学校长周扬主持，毛泽东、朱德、李鼎铭相继发表讲话，对这所以新的教育思想、教育理念、办学逻辑和教育体制机制组建的延安大学的开学表示祝贺，更为整风运动后延安新教育的开始给予指导与期望。

二、《毛泽东在延安大学开学典礼上的讲话》 的主体内容

《毛泽东在延安大学开学典礼上的讲话》（以下简称《讲话》），根据中央档案馆保存的讲话记录稿整理后，收录在《毛泽东文选》第三卷中的有 4800 多字，是一篇比较长的讲话，实际讲话还要长一些。毛泽东的这篇讲话内容比较丰富，既有宏观论述，也有具体指导：讲了抗战的任务与形势，讲了抗日民主根据地的建设，用大量具体的事实材料阐明了八路军、新四军和抗日民主根据地对抗日战争的巨大贡献与作用，驳斥了国民党顽固派对共产党、八路军、新四军和抗日民主根据地的污蔑；讲了中西医结合的问题，还讲了整风运动后期审干与"抢救运动"的相关问题。概括起来有六个方面，但核心和主体还是依据当时的形势和任务，围绕高等教育中国特色、中国逻辑的基本问题以及延安大学的办学方针、任务、目标这两个方面的问题。

（一）高等院校中国特色、中国逻辑的问题

《讲话》开宗明义："我们这个学校是一个包括政治、经济、文化课程的学校，你们要学政治、经济、文化，准备将来去做这些方面的工作。"① 接着，毛泽东又讲道："过去办学校办了多年没有搞好，现

---

①　中共中央文献研究室编《毛泽东文集》第 3 卷，人民出版社，1996，第 149 页。

在有了进步，方针、办法上了轨道。"① 为什么上了"轨道"，他明确
指出："这是同陕甘宁边区和华北、华中、晋西北等各个根据地整个
工作的进步相联系的。"② 这里，其实是在强调高等院校办学的逻辑
问题。

从这一学术思路出发，深入研读这篇讲话，我们就能够明确得出
一个结论，毛泽东这篇讲话的核心就是论述中国高等院校办学应遵循
的是社会需求逻辑。毛泽东在讲话中指出："我们的一切工作，只有
一个目标，就是打倒日本帝国主义，驱逐日本帝国主义出中国。"③
"要把日本打出去，就要建立根据地。"④ "我们有了根据地，就要做
军事、政治、经济、文化、党务等工作。党校是学习搞党务的，也有
政治、经济、文化课程，但是比较偏重讲党的理论、党的历史和作
风。抗大也学政治，也搞生产，也讲经济。""延大的学习偏重政治、
经济、文化这三门，各个根据地都搞这些工作。""刚才周扬同志说要
为边区服务，要为这个根据地服务。可不可以有一个两个，两百个，
两千个，到晋西北、太行山、泰山、五台山的根据地去服务？那里也
叫边区，大体上我们的根据地都叫边区。""我们是为根据地服务，为
什么不说为全国服务呢？因为你总要落在一个地方，像飞机上天总得
飞回来要落在一个地方，不能到处飞不落地。教条主义是不落地的，
它是挂在空中的。我们不要搞教条主义，要脚踏实地地为实际服
务。"⑤ "总之延安大学要为各个抗日根据地服务。根据地的工作上了
轨道，我们陕甘宁边区的政治、经济、文化、党务各项工作上了轨
道，就使得我们的学校也上了轨道。"⑥

这里的逻辑是很清晰的：我们的核心工作是抗日，要抗日就要建
立根据地，建立了根据地就有了军事、政治、经济、文化、党务等工
作，那么高等院校就要为这些工作服务，这就是高等院校的宗旨、目
标与任务，也就是办学的出发点与落脚点。反过来讲，根据地的军
事、政治、经济、文化等发展起来了，我们的学校也发展起来了，两

红色基因
与科学逻辑 179

① 中共中央文献研究室编《毛泽东文集》第3卷，人民出版社，1996，第149页。
② 中共中央文献研究室编《毛泽东文集》第3卷，人民出版社，1996，第149页。
③ 中共中央文献研究室编《毛泽东文集》第3卷，人民出版社，1996，第149页。
④ 中共中央文献研究室编《毛泽东文集》第3卷，人民出版社，1996，第149—150页。
⑤ 中共中央文献研究室编《毛泽东文集》第3卷，人民出版社，1996，第150页。
⑥ 中共中央文献研究室编《毛泽东文集》第3卷，人民出版社，1996，第152页。

者是一个相互依存、相互促进的辩证关系。这是非常明确的社会需求逻辑，也是毛泽东要亲自参加延安大学开学典礼并发表讲话的主要目的。

在讲话中，毛泽东还特意强调了当前要着重为根据地服务，而不要空洞地为"为全国服务"，因为当时中国共产党还处于局部执政时期，抗日民主根据地的巩固、建设与发展是中国共产党的中心工作，也是抗日救国和实现新民主主义革命胜利的基础。只有围绕这一中心和基础，才是"脚踏实地地为实际服务"，这也充分体现了毛泽东一切从实际出发、实事求是的精神。

（二）延安大学的具体工作内容与目标

在这篇讲话中，毛泽东对延安大学如何遵循社会需求逻辑办好学校，为根据地，特别是为陕甘宁边区服务，从政治、经济、文化三个方面，围绕学校工作的内容、任务、方法、目标讲了非常明确、非常具体的意见。

他指出："政治上你们要学习党的方针和政策，如统一战线、'三三制'、精兵简政等。"[①] 他还对当时中国共产党最高最大的"政治"做了明确的阐述："我们的方针是非常清楚的、确定的，就是打日本，中国的一切党派，一切阶级，一切政治的、非政治的团体，只要是赞成打日本、同共产党合作的，不是破坏共产党的，我们都要团结。这个方针是始终不变的。同志们学政治，就要坚持这样的方针，团结全国人民，达到打败日本的目的。"[②]

关于经济，毛泽东指出："工业、农业、商业、运输、财政，你们都要学习，现在的方针是要全面自给。"[③] "我们在延安、在边区做工作，办延大，如果使得三十五万家农民都有一年余粮，那末我们共产党就了不得。还有陕北的山头都是光的，像个和尚头，我们要种树，使它长上头发。种树要订一个计划，如果每家种一百棵树，三十五万家就种三千五百万棵树。搞他个十年八年，'十年树木，百年树人'。"[④] "现在要求在两三年之内做到四百七十万斤铁完全自给，自己采矿，自己冶炼，并制造必需的机器和农具。我们的工业生产有各

---

① 中共中央文献研究室编《毛泽东文集》第 3 卷，人民出版社，1996，第 152 页。
② 中共中央文献研究室编《毛泽东文集》第 3 卷，人民出版社，1996，第 152 页。
③ 中共中央文献研究室编《毛泽东文集》第 3 卷，人民出版社，1996，第 152 页。
④ 中共中央文献研究室编《毛泽东文集》第 3 卷，人民出版社，1996，第 153 页。

个种类，主要的是纺织和炼铁这两项。这两项主要的要做到自给，其他各项也都要自给，这是全面自给。"①

讲完政治经济工作中的任务，毛泽东又讲到了文化，他指出："关于文化教育问题，也有很多工作。我们要达到这样的目的，边区一百四十万老百姓，十万党、政、军，一共一百五十万人，都要识字。我们要有文化，才能学习政治，将来当乡长、区长、县长都要有文化。边区的经济发展了，农民也要求有文化。我们要使边区所有的老百姓，每人识一千字，搞他十年八年。"② "要开一个卫生班，学一点东西。每个乡要有一个小医务所，边区一共一千个乡，一百五十万人里头找出一千个人来学医，……然后到医务所当医生。""近来延安疫病流行，我们共产党在这里管事，就应当看得见，想办法加以解决。"③ 毛泽东的讲话没有任何空洞的大话、套话，完全是从陕甘宁边区的实际出发，起点似乎很低，但它却是陕甘宁边区的客观现实，是陕甘宁边区巩固、建设与发展迫切需要解决而且必须解决的重大政治、经济、文化问题，陕甘宁边区的巩固、建设与发展直接关系着中国抗日战争与新民主主义革命事业的大局。

如果按照学科逻辑来办延安大学，可能就不会考虑这个实际，就会将学术产出作为重要的办学目标。但按照社会需求逻辑办学，就必须服务于国家战略和陕甘宁边区经济社会发展需要。毛泽东所讲的这些，就应当是延安大学办学的主要目标任务。

在讲完延安大学的办学问题之后，转入审干与"抢救运动"前，毛泽东又一次强调："政治、经济、文化，是我们延大学习的内容，一定要学好，要会做这方面的工作，要为实际服务，不搞教条主义，不脱离实际。"④ 他再次强调延安大学办学必须遵循的社会需求逻辑，对延安大学提出了明确的要求，寄予了殷切的希望。

继毛泽东讲话之后，朱德也发表了重要讲话。他指出，延大这次开学是重新开学、重新教育、重新学习，大家应好好学习当前实际，号召大家把学与用联系起来，要自己动手，要参加生产工作，在生产

① 中共中央文献研究室编《毛泽东文集》第3卷，人民出版社，1996，第152页。
② 中共中央文献研究室编《毛泽东文集》第3卷，人民出版社，1996，第153—154页。
③ 中共中央文献研究室编《毛泽东文集》第3卷，人民出版社，1996，第154页。
④ 中共中央文献研究室编《毛泽东文集》第3卷，人民出版社，1996，第154页。

中学习；学工科的与工厂结合，学农科的与农场结合。最后，由陕甘宁边区政府副主席李鼎铭发表讲话，他强调延大的学习不能脱离中国的实际，应继承中华民族的优良传统，要批判地学习中外一切知识。①

这些论述和要求与毛泽东的讲话精神是高度一致的，这也是中共中央与陕甘宁边区政府的共识。当时延安大学是延安和陕甘宁边区，乃至中国共产党领导的抗日民主根据地的"最高学府"，因此毛泽东、朱德亲自参加开学典礼并发表讲话，这标志着中国高等院校办学的中国逻辑在中国共产党局部执政的抗日民主根据地的正式确立。

三、 高等院校办学的中国逻辑是毛泽东教育思想发展的必然

正如石中英所指出的："作为一位长期从事革命工作的政治家，毛泽东对教育工作的论述采取一种整体主义的视角，而不是专业主义的视角。整体主义的视角是将教育工作纳入民族革命、阶级斗争和国家建设的整体视域加以审查，而不是孤立地以一位教育专家的眼界看待教育。"② 它昭示我们，认识和理解毛泽东教育思想，也必须从整体主义视角出发。

延安时期是毛泽东思想发展的成熟时期，实事求是、群众路线、独立自主是毛泽东思想的活的灵魂，是中国共产党人认识和改造世界的根本方法。毛泽东教育思想是毛泽东思想的有机组成部分，因此它必然地体现着马克思主义中国化的基本逻辑和毛泽东思想的活的灵魂。

所谓实事求是，就是一切从实际出发，理论联系实际，主观与客观相结合，坚持在实践中检验真理和发展真理，将马克思主义基本原理与中国革命的具体实践相结合。"根据这样的一种方法论，毛泽东在各个历史时期特别反对教育工作脱离实际，反对教育工作不考虑革命和建设的环境、阶段、要求，一味地追求制度化、正规化和专业化的倾向。"③ 全面抗战爆发后，毛泽东就明确地提出："改变教育的旧

---

① 《延安大学史》编委会编《延安大学史》，人民出版社，2008，第81页。
② 石中英：《重新思考毛泽东的教育思想遗产》，《北京大学教育评论》2016年第3期。
③ 石中英：《重新思考毛泽东的教育思想遗产》，《北京大学教育评论》2016年第3期。

制度、旧课程，实行以抗日救国为目标的新制度、新课程。"① 1938
年10月，在中共中央六届六中全会上，毛泽东在《论新阶段》政治
报告中明确提出"伟大的抗战必须有伟大的抗战教育运动与之相配
合"，"在一切为着战争的原则下，一切文化教育事业均应使之适合战
争的需要"②的教育方针，以及实行抗战教育的各项具体政策，标志
着其教育思想开始注重与革命实践相结合。1940年，毛泽东发表了
《新民主主义论》。《新民主主义论》中关于教育的论述，标志着这一
时期毛泽东教育思想具有了系统性。

《新民主主义论》分析了文化在整个社会生活中的地位以及中国
文化革命的历史特点和历史时期，提出这个时期的新民主主义文化是
民族的科学的大众的文化，明确了新时期文化的性质。在解释"民族
的"含义时，毛泽东指出，"它是反对帝国主义压迫，主张中华民族
的尊严和独立的。它是我们这个民族的，带有我们民族的特性"③。他
同时又明确指出："对于外国文化，排外主义的方针是错误的，应当
尽量吸收进步的外国文化，以为发展中国新文化的借镜；盲目搬用的
方针也是错误的。"④ 因而，"所谓'全盘西化'的主张，乃是一种错
误的观点"⑤。从这一点出发，毛泽东思考中国高等院校的办学逻辑，
就必然是从中国的历史、中国的国情以及中国实际、民族的特性出
发，从服从、服务于国家战略和经济社会发展需要着眼。同时，也
"应当以中国人民的实际需要为基础，批判地吸收外国文化"⑥。所
以，服从、服务于党的中心工作、国家战略和经济社会发展需要，就
必然成为中国高等院校办学的出发点与落脚点。

在延安整风运动中，毛泽东严厉批评当时延安干部高等院校中实
际存在的脱离国情、脱离实际的教条主义错误。他指出："教哲学的
不引导学生研究中国革命的逻辑，教经济学的不引导学生研究中国经
济的特点，教政治学的不引导学生研究中国革命的策略，教军事学的
不引导学生研究适合中国特点的战略战术，诸如此类。其结果，谬种

---

① 《毛泽东选集》第2卷，人民出版社，1991，第354页。
② 《毛泽东军事文选》，战士出版社，1981，第173页。
③ 《毛泽东选集》第2卷，人民出版社，1991，第709页。
④ 《毛泽东选集》第3卷，人民出版社，1991，第1083页。
⑤ 《毛泽东选集》第2卷，人民出版社，1991，第799页。
⑥ 《毛泽东选集》第3卷，人民出版社，1991，第1083页。

流传，害人不浅。……在许多学生中造成了一种反常的心理，对中国问题反而毫无兴趣，对党的指示反而不重视，他们一心向往的，就是从先生那里学来的据说是万古不变的教条。"① 这实际上已经在明确地强调中国高校办学的社会需求逻辑了。

教育与生产劳动相结合是马克思主义教育理论的一个根本原则。1934 年 1 月，毛泽东在《在中华苏维埃共和国第二次全国代表大会上的讲话》中就已明确提出了教育与生产劳动相结合的方针。在《在抗大应当学习什么?》一文中，毛泽东的论述已由之前纯理论的思想改造，开始转向结合抗日战争的实际需要来进行教育。在《实践论》中，毛泽东明确提出了"通过实践而发现真理，又通过实践而证实真理和发展真理"② 的实践本体论。正是基于这种实践本体论，毛泽东站在辩证唯物主义的立场上，结合中国革命的具体实践，深刻论述了认识和实践的关系。"毛泽东基于中国革命和建设的立场所发表的这些重大教育论述体现了他的整体主义、历史唯物主义、实践本体论以及强烈的民族主义情愫。"③ 因而，教育为无产阶级政治服务，理论联系实际、教育同生产劳动相结合、学以致用，成为毛泽东教育思想始终不渝的核心与灵魂，也成为延安时期中国共产党干部高等教育的基本原则。这实际上也是中国高校办学的社会需求逻辑的重要思想理论基础与实践途径。

第三节　延安大学、华北联大与高等院校办学的中国逻辑

抗日战争时期，延安大学是中国共产党在延安和陕甘宁边区第一个实施"正规化"办学的高校。同时，又是延安整风运动中和整风运动后，在革命根据地第一个实施"新型正规化"的高校，是高等院校办学社会需求逻辑确立之后，首先具体实施的学校。因此，其办学实

① 《毛泽东选集》第 3 卷，人民出版社，1991，第 798—799 页。
② 《毛泽东论教育》，人民教育出版社，2008，第 35 页。
③ 石中英：《重新思考毛泽东的教育思想遗产》，《北京大学教育评论》2016 年第 3 期。

践具有不可取代的历史地位。华北联合大学亦是除延安之外，其他抗日民主根据地第一个实施"正规化"办学，又初步转向"新型正规化"的高校，其因在战争环境下办学，没有延安大学那样系统与完善，但也具有重要的代表性。通过对这两所学校的历史考察，我们可以比较清晰地了解中国共产党高等院校办学逻辑的具体转换过程。

一、 延安大学办学方针的调整及初步实践

1943 年 3 月鲁迅艺术文学院、自然科学院、延安民族学院、新文字干部学校并入延安大学，到 1944 年 4 月延安大学与行政学院合并组建新的延安大学，这是一个过渡时期，延安整风运动还在继续，并逐渐将重点转向审查干部。延安大学在全面总结教育工作经验的基础上，制定出《延大教育工作总结及今后计划纲要》（以下简称《纲要》）。《纲要》明确规定了培养目标：通过"以马列主义立场和方法进行关于中国革命理论与实际教育，改造思想意识，培养革命人生观与正确思想方法"[1]，从而培养出具有坚定正确的政治方向和全心全意为人民服务思想，具备崇高的革命理想和思想品德，勇于为民族解放事业献身的人才。

《纲要》要求学校在教学中坚持理论与实践相结合的原则，"全部教育内容以适合并服务于各种根据地目前实际需要的原则，并着重研究现状，特别是边区的实际材料，并参加边区各种有关方面的活动和工作"[2]。这样使教育与实际紧密联系，达到学以致用的目的，使教育能真正为政治、经济、文化建设服务。

《纲要》强调要注重基本学科专业知识和技能训练，并正确地解决好政治与业务的关系，"切实克服文化技术工作者不注重政治，政治错误观点的残余，并以各种努力，通过各种方式，使文化技术与政治相结合"[3]。教学方法应"切实克服教条主义的倾向，坚持理论联系实际的最高原则，但是这种联系必须是经过深刻思索，为求融会贯通，而不是单纯附会，断章取义"[4]。提倡民主，充分发挥教员的主导作用和学员的能动性。规定在教学实践活动中"个人钻研与集体讨论，自学与讲授相结合，重视各课内容与教学对象适当配合，发扬质疑辩难、热烈讨论的民主作风"[5]。

---

[1][2][3][4][5] 《延安大学史》编委会编《延安大学史》，人民出版社，2008 年，第 127 页。

　　《纲要》强调自我教育,教员要一面教别人,一面进行自我教育。要求"干部学习与学员学习必须有适当的配合,密切的联系,教育者应当首先教育自己,在学习工作生活各方面切实以身作则"。教员与学员互相关心,互相学习,共同提高。

　　《纲要》一如既往地强调教育与劳动生产结合,"通过从事生产劳动,做到部分自给,养成劳动习惯与劳动创造世界观点"。为此,规定每人每年参加生产三个月,学习七个月。同时要求重视形势、任务和时事教育。"每周请人做两次全校性报告,全年的报告16次。""全校成立一个时事研究会,指导各部门时事教育。"同时,要求"各部门参加时事研究会的干部成员负责指导各部门时事教育"[1]。

　　延安大学重新制定教育纲要,是教育上重大的改革。它克服了边区高等教育中一度存在的某些教条主义和形式主义,这是中共中央《关于延安干部学校的决定》基本精神通过整风运动在延安大学的又一具体体现。延大各院系在教育实践活动中努力实践了《纲要》的要求。

　　鲁艺师生坚决走文艺为工农兵服务的道路,参加实践斗争,深入生活。在毛泽东《在延安文艺座谈会上的讲话》精神的指引下,他们纷纷下乡、下部队,到群众中、到火热的斗争中去锻炼自己,开展工作,实行文艺变革。他们参加街头诗运动,掀起群众性的秧歌运动。1943年春节,群众性的秧歌运动在延安掀起高潮时,鲁艺组织秧歌队走上街头,王大化、安波、贺敬之、张鲁、李波等人利用花鼓、小车、旱船、大秧歌等群众喜闻乐见的形式宣传新内容,有的表现革命斗争,有的表现团结互助,受到群众的欢迎和赞扬。群众把这种秧歌称为新秧歌。著名秧歌剧《兄妹开荒》(路由词,安波曲,王大化、李波扮演)就是在这时候创作演出的。《兄妹开荒》是延安的第一个优秀新秧歌剧,在中国现代文学史上具有重要的地位。

　　1943年3月10日,中共中央组织部和中央文委召开延安党的文艺工作者会议,号召文艺工作者到前方去,到农村去。鲁艺先后组织师生到陕甘宁边区各地长期深入实际,参加基层工作。如作家肖三、艾青、塞克等带着行李去南泥湾,陈荒煤深入延安最基层做地方工

---

　　① 以上引文均出自《延大教育工作总结及今后计划纲要》,延安大学档案馆藏资料,案卷号:5.14—10005。

作。文艺工作者下基层、深入群众、向群众学习蔚然成风。由于吸取了丰富的精神营养和创作源泉，他们创作了大量群众喜闻乐见的作品，名扬中外。

10月19日，《解放日报》全文发表了毛泽东《在延安文艺座谈会上的讲话》以后，中共中央向陕甘宁边区和其他抗日民主根据地发出通知，强调指出，《讲话》是"中国共产党在思想建设、理论建设事业的最重要的文献之一"。11月7日，中宣部又做了《关于执行党的文艺政策的决定》。该决定认为《讲话》规定了党对现阶段中国文艺运动的基本方向，号召全党都应当研究这个文件，使文艺更好地服务于民族与人民的解放事业，并使文艺事业本身得到更好的发展。

于是，中共中央西北局宣传部召开专门会议，决定延安各文艺团体和学校都要下乡，并指定鲁艺组织工作团去陕甘宁边区绥德分区开展工作。年底，由张庚、吕骥、贺绿汀等领队去绥德、清涧、佳县等地的城镇乡村体验生活，进行创作。历时4个月，集体创作大小剧本17个，收集民歌300首，其他歌曲7首，做社会调查60次，征集民间剪纸160幅，专场演出79场次，观众达到12700余人次。① 特别是采用当地素材集体创作的新歌剧《惯匪周子山》，获得了群众好评。

延安街头诗运动和秧歌运动的蓬勃兴起，扫除了过去的陈腐思想和旧内容，而代之以健康的、清新的新思想和新内容，在文艺形式上创造了民族化、大众化和群众喜闻乐见的形式。鲁艺广大师生在延安文艺运动中成为一支轻骑兵，首当其冲，为文艺革命谱写出史诗般的新篇章。

鲁艺结合自身专业为社会服务方面成绩也很显著。如美术供应社对外承制和销售各种美术品及设计各种建筑式样。美术系教师叶洛制作的泥娃娃当时在延安很有名气，购买者众多，常常供不应求，朱德等领导人还将其作为赠送外宾的礼品。雕塑有浮雕、雕像、木刻首长像。图画有常识挂图、连环画、画报、画帖、彩色招贴、插图、漫画等。建筑设计有房屋、纪念碑、陵墓、花圈、体育场等。工艺美术有旗帜、牌匾、图章、商标、封面、方字、字帖、儿童玩具、海陆旗帜、家具设计、俱乐部及礼堂布置等。

---

① 《延安大学史》编委会编《延安大学史》，人民出版社，2008，第129页。

自然科学院则着力将科学研究与生产实际相结合，同时注意把需要与可能紧密地结合起来，使自然科学为边区经济建设服务。1943年，延安科学界为纪念牛顿300周年诞辰举行报告会，介绍牛顿生平及其贡献。徐特立做了《我们对牛顿应有之认识》的演讲。在地质年会上，由自然科学院教师武衡报告了陕北地区煤藏量的分布情况，并提出了采掘的具体措施，汪鹏报告了石油普查情况。会议讨论了煤炭和石油开发规划，提出研究方向及在生产中的具体应用等方案。

在农学会上，讨论总结五年来边区农业工作经验，并提出今后的新任务。会议对南泥湾屯垦、延安机关种菜、东三县（延川、延长、清涧——笔者注）植棉、延属分区农贷、牲畜防疫、修水池等农林牧业等问题进行了探讨，同时讨论了李富春给科学学会的信中提出的有关农业技术问题。自然科学院农业系主任乐天宇经过实地考察提出"怎样选择公营农场改屯田地区的五个因素，即气候、土地、阳光、水源、交通等"，还讨论了科学理论与实践相结合，为生产服务的原则。

自然科学院为了进一步使科研、教学与生产相结合，教育与生活沟通，经过陕甘宁边区财政厅批准，将南泥湾凤凰庄的公营农场作为光华农场的试验推广区和自然科学院农业系的教学试验基地，自然科学院创办的玻璃厂成为延安的第一个玻璃厂，生产各种医药用具，化工系学生学以致用，利用课余时间研制酒精、肥皂、精盐等产品。

延安大学与行政学院合并组建新的延安大学后，整风与审干均已进入尾声，学校教学科研等工作逐渐进入正常轨道，开始了以社会需求逻辑为主体的"新型正规化"的办学实践，重新制定了《延安大学教育方针及暂行方案》，在教育方针、学科专业设置、学校管理、课程设置、政治理论课教学、教学科研、学术研究、生产劳动教育等方面进行了一系列的调整改革，并对外发布了招生启事：

一、本校行政学院（行政系、财经系、教育系、司法系）、鲁迅文艺学院（文学系、戏剧音乐系、美术系）、自然科学院（农业系、机械工程系、化学工程系）各院系及预科均招收新生。

二、报考各院系及预科新生以年龄在十八岁以上、身体健康的男女而具有下列条件之一者为合格。

（一）中等学校毕业或有同等学力者。

（二）有三年以上工作经验并具有丰富文化程度者。

三、考试科目：

（一）行政学院：国文、数学、政治、边区政策、口试。

（二）鲁迅文艺学院：国文、数学、政治、艺术、口试。

（三）自然科学院：国文、数学、政治、物理、化学、生物学、口试。

（四）预科：国文、数学、政治、口试。

四、修业年限：行政学院、鲁迅文艺学院各二年，自然科学院三年，预科一年。①

从这个招生启事中就可以明显看出，延安大学已与过去的干部高等院校有所不同，不仅具有完整的学科专业，而且具有明确的修业期限、明确的入学资格要求和入学考试，已是完成中等教育的基础上进行的专业教育，是面向社会的普通高等院校，但同时保留干部高等教育的属性。

《延安大学教育方针及暂行方案》与以往延安干部高等院校所制定的教育方案显著不同的是制定了系统的、完整的全校及各院系的课程体系。这个课程体系以及学校学科专业的设置充分体现了高等院校办学的社会需求逻辑，同时并没有抛开高等院校办学的学科逻辑，是典型的以社会需求逻辑为主体、以学科逻辑为辅助的辩证统一的高等院校办学逻辑。课程体系以大学科、大专业，理论与实际相结合，学以致用，全科式人才培养为原则，包含四个方面的知识体系与专业技能：一是马克思主义理论课与思想政治教育课。这是中国共产党高等院校课程设置的优良传统与鲜明特色，但这一时期更加结合了边区实际与学生的思想实际，突出了马克思主义的中国化；二是学科专业基础理论（此方面得以特别强化，在院系共同课、各系专业课程中都得以体现）；三是专业基础课与技术课程；四是边区各项业务工作课程及各项业务管理课程这一方面也得以特别的强化，在工科专业中增设"工厂管理"，在农科中增设"农业生产组织与管理"，在行政学院各系的课程中较大幅度地增设与边区管理各项业务密切相关的课程。这是延安整风运动后实施"新型正规化"的具体体现，更是具体落实。

---

① 原件存于中央档案馆，引自延安大学校史陈列馆复制件。

[见附录一《延安大学课程设置(一九四四年)》]

各院系根据学校制定的《延安大学教育方针及暂行方案》,结合本院系的实际又对本院系的教育教学原则进行了具体化,特别是对课程内容、课时以及授课方法做了具体规定,具有教学大纲性质,更具体地体现了新型正规化的原则。[见附录二《延安大学自然科学院教育计划(草案)》(节选);附录三《一九四五年延安大学行政学院教育计划》(1945年4月至1946年3月底)(节选)]

这里我们以《一九四五年延安大学行政学院教育计划》(以下简称《教育计划》)为例,具体了解一下这一时期延安大学在教学原则、教学方法、教材编写等方面是如何体现整风运动的成果,进行全面改革。

《教育计划》明确了"以理论与实际的联系和民主的自学与指导相结合为进行教学的基本原则",并强调"首先从教育内容上来说,我们所实施的革命的政策教育,在于给学生以现行的边区及解放区所实行的各种政策建设方面的政策知识,使学生了解熟悉并愈能在将来工作中去运用政策;我们所实施的业务教育,在于给以适用于边区建设的各方面的业务知识;我们所实行的思想教育,在于指导学生养成和奠定他们的宇宙观与人生观,因此一方面灌输辩证唯物主义与历史唯物主义的基本观念与知识;另一方面在进行思想教育中要以学生日常的思想意识与生活实践密切联系,在学校教育中主要还是知识与方法的教育。但这方面的知识和方法应与边区的实际工作经验总结相结合,因此教材方面亦必须以边区实际工作经验总结为主要方面,这些工作经验的总结是在实施政策与工作检讨中历史的、全面的、比较带有一般性的研究,不停止在片段的、零星的工作经验的介绍,这样才有可能避免与防止教条主义与狭隘经验主义的毛病"①。

《教育计划》中关于教育教学方法特别强调:"我们认为在自学的基础上,大力发扬学习上的民主,以便提高学习上的自动自觉和创造性,运用批评与自我批评,使学生能对教学各方面,从教学领导以及平日在学习上的讨论研究都能发现,善于思考与提出问题,同时反对骄傲自满、自以为是的倾向,养成虚心倾听别人意见互相学习的作

---

① 《一九四五年延安大学行政学院教育计划》,延安大学档案馆馆藏,案卷号:5.14—10004。

风。另一方面加强指导是在民主的自学基础上建立的，同时自学又是在指导下面的自学，指导与自学密切相联系，因此自学就必须避免自流。"① 《教育计划》中还明确规定了六种具体教学方法，即：一、教授。"教员做有系统的讲授，但必须注意提出问题启发学生去思考，负责教学的同志应经常接近与研究实际，用以指导学生，做到教与学、学与用的一致。"② 二、复习与研究。"学生从教员讲授中，从自学的过程中提出之问题，根据教员所讲的及指定的参考教材和自己的经验来研究、漫谈、质疑、辩论，教员再根据学生的意见和问题加以研究，提出一定的结论，再来指导学生。"③ 三、测验。"教员按期、按课程进度举行测验，以便了解学生接受程度及教学效果。"④ 四、学习小组活动。"学习小组是集体学习的基本单位"，"对教育效果产生决定的影响"，"应加强小组长之领导作用，使之团结全组，不仅使生活上活跃，而且使思想上、学习上活跃。"⑤ 五、实习。"实习之进行必须是有计划的，与业务学习之进行有关联的。"⑥ 六、研究与编辑教材："本院各系均设有研究组，其任务在于对财经、行政、司法、教育等各种建设理论与政策做更深一步的研究，同时对本系的业务课的教学起辅导作用，如编辑教材，帮助教员组织学习复习讨论"。⑦ 《教育计划》对教材编写的原则、方法及种类都做了具体的规定。

参加实际工作，研究实际工作中的问题，在实际工作和研究中进行教学，以徐特立提出的教育、科研和经济"三位一体"的教育思想，形成教学、科研、生产实践相结合的"三位一体"的教学体制，

---

① 《一九四五年延安大学行政学院教育计划》，延安大学档案馆馆藏，案卷号：5.14—10004。

② 《一九四五年延安大学行政学院教育计划》，延安大学档案馆馆藏，案卷号：5.14—10004。

③ 《一九四五年延安大学行政学院教育计划》，延安大学档案馆馆藏，案卷号：5.14—10004。

④ 《一九四五年延安大学行政学院教育计划》，延安大学档案馆馆藏，案卷号：5.14—10004。

⑤ 《一九四五年延安大学行政学院教育计划》，延安大学档案馆馆藏，案卷号：5.14—10004。

⑥ 《一九四五年延安大学行政学院教育计划》，延安大学档案馆馆藏，案卷号：5.14—10004。

⑦ 《一九四五年延安大学行政学院教育计划》，延安大学档案馆馆藏，案卷号：5.14—10004。

这是延安大学教育改革方面的基本特点。

总之，延安大学这一阶段的办学成就是很大的，其突出地体现在为新民主主义革命，以及陕甘宁边区的政治、经济、文化、社会建设服务方面，这种服务是具体可见的，是专业与社会实际紧密联系的，也就是理论联系实际，将理论的力量通过实践转化为物质的力量。这充分体现了高等院校办学社会需求逻辑的合理性、正确性，彰显了这一逻辑的力量与魅力。

二、 延安大学是高等院校办学社会需求逻辑的实践典范

延安大学与行政学院合并组建新的延安大学后，按照延安整风运动确立的高等院校改革发展的总方针，根据毛泽东在延安大学开学典礼上的讲话精神和朱德、李鼎铭的讲话精神，以及徐特立提出的教育、科研和经济"三位一体"的教育思想及其在自然科学院的实践，以服务抗战与新民主主义革命，服务陕甘宁边区新民主主义的政治、经济、文化、社会建设需求的办学逻辑，或者说以社会需求逻辑为主体、以学科逻辑为辅助的辩证统一的高等院校办学逻辑，对学校办学进行了全面的改革。

延安大学重新制定了《延安大学教育方针及暂行方案》，在教育方针、学科专业设置、学校管理、课程设置、政治理论课教学、教学科研、学术研究、生产劳动教育等方面进行了一系列调整改革，并确立了教学、科研、生产"三位一体"的办学体制。这一改革的核心思想和举措集中体现在教学、科研、生产"三位一体"的办学体制之中。延安大学成功地实施了这一办学体制，成为延安及各抗日民主根据地高等院校实践社会需求逻辑办学的典范。

概括地讲，延安大学实施教学、科研、生产"三位一体"办学体制的具体做法，主要体现在以下几方面：

第一，在教育方针上明确规定：1. 本校为适应抗战与边区建设需要，以培养与提高新民主主义的政治、经济、文化建设的实际工作干部为目的。2. 本校进行中国革命历史与现状的教育，以增进学员的革命理论和知识与新民主主义建设的思想，并进行人生观及思想方法的教育，培养学生的革命立场与实事求是的工作作风。3. 本校教育通过以下各种方式和边区各实际工作部门及实际活动相结合，以期

实际经验提升至理论高度，达到理论与实际的统一、学与用的一致：其一，与边区各有关实际工作部门建立一定组织上或工作上的联系，各有关实际工作部门负责人，依具体情形，直接参加本校有关院系的教育工作和领导。其二，边区建设各方面政策方针与经验总结，为本校教学之主要内容，技术课以适应边区建设当前需要为度。其三，本校研究人员有计划有系统地进行边区建设各方面实际问题之研究，并依具体情况，定期参加各有关实际工作部门的工作。其四，本校学员在休息期内（指寒暑假期——笔者注）定期分别到各个实际工作部门进行实习。其五，本校实行教育与生产结合，以有组织的劳动，培养学员的建设精神、劳动习惯和劳动观点。[①]

第二，按照社会需求办学逻辑，调整学科专业设置，改变了原设的社会科学院、法学院、教育学院这些比较注重学科逻辑的学院设置，按照社会需求逻辑为主体兼有学科逻辑的办学逻辑设立了行政学院、鲁迅文艺学院、自然科学院和一个独立的医学系。行政学院设有行政、司法、财经、教育四系，鲁迅文艺学院设有戏剧音乐、美术、文学三系，自然科学院将原设的生物系、地矿系、物理系、化学系调整为化学工程系、机械工程系、农业系，强化与突出其应用性与工科性质。医学系设有医生班、司药班、助产班、护士班、中医班、兽医班等，全校共 11 个系近 30 个专业。另外，行政学院教育系和鲁迅文艺学院文学系、美术系还设有研究室，以研究室的研究员培养研究生的方式，招收培养研究生。

第三，实行校地、校企相结合的领导体制，边区各有关实际工作部门负责人直接参加学校有关院系教育工作的领导。自然科学院院长由中共中央军委军工局局长兼边区政府工业局局长、无线电专家李强兼任；行政学院院长由陕甘宁边区三边分区专员强晓初调任，其教育、财经、行政、司法四个系的主任，分别由陕甘宁边区政府教育厅厅长柳湜、财政厅厅长高自立、民政厅厅长刘景范、边区高等法院院长雷经天兼任。除鲁迅文艺学院外，行政学院、自然科学院、医学系百分之六十到九十的教师是陕甘宁边区各个实际工作部门和企事业单位的领导与专家。以至于毛泽东在延安大学开学典礼上讲话的最后还

---

① 教育科学研究所筹备处编《老解放区教育资料选编》，人民教育出版社，1959，第 119 页。

专门讲了这么一段话："你们的一些课是由边区政府各厅的负责同志来教的，他们是做实际工作的，你们是学习的，做实际工作的领导人自己来教课，这很好。同时，你们也要经常去请教，走上门去，也可以打电话。如果哪一天没有来教课，便将他们的军，请他们一定来讲。"①

　　第四，按照社会需求逻辑与学用一致原则，根据学科专业设置与培养目标，进行了科学系统而又务实的课程设置。这些课程设置既注意各个学科专业的基础理论，又注意陕甘宁边区的实际需要，均属大学科、大专业，专业面相当宽泛，课程设置的特征既"少而精"又"大而全"。比如农业系的课程就是一个包含农、林、牧及农业管理的大农业的专业课程，是为了适应陕甘宁边区农业的现实需要而设置的。因为陕甘宁边区当时还处于十分落后的自给自足的小农经济阶段，农、林、牧根本没有分工，也无法分工，所以延安大学所培养的农业技术和农业管理人才必须是"全科"式的，否则就无法适应陕甘宁边区当时农业、农村和农民的需要。这是社会需求逻辑在课程设置上的具体体现。

　　第五，由党的领袖毛泽东亲自策划，进行学校马克思主义理论课和思想政治教育课（简称"两课"）的改革。"两课"教学是中国特色社会主义高等教育的特色与优势，始于整风运动后的延安大学，是由毛泽东亲自倡导与策划的。1944 年 5 月，毛泽东在参加延安大学开学典礼并发表讲话后不久又专门将校长周扬请到他的办公室，就延安大学的政治理论课教学改革进行研究，并做了十分明确而具体的指示。

　　他提出，延安大学要开一门全校都听的大课，这门大课应该包括三个部分的内容：自然发展史、社会发展史和现实的理论政策与思想问题。毛泽东还点名说，自然发展史这门课可以让于光远讲。② 所谓自然发展史、社会发展史，毛泽东明确指出，就是马克思主义的辩证唯物主义与历史唯物主义。周扬校长对毛泽东这一指示的深远意义当然是非常清楚的，因此他也高度重视，决定由他本人与副校长张如心及时任学校教务处教学科科长的青年教师于光远主讲这三门课，并对课程进行了具体的分工。于光远讲自然发展史，张如心讲社会发展史，周扬讲现实的理论政策与思想问题。"两课"教学是对大学生系

---

①　中共中央文献研究室编《毛泽东文集》第 3 卷，人民出版社，1996，第 155—156 页。
②　王蒙、袁鹰主编《忆周扬》，内蒙古人民出版社，1998，第 156 页。

统地进行马克思主义理论教育、思想政治教育的主渠道与主阵地，目的在于培养无产阶级可靠的接班人，也是高等院校办学中国逻辑的必然。

第六，将学校教学科研改革放在陕甘宁边区政治、经济、文化、社会及军事建设的实际工作与现实需要的基点上，强化学校教学科研与边区实际工作部门及企事业单位的联系。学校将各院系既作为教学科研单位，也作为一面学习一面工作的实际部门。这是延安时期客观条件下的需要，也是高等院校办学社会需求逻辑的一种自觉探索，对于现代高等教育中国化的探索具有重要的思想价值。对此，本书前后均有具体论述，这里不再展开。

第七，强调学术研究与学术产出要为社会现实服务。社会需求逻辑并不排除学术研究与学术产出，但明确反对为学术而学术。在当时特定的历史环境下，延安大学没有条件，也不主张进行基础性以及与新民主主义革命和建设没有直接联系的学术研究，这是历史的局限，也是历史的必然。

延安大学成立以后，其几任校长吴玉章、周扬、江隆基、李敷仁，副校长赵毅敏、张如心及首任社会科学院院长艾思奇、第二任院长何干之，法学院院长何思敬，教育学院院长刘泽如，自然科学院院长陈康白、李强，副院长恽子强，学校首任秘书长赵飞克，教育系副主任张宗麟，财经系副主任姜君辰等等，都是在全国有一定影响力的著名学者。

艾思奇对中国哲学大众化，特别是马克思主义哲学中国化、大众化的研究，吴玉章对历史学和新文字学的研究，周扬对马克思主义、毛泽东文艺思想的研究，张如心对马克思主义哲学、毛泽东思想的研究，何思敬对马克思主义法学和哲学的研究，江隆基、刘泽如、张宗麟对马克思主义教育学和心理学的研究，何干之、荣孟源等对中国革命史的研究，等等，都具有开创性的学术意义。何干之的《中国民族战争史》《中国社会经济结构》《三民主义研究》，尹达的《中国原始社会》，周扬的《马克思主义与文艺》，何其芳、公木等的《陕北信天游》，乐天宇的《陕甘宁盆地植物志》，等等，不仅在当时，而且在新中国成立后也产生了很大的学术影响。另外，李强有关无线电的理论与技术、林华关于石油化工、恽子强关于分析化学、赵飞克关于结构力学、杨作材关于建筑学的研究与实践亦产生了深远的影响。

新中国成立之后，何干之的《中国现代革命史》、艾思奇的《辩证唯物主义与历史唯物主义》、于光远的《政治经济学（资本主义部分）》，曾长期作为我国高等院校马克思主义政治理论课的统编教材，教育和影响了新中国几代大学生，这都与他们民主革命时期在延安大学任职、任教期间的思想与学术积累有密切关系。同时，吴玉章、周扬、张如心、艾思奇、于光远等都当选为中国科学院哲学社会科学学部委员，何干之、何思敬是著名的一级教授，李强、恽子强、赵飞克等当选中国科学院学部委员，林华与他的两位学生——自然科学院化工专业的彭仕禄、戚元靖同时当选中国工程院首批院士。

第八，确立新的劳动观念，进行新型劳动教育。这也是对西方高校办学学科逻辑的一种革命性变革。延安和陕甘宁边区地处生产力极端落后的山区，社会经济发展水平很低，加之日寇与国民党顽固派的军事包围与经济封锁，延安与陕甘宁边区财政经济异常困难，基本生活都难以维持，所以从党的领袖到普通学生都必须参加生产劳动，都需要"自己动手，丰衣足食"。但是，这还只是客观的要求。正如前文所指出的，教育与生产劳动相结合是马克思主义教育理论的一个根本原则，因而生产劳动教育是马克思主义教育思想的主观要求，自然也是中国特色高等院校办学逻辑的必然。因此，延安大学在教育方针中明确规定"以有组织的劳动，培养学员的建设精神、劳动习惯和劳动观点"，将客观与主观有机结合。劳动既是学校建设发展的物质基础，更是学校教育的重要内容。它的作用表现在三个方面：其一是思想政治教育，培养学员一切从实际出发、理论联系实际的作风，这是马克思主义教育思想的本质要求。其二，与教学科研相结合，增强教学科研的针对性，强化学员学以致用的能力。这是高等院校办学社会需求逻辑的必然要求。其三，为了克服严重的经济困难，解决办学经费不足，提高办学物质条件，这是当时历史条件下的客观要求。

延安大学作为中国共产党延安时期探索中国高等院校办学中国特色、中国逻辑的主体学校，集中体现了中国现代高等教育"延安模式"的基本特征。特别是 1944 年 4 月根据毛泽东、朱德的讲话精神，以社会需求逻辑新组建的延安大学，实行以教学、科研、生产"三位一体"的办学体制，从教育思想、教育理念、教育方针、教育内容、教育方法、管理体制到学科专业建设、课程设置、师资队伍建设进行全面的改革与实践，形成了完整系统的体制机制。

关于这一办学体制实施的成果，本书前后章节都做了比较详细的论述。新的办学体制实行整整一年之后，1945 年 5 月，国民政府组织了一个有 21 位中外记者参加的西北参观采访团前来延安采访，该团成员、美国《基督教箴言报》记者斯坦因参观考察延安之后，在与延安大学校长周扬的对话中做了这样一番评论："我很怀疑国民党区域大学生学术水准比延大学生高多少。那里设备条件的优良，全部被压迫知识的空气所冲销。从某种意义上说，占有知识正是他们的不幸。但我相信，延大学生具有战时中国需要的更多的实际知识，他们有更好的机会来协助打仗和社会进步。这些人如果能有一个机会去做真正的改革工作帮助老百姓，不管在地方政府或在偏僻乡村，他们都会甘心情愿去再受一次营养不良的苦难。"① 作为第三方的观察，史坦因的认识的确是客观而深刻的。

延安大学学科专业发展的思想及原则，特别是教学、科研、生产"三位一体"的办学体制，对延安和其他抗日民主根据地和解放区高等院校的办学起到了引领示范作用。抗战胜利后，延安大学主体东迁华北、东北，直接将这一办学体制及实践经验带入解放战争时期华北、东北解放区的高等院校。

延安大学在延安的办学历程中培养造就了大量治党、治军、治国、治学的杰出人才。延安大学及其前身院校、合并院校，在抗日战争和解放战争中"训练了一万左右的青年干部，分布到中国每个角落"②。这些青年干部都是德才兼备的各个方面的专业人才，在抗日战争和解放战争中发挥了非常重要的作用。特别是在陕甘宁边区，延安大学的毕业生在文化、教育、科技、财经、司法、新闻出版、文学艺术、医疗、体育以及基层政权机关中，充当着业务和领导骨干，是陕甘宁边区政治、经济、文化建设的人才基础，为陕甘宁边区的巩固与发展做出了卓越的贡献。

抗日战争和解放战争时期，延安大学的科学研究、文学艺术创作等也直接推动了陕甘宁边区乃至整个解放区的经济和社会发展。如：自然科学院教师华寿俊和王士珍发明的马兰草造纸技术，缓解了延安和陕甘宁边区纸张极度困难的局面，有力地推动了延安和陕甘宁边区

① 陈明钦、苟昌斌、曾绍敏等编《中外人士访延纪实》，云南人民出版社，1990，第 10 页。

② 林迪生：《延安大学简介》，载西北人民革命大学校刊《民大生活》第 31 期，1949 年。

的文化教育发展；自然科学院教师林华发明的土法玻璃制造技术，解决了陕甘宁边区军工生产和医疗器械生产的难题；自然科学院机工系、化工系和军委军工局的工程技术人员，在延安艰苦的条件下土法设计建造的炼铁高炉，有效缓解了延安和陕甘宁边区钢铁严重匮乏的问题；农业系有关良种培养、病虫害防治等方面的试验与研究，系主任乐天宇的《陕甘宁盆地植物志》的完成，以及组织的延安和陕甘宁边区森林、矿产资源考察；等等。这些科学研究成果都直接推动了延安和陕甘宁边区的大生产运动和经济的发展，为粉碎国民党顽固派对延安和陕甘宁边区的军事和经济封锁，建立中国共产党巩固的战略根据地和总后方做出了重大贡献。自然科学院教务处长杨作材主持设计的杨家岭中央大礼堂和中共中央办公厅大楼成为延安时期的重要标志性建筑。而延安大学自然科学院组织的对南泥湾的三次森林与资源考察，对于中央决定开垦南泥湾亦起到了重要的作用。

鲁艺被称为"中国革命文艺的摇篮"，它为解放区文艺的发展与繁荣做出了巨大的贡献。特别是并入延安大学之后，学院所创作并演出的秧歌剧《兄妹开荒》、歌剧《白毛女》、话剧《粮食》、歌曲《南泥湾》等成为中国现代文学艺术史上的经典作品，开创了解放区乃至整个中国无产阶级文艺的新局面。正如一位文学史家所说的那样："秧歌运动发展到各个根据地，秧歌舞成为具有最广泛群众性的最能表达人民胜利时代的激情的舞蹈，随着解放大军的进军步伐，传遍全中国。……尽管后来产生了大型秧歌剧，但这种'兄妹开荒体'的小歌剧，始终是抗日战争、解放战争时期盛行不衰的戏剧形式。"① 歌剧《白毛女》随着解放战争的进程，从北到南、从西到东演遍了全中国，成为解放战争时期动员组织人民、瓦解和消灭敌人的有力武器，其发挥了重要的历史作用。

此外，周扬关于马克思主义文艺思想的研究，何其芳、艾青等的诗歌创作，古元、彦涵等的版画创作，孙犁、孔厥和葛洛等的小说创作，冼星海、郑律成、马可、芦肃、刘炽等的歌曲创作都极大地推动了解放区文艺的繁荣。他们的作品都成为抗日战争时期和解放战争时期鼓舞人民、打击敌人的有力武器，为抗日战争和解放战争的胜利发挥了巨大的作用。

---

① 黄修己：《中国现代文学简史》，中国青年出版社，1984，第441—442页。

行政学院编写的有关财政金融、司法行政等有关方面的教材、规程以及中小学教材和对马克思主义经济学、法学、教育学的研究，特别是对陕甘宁边区财政、经济、司法、教育、行政等实践工作的总结和研究，对陕甘宁边区经济和社会的发展同样发挥了不可替代的作用。

据不完全统计，在延安大学（包括前身院校、合并院校）任职、任教和学习过的校友，有 20 多位担任过党和国家领导人，学部委员、两院院士有 20 位。当选中共中央委员、候补委员的有 50 多位，担任省部（军）正职的有 300 多位。陕西省社会科学院研究员雷云峰主编的《延安名人辞典》共收录延安时期工作学习过、新中国成立后曾担任过副部级以上领导职务和具有一定影响的文化名人 3623 人，而延安大学（包括前身院校、合并院校）校友就达 654 人，占到六分之一强，这已是一个很高的比例。延安大学为新中国高等教育培养了大批的领导和业务骨干。从 20 世纪 50 年代到 80 年代初，全国有百分之六七十高校的党委书记、校（院）长由曾经在延安大学（包括前身院校、合并院校）任职、任教或学习的校友担任。特别是西北地区，几乎所有高校的主要领导干部均由延安大学（包括前身院校、合并院校）的校友担任①，他们的教育观念、教育实践、思想作风，对新中国高等院校的建设与发展产生了深刻的影响。

在抗日战争和解放战争的烽火硝烟中，延安大学在中共中央和中共中央西北局、陕甘宁边区政府的直接领导下，围绕党的中心工作，努力贯彻党的教育方针，成为培养大批治党、治国、治军领导人才的重要基地，为中国的革命、建设和改革事业做出了卓越的贡献，在中国革命史、党史和现代高等教育史上具有独特的、不可替代的地位，建立了不可磨灭的历史功勋，成为中国共产党延安时期以马克思主义教育思想为指导，在马克思主义中国化的历史进程中扎根中国大地办高等教育，探索现代高等教育中国逻辑、中国道路的标志性成果。

三、华北联合大学的办学实践与成就

华北联合大学是抗日战争时期中共中央在敌后抗日民主根据地最早创立的一所大学。它的前身是陕北公学，成立于延安。同时，它也是中国现代高等教育"延安模式"向其他敌后抗日民主根据地实践最

---

① 《延安大学史》编委会编《延安大学史》，人民出版社，2008，第 13 页。

早，并对"延安模式"除延安之外影响最大的一所大学。

（一）华北敌后抗日民主根据地的干部高等教育与华北联合大学的创建

华北敌后各抗日民主根据地创建之后，各种干部与专业人才都十分紧缺，因此各地都因地制宜地举办了一些干部高等、中等学校。如晋察冀边区举办的抗战建国学院，该校 1938 年 7 月成立，由晋察冀边区行政委员会主任宋劭文兼任院长，郭任之任副院长，设合作、税收、区助理员三系，后又增设银行系，招收学员 2700 人，于 1939 年 2 月结束。此外，还有孙毅任校长的晋察冀军区军事政治干部学校，1937 年 12 月 25 日成立，训练河北与平津一带青年学生和八路军部队基层干部，结业后分配到部队工作。江一真任校长的军区卫生学校，1939 年 9 月成立，设军医、药剂、护士（教学班），修业一年半、一年、半年不等，附设休养所，为实习基地。1940 年 2 月，更名为白求恩卫生学校，招收学员 343 人，以白求恩名言"让一切理论服从于实际的明亮清透的光辉"为其办学指导方针。1939 年 10 月，晋察冀由边区工农、妇、青抗敌后援会联席会决议开设群众干部学校，训练县区级群众工作干部，修业两个月。在此期间，中国人民抗日军事政治大学第二分校于 1938 年 12 月分别由校长陈伯钧、副校长邵式平率领，开赴晋察边区，于 1939 年 6 月在灵寿县开办第一期。1940 年 3 月由孙毅接任校长。

晋冀鲁豫边区开办有民族革命艺术学校，设民众运动工作训练班、文化工作训练班、小学教师训练班、新闻记者训练班等。1938 年 8 月，中共晋冀豫区委员会以"抗日政治学校"名义开办党校，分设高、中、初三个班次，附有政治工作、交通、木刻等班次。此外，中国人民抗日军政大学第一分校第一期即培养学员 5000 余人。1939 年 8 月，建立冀南抗战学院，由杨秀峰任院长，并执教辩证唯物论课程。每期修业三个月，共办两期，训练学员 2700 余人。

在华北联合大学成立之前，华北敌后各抗日民主根据地高等级干部学校的办学特点为：一是都由各地自主举办，没有统一标准，学校层次普遍不高；二是以干部训练班为主，高等院校的特征不明显；三是以培训在职干部为主，这主要是因为华北敌后各抗日民主根据地处于抗战一线，根据地刚刚开辟，还不稳固，对敌斗争形势紧张残酷，又急需大批各方面干部，所以只能采取"急就章"的方式吸收培养干部。

为了满足华北敌后各抗日民主根据地巩固和发展对各类人才的急需，加强华北敌后抗日根据地的干部教育培训，就近为华北地区培养专业人才，中共中央决定在延安成立华北联合大学。同时，中共中央创办华北联合大学还有对华北各敌后抗日民主根据地高等教育示范的意图。

从 1936 年 6 月 1 日中共中央在瓦窑堡决定恢复成立"抗日红军大学"开始，到 1939 年 6 月，中共中央在延安和陕甘宁边区亲自创办新型干部高等院校已有三年的历史，已经初步形成了办学的体制机制基础，积累了一定的经验。将在延安的四所学校全部及一部分合并，由中共中央亲自组织创办一所综合性的大学，然后迁往华北敌后抗日民主根据地办学，无疑具有重要的示范带动作用，为将延安的办学模式推广到各敌后抗日民主根据地起到重要的促进作用。

1939 年 6 月，中共中央指示陕北公学在延安集结，准备成立华北联合大学，开赴敌后抗日民主根据地。7 月初，在陕公师生从栒邑抵达延安后，中共中央领导人洛甫（张闻天）、陈云、李富春接见了陕北公学成仿吾、江隆基等几位负责人，传达了中共中央的有关决定，并商议成立华北联合大学的有关事宜。7 月 7 日，是全面抗战两周年纪念日，也就是在这一天，华北联合大学正式在延安宣告成立。9 日，毛泽东亲自来到桥儿沟天主教堂西边的广场，向华北联合大学千余名师生做报告。他讲道："现在你们出发上前线，我也赠送你们三样法宝，这就是统一战线、武装斗争和革命团结。"

在华北联合大学成立的时候，中共中央决定学校实行党团（组）领导下的校长负责制。因此，中共中央决定，由原陕北公学校长成仿吾任华北联合大学党团（组）书记兼校长，原陕北公学教务长江隆基任教务长，李凡夫任副教务长，张然和任政治部主任，申力生任党委书记，主管党委日常工作。

华北联合大学成立后，根据中共中央的指示，立即开赴华北抗日前线。为了行军方便，中央军委决定，一同去敌后办学的抗日军政大学和华北联合大学合编为八路军第五纵队，共 6000 余人，罗瑞卿任司令员兼政委，成仿吾任副司令员。华北联大编为一个独立旅，成仿吾任旅长兼政委。军委还决定一二〇师三五八旅派两个主力团护送纵队通过敌人防线。

1939 年 7 月 12 日，华北联合大学以第五纵队独立旅的番号从延安出发。1500 名教职学员自己背着行李，带五天的干粮，在校长的带领下，不畏艰险，渡过了滔滔奔流的黄河，爬过了无数高耸云霄的大山，也冲过了日军防备严密的同蒲铁路和公路。他们曾在冷风、暴雨、高山、深沟中一天一夜连续行军，冲出了日军的前后夹击。经过三个多月的长途跋涉，到达晋察冀敌后抗日民主根据地的阜平县城南庄建校。

1939 年 11 月 7 日，著名爱国人士、曾任山西民族革命大学副校长的李公朴在城南庄华北联大开学典礼上的讲话中感慨道："华北联大是在敌后办起的第一所高等学府，这是历史上从来没有过的，是英雄的事业，是插在敌人心脏上的一把剑。"1942 年曾到华北联大做报告的英国勋爵林迈可（Michael）教授在他的回忆录中写道："在中国敌人后方的根据地，有一批国内第一流的、著名的学者、教授，他们在艰苦的条件下办大学、同人民一起战斗，这是历史的奇迹，充分体现了中国共产党人的革命精神。"[1]

1940 年 1 月，华北联大制定的《华北联合大学章程》中明确规定了华北联合大学的任务与使命："华北联合大学应该是为抗日战争服务的一支文化纵队。因此，开展文化抗战、粉碎敌伪的奴化政策，为保卫中华民族几千年的文化而斗争，是华北联合大学要努力完成的任务。华北联合大学应该是文化战线上的一块前进阵地。所以，反对买办性的封建主义文化教育、开展新民主主义的文化教育，便是华北联合大学的一项神圣任务。华北联合大学应该是推进华北抗战的一个有力杠杆。因而，帮助华北地区的党、政、军、民各界培养、提高各种干部，推动华北敌后的抗日战争，就是华北联合大学最主要、最实际的任务。"[2]

（二）华北联合大学尝试学科逻辑办学

华北联合大学创立之际，正是延安各高等院校由全面抗战初期以短期培训班为主，向延长学制、明确学科专业，实施"正规化"办学趋势发展的时期。因此，华北联合大学成立之初，这种趋势非常明显。

① 中国人民大学前身时期校史读物编委会编《人民的大学：华北联合大学（1939—1948）》，中国人民大学出版社，2017，扉页。
② 中国人民大学前身时期校史读物编委会编《人民的大学：华北联合大学（1939—1948）》，中国人民大学出版社，2017，第 3 页。

华北联大开办初期，全校分设四个部，即社会科学部（由原陕北公学改编而成）、文艺部（由原鲁迅艺术文学院改编而成）、工人部（由原延安工人学校改编而成）和青年部（由原安吴战时青年训练班改编而成）。社会科学部由江隆基兼任部长，何干之为副部长；文艺部由沙可夫任部长，吕骥为副部长；工人部由朱改、张淮三带队；青年部由申力生、张立之、何力平带队。

1940 年 7 月，为适应晋察冀边区教育工作的需要，联大增设了师范部，由李凡夫任部长。10 月，根据中共中央北方分局的指示，联大向正规化发展，把各部改为学院。社会科学部改为社会科学院，下设财经、法政两系和一个回民队；高级队改为预科队，为本校培养干部；文艺部改为文艺学院，下设文学、戏剧、音乐、美术四个系，并附设华北联大文工团；师范部改为教育学院，下设教育系和中学班；工人部改为工学院，其学员都是从城市来的工人。

1940 年秋冬百团大战后，中共中央北方分局和晋察冀边区政府于 1941 年 2 月决定华北联大扩大招生，除北岳区外，还招收冀中、平西、冀东等区的干部，特别是冀中区送来培训的干部更多。为了统一晋察冀边区的干部训练，晋察冀边区行政委员会第二十三次会议决定，将原抗战建国学院和华北联大社会科学院合并，改编为联大法政学院，由郭任之任院长，杜文明任副院长。学院下设秘书队、民政队（分一队和二队）、财政队、司法队、实业（工商管理）队、粮食队等七个队，学员 700 余人。同时，把原属晋察冀边区群众团体领导的群众干部学校合并到联大，成立群众工作部。群众工作部由陈鹤任主任，下设工、农、妇、青四个队。7 月，还成立了中学部，部长为何干之。至此，华北联大共设有法政学院、教育学院、文艺学院三个学院，群众工作部、中学部两个部，全校教职学员发展到 4000 余人，分住在十多个村庄。这是华北联大发展壮大的时期。

应该说，在高等教育向"正规化"趋势发展方面，华北联合大学是与延安的高等院校同步的，甚至稍早于延安的学校。延安是在 1941 年 9 月延安大学成立时与成立之后，比较具体、比较全面地开始实施"正规化"，延安大学的成立应是标志。而华北联合大学比延安大学成立早两年，虽然 1939 年冬复办的陕北公学也已有向"正规化"发展的趋势，而延安大学也是以后期陕公为主体创立的，但从历史的逻辑讲，此时华北联大已实施"正规化"办学两年。所以说，延安大学

"正规化"发展的趋势受华北联合大学影响更大。换句话说，中国共产党在革命根据地，华北联合大学是第一所按现代大学学科专业体制创办的综合性大学。这在中国共产党创新发展中国特色现代大学历程中具有特殊意义，对于中国现代高等教育"延安模式"的形成与发展也具有特殊的作用。

（三）整风运动与"新型正规化"在华北联大的实施

正如前文所述，延安时期高等教育这种向"正规化"发展的趋势，以及在华北联合大学与延安大学的实践，在中国共产党创新发展中国特色现代高等教育的历程中具有积极意义，在中国现代高等教育"延安模式"的形成与发展中也有其必然性，但总体来讲还是具有脱离实际与教条主义倾向。这一点在晋察冀敌后抗日民主根据地更为明显。

1941 年以后，晋察冀敌后抗日民主根据地进入抗战时期最激烈、最复杂、最艰苦的时期。1941 年初，华北日军已经改变了对敌后抗日民主根据地的策略，变单纯的军事进攻为"三分军事，七分政治"，"军事、政治、经济、文化"几位一体的"总力战"，变短期"鲸吞式扫荡"为堡垒主义，逐步推进"蚕食"政策和长期反复"清剿"。

1941 年 6 月，即"蚕食"了冀中第十一专区；同年秋，集中十万余兵力对北岳区（晋东北、冀西）进行"铁壁合围"的"大扫荡"，占领除阜平县以外的所有城镇和交通要道；1942 年对冀东平北根据地实行春季"大扫荡"，接着又对冀中区实行惨无人道的"五一大扫荡"。这次"扫荡"持续两个月，根据地群众被抓被杀五万余人，干部损失三分之一，冀东、冀中八路军主力部队和后方机关暂时转入山东，冀东、冀中的平原根据地遂变为游击区和敌占区。1942 年夏，北岳区晋东北的一、二专区和冀西平原根据地也大部分变为游击区。晋察冀边区的巩固区大为缩小，游击区占 80% 以上。在这种残酷的战争环境中还要办"正规大学"显然是不现实的，是严重脱离实际的教条主义。

随着延安整风运动的开展，这种脱离实际的教条主义倾向，从延安到各敌后抗日民主根据地都得到批评与纠正。"自 1941 年 12 月和1942 年 2 月中共中央相继发表《关于延安干部学校的决定》与《关于在职干部教育的决定》以后，1942 年 4 月延安整风与干部教育改革

正式开始，华北联合大学等学校的改革实际上按新的部署进行。同年
7月，华北联合大学建校三周年之际，成仿吾发表了《华北联大三年
的回顾与展望》，江隆基发表了《反对教条主义，贯彻理论与实际一
致的原则》等文章，反映了这种意向"①，开始对实际办学中存在的
教条主义和主观主义进行反思与批判。

与延安一样，华北联合大学也是在教育方针与办学方式的讨论中
取得思想的统一的。围绕华北联大办哪些院系、设什么专业、招收什
么学员、学习时间的长短，曾经遇到两种不正确的观点：一种观点认
为在这样残酷的战争环境中不可能办大学，这种观点是脱离了当时的
战争环境，用办旧的大学的观点来看待今天的新的大学；另一种观点
认为，既然要办大学，就应该办正规的大学，学科要齐全，不管当前
需要不需要，这种观点也是脱离了当时的战争环境。通过讨论并经过
整风运动，大家在学习中共中央《关于延安干部学校的决定》精神的
过程中思想认识达到了统一，一致认为，这些都必须从抗日战争需要
什么干部出发，这才是正确的方针。

为了贯彻这一教育方针，华北联合大学采取了以下教学原则：

1. 理论联系实际的原则。为了贯彻这个原则，华北联合大学在
教学中注意掌握：（1）学员学什么课程和内容，不学或少学什么课程
和内容，都要根据客观实际提出要求。（2）无论是学习理论或是接触
实际，都要使二者结合起来，在学习理论的时候不能停留在理论本
身、从概念到概念，而是要从实际中去理解理论；在从事实际工作的
时候，应以一定的理论为指导，善于总结经验，提高理论水平和认识
能力。（3）学校对于干部和学员的要求，不是看他理论讲得如何，而
是看他能否运用理论来改造自己的主观世界。

2. 学用一致的原则。如果能够做到理论联系实际，也就为学用
一致创造了条件：学了理论能够正确地分析当前形势，解决面临的问
题；学了业务知识，能够在实际工作中应用，以理论指导自己的实
践，把学和用紧密地结合起来。当然，社会科学的应用，不同于自然
科学，自然科学的应用可以在实验室中进行实验，而社会科学的实验
室则是整个社会，是社会工作和群众工作。因此，要求学员既学会理

红色基因
与科学逻辑　205

---

① 陈桂生：《中国革命根据地教育史（上）》，华东师范大学出版社，2015，第201—
202页。

论与专业知识，又能到广大群众中去，做好各项社会工作。

3. 少而精、通俗化原则。这是由敌后办学学制较短，学员大多是地方干部这一实际情况决定的。要求教学内容必须少而精，使学员在最短的学习时间里取得最大的提高。少而精不是简单地少学，而是要重点深入地学，就是要抓住课程的理论与业务知识，学深学透，达到真正掌握，实际应用。①

1942 年 10 月，晋察冀边区政府决定华北联合大学缩编，只留下一个教育学院，教职员工与学员共有 250 余人，由原北平燕京大学教授于力任院长，李常青任副院长，校址设在河北省阜平县平房村一带。当时华北联合大学教育学院只设一个高中班和一个师范班。高中班学生一半是来自晋察冀边区的初级中学毕业生，一半是来自平津等大城市的学生，分编文理两科，以系统地学习科学文化和外语为主，其目标是为将来建国培养人才，师范班则主要培养小学师资。

1944 年 2 月，随着战争形势的好转，平津一带青年学生冲破敌人的封锁，进入晋察冀边区的日益增加，教育学院又增设政治班，专门训练这些知识青年。1944 年 4 月，华北联大教育学院高中班奉调去延安，分别进入延安大学的自然科学院、鲁迅艺术文学院、外国语学校以及中国医科大学继续学习。与此同时，原晋察冀边区中学合并到联大教育学院成为中学班。同年 12 月，晋察冀边区行政委员会做出《关于教育学院的决定》，就华北联大教育学院的性质、任务及教育方针等问题做了具体规定：要求教育学院以提高在职干部为主、提高干部文化为主，为坚持抗战、准备反攻，为新民主主义社会建设培养干部为主旨。

日本投降后，华北联大教育学院部分进驻张家口。为了大量吸收与教育青年学生和知识青年，华北联合大学迅速开始"新型正规化"办学。中共晋察冀中央局于 1945 年 12 月 10 日做出《关于华北联大的决定》，要求华北联大立即全部恢复工作，重新招生，除教育学院交回晋察冀边区政府外，应立即筹办法政学院、文艺学院，并附设外国语学校，决定华北联合大学设立党委，由成仿吾兼任党委书记。由此，华北联合大学进入了一个新的发展阶段。

---

① 参阅董纯才、张腾霄、皇甫束玉主编《中国革命根据地教育史》第 2 卷，教育科学出版社，1991，第 172 页。

第五章

断鳌立极：中国高等教育
"延安模式"的成因、实质与特征

　　一些学者明确指出，"中国近代高等教育发展的主流是借鉴多于创新"，"而以延安模式为代表的中国共产党领导的高等教育则集中体现了中国近代高等教育创新的一面"。① 这个论述结论是实事求是的，但仍过于轻描淡写。应该说，中国现代高等教育发展，在经历了传承、移植与创新相互交织的艰难曲折的发展历程之后，在中国共产党的延安时期进入了一个崭新的历史时期，其发展方向发生了根本性扭转。所以说，中国现代高等教育的"延安模式"具有断鳌立极的意义，并非只有"创新的一面"，而是根本性的创新，是将中国现代高等教育发展扭转到了中国逻辑、中国道路、中国模式的方向上来的重大创新。

　　"延安模式"的形成具有多重因素，既有中国古代高等教育优良传统的因素，也有自鸦片战争以来，探索发展中国现代高等教育历程正反两方面经验教训的因素，而陶行知的教育思想与实践，郭秉文的高等教育办学思想及东南大学的办学实践，美国现代高等教育的发展模式影响较为突出、较为明显。但更重要的是，它是在延安新民主主义先进文化及大学精神的深厚土壤之中，在延安时期马克思主义中国化的伟大历史进程中，在中国共产党人、广大教育工作者以及人民群众共同的实践探索中形成、发展与成熟的，具有马克思主义、高等教育发展规律及其中国化的深刻本质内涵，也具有极其鲜明的特征。

---

　　① 王凤玉：《论中国近现代中国高等教育的发展》，《沈阳师范大学学报（社会科学版）》2003 年第 3 期。

第一节　延安时期干部高等院校的文化实践与大学精神

文化是一个社会、一个政党、一个团体的灵魂。正如习近平总书记在《文化是灵魂》一文中所指出的："文化力量对于政治制度、政治体制的导向和引领作用十分明显。一定社会的文化环境，对生活其中的人们产生着同化作用，进而化作维系社会、民族的生生不息的巨大力量。"① 延安时期，中国共产党不仅领导中国人民取得了新民主主义革命的伟大胜利，而且开创性地发展了瑰丽的延安文化。

延安文化就是新民主主义的文化，延安文化是中国新民主主义文化发展历程中的重要历史阶段，也可以说是新民主主义文化发展的成熟阶段，或者说是中国新民主主义文化之集大成者。任何高等教育模式形成的基础都是特定的文化，是这种特定文化的性质、精神品格、特征的产物，是在这种特定文化实践中形成、发展与成熟的。一种模式与另一种模式的本质性的区别，其实就是文化性质的区别。同时，两者又是相辅相成、相互促进、共同发展的关系。

作为新民主主义的先进文化，延安文化不仅内容丰富、博大精深、异彩纷呈，而且极富个性，具有丰富而鲜明的特征。随着延安文化的发生、发展，以及这种文化对广大干部群众的熏陶、教化，这些特征逐渐成为中国共产党人的文化思维模式。正是在这种文化的基点上，形成了延安时期的大学精神和高等教育的"延安模式"，而延安时期的大学精神与高等教育的"延安模式"又是一种辩证统一的关系。明确地讲，中国现代高等教育"延安模式"就是"民族的、科学的、大众的"延安文化即新民主主义文化的实践结晶，而高等教育"延安模式"又是推进这一先进文化发展的有生力量。

一、延安文化概述

延安文化是中国新民主主义文化历史中极其重要的一页，它与中国优秀传统文化和五四新文化有着重要的历史渊源，更是中国共产党

---

① 习近平：《之江新语》，浙江人民出版社，2007，第149页。

革命历程中所形成的建党文化、井冈山文化、苏区文化、长征文化的直接继承与发展。它代表着近代以来中国反帝反封建先进文化前进的方向，是中国共产党领导的新民主主义革命走向胜利的思想理论和群众基础，具有历史唯物主义所要求的先进文化普及方式——"高级的思想，大众的形态"的显著特征。延安时期的干部高等院校是延安文化的直接构建者之一，同时，延安文化又是延安时期大学精神和高等教育的"延安模式"构建的根基。

（一）延安文化的范畴与概念

延安文化不是延安的地域文化，也不是陕北文化，尽管其融入了这些地域文化的许多元素，它的发生、发展也是以延安和陕甘宁边区为中心的，但从延安文化的内容、性质、精神及其形态上讲，它与陕北地域文化有本质的区别。延安文化是马克思主义理论与中国革命实践相结合的产物，是中国共产党领导中国人民在新民主主义革命的伟大实践中，由中国共产党、先进知识分子和人民群众共同创造的极具中国特色的先进文化，是大众的情感期盼和灵魂寄托，蕴含着丰富的革命精神和厚重的历史内涵。

就空间概念说，延安文化的发生、发展是以延安和陕甘宁边区为中心，涵盖新民主主义革命时期中国共产党开辟和领导的所有抗日民主根据地、解放区，甚至包括抗战时期以重庆为中心的广大国统区的左翼文化活动。从时间上讲，延安文化则是在新民主主义革命长达 30 余年的时间里，中国共产党"为中国的文化革命而奋斗"① 的一个总体概括。但延安文化发展的成熟期却是中国共产党的延安时期，其具有三大标志：一是马克思主义中国化的第一大理论成果——毛泽东思想成为其指导思想；二是延安精神成为其灵魂，也就是说延安精神是延安文化的文化精神；三是延安时期创造了极其丰富的文化成果。因此，我们将延安文化的主体时间限定在中共中央在延安的 13 年。

从文化的内容上讲，按照文化可以包容人类有史以来所创造的全部文明成果，以及文化是人类精神现象和观念形态的总和的一般概念，延安文化的内容应该包括中国共产党延安时期在以延安和陕甘宁边区为中心的革命根据地所创造和所发生的一切精神文化成果和文化

---

① 《毛泽东选集》第 2 卷，人民出版社，1991，第 663 页。

现象,既包括哲学社会科学、文学艺术、教育科技、新闻出版、民间艺术,还包括广大人民群众新的价值观念、精神状态、生活方式和思维模式。同时,延安文化既包括以延安和陕甘宁边区为中心的革命根据地和解放区新民主主义社会"实然"形态的反映,也包括广大人民群众对社会主义和共产主义理想追求的"应然"反映,也就是中国共产党延安时期所发生的所有文化形态、文化实践及文化成果。

延安文化从性质上讲是新民主主义文化。"所谓新民主主义的文化,一句话,就是无产阶级领导的人民大众的反帝反封建的文化。"① "在'五四'以来,中国的新文化,即是新民主主义性质的文化,属于世界无产阶级的社会主义的文化革命的一部分。"② "民族的科学的大众的文化,就是人民大众反帝反封建的文化,就是新民主主义的文化,就是中华民族的新文化。"③ 这里,毛泽东为新民主主义文化规定了三个特征:民族的、科学的、大众的。其中,"民族的"与帝国主义文化(包括全盘西化主张)相对立,"科学的"与封建文化(包括愚昧落后的意识形态)相对立,"大众的"也就是民主的,与大资产阶级的文化专制主义相对立。毛泽东还具体指出,新民主主义文化,"它是反对帝国主义压迫,主张中华民族的尊严和独立的。它是我们这个民族的,带有我们民族的特性"。"它是反对一切封建思想和迷信思想,主张实事求是,主张客观真理,主张理论和实践一致的。""它应为全民族中百分之九十以上的工农劳苦民众服务,并逐渐成为他们的文化。"④

综上所述,延安文化的概念也应有广义和狭义之分。广义的延安文化就是新民主主义的文化,即无产阶级领导的(通过中国共产党),以马克思主义特别是毛泽东思想为指导的,人民大众的反帝反封建的文化,是民族的、科学的、大众的文化,是属于世界无产阶级的社会主义的文化革命的一部分。延安文化是中国新民主主义文化发展过程中的重要历史阶段,也可以说是新民主主义文化发展的成熟阶段,或者说是中国新民主主义文化之集大成者。而狭义的延安文化则是特指

---

① 《毛泽东选集》第 2 卷,人民出版社,1991,第 698 页。
② 《毛泽东选集》第 2 卷,人民出版社,1991,第 698 页。
③ 《毛泽东选集》第 2 卷,人民出版社,1991,第 708—709 页。
④ 《毛泽东选集》第 2 卷,人民出版社,1991,第 706—708 页。

中国共产党延安时期以延安和陕甘宁边区为中心的抗日民主根据地和解放区的文化，包括在这一特定时间和空间里，由中国共产党人、先进知识分子和人民大众共同创造的反映新民主主义政治、经济、社会的"实然"状态和社会主义、共产主义理想的"应然"状态，寄托着大众的情感期盼和灵魂托付，服务于新民主主义革命和建设的一切精神文明成果，其性质是新民主主义的。

（二）延安文化的精神与特征

从文化精神上讲，延安文化的文化精神就是延安精神。延安精神与延安文化是相辅相成的关系，延安精神伴随着延安文化的发生、发展和成熟而形成，是延安文化的重要成果。同时，延安精神又是延安文化发生、发展以及成熟的精神力量和精神旗帜。延安文化是延安精神的必然产物，是延安文化的核心层面，所以我们说延安文化的文化精神就是延安精神。

作为新民主主义的先进文化，延安文化具有丰富而鲜明的特征，不仅深刻影响了中国现当代文化的发展，而且更深刻地影响了中国现当代历史的进程。

这些文化特征或者说文化思维模式突出地表现在以下几个方面：

第一，延安文化是在新民主主义革命时期马克思主义中国化的过程中产生，并在中国化的马克思主义第一大理论成果——毛泽东思想的指导下发生、发展的。它既对马克思主义中国化的实现发挥了重大的不可替代的作用，同时又是马克思主义中国化的伟大成果。因此，延安文化突出地体现出与马克思主义中国化相存相依、辩证统一发展的特征。随着延安文化的发生发展，马克思主义中国化成为中国共产党人的核心话语和最重要的思维模式。

第二，延安文化具有鲜明的人民性、大众性，具有人民本位、大众品格的突出特征，无论是哲学还是政治法律、文学艺术、教育科技、医疗卫生、新闻出版，在文化的各个领域都渗透和体现着这一本质特征，这一特征也逐渐成为中国共产党人最为突出和鲜明的文化思维模式。

第三，在开放与包容中彰显民族特色，强调中国风格与中国气派。延安文化是马克思主义理论与中国革命实践相结合的产物，是在革命战争年代，由中国共产党人、先进知识分子和人民群众共同创造的极具中国特色的先进文化，蕴含着丰富的革命精神和厚重的历史文化内涵。它一方面批判地吸收了中国传统文化和五四新文化的优秀成分，另一方面也吸纳了包括西方文化在内的人类创造的一切文化成果的优秀成分，具有鲜明的开放性和包容性。但更重要的是，它是伴随着马克思主义中国化的历史进程，在马克思主义中国化的第一大理论成果——毛泽东思想的指导下发生、发展的，加之具有人民本位、大众品格的本质特征，因此就更突出地强调中国风格与中国气派，彰显民族特色，强调中国老百姓的喜闻乐见，主张中国语言、中国思维、民族形式。为达此目标，在文化的各个领域的构建和发展中，甚至特别强调对民间文化内容与形式的重视、吸收与改造，因而也历史性地将先进的文化普及到最广大的下层人民群众之中，融入工农兵的生活与心灵之中，使其不仅成为先进文化的接受主体，更成为先进文化的创造主体，彻底改写了中国文化发展的历史。

第四，延安文化具有的革命性。其包含两方面的内涵：

一是在文化的内容与形式上主张革故鼎新，是在与封建专制文化、帝国主义的殖民地奴役文化和资本主义腐朽文化的斗争中建设起来的新民主主义的新文化。在文化内容上，高扬反帝反封建的旗帜，既反对全面复古，也反对全盘西化，鲜明而坚定地主张马克思主义特别是中国化马克思主义的指导地位，强调科学性、民族性和大众化；在文化价值上，倡导崇高、公平与正义；在文化形式上，以老百姓喜闻乐见为宗旨，强调民族化和通俗化，重视中国的传统形式和民间形式，甚至采用"旧瓶装新酒"，即文化形式是传统的旧形式，文化内容是新民主主义的崭新内容。所以，在延安时期，中国民间文化形式得到了特别的重视，其地位得以空前提高，不仅民间艺人得到重用，而且专业文化工作者也形成了学习、研究和吸收民间文化的热潮。延安时期许多经典的文化作品就是这一热潮的成果。

二是主张文化是革命事业的有机组成部分，是革命事业的工具和武器，要充分发挥其团结动员人民群众、打击各种敌人的功能。因此，延安时期的文化强调阶级观念，强调中国共产党的领导，强调文化服从服务于政治，即服从服务于新民主主义革命和建设。从事文化建设的知识分子，不是单纯的学者、专家，而是文化工作者，是革命战士。因此，文化人的文化意识和文化自觉，必须是阶级的、集体的和政党的，而绝不能是个人的，必须具有鲜明的无产阶级立场，服从于广大人民群众，特别是工农兵的意志。

二、 延安时期干部高等院校的文化实践

延安时期的干部高等院校是延安文化创建、发展以及繁荣的主体力量，是重要的实践者与构建者，在哲学、历史学、教育学、文学艺术创作、科学技术等文化的各个领域都有杰出的建树。

在哲学方面，毛泽东提出马克思主义中国化命题后，延安新哲学会和马克思主义理论工作者围绕马克思主义中国化这一主旋律发表了多篇论文。中央党校张如心的《论创造性的学习》和《在毛泽东同志的旗帜下前进》，延安大学艾思奇的《抗战以来的几种重要哲学思想评述》等文章，都着重论述了马克思主义及其哲学中国化问题。艾思奇指出："辩证唯物论的发展，在抗战后的第一个表现，是提出了马克思主义中国化和辩证法唯物论在中国的具体应用的问题，同时这也是抗战以来辩证唯物论发展上的一个最基本的问题。而一切其他问题的研究，都是以这一问题的解决做中心的。"[1] 1938 年 9 月，毛泽东在原哲学小组的基础上倡导成立延安新哲学会，新哲学会由艾思奇和陕北公学的何思敬主持，负责研究和翻译马克思主义新哲学著作。

中央研究院政治研究室主任陈伯达和艾思奇等也重视研究中国的传统文化与马克思主义哲学的结合。陈伯达在《解放》《中国文化》杂志上先后发表了《老子的哲学思想》《孔子的哲学思想》《墨子的哲学思想》等系列文章，从马克思主义哲学的视角阐述中国古代哲学的唯物论和辩证法思想，达到了对名实问题、知行关系的新理解。艾思奇从当时思想战线斗争的需要出发，发表了《孙中山先生的哲学思想》等文章，用马克思主义哲学的认识论观点分析和研究孙中山的知行统一的哲学思想。这些对唯心主义哲学的批判活动，绝不是单纯的哲学理论上的争论和斗争，而是关系到以什么样的哲学世界观和方法论为指导，选择中国的前途和命运，也是实现马克思主义哲学中国化的重要条件。

延安时期，以毛泽东为代表的中共中央领导人以及哲学理论工作

---

① 《艾思奇文集》第 1 卷，人民出版社，1981，第 551 页。

者实现马克思主义哲学中国化的途径之一是发展马克思主义哲学。艾思奇在《关于形式伦理学与辩证法》一文中指出，哲学中国化原则上不外两点："第一要能控制中国传统的哲学思想，熟悉其表现形式；第二要消化今天的抗战实践的经验与教训。"① 这就说明实现马克思主义哲学中国化，必须创造中国化马克思主义哲学形态，要做到汲取中国革命实践中形成的丰富的经验，汲取中国传统哲学的优秀思想。

　　毛泽东哲学思想的两大基石《矛盾论》和《实践论》，最初的原型就是他在抗日军政大学给学员讲授哲学课的讲稿。从 1937 年 4 月开始，毛泽东就在延安抗日军事政治大学讲授哲学，他的哲学课共讲了一百多个学时，后来因为"七七事变"的爆发使讲课中断了，辩证法部分只讲了"矛盾统一法则"，其他法则和范畴都没来得及讲。讲课后，中共中央军委总政治部把讲课的提纲整理出来，经毛泽东同意，印发给大家学习，这就是《辩证法唯物论（讲授提纲）》。

　　这个提纲包括辩证法唯物论的许多基本原理和范畴。第一章是绪论部分，包括哲学中的两军对战、唯物论与唯心论发生与发展的根源、世界观和方法论的一致性等问题；第二章的内容有物质论、运动论（发展论）、时空论、意识论、反映论、真理论和实践论；第三章是"唯物辩证法"部分，包括矛盾统一法则、质量互变法则、否定之否定法则，以及本质与现象、形式与内容、原因与结果、根据与条件、可能与现实、偶然与必然、必然与自由、链与环等对立统一的范畴。后来正式公开发表的《实践论》即该提纲的第二章第十一节，《矛盾论》的原本则是该提纲的第三章第一节，原题名为"矛盾统一法则"。和其他一些章节相比，这两部分实际上已不完全是提纲性质的东西，其内容相当详细、充实，逻辑结构十分完整，是一篇完整的论文。

　　1941 年 4 月，张如心在《解放》周刊上发表文章，着重指出毛泽东之所以能创造性地发展马克思主义，最重要的原因是他能够真正唯物地具体地理解我国的情形，真正掌握马克思主义的灵魂——唯物辩证法。将毛泽东思想中关于哲学部分即思想路线和思想方法部分单独分离和突出，这在 1942 年张如心的《学习和掌握毛泽东同志的理

---

① 《艾思奇全书》第 2 卷，人民出版社，2006，第 623 页。

论和策略》一文中已开始出现。他将毛泽东的理论和策略总体分为三个部分，即思想路线或思想方法论、政治路线、军事路线。1943 年 8 月 11 日，担任延安大学社会科学院院长的艾思奇在《解放日报》上发表了《〈中国之命运〉——极端唯心论的愚民哲学》，文中指出："铁的事实，已经证明，只有毛泽东同志根据中国的实际情况发展了和具体化了的辩证唯物论和历史唯物论，才是能够把中国命运引到光明前途去的科学的哲学，才是人民的革命哲学。"① 这里，艾思奇实际上已经接近"毛泽东哲学思想"这一概念。

抗战爆发后，何干之、吕振羽、杨松、陈伯达、尹达、范文澜、佟冬、金灿然、刘芝明、李纶、许立群、谢华、唐国庆、杨绍萱等一大批史学工作者奔赴延安，在延安形成了一个强大的史学研究团队。"据统计，包括史学论文作者、史学著作作者、干部学校历史教师在内的延安史学工作者，总数达到 100 多位。"② 这些学者尽管出身不同，治学方式差异极大，但在延安接受过马克思主义的唯物史观的熏陶后，他们以历史研究为武器，积极投身到抗日救亡洪流中，尽其所能地用历史唯物主义观点阐述中国历史，他们是延安时期建立中国史学研究机构和开展史学研究的人才基础。

依据现有资料可知，最早到延安从事史学和社会史研究的著名学者当属先在陕公任教、后担任延安大学第二任社会科学院院长的何干之。1937 年，何干之来到延安，在陕公主要从事理论教育工作，先后在普通班和高级班讲授"中国问题""统一战线""中国革命运动史"和"三民主义研究"等课程，整理出版《中国社会经济结构》和《三民主义研究》等著作。在到达延安及稍后的一段时间内，何干之拟订了若干学习和研究计划，其中包括《中国民族战争史》和《中国封建社会史概论》等，并将前者的写作设想写信告诉毛泽东，得到毛泽东的高度评价和鼓励。

延安有组织地开展史学研究是在马列学院成立以后。1938 年 5 月 5 日，为纪念马克思诞辰 120 周年，提高全党的马列主义理论水平，中共中央决定成立马列学院。为了让一部分学员有深造的机会，从第一班第二期开始，学院决定选拔一些理论基础较好的学员组成几个研

红色基因
与科学逻辑 **215**

---

① 《艾思奇文集》第 1 卷，人民出版社，1981，第 698 页。

② 张希贤：《延安文化探考》，新疆人民出版社，2003，第 46 页。

究室。当时成立的研究室有中国问题研究室、政治经济学研究室、哲学研究室、马列主义基本问题研究室和中国历史研究室。

1940年1月，范文澜来到延安后，中共中央安排他到马列学院历史研究室工作，研究室人员从以前的三名增加到八名，增加了范文澜、谢华、金灿然、唐国庆和叶蠖生。范文澜到历史研究室后，因杨绍萱的支持、陈伯达的自甘引退而成为研究室主任。

1941年5月，毛泽东发出"改造我们的学习"的号召，他批评党内一些同志对马列理论只会片面地引用，"而不会运用他们的立场、观点和方法，来具体地研究中国的现状和中国的历史，具体地分析中国革命问题和解决中国革命问题"①。为贯彻这一指示，1941年7月马列学院改组为马列研究院。同年8月1日，中共中央发布了《关于调查研究的决定》，要求"向各级在职干部与训练干部的学校，进行关于了解各地情况（敌、友、我三方）的教育"，使这种"了解情况、注意政策的风气与学习马列主义理论的风气密切联系起来"。为贯彻调查研究精神，加强对中国现状和历史之研究，马列研究院又改名为中央研究院，中央研究院成立以后共设九个研究室，各研究室的业务规划都以研究中国实际为主，历史研究室也更名为中国历史研究室。其人员也有变动，谢华、尹达、唐国庆调到其他单位工作，新增了吕振羽和齐燕铭两位特别研究员和刘亚生研究员，新加入研究室的青年学生编为研究生，成员有陈道、宗篯、李徽、孙孝实、夏奇峰、胡朝芝和谌湘汉等人，范文澜兼任研究室主任。

成立中国历史研究室的目的，"是培养能掌握科学方法的中国历史学者，中国历史研究室分三个组进行工作：近代史组、农民土地组和民族组。主要任务是编写毛泽东提出的《中国通史》，编出第一、第二两编"②。《中国通史简编》上册，1941年9月在延安由解放出版社正式出版，而下册和《中级中国史课本》（上册）是在整风运动开始、中国历史研究室解散后陆续出版的。除《中国通史简编》外，当时编撰出版的史学著作还有陕北公学尹达的《中国原始社会》。该书原名"从考古学上所见到的中国原始社会"，1943年在延安出版。

---

① 《毛泽东选集》第3卷，人民出版社，1991，第797页。
② 温济泽、李言、金紫光等编《延安中央研究院回忆录》，湖南人民出版社，1984，第8页。

另外，还有马列学院叶蠖生的《中国苏维埃运动史稿》。该书既是第一次系统介绍中国苏维埃运动历程的专著，也是中共党史研究的力作，更是研究早期中国共产党领导革命运动的珍贵资料。还有当时在陕北公学任教的陈昌浩所著的《近代世界革命史》，该书1939年由延安解放出版社出版。1937年8月，陈昌浩来到延安，兼任陕北公学、抗日军政大学和马列学院三校的政治课教员，承担近代世界革命史的授课任务，《近代世界革命史》即为他在三校授课时的讲稿。

延安时期，自然科学院院长徐特立为中国共产党科学技术思想与原则的确立做出了突出的贡献。他先后在延安出版的《中国文化》《解放日报》上发表了系列文章，系统地阐述了中共科学技术思想与科技教育方针和培养目标。

延安时期的高等理工科、医学及综合大学，根据边区经济发展的实际需要，充分发挥科技人员的作用，进行了卓有成效的科学研究，其研究成果对陕甘宁边区的经济和社会发展，特别是对边区军民粉碎国民党顽固派和日寇对边区的经济封锁、度过严重困难发挥了不可替代的重要作用。

延安鲁迅艺术文学院的文艺教育、研究与创作，对于延安文艺繁荣发挥了重大的作用，特别是文艺研究与文艺创作开创了中国现代文艺的崭新局面，扭转了中国现代文艺的发展方向。

大学，从本质意义上讲是一种文化的存在，它具有传承、固守和创新文化的天职。大学文化是大学本质属性的体现。目前，关于大学文化尚没有形成统一的定义，对其内涵和外延的界定也不是十分明确。李元元在《对于加强我国大学文化建设的几点思考》一文中，在对各种观点进行比较综合后，将大学文化的内涵概括为："大学文化是以大学为载体，通过一代又一代'大学人'对文明进行传承、整理、交流和创新，所积累和形成的精神成果以及蕴含这种精神成果的物质成果的总和。"① 李元元进一步指出：对于大学文化的含义，除了分析其结构和形态之外，还要进一步了解其生成和功能机理，根据文化最根本的规定性，即"文化是历史地凝结成的，在特定时代、特定地域、特定民族或特定人群中占主导地位的生存方式"。而王冀生则

① 李元元：《对于加强我国大学文化建设的几点思考》，《新华文摘》2007年第22期。

明确指出："大学文化是大学物质文化、大学精神文化和大学制度文化的总和，其核心和灵魂在精神。"① 因此，我们可以说，延安时期干部高等院校在参与延安文化的构建和实践中，同时也在积累和形成自己的大学文化，而这种大学文化的灵魂则是大学精神；延安文化是延安时期大学精神构建的根基，延安时期干部高等院校的文化实践是延安时期干部高等院校大学文化和大学精神构建的基础，而这一切又是中国现代高等教育"延安模式"形成、发展、成熟，以及高等院校办学逻辑转换的文化前提与文化基石。

三、 延安时期的大学精神

大学精神是"高校为实现其高等教育机构所特有的使命、宗旨、目标和职能而需求的主导意向、价值取向、情绪态度和气质风格。它显然不是实体性的，而是形而上的，大学精神既可以是行动中实际存在的，也可以是一种希冀的、祈求的，这使其成为大学举办者和大学人的共同期望；所以大学精神有'实然'和'应然'两种表现方式"②。从以上定义可以看出，大学精神的核心在于价值观念、道德准则、思维方式、办学理念和情绪态度、气质风格，是与大学使命、宗旨、目标和职能而需求的主导意向。因此，大学精神与大学的办学逻辑、办学体制直接相联系，是大学办学直接相关的办学理念、价值追求、信念导向和意志动力。

按照大学文化的范畴来讲，大学精神包含在大学文化的范畴之内，大学精神主要是指大学文化中的价值体系部分。有的学者甚至认为："广义的大学文化包括大学精神、大学环境、大学制度等方方面面的整个大学教育。而狭义上主要指大学精神，强调大学师生的科学素养和人文精神，表现为一种共同的行为准则、价值观念和道德规范。"③ 所以说，大学精神是大学文化的核心部分，是大学文化的灵魂，决定着大学文化的性质、意义与方向。反过来讲，大学精神的根基是大学文化，而大学文化的根基又是特定时代、特定地域、特定民族或特定人群中占主导地位的生存方式。延安文化，从本质上讲是中

---

① 王冀生：《我的大学文化观》，天津大学出版社，2014，第25页。
② 胡显章等：《当代中国大学精神研究》，高等教育出版社，2017，第10页。
③ 李晨：《大学文化高层视角：科学与人文结合》，《科学时报》2003年11月4日。

国共产党人、先进知识分子和人民大众占主导地位的生存方式和思维方式。延安时期的高等院校是延安文化的主要构建者和忠实实践者。正是在延安文化的构建中，延安时期的干部高等院校创造了大量的文化成果，而且形成了自己独特的大学文化，并在此基础上形成和凝练出自己的大学精神。

储朝晖在其所著的《中国大学精神的历史与省思》一书中指出："大学精神是特定社会的历史文化传承在大学实践中的体现，它的核心是一种价值，它从大学精神的源头、所处本土文化的民族精神、所处历史时代的时代精神中萃取它所需要的成分来聚合自身，同时与民族精神、时代精神形成互动。"① 因此，延安时期大学精神的构建既有大学精神的源头，包括西方古典大学与现代大学，也包括中国古代大学以及晚清以来的现代大学，但更重要的还是根植于其所处的特定历史时代，以及这个时代的鲜明特色——抗日救亡与人民革命的时代主题，中国共产党人的核心话语和最重要的思维模式——马克思主义中国化，中国共产党人在延安时期的革命实践中所形成的无产阶级集体的群体性格、道德情操，以及中华民族精神的凝聚与升华的延安精神。

延安精神的核心内涵——伟大的爱国主义精神和坚定正确的政治信念，彻底的唯物主义精神，全心全意为人民服务的精神，自力更生、艰苦奋斗的精神，无不直接影响着延安时期大学精神的构建。马克思主义中国化的第一大理论成果毛泽东思想及其活的灵魂——实事求是、群众路线、独立自主；延安文化的精神与特征，以及文化实践与成果，都是延安时期大学精神构建的直接思想、精神与实践来源。因此，我们认为延安时期的大学精神可以概括为：

"追求真理、服务人民"：追求真理是古今中外一切大学所应有的本质内涵。延安时期的高等院校，本身就是中国共产党追求马克思主义真理的产物，其在实现马克思主义中国化方面做出过突出贡献。因此，追求真理是延安时期高等院校大学精神的题中应有之义，是延安时期高等院校价值观的核心。"服务人民"，尽管也是所有大学都应遵循的价值观，但中国共产党的宗旨是全心全意为人民服务。作为中国共产党创办和领导的高等院校，全心全意为人民服务的价值观是其逻

---

① 储朝晖：《中国大学精神的历史与省思》，山西教育出版社，2006，第63—64页。

辑必然。事实上，延安时期的所有高等院校，始终将为人民服务作为道德建设的核心，将集体主义作为道德建设的原则，把人民的利益、国家的利益始终放在个人利益之上，特别强调牺牲个人利益，服从人民和国家的利益，强调集体主义。这是延安时期高等院校最突出的精神特征。

"立德树人、以德为先"："重要的问题在于转变学员的思想"，这是延安时期所有高等院校的首要任务。延安时期，无论何种类型何种性质的学校，都必须对学员进行马克思主义世界观、共产主义理想信念和革命人生观教育。大学培养的目标，不是单纯的学者、科学家、艺术家，而是人文社会科学工作者、科学技术工作者、文学艺术工作者，或者人文社会科学干部、科技干部、医疗技术干部、文艺干部。这一点与当时国统区所有的大学都有着本质的区别。

"理论联系实际、学以致用"：就是关注社会现实，面对社会矛盾，并用所学解决社会问题以求达到国治民安的实效。"理论联系实际、学以致用"是延安时期干部高等院校大学精神的思维特色，是延安时期高等院校在教学、学术和社会服务方面最具特色的价值追求。它与传统的"学而优则仕"的教育，与当时国统区其他大学不同程度地存在的象牙塔式的教育，形成鲜明的区别。

"独立自主、自力更生"："独立自主、自力更生"是马克思主义中国化的逻辑必然。"独立自主、自力更生"是坚持实事求是和群众路线的立足点和归宿，而群众路线既是坚持实事求是的根本途径，又是坚持独立自主、自力更生的力量源泉。实事求是、群众路线、独立自主这三个方面构成了毛泽东思想的活的灵魂。贯穿和渗透于毛泽东思想科学理论体系各个组成部分之中的具有中国共产党人特色的最基本的立场、观点和方法，其中独立自主就是其极其重要的一个方面。它不是解决具体的、个别问题的指导思想和方法，而是本质上、全局上、宏观上的指导思想和方法，是中国共产党指导中国革命和建设所遵循的基本原则与根本的方法。毛泽东思想基本内容的各方面都是这些最基本的立场、观点和方法的具体应用。这一思想与方法在延安干部高等院校得以全面贯彻，它既是对学员进行思想教育的核心内容，也是高等院校办学的重要指导思想。

延安时期，中共中央创办的30多所干部高等和中等院校，除抗大之外，在国民党统治的国民政府看来均是"非法"办学。同时，延安时期由于抗日民族统一战线政策的实施，国共第二次合作我党承认国民党的执政地位与国民党政府的合法地位。因此，举办高等教育受到国民政府的制约与民国大学的影响，同时也受苏联高等教育的影响。但中国共产党始终坚持独立自主的原则，脱开国民政府的高等教育序列，不遵守国民政府的教育法规，也不照搬苏联高等教育模式，始终坚持以我为主，积极探索现代高等教育的中国道路、中国特色与中国模式。

从更深层次讲，延安时期中国共产党独立自主、自力更生原则之所以得到广泛运用和发展，并取得辉煌成就，与延安时期中国共产党人的理论自信、文化自信与道路自信有着必然的逻辑关系。而这种自信与延安干部高等院校的自身文化实践、理论创新以及对广大学员的教育培养密不可分。所以，我们可以说"独立自主、自力更生"也是延安时期干部高等院校最鲜明的精神特征。

"无私奉献、艰苦奋斗"："无私奉献"是无产阶级的高贵品质，是由中国共产党的使命与宗旨决定的，是中国共产党的自觉行为，是党在极其艰苦卓绝的条件下，不断从胜利走向胜利的精神动力和品质保障。"艰苦奋斗"是延安精神最突出的特征。中国共产党领导的新民主主义革命的历史是艰苦卓绝的历史。延安时期，特别是皖南事变后，国民党顽固派和日本帝国主义对延安和陕甘宁边区实施了严密的军事包围和经济封锁，造成延安和陕甘宁边区严重的经济和财政困难。因此，延安时期的干部高等院校物质条件极其艰苦，办学条件异常简陋，师生住的是自己挖的土窑洞，吃的是自己种的小米，在露天上课，以膝为桌。但广大师生员工积极响应中共中央"自己动手，丰衣足食"的号召，以昂扬的精神状态投入大生产运动中，不仅度过了严重的经济和财政困难，而且因陋就简、改革创新，在难以想象的艰苦条件下创造了教育的奇迹。

延安时期的大学精神形成于延安时期大学发展与改革的实践中，又是这一实践的价值引导和强大动力。它内在地包含在高等教育的"延安模式"之中，是"延安模式"的有机组成部分。同时，又是这一模式形成的信念、价值、理念和文化根基与精神动力。

第二节 / 马克思主义中国化与中国特色大学之路

　　延安时期的马克思主义中国化，实质上就是在延安时期以毛泽东为代表的中国共产党人，把马列主义基本原理与中国革命的具体实践结合起来，形成符合中国实际的一系列有关中国革命和建设的思想理论体系，进而指导抗日战争、解放战争取得伟大胜利，以及抗日民主根据地和解放区政治、经济、文化、社会建设。

　　延安时期，不仅是马克思主义中国化思想理论发展成熟并形成理论体系的时期，更重要的是全党自觉而成熟地运用这一理论体系指导中国新民主主义革命和建设各方面工作，并取得辉煌胜利的时期，这其中内在地包含着延安时期中国共产党高等教育的发展、成熟与创新。更具体地说，延安时期马克思主义中国化是中国共产党探索中国特色大学之路，实现中国现代大学办学逻辑的转换，创建中国现代大学"延安模式"的历史前提与思想前提。

一、 马克思主义中国化的基本逻辑

　　马克思主义中国化是马克思主义基本原理与中国实践、中国历史和中国文化相结合的过程。毛泽东明确指出："中国共产党近年来所进行的反主观主义、反宗派主义、反党八股的整风运动，就是要使马克思列宁主义这一革命科学更进一步地和中国革命实践、中国历史、中国文化互相结合起来。"[①] 因此，马克思主义中国化的基本逻辑表现在四个方面：一是马克思主义理论的逻辑；二是中国革命实践的逻辑；三是中国历史的逻辑；四是中国文化的逻辑。这是认识马克思主义中国化和中国化的马克思主义的历史前提。

　　（一） 马克思主义中国化的马克思主义理论逻辑

　　马克思主义中国化，首要的前提是马克思主义，离开这个前提就是修正主义。马克思主义是关于历史唯物主义和辩证唯物主义的科学论断，是工人阶级和劳动人民革命与解放的科学指导，是共产主义远大理想的科学基石。它是一个完备的和不断发展的科学理论体系，是

---

① 中共中央文献研究室编《毛泽东文集》第 3 卷，人民出版社，1996，第 23 页。

大工业发展的产物，是人类先进思想文化的结晶，为工人阶级和劳动人民认识世界和改造世界提供了强大的思想武器。同时，马克思列宁主义是指引世界各国无产阶级革命取得胜利的科学世界观和方法论，是中国共产党的指导思想。因此，马克思主义理论是马克思主义中国化的第一个逻辑前提，是灵魂，是指南。马克思主义中国化首先在于对马克思主义的坚定信念，而信念又是认知、情感和意志的有机统一体。前提是认知，所以要建立对马克思主义的信仰，首先要学习研究马克思主义理论。

理论的高度决定认识的高度，延安时期实现马克思主义中国化历史飞跃的前提与基础条件就是学习和研究马克思主义。正如毛泽东所指出的："要做到马列主义中国化，就首先要深刻地研究马列主义。"① 因此，为了提高广大党员干部的马克思主义理论水平，推进马克思主义中国化，中共中央在延安发动和领导了一场轰轰烈烈的马克思主义理论学习研究运动。这场运动从 1938 年 10 月毛泽东在中共六届六中全会提出"来一个全党的学习竞赛"的号召开始，到 1945 年 4 月中共六届七中全会通过的《关于若干历史问题的决议》草案为止，历经 6 年多的时间，伴随着延安时期马克思主义中国化的主要历史时期，其广泛性、全面性、系统性、持久性与深刻性在中国共产党的历史上是空前的。

为了强化对马克思主义的学习与研究，延安时期在极其艰苦的条件下，中共中央组织翻译出版了大量的马列主义经典著作。1940 年 1 月，中共中央发出《关于干部学习的指示》，规定"全党干部都应当学习和研究马列主义的理论及其在中国的具体运用"，"建立在职干部平均每日学习两小时的制度，并保持其持久性与经常性"。② 同年 3 月 20 日，中共中央发出《关于在职干部教育的指示》，并把 5 月 5 日马克思的生日定为"学习节"。

为了彻底消除主观主义特别是教条主义的影响，贯彻中国共产党的实事求是思想路线，推进马克思主义中国化，促进马克思主义的学习研究运动，党的领袖不仅带头学习研究，在延安时期毛泽东阅读研

---

① 转引自李维汉：《回忆与研究（上册）》，中共党史出版社，1986，第 431 页。
② 中央档案馆编《中共中央文件选集（第 12 册）》，中共中央党校出版社，1991，第 227、228 页。

究了马克思恩格斯的《共产党宣言》、恩格斯的《反杜林论》和列宁的《唯物论与经验批判论》《关于辩证法的笔记》《国家与革命》等大量马克思主义经典著作，而且大力推动全党的学习研究。

毛泽东在中共六届六中全会上向全党发出号召："一般地说，一切有相当研究能力的共产党员，都要研究马克思、恩格斯、列宁、斯大林的理论……特殊地说，干部应当着重地研究这些，中央委员和高级干部尤其应当加紧研究。……普遍地深入地研究马克思列宁主义的理论的任务，对于我们，是一个亟待解决并须着重地致力才能解决的大问题。我希望从我们这次中央全会之后，来一个全党的学习竞赛，看谁真正地学到了一点东西，看谁学得更多一点，更好一点。"① 刘少奇也明确指出："一个共产党员如果不努力学习马克思列宁主义的理论和方法，如果不用马克思列宁主义指导自己的思想和行动，他要在一切革命斗争中坚持无产阶级的立场，体现无产阶级的思想意识，这也是不可能的。"② 学习与研究马克思列宁主义的目的是提高全党，特别是各级领导干部的马列主义理论水平，正确认识马克思列宁主义，掌握马克思列宁主义的立场、观点与方法，增强对马克思列宁主义的信念，从而使马克思主义中国化沿着马克思主义的正确方向前进。

（二）马克思主义中国化的实践逻辑

马克思主义的精髓是具体问题具体对待，具体情况具体分析，即实事求是。马克思主义具有实践性、科学性、阶级性、革命性、批判性、开放性、发展性和整体性等特征，马克思主义是发展的理论，是一个开放的、随着科学和实践的发展而不断发展的理论体系。马克思主义的价值和意义不仅在于总结过去、解释世界，而且更重要的在于继往开来、改造世界，因而其生命力就在于发展和创新，马克思主义的理论品质在于与时俱进。这就决定了马克思主义中国化的另一逻辑起点——马克思列宁主义必须与中国新民主主义革命和建设实际相结合。

教条主义之所以是反马克思主义的，就在于它的本质是理论与实际相背离，就在于其"本本主义"，将马克思主义教条化。正如毛泽东所指出的："我们学的是马克思主义，但是我们中的许多人，他们

---

① 《毛泽东选集》第2卷，人民出版社，1991，第532—533页。
② 《刘少奇选集（上卷）》，人民出版社，1981，第220页。

学马克思主义的方法是直接违反马克思主义的。这就是说，他们违背了马克思、恩格斯、列宁、斯大林所谆谆告诫人们的一条基本原则：理论和实际统一。他们既然违背了这条原则，于是就自己造出了一条相反的原则：理论和实际分离。"① 在教条主义者眼里，马克思主义是包医百病的灵丹妙药，只要照抄照搬过来就能使中国革命取得胜利，马克思主义不需要，也不能中国化。而毛泽东认为，马克思主义虽然是"放之四海而皆准"的普遍真理，但不是抽象的空洞的教条，只有和各个国家具体的革命实践相结合，才能指导革命取得胜利。毛泽东明确指出："中国共产党的二十年，就是马克思列宁主义的普遍真理和中国革命的具体实践日益结合的二十年。"② 因此，马克思主义必须中国化，也能够中国化。这是被中国革命实践反复证明了的真理。

理论来源于实践，在实践的基础上产生与发展，因此实践的逻辑，也就是理论与实际相结合，这是马克思主义中国化的基本逻辑。坚持一切从实际出发、解放思想、实事求是，就是这一逻辑的必然要求。坚持一切从实际出发、实事求是，就要不断推进实践基础上的理论创新。马克思主义基本原理是普遍真理，具有永恒的思想价值，但马克思主义经典作家并没有穷尽真理，而是不断为寻求真理和发展真理开辟道路。坚持一切从实际出发、实事求是，就要清醒认识和正确把握我国的基本国情，牢牢立足基本国情这个最大实际，充分体现这个基本国情的必然要求。任何超越现实、超越阶段而急于求成的倾向都要努力避免，任何落后于实际、无视深刻变化着的客观事实而因循守旧、故步自封的观念和做法都要坚决纠正。

延安时期能够实现马克思主义中国化历史飞跃，关键就在于坚持一切从实际出发、实事求是，在马克思列宁主义基本原理的指导下，在全面总结两次国内革命战争时期革命斗争实践经验与教训的基础上，在抗日战争革命斗争实践的推动下实现的，并以此指导新的革命斗争实践，又在新的革命斗争实践中丰富与发展。

坚持一切从实际出发、实事求是，贯穿于延安时期马克思主义中国化全过程，更成为延安时期马克思主义中国化历史飞跃的第一大理论成果——毛泽东思想的出发点和根本点，是毛泽东思想的精髓和活

---

① 《毛泽东选集》第 3 卷，人民出版社，1991，第 798 页。
② 《毛泽东选集》第 3 卷，人民出版社，1991，第 795 页。

的灵魂,是党的根本思想路线和工作路线,是中国共产党人认识和改造世界的根本方法。所谓实事求是,就是一切从实际出发,理论联系实际,主观与客观相符合,坚持在实践中检验真理和发展真理,将马克思主义基本原理与中国革命实践相结合。坚持实事求是,就是要深入实际,了解事物的本来面貌,把握事物内在的必然联系,按照客观规律办事。

延安时期中国共产党之所以能够从失败走向胜利,能够从胜利走向胜利,最根本的因素就在于,以毛泽东为代表的中国共产党人,始终坚持一切从实际出发、实事求是的原则,牢牢把握中国的基本国情,把握中国革命的规律与独特性,把马克思列宁主义基本原理与中国革命具体实践相结合,制定出正确的路线、方针、政策。

(三) 马克思主义中国化的中国历史逻辑

历史是一个民族、一个国家发展历程的记录与总结,它既是一个民族、一个国家发展历程经验与教训的逻辑化体系化,更深刻地体现着一个民族、一个国家不同于另一个民族与国家的独特的发展道路及其内在规律,尊重这种独特的发展道路及其内在规律,是一个民族、一个国家现实发展与革命斗争胜利的必然要求。因此,马克思主义中国化的第三个逻辑就是中国历史的逻辑。

中国传统史学素来发达,史学遗产丰富,承载着中国传统文化的基本信息,也记录了中华民族的智慧和荣光。十月革命后,以李大钊为代表的具有共产主义思想的知识分子开始用唯物史观来观察社会、研究中国历史,标志着马克思主义史学在中国的诞生。大革命失败后,长达十年之久的关于中国社会性质问题和中国社会史的论战,客观上使马克思主义史学在中国发展壮大。抗日战争全面爆发后,延安史学家在毛泽东的帮助和引领下,以唯物史观为指针研究和著述中国历史,撰写了一批影响深远的史学著作,在历史教育和历史知识的普及等方面进行了有益的尝试,逐步形成了将科学性与实用性相结合的政史合一的延安史学体系。这一模式化的体系曾为发动群众、争取中国革命的胜利发挥过重要作用。同时,对中国历史的正确研究,也使得中国共产党人对中国当时的社会性质的认识更加科学而准确,这对于马克思主义中国化的形成与发展具有不可替代的基础作用。

(四) 马克思主义中国化的中国文化逻辑

文化逻辑,即正确处理马克思主义与中国优秀传统文化的关系,以及正确把握中国优秀传统文化与外来文化的基本原则，是马克思主义中国化的关键。"从文化角度看，延安时期马克思主义中国化绝不是一种孤立的政治现象，它有着深刻的文化背景。一是 20 世纪 30 年代兴起的'中国化'思潮。它直接影响和促进了延安时期马克思主义中国化的形成。二是延安时期中共对马克思主义与中国传统文化关系的科学认识。它克服了五四新文化运动和'中国化'思潮在对待中西文化关系上的缺陷，促进了马克思主义与中国传统文化的结合，推动了延安时期马克思主义中国化。"[①]

新文化运动是一次前所未有的思想解放和启蒙运动，为马克思主义在中国的普及开辟了道路。"五四"以后的新文化运动，更是成为宣传马克思主义及各种社会主义思潮的思想运动，使旧民主主义的文化运动转变为由马克思主义理论指导的新民主主义的文化运动。但正如一些学者所指出的："五四新文化运动也有历史局限性。新文化运动的主要人物只看到思想文化的时代性、变革性，忽视思想文化的民族性、继承性；只看到新旧文化的对立，没有认识到新文化的形成和发展离不开对传统文化的继承和吸取，因而对中国传统文化采取了形式主义的简单否定态度。"[②]"李大钊、陈独秀等早期中国马克思主义者就曾把马克思主义与中国传统文化完全对立起来，对中国传统文化进行了激烈批判和根本否定，因而也不可能提出马克思主义与中国传统文化相结合的问题。""大多数共产党人延续了新文化运动简单否定孔子为代表的中国传统文化的思维定式。特别是在 20 世纪 30 年代，中共党内的教条主义者照搬苏联经验和马列经典著作的个别论断，忽视对中国社会、历史和文化的深刻了解，割裂了马克思主义与中国传统文化的关系，严重制约了对马克思主义中国化的科学认识。""真正对中西文化关系以及马克思主义与中国传统文化关系做出科学解决、系统阐述、贯彻实践的是延安时期以毛泽东为代表的中国共产党人：他们矫正了五四运动前辈对传统文化的历史虚无主义态度，承继了新启蒙运动领导者对传统文化的理性态度，强调文化发展的历史继承

---

① 高九江、韩琳：《延安时期马克思主义中国化研究》，人民出版社，2014，第46 页。

② 许全兴：《"马克思主义中国化"的提出与新文化运动》，《毛泽东邓小平理论研究》2008 年第 3 期。

性，开始辩证地对待中国传统文化。"①

在中国历史发展进程中，中华民族创造了灿烂辉煌的古代文化，其中许多文化都是劳动人民的智慧结晶。为此，中国共产党人对继承中华民族优秀传统文化有明确的态度和方针。毛泽东曾深刻地指出："学习我们的历史遗产，用马克思主义的方法给予批判的总结，是我们学习的另一任务。我们这个民族有数千年的历史，有它的特点，有它的许多珍贵品质。对于这些，我们还是小学生。今天的中国是历史的中国的一个发展；我们是马克思主义的历史主义者，我们不应当割断历史。从孔夫子到孙中山，我们应当给以总结，承继这一份珍贵的遗产。这对于指导当前的伟大的运动，是有重要的帮助的。共产党员是国际主义的马克思主义者，但是马克思主义必须和我国的具体特点相结合并通过一定民族形式才能实现。"② 林伯渠也指出："有些人盲目地复古，也有人提倡过全盘西化论，是中国共产党对中国文化采取了正确态度。采其精华，去其糟粕，适当地把过去和现在联系起来。"③ "我们一方面要继承和攫取旧的传统中的遗产，另一方面也要大胆地接受外来的好的新品，使它们有机地结合起来，这才能造成真正的民族形式。"④ 1943 年，《中共中央关于共产国际执委主席团提议解散共产国际的决定》再次指出："中国共产党人是我们民族一切文化、思想、道德的最优秀传统的继承者，把这一切优秀的传统看成和自己血肉相连的东西，而且将继续加以发扬光大。"⑤ 同时，毛泽东也深刻阐明了正确对待中国传统文化和外来文化的基本原则。

1944 年 7 月，毛泽东在同英国记者斯坦因的谈话中说道："继承中国过去的思想和接受外来思想，并不意味着无条件地照搬，而必须根据具体条件加以采用，使之适合中国的实际。我们的态度是批判地接受我们自己的历史遗产和外国的思想。我们既反对盲目接收任何思想也反对盲目抵制任何思想。我们中国人必须用我们自己的头脑进行

① 高九江、韩琳：《延安时期马克思主义中国化研究》，人民出版社，2014，第 50 页、第 50—56 页、第 52 页。
② 《毛泽东选集》第 2 卷，人民出版社，1991，第 533—534 页。
③ 林伯渠：《举起马列主义的旗帜前进》，《解放日报》1943 年 7 月 2 日。
④ 默涵：《"习见常闻"与"喜闻乐见"》，《中国文化》1943 年第 2 期。
⑤ 《中共中央文件选集（第 14 册）》，中共中央党校出版社，1992，第 41 页。

思考，并决定什么东西能在我们自己的土壤里生长起来。"① 毛泽东在党的六届六中全会上所做的政治报告《论新阶段》中指出："离开中国特点来谈马克思主义，只是抽象的空洞的马克思主义。因此，使马克思主义在中国具体化，使之在其每一表现中带着必须有的中国的特性，即是说，按照中国的特点去应用它，成为全党亟待了解并亟须解决的问题。洋八股必须废止，空洞抽象的调头必须少唱，教条主义必须休息，而代之以新鲜活泼的、为中国老百姓所喜闻乐见的中国作风和中国气派。"② 这里的所谓"中国作风""中国气派"既基于中国的国情、中国的现实，也基于中国的文化，而毛泽东所反复强调的"民族形式""中国语言"则更是基于中国悠久、灿烂而独特的文化。所以，在党的七大上刘少奇所做的关于修改党章的报告中，对延安时期马克思主义中国化历史飞跃的第一大理论成果——毛泽东思想做了这样的评价："是马克思主义民族化的优秀典型"，"是中国的共产主义，中国的马克思主义"，它"完全是马克思主义的，又完全是中国的。这是中国民族智慧的最高表现和理论上的最高概括"。③ 这一概括和评价是科学的，也是实事求是的。

　　总之，延安时期马克思主义中国化的基本逻辑，概括地讲就是：马克思主义理论是马克思主义中国化的第一个逻辑前提，是马克思主义中国化的灵魂；马克思列宁主义必须与中国新民主主义革命和建设实际相结合，这是马克思主义中国化的第二个逻辑前提，是马克思主义中国化的根本途径；马克思主义中国化的第三个逻辑是历史的逻辑，一个民族、一个国家不同于另一个民族与国家独特的发展道路及其内在规律，尊重这种独特的发展道路及其内在规律，这是马克思主义中国化的必然选择；文化逻辑即正确处理马克思主义与中国优秀传统文化的关系，以及正确把握中国优秀传统文化与外来文化的基本原则，是马克思主义中国化的关键。按照这四个基本逻辑推进马克思主义中国化，这是延安时期实现马克思主义中国化历史飞跃的根本经验。

---

　　① 中共中央文献研究室编《毛泽东文集》第 3 卷，人民出版社，1996，第 192 页。
　　② 《毛泽东选集》第 2 卷，人民出版社，1991，第 534 页。
　　③ 《刘少奇选集（上卷）》，人民出版社，1981，第 333、335 页。

二、马克思主义中国化是探索中国特色大学之路的历史与思想前提

中国共产党真正实现中国现代高等院校办学逻辑转换，创立中国现代高等教育的"延安模式"，开拓现代高等教育的中国道路，完成中国特色现代高等教育的体制机制是在延安时期，是延安时期实现马克思主义中国化历史飞跃的重大理论与实践成果，与延安时期实现马克思主义中国化历史飞跃有着必然的、不可分割的逻辑关系。

第一，中国现代高等教育"延安模式"的创立、发展与成熟，是与延安时期实现马克思主义中国化历史飞跃的历程是相一致的。

延安时期，中国共产党创新发展中国现代高等教育，是在国统区国民政府主导的中国现代高等教育沿着西方高等院校办学学科逻辑的主体方向，并进行局部改造，以及沦陷区日本帝国主义实施殖民化高等教育的历史环境中进行的，受到国统区中国现代高等教育"民国模式"的一定影响，也受到欧洲、美国以及苏联模式的影响。但其主题却是与延安时期实现马克思主义中国化历史飞跃的历程高度融合，并在这一过程中，以创新发展为主，吸收了民国大学以及西方大学的一些科学因素，沿着扎根中国大地办大学、开创中国特色现代大学的方向，伴随着延安时期实现马克思主义中国化历史飞跃的历程不断地发展成熟的。没有延安时期实现马克思主义中国化的历史飞跃，就没有其发展、创新与成熟的历史条件。同时，没有马克思主义中国化的思想指引，就不会有这一伟大实践的产生，或者说就会失去正确的方向。这一点，本书在前面的历史叙述中已经做了比较充分的论述。

延安时期的高等教育是从干部高等教育培训开始的，延续苏维埃根据地时期干部高等教育的基本方针和模式。以国共合作为基础的全民族抗日统一战线建立后，干部高等教育培训的内容、方式以及学员吸纳方式，根据形势的变化做了较大的调整与创新，特别是将吸收、教育、使用国统区、沦陷区知识分子和知识青年，以及海外华侨知识分子和知识青年作为干部高等教育的主要任务，采取"来者不拒，来去自由"的基本方针。同时，将马克思主义基本理论，以及马克思主义信仰、共产主义理想教育放在首位，将思想政治工作作为干部高等教育的中心环节，贯彻"少而精""学以致用"的原则，坚持独立自主地举办干部高等院校，在很短的时间内创办了大量的干部高等院

校，吸收培养了大批来自国统区、沦陷区和海外的知识分子与知识青年，为党、政府和军队输送了大量的新鲜血液，初步解决了全面抗战初期中国共产党严重存在的"干部荒"和"本领荒"问题，改变了中国共产党干部队伍的成分与结构，提高了干部队伍的整体素养与质量，发挥了不可替代的巨大作用。如果没有马克思主义中国化对教条主义的突破，没有马克思主义中国化思想的指引，这一点是很难实现的。

正如前文所述，由于当时延安和陕甘宁边区经济极度困难，以及吸收培养国统区、沦陷区和海外的知识分子与知识青年迫在眉睫，为了与国民党、日伪争夺知识分子与知识青年，1937 年夏秋创办陕北公学时，中国共产党曾计划与上海左翼人士在延安举办面向社会的私立"陕北联合大学"或"西北大学"，这在中国共产党的历史上当属破天荒。尽管由于国民党顽固派的阻挠破坏，这一计划没有实现。但如果不是马克思主义中国化的开始，没有马克思主义中国化思想的指引，这个计划也是不可想象的。在教条主义看来，这完全是离经叛道。

从 1939 年开始，特别是"皖南事变"后，日寇与国民党顽固派对延安和陕甘宁边区实行严密的军事包围和经济封锁，日伪对华北、华中敌后抗日民主根据地进行大规模的"扫荡"与"围剿"，根据地在缩小，人口在减少。与此同时，国民党几十万大军围困延安和陕甘宁边区，停发了八路军、新四军军饷，对延安和陕甘宁边区实施断邮，海内外援助的资金无法汇兑，并严控战略物资进入。同时，严禁国统区、沦陷区、海外的知识分子与知识青年进入延安和陕甘宁边区。延安和陕甘宁边区发生了严重的经济与财政困难，各干部高等院校生源也在锐减，中国共产党领导的亢日民主根据地进入了最困难的时期。

面对这一严峻的形势，中国共产党采取了一系列正确的方针、策略、政策，战胜了困难，取得伟大的胜利。在干部高等院校方面，同样实施了一系列重大的改革调整措施，合并院校，延长学制，开始了干部高等教育与普通高等教育相结合的"正规化"办学。但这一阶段高等教育在取得显著成绩的同时，也存在着一些严重问题。这一阶段，马克思主义中国化还处在发展阶段，还没有被全党完全接受，教条主义还没有完全清除，在党内外还具有一定的影响力，因此这一时期延安高等教育的"正规化"发展存在着一定的教条主义倾向。

尽管 1941 年 12 月中共中央制定并颁布了《关于延安干部学校的决定》，但这一决定精神并未在延安高等院校得以全面落实。主要表现在两个方面：一是在干部高等院校的教学中，一定程度上存在着理论与实际相脱离的问题；二是在干部高等院校办学逻辑、办学体制中，有盲目照搬国统区大学"民国模式"，脱离边区实际，过度强调"正规化"，过度强调高等院校办学学科逻辑的倾向。这在一定程度上背离了马克思主义中国化的思想，背离了扎根中国大地办大学，探索与创新中国特色现代大学的方向。

延安整风运动是一场深入的马克思主义教育运动，它处于延安时期实现马克思主义中国化历史飞跃第二阶段的后期与第三阶段，因此它更是延安时期马克思主义中国化全面展开与普遍教育的重要时期，是延安时期实现马克思主义中国化历史飞跃的第一大理论成果——毛泽东思想的重要成熟与全面普及时期。

在这一时期，马克思主义中国化思想及其理论成果——毛泽东思想深入人心，被全党所普遍接受，教条主义、主观主义和党八股得以彻底清算，一切从实际出发、理论联系实际、实事求是的思想路线得以更加全面的贯彻。因此，延安干部高等院校一度实际存在的教条主义、理论与实践相脱节、脱离边区实际的所谓"正规化"倾向受到批判，干部高等院校师生员工普遍进行了教育思想、教育方针的大讨论。通过学习讨论，大家提高了思想，统一了认识，以鲁迅艺术文学院、自然科学院、民族学院、新文字干部学校及陕甘宁边区行政学院合并，组建新的以干部高等教育培训和普通高等教育相融合的新型综合大学——延安大学为标志，实现了中国现代高等院校办学以学科逻辑为主，向以社会需求逻辑为主导、兼有学科逻辑的根本性转换，并形成了相对稳定的教育思想、教育理念及体制机制，初步完成了中国特色现代高等教育"延安模式"的构建。

延安时期将这一阶段称为干部高等教育的"新型正规化"时期。这与延安时期实现马克思主义中国化历史飞跃的第一大理论成果——毛泽东思想被确立为党的指导思想的历程是基本一致的。

第二，延安时期实现马克思主义中国化历史飞跃的第一大理论成果——毛泽东思想，是延安时期探索与实践中国特色大学之路直接的指导思想。

毛泽东思想是一个系统而完备的科学理论体系。在抗日战争和解放战争的伟大实践中，以毛泽东为代表的中国共产党人将马克思列宁主义的基本原理，与新民主主义革命和建设的具体实践有机结合，创造性地形成了实事求是、群众路线、独立自主三个方面活的灵魂，科学阐述了新民主主义革命的对象、动力、领导力量、性质和前途等基本问题，提出了新民主主义革命的总路线，并制定了相应的政治、经济、文化纲领，指明了新民主主义革命的具体目标。这是新民主主义革命和建设一切工作的指导思想，当然也是教育文化工作的指导思想。而新民主主义的文化纲领，以及关于思想政治工作与文化工作在延安时期形成的完备理论形态，则是延安时期探索中国特色大学之路的直接指导方针。

新民主主义的基本纲领是新民主主义革命的旗帜，也是根本遵循，它体现着革命以及领导这个革命的政党的性质。1940 年 1 月，毛泽东在《新民主主义论》中系统阐述了新民主主义的政治、经济和文化，标志着新民主主义基本纲领的形成，也标志着新民主主义教育理论在经历了萌生、发展后而最终形成。

《新民主主义论》全面地阐述了新民主主义文化教育问题，奠定了新民主主义革命学说与文化教育学说的理论基础。毛泽东在《新民主主义论》中首先提出："我们共产党人，多年以来，不但为中国的政治革命和经济革命而奋斗，而且为中国的文化革命而奋斗；一切这些的目的，在于建设一个中华民族的新社会和新国家。在这个新社会和新国家中，不但有新政治、新经济，而且有新文化。"[1] 毛泽东在这里所说的新文化，同时也包括新民主主义教育在内，它是建设新民主主义社会的重要组成部分。

自鸦片战争以来，中国社会就从独立的封建社会逐步沦为半殖民地半封建社会，与之相适应，中国传统的封建文化也被彻底打破，出现了毛泽东所言的帝国主义文化和半封建文化。所谓帝国主义文化，"这是反映帝国主义在政治上和经济上统治半统治中国的东西。这一部分文化，除了帝国主义在中国直接办理的文化机关之外，还有一些

---

① 《毛泽东选集》第 2 卷，人民出版社，1991，第 663 页。

无耻的中国人也在提倡。一切包含奴化思想的文化，都属于这一类"。① 所谓半封建文化，"这是反映半封建政治和半封建经济的东西，凡属主张尊孔读经、提倡旧礼教旧思想、反对新文化新思想的人们，都是这类文化的代表"。② "至于新文化，则是在观念形态上反映新政治和新经济的东西，是替新政治经济服务的。"③ 而这种新政治和新经济就是新民主主义的政治和经济，也就是新民主主义的文化。依据这个原理，毛泽东提出并论述了新民主主义文化教育理论。

毛泽东在《新民主主义论》中明确指出："一定的文化是一定社会的政治和经济在观念形态上的反映，又给予伟大影响和作用于一定社会的政治和经济；而经济是基础，政治则是经济的集中的表现。这是我们对于文化和政治、经济的关系及政治和经济的关系的基本观点。"④ 这个马列主义的基本原理，同样含有并揭示了教育与政治、经济辩证关系的内容。毛泽东关于新民主主义教育理论就是建立在这一马列主义基本原理之上的。他明确指出："所谓新民主主义的文化，就是人民大众反帝反封建的文化；在今日，就是抗日统一战线的文化。这种文化，只能由无产阶级的文化思想即共产主义思想去领导，任何别的阶级的文化思想都是不能领导了的。"⑤ 新民主主义的文化，主张实事求是、客观真理及理论和实践的一致性。它要求坚持实事求是、理论与实际一致的宇宙观和方法论。对于封建时代创造的文化，应剔除其封建性的糟粕，吸收其民主性的精华。同时，要尊重中国的历史，反对民族虚无主义，以历史唯物主义的态度对待古今中外文化，发展民族新文化，提高民族自信心。"还有特别重要的一点，是要用辩证唯物主义的方法上升为科学的理论，用来指导行动。科学理论和实践经验是有依存关系的，只有注意总结实践经验，才可以创造性地发展科学理论，也只有在科学理论的指导下才能制定出符合实际的方针政策。"⑥ 同时主张"人民大众有管理文化教育的权利，也有接受文化教育的权利与义务；文化教育为人民大众服务的具体任务

---

① 《毛泽东选集》第2卷，人民出版社，1991，第694—695页。
② 《毛泽东选集》第2卷，人民出版社，1991，第695页。
③ 《毛泽东选集》第2卷，人民出版社，1991，第695页。
④ 《毛泽东选集》第2卷，人民出版社，1991，第694页。
⑤ 《毛泽东选集》第2卷，人民出版社，1991，第698页。
⑥ 栗洪武：《延安干部教育模式研究》，中国社会科学出版社，2009，第180—181页。

是，既要向人民大众普及文化教育，也要在普及文化教育的基础上提高文化教育的质量和水平。尤其是对于领导人民群众进行革命斗争的各级广大干部，更需要提高他们的政治文化水平和业务工作能力"①，坚持教育为人民大众服务的方向。

1945 年 4 月召开的中国共产党第七次全国代表大会上，毛泽东在《论联合政府》的政治报告中把上述思想概括为："中国国民文化和国民教育的宗旨，应当是新民主主义的。就是说，中国应当建立自己的民族的、科学的、人民大众的新文化和新教育。"② "从以上表述中可以看出，毛泽东提出的新民主主义文化教育理论是一个完整的思想体系，它包括：（一）由无产阶级文化教育思想即共产主义思想领导；（二）肩负反帝反封建的历史任务；（三）以为人民大众服务为目的；（四）以建立民族的、科学的、人民大众的新文化教育为基本内容。这就是新民主主义文化教育理论的基本内容。自然，这个理论形成于伟大的抗日战争时期，就必然打着新民主主义革命总路线与抗日民族统一战线政治路线的双重烙印。"③ 延安时期探索与实践中国特色大学之路的伟大实践，是在毛泽东思想的直接指导下进行的，全面体现了新民主主义文化教育理论的基本内容和精神实质，代表着中国现代高等教育的正确方向，是延安时期马克思主义中国化历史飞跃的重大实践成果。

第三，延安时期实现马克思主义中国化历史飞跃的四个基本逻辑也是延安时期探索中国特色大学之路实践与创新发展的基本逻辑，两者具有高度一致性。

马克思列宁主义理论以及对马克思列宁主义的信仰始终是延安时期探索中国特色大学之路伟大实践的指导思想与力量源泉。这主要体现在三个方面：一是始终坚持马克思主义立场、观点、方法，以辩证唯物主义和历史唯物主义为根本指南，始终不渝地坚定马克思主义的信仰与根本方向。二是以马克思主义的教育学说为基本逻辑与遵循。马克思主义教育思想是工人阶级带领劳苦大众，为争取教育权利，为建立共产主义教育而斗争的经验总结，是建立在辩证唯物主义与历史

---

① 栗洪武：《延安干部教育模式研究》，中国社会科学出版社，2009，第 181 页。
② 《毛泽东选集》第 3 卷，人民出版社，1991，第 1083 页。
③ 栗洪武：《延安干部教育模式研究》，中国社会科学出版社，2009，第 179—180 页。

唯物主义基础上的工人阶级的教育观，是由批判地继承了人类优秀的文化教育遗产而产生的教育观点、理论体系所构成的教育学说。

马克思主义教育学说的出现是一个革命性的变革，它在教育领域冲破了唯心主义和旧唯物主义的束缚，开辟了人类教育思想发展史上一个崭新的历史阶段，也标志着教育史上由马克思主义教育思想所开辟的崭新历史阶段的开始。马克思主义明确地提出了无产阶级的历史使命就是要使教育摆脱统治阶级的影响，要消灭阶级的教育。但"消灭阶级的教育"是指改变教育的阶级性质，强调教育的历史继承性，不是要消灭阶级社会的教育本身。也就是说，阶级的教育不能代替一切教育，虽然教育在本质上带有阶级性，但是仍有一部分教育不带有特定的阶级性质。如一些自然科学的教育内容、一些传统的教育教学方法、教育制度等等，不是被消灭，而是批判地继承。

马克思主义教育学说第一次科学地阐明了人的全面、自由发展的历史必然性，指出实现每个人的自由发展是一切人的自由发展的条件，提出教育为无产阶级政治服务，同生产劳动相结合的基本原则。这些思想与原则，始终是延安时期探索中国特色大学之路伟大实践的基本思想与原则，贯穿其产生、发展、改革、创新全过程。三是不仅明确高等院校必须对学员进行马克思主义基本理论教育，在教职员工中树立起对马克思主义的信仰，更重要的是在教育思想、教育方针、教育理念、教育内容、教育方法等方面，按照马克思主义的基本原理，结合中国新民主主义革命与建设的实际，进行了全面的改革与创新，实现了马克思主义在教育领域的中国化。

马克思主义教育思想必须与中国新民主主义教育实际相结合，这是延安时期探索中国特色大学之路伟大实践的基本逻辑，也是延安时期扎根中国大地办大学，实现中国现代高等院校办学逻辑转换，创建中国现代高等教育"延安模式"，开创中国特色高等教育的根本途径。这一点是本书阐述的核心内容，前后都有大量论述，这里不再展开。

马克思主义中国化的历史逻辑、文化逻辑，在延安时期探索中国特色大学之路伟大实践中的运用也是十分明显的。正如长期研究陕甘宁边区教育的栗洪武教授所指出的："追溯延安干部教育模式形成的理论渊源，主要有四条基本线索：一是中国古代书院教育传统的影响，二是西方教育流派的影响，三是苏联教育理论的影响，四是以新民主主义教育理论为指导。如何对待这几种教育流派与教育理论，中国共产党人的态度和方法是：不照搬某一种教育流派的理论思想，遵循马列主义与中国革命实践相结合的原理，借鉴并吸取各种教育思想和理论指导延安干部教育实践，最终形成了颇具特色的'干部教育模式'。"①

这里需要指出的是，新民主主义教育理论本身就是马克思主义教育思想理论与新民主主义教育实践相结合的产物。而历史与文化逻辑则是以历史唯物主义和辩证唯物主义为指针，正确处理中国历史遗产、马克思主义与中国优秀传统文化的关系，以及正确把握中国优秀传统文化与外来文化关系基本原则的马克思主义中国化的基本逻辑，是主动吸收，而绝非被动影响，更不是照搬照抄。以新民主主义教育理论为指导，前文已论述，关于中国古代书院教育传统的影响，我们将在后面论述，这里主要论述西方教育流派的影响和苏联教育理论的影响。

在马克思主义中国化的文化逻辑中，对待西方文化同对待中国传统文化一样，都主张批判地吸收。毛泽东在《新民主主义论》中指出："中国应该大量吸收外国的进步文化，作为自己文化食粮的原料。"② 《在延安文艺座谈会上的讲话》中，毛泽东再次明确指出："我们必须继承一切优秀的文学艺术遗产，批判地吸收其中一切有益的东西，作为我们从此时此地的人民生活中的文学艺术原料创造作品时候的借鉴。有这个借鉴和没有这个借鉴是不同的，这里有文野之分，粗细之分，高低之分，快慢之分。所以我们决不可拒绝继承和借鉴古人和外国人，哪怕是封建阶级和资产阶级的东西。但是继承和借鉴决不可以变成替代自己的创造，这是决不能替代的。"③ 1942年，他在《反对党八股》一文中，主张"要从外国语言中吸收我们所需要的成分。我们不是硬搬或滥用外国语言，是要吸收外国语言中的好东西，于我们适用的东西"。④

20世纪二三十年代，在中国大地上盛行的西方教育流派主要有平民主义教育思潮、工读主义教育思潮、职业主义教育思潮、实用主义

① 栗洪武：《延安干部教育模式研究》，中国社会科学出版社，2009，第171页。
② 《毛泽东选集》第2卷，人民出版社，1991，第706页。
③ 《毛泽东选集》第3卷，人民出版社，1991，第860页。
④ 《毛泽东选集》第3卷，人民出版社，1991，第837页。

教育思潮以及民主和科学化的教育实验与教学方法实验等。在中国现代高等教育发展历程中，民国高等教育从 1927 年之后，其主旋律是在融合美国和欧洲各国特点的进程中以美国模式为基本走向。杜威的实用主义教育思想影响扩大，大学的社会服务功能得以某种程度强化，理工科高校发展较快；高等院校办学的学科逻辑虽然仍是民国大学的主体，但在一定程度上有所弱化，社会需求逻辑有一定的增强。延安时期，许多高等院校的领导、教师，有相当一部分是来自这一时期民国大学的教授、校院长、系主任，以及这一时期毕业于民国大学的学生，因此必然会受其影响。同时，在教育思想和教育理论方面，由以日本为中介学习西方转向直接向德国、美国、法国等国学习。学习的主要内容有西方国家的民主和科学教育思想、美国的实验主义教育理论和新的教学法、法国的职业教育思想等，这种学习借鉴在国内以教育改革为形式，涌现出多种教育思潮。

这一切都说明延安时期探索中国特色大学之路的伟大实践，同马克思主义中国化的文化逻辑是相一致的，都是开放与辩证的统一。

中国的新民主主义革命与建设受苏联的影响具有必然性。包括高等教育，因其本身就是"以俄为师"，加之共产国际与中国的特殊关系，更强化了这一方面的影响。这一影响在苏维埃时期十分突出。"到了陕甘宁边区时期，苏联的影响有所淡化，中国共产党人开始吸取学习苏联过程中的经验与教训，改正某些教条主义的做法。但是，在教育方面，学习苏联先进的教育理论和实践的工作并未中断。因为董必武、林伯渠、吴玉章、徐特立等都曾于 20 世纪 20 年代后半期在苏联远东劳动者共产主义大学下设的中山大学学习过，他们对苏联的教育改革动向有所了解，即使不通过他们，苏联这方面的情况也会通过其他途径传播到边区。而且，这一时期苏联的影响是唯一的支配性的外来影响。"[1] 这种影响主要体现在延安各高等院校始终强化对师生的马克思主义教育，普遍开设马克思列宁主义基本理论课程，学习联共党史，开展思想政治工作。同时，苏联的教育理论，特别是凯洛夫的《教育学》对延安高等教育有比较深的影响。

正如栗洪武教授所指出的："20 世纪 30 年代以后，凯洛夫的

---

[1] 栗洪武：《延安干部教育模式研究》，中国社会科学出版社，2009，第 176 页。

《教育学》成为苏联教育界的主导学说，中国留学人员或直接学习凯氏的《教育学》，或接受以凯洛夫教育理论为指导的教育教学，从而对苏联教育理论和教育实践，既有感性认识，更有理性认识。这些对边区的高等学校教育，无论是理论上还是实践都产生了一定的影响作用。凯洛夫的《教育学》特别强调以教师、以书本知识、以课堂教学为中心。1940 年下半年开始，延安干部学校教育中出现的‘正规化’倾向，强调正规的学制、正规的课程和正规的教学，与凯氏教育学说的影响是有一定关系的。”[①] 尽管当时苏联是世界上唯一的社会主义国家，共产国际实际也是苏共所主导，因此苏联的影响是唯一的支配性的外来影响，但中国共产党始终坚持扎根中国大地办大学，在延安时期探索中国特色大学之路伟大实践中，并未盲目照搬苏联高等教育模式，而是“理智地、现实性地、完全自主自愿地接受来自外在的影响”。[②] 这是马克思主义中国化逻辑的必然。

第三节　陶行知、郭秉文教育思想与实践及美国现代高等教育的影响

中国高等教育“延安模式”及高等院校办学逻辑的转换也是延安时期中国共产党解放思想、与时俱进，既扎根中国大地，着眼于抗日民主根据地的实际，又放眼全国乃至世界，批判吸收国内外一切先进教育思想，以及民国现代高等教育、世界现代高等教育一切优秀成果的逻辑必然。其中，陶行知的教育思想与实践，郭秉文的高等教育办学思想及其东南大学的办学实践，美国现代高等教育的发展模式等，对“延安模式”及高等院校办学逻辑的转换产生了重要的影响。

一、　陶行知教育思想与实践的影响

陶行知（1891—1946），安徽歙县人，中国现代著名教育家，“生活教育”理论的提出者，伟大的民主三义战士、爱国者，毛泽东赞誉其为“伟大的人民教育家”。

---

① 栗洪武：《延安干部教育模式研究》，中国社会科学出版社，2009，第 177 页。
② 栗洪武：《延安干部教育模式研究》，中国社会科学出版社，2009，第 177 页。

陶行知是对中国共产党延安时期教育发展与改革影响最大,也是最为深刻的党外教育家。因为"陶行知先生毕生致力于教育事业,身体力行推动平民教育,提出的'行—知—行'教育思想和教育理论,用马克思主义辩证唯物观,正确地分析和处理了教育和政治、经济、文化之间的关系",所以"陶行知的教育思想与中国共产党的教育思想是相吻合的"[1]。"1939年3月15日,董必武在生活教育社成立12周年纪念大会上讲话说:'陕甘宁边区虽然没有生活教育这名词,可是基本上是和陶先生的办法相同。'徐特立也说:'陶行知的教育学说几乎与我们的教育事业全部一致。'"[2] 1939年后半年,陶行知创办育才学校不久,周恩来、邓颖超亲自到校参观,发表热情洋溢的讲话,还捐款作为购置运动器材之用,支援办学。

陶行知的教育思想体系具有鲜明的创新性与中国特色。陶行知1915年入读美国哥伦比亚大学,师从约翰·杜威攻读教育学博士。1917年秋回国,先后任南京高等师范学校以及国立东南大学教授、教务主任等职,协助郭秉文创办东南大学。他对美国与欧洲的教育体系非常熟悉,对杜威的实用主义思想也很欣赏,但他始终坚持从中国的实际出发,走出一条中国式的教育发展道路,而不是简单的"移植"。

1922年初,在讨论"壬戌学制"即新学制时,陶行知发表了许多文章参与讨论。在《我们对新学制草案应持之态度》一文中,他明确指出:"建筑最忌抄袭:拿别人的图案来造房屋,断难满意。""我国兴学以来,最初仿效泰西,继而学日本,民国四年取法德国,近年特生美国热,都非健全的趋向。学来学去,总是三不像。"[3] 他强调:"至于外国的经验,如有适用的,采取它;如有不适用的,就回避它。本国以前的经验,如有适用的,就保存它;如不适用,就除掉它。去与取,只问适不适,不问新和旧。"[4] 这种态度与中国共产党的态度是

---

[1] 申延生,《陶行知与陕甘宁边区教育》,《延安日报》2022年7月24日,"悦读"专刊。

[2] 申延生,《陶行知与陕甘宁边区教育》,《延安日报》2022年7月24日,"悦读"专刊。

[3] 李桂林主编:《中国现代教育史教学参考资料》,人民教育出版社,1987,第244页。

[4] 李桂林主编:《中国现代教育史教学参考资料》,人民教育出版社,1987,第245页。

一致的。因此，陶行知的教育思想体系，整体上是得到延安时期中国共产党高度认同的，在延安和陕甘宁边区产生了极其广泛的影响。

陶行知教育思想的精髓可以概括为"一个理论""三大原理""四种精神""五大主张""六大解放"。"一个理论"即生活教育理论。生活教育包括三大部分，即三大原理——"生活即教育""社会即学校""教学做合一"，分别为生活教育的内容论、场所论和方法论。

"生活即教育"，这是生活教育理论的核心。首先，有生活就有教育，生活包含教育的意义，具有教育的作用，生活本身就是一种特殊的教育；其次，生活的内容和教育的内容一致，过什么生活就受什么教育，教育随人类生活的变化而变化；再次，生活是教育的中心，教育必须与生活相联系，围绕生活来进行，要解决人们生活中的困难，以满足生活向前向上发展的需要；最后，教育对生活具有能动性，教育可改变生活，生活会因为教育而发生变化。

"社会即学校"，是"生活即教育"的延伸，是生活教育的场所论，这是对杜威的"学校即社会"的改造。"社会即学校"包含以下两层含义：首先，以社会为学校，以广阔的生活环境为教育场所，把教育从封闭的围墙中解放出来，让学生与大社会和大自然亲近，实现学校与社会、教育与生活的结合；其次，学校为社会服务，扩大学校对社会的积极影响，学校要培养出社会所需要的各种人才。

"教学做合一"，是生活教育思想的方法论，体现了陶行知的"行是知之始，知是行之成"的哲学观。陶行知提出这一原理旨在解决传统教育学非所用、用非所学的问题。陶行知说："教学做合一是生活现象之说明，即是教育现象之说明。在生活里，对事说是做，对己之长进说是学，对人之影响说是教。教学做只是一种生活之三方面，而不是三个各不相谋的过程。"同时，教学做合一是生活法，也就是教育法。

"四种精神"是："爱满天下"的六爱精神；"捧着一颗心来，不带半根草去"的奉献精神；"敢探未发明的新理，敢入未开化的边疆"的创造精神；"千教万教教人求真，千学万学学做真人"的求真精神。

"五大主张"是行是知之始、在劳力上劳心、以教人者教己、即知即传、六大解放。行是知之始，即指认识来源于实践，实践是认识的基础。在劳力上劳心、以教人者教己、即知即传都是具体的教学方法。在劳力上劳心，即主张手脑并用；以教人者教己，即主张教学相长；即知即传，则是主张随学随教。

"六大解放"是指解放儿童的头脑、双手、嘴、眼睛、时间和空间，还儿童以自由，从而解放儿童的创造力。

在延安整风运动中，陶行知的教育思想与实践，依然受到特别的关注与高度评价。1942年3月15日，在晓庄师范暨生活教育社成立15周年之际，徐特立与范文澜致信陶行知，称赞陶行知"创办晓庄学校，提倡乡村教育，掀起了乡村教育的大浪潮，波及全国各省，晓庄变成了乡村教育运动的大旗，先生手执这面大旗，披荆斩棘，为中国乡村教育运动开辟了一条大路"。其"教育主张及15年来所辛苦经营的事业，在中国教育史上，实占了光辉的一页"①。17日，生活社延安分社与延安新教育学会在延安大学礼堂联合举行纪念大会，庆祝生活教育社成立15周年，徐特立在会上讲话，着重指出，"生活教育创始人陶行知先生的中国式的不屈不挠的精神，最值得我们学习，而陶先生的虚心学习他人的优点和不断改进自己的短处尤应为我们所摹仿"②。1943年，得知育才学校遇到困难，周恩来、董必武派中共驻渝办事处的徐冰送给育才学校一套南泥湾垦荒大生产照片，送给陶行知一件延安织制的粗毛线衣。周恩来还捐赠了其岳母坟地二十亩，给育才学校育种。1943年4月，延安新教育学会在延安选编、出版了由董纯才作序的《行知教育论文集》，目的就是结合批判教条主义、主观主义，在教育方针、教学内容、办学方向的大讨论中学习陶行知的教育思想，改进边区的教育工作。

当年在延安，有一批陶行知的学生与同事，如时任陕甘宁边区教育厅厅长的柳湜及董纯才，延安大学行政学院教育系副主任张宗麟，还有宁越、丁华、徐明清、曹建培、陈一清、徐干如、陈复君、武兆令、刘存久等陶行知的学生。他们都是宣传践行陶行知教育思想的骨干力量。丁华在1945年5月6日的《解放日报》上发表了题为《育才学校的新教育——陶行知先生教育理想的创造》的长文，从"学生

①　引自申延生，《陶行知与陕甘宁边区教育》，《延安日报》2022年7月24日，"悦读"专刊。

②　引自申延生，《陶行知与陕甘宁边区教育》，《延安日报》2022年7月24日，"悦读"专刊。

自治""文化生活""康乐生活""卫生生活""劳动生活""服务生活"以及"实际精神、创造精神"等七个方面，介绍和评价陶行知的教育思想以及新教育的成效。

1946 年 7 月 25 日上午，陶行知因长期劳累过度，不幸于上海逝世。听到陶先生病逝的噩耗，正在上海的周恩来立即与邓颖超一起赶去向陶先生的遗体告别。周恩来握着陶先生尚未僵硬的手说："陶先生你放心去吧，你已经对得起民族，对得起人民了。你的未了事会由朋友们、由你的后继者坚持下去，开展下去的。"① 当日，毛泽东主席和朱德总司令就给陶行知家属发去唁电，称赞陶行知先生为"人民教育家，为民族解放与社会改革事业奋斗不息"。

7 月 27 日，陕甘宁边区文协和中华全国文协延安分会向陶行知家属发去慰问唁电，盛赞其伟大贡献："先生首创生活教育学说，并在人民大众中努力实践；发起抗日救国运动，为中国独立民主和平事业坚持奋斗，数十年如一日。"7 月 28 日，生活教育社延安分社和陶行知在延安的学生分别给其家属发唁电慰问。7 月 31 日，中共中央宣传部部长陆定一致电家属吊唁。柳湜在 7 月 31 日的《解放日报》上发表长文《记最后一夜——回忆陶行知先生》，《解放日报》8 月 11 日、12 日连续两天用两个整版刊登纪念陶行知的题词、诗词和文章。毛泽东题词："痛悼伟大的人民教育家！陶行知先生千古！"朱德题词："学习陶行知先生全心全意为人民服务，不屈不挠的为独立和平民主而斗争的精神！"边区政府主席林伯渠题词："向陶行知先生学习！"并号召边区的教育工作者和教师们，要学习陶行知的"实际精神"，"从边区的实际出发，开展边区人民所需要的文化教育，以纪念行知先生的逝世！"徐特立发表文章《陶行知的学说》，延安大学校长李敷仁、诗人柯仲平，陶行知的学生宁越、曹建培、武兆令以及音乐家、曾在重庆育才学校任教的贺绿汀等十几人或写诗，或赋词，或作文悼念陶先生。

8 月 11 日下午，延安各界代表 2000 余人为陶行知先生举行追悼大会。追悼会上，陆定一代表中共中央致悼词，他充分肯定了陶行知为国家、为人民做出的伟大贡献，说先生与中国共产党成为民主运动

---

① 引自申延生，《陶行知与陕甘宁边区教育》，《延安日报》2022 年 7 月 24 日，"悦读"专刊。

中的亲密战友，二百万中国共产党党员要把先生当作模范来学习。

为纪念陶行知，经边区政府第九次政务会议通过，决定将陕甘宁边区延安中学自 1946 年 8 月 19 日起正式易名为行知中学，9 月 4 日下午举行了隆重的易名典礼。会上，延安大学校长李敷仁发表讲话着重指出："陶先生的方向就是中国人民教育的方向！"并介绍了行知学说的四大法宝，即生活与教育结合、学校与社会结合、教与学结合、先生与学生结合，阐述了陶行知为人民大众服务的思想。

长期研究陕甘宁边区教育史的著名学者栗洪武教授曾具体指出："在高等教育方面，陶行知提出的'大学之道在明大德，在新大众，在止于大众之幸福'的教育机会均等观，'多轨同归'的学制体系，'教学做合一'的教学模式，以及'民主自治'的教育管理体制等，同延安干部教育的做法极为相似；至于他提出的一所好大学的标准，如民主的养成所、学习科学的基地；特别是他说一个大学在战时'不止是一个学间的组织，而且是一个战斗体''不止是一个消费的组织，而且是一个生产体'的思想，那简直与抗大、陕公等学校的教育方针形异义同。"① 因而，我们可以说，陶行知的教育思想与实践，对中国现代高等教育"延安模式"形成的影响是直接的，也是重大而深刻的。

二、 郭秉文与东南大学的改革对民国高等教育的重大影响

郭秉文（1880—1969），字鸿声，江苏江浦县人，1896 年毕业于上海清心书院。他是现代高等教育事业的先驱之一，被称为"现代大学之父"。先后任南京高等师范学校教务主任、校长和国立东南大学校长。

1908 年，已经工作 12 年、年近三十的郭秉文毅然弃职就学，远涉重洋，赴美留学。他先是在俄亥俄州的乌斯特学院攻读理科，1911 年从乌斯特学院毕业后随即去哥伦比亚大学攻读教育学，1912 年获哥伦比亚大学教育学硕士学位，1914 年以《中国教育制度沿革史》获哥伦比亚大学哲学博士学位，成为在美国最早获得博士学位的中国学者之一。

郭秉文就读的哥伦比亚大学教育研究生院是美国最著名的教育学

---

① 栗洪武：《延安干部教育模式研究》，中国社会科学出版社，2009，第 175 页。

院，成立于 1887 年。实验主义教育大师杜威、著名教育家孟禄等一批名流学者曾在该学院任教。哥伦比亚大学在管理上别具特色，有一套较系统体现民主精神的管理规范。这些都在郭秉文日后执掌东南大学的过程中留下了深深的印痕。在郭秉文之后，胡适、陶行知、蒋梦麟等也先后到该院学习，他们日后都成为中国教育界的领军人物。郭秉文 1919 年担任南京高等师范学校校长，对南京高等师范学校（以下简称"南高"）进行了大刀阔斧的改革。

在"南高"时期，郭秉文就以哥伦比亚大学为楷模，力图将"南高"改建为一所多学科、综合性的大学。为此，"南高"自建立之初即致力于拓展科系。1915 年只有国文、理化两部和国文专修科，到 1920 年，已有国文、体育、工艺、英文、商业、农业、教育七个专修科和国文、英文、哲学、历史、数学、物理、化学、地学八系，突破了师范界线，寓师范教育、基础教育于一体，已具备综合性大学的雏形。同时，郭秉文开始着手创建东南大学。

1921 年 9 月，在南京高等师范学校基础上组建的国立东南大学正式成立，成为中国历史上第一所真正意义上的综合大学。郭秉文为首任校长，并主持东南大学校务至 1925 年 1 月。"在主持东南大学校政的几年间，郭秉文努力学习借鉴当时居世界领先地位的美国大学教育理念及其办学模式，在实践中探索中国大学的发展道路，为东南大学的崛起付出了大量心血，也为中国高等教育的制度建设提供了经验。"① 郭秉文认为，大学应设立多种学科，培养多种类型的人才："正科注重通才教育"，但不忽视应用；"专修科注重专才教育"，但不忽视基础。"两者相辅相成，不可偏废"，"但两者并非截然划分。一个综合大学的好处，通才与专才相互调剂，使通才不致流于空疏，专才不致流于狭隘。大学生都应成为平正通达的建国人才"。②郭秉文认为，一所综合大学，可以既设偏重学理的学科，同时又设偏重应用的学科，两者互补，相得益彰。③ 这些与徐特立的教育思想是相通的。

红色基因
与科学逻辑　245

---

① 田正平、商丽浩主编《中国高等教育百年史论》，人民教育出版社，2006，第131 页。

② 张大良、王运来：《郭秉文"四个平衡"的大学教学思想探微》，《中国大学教育》2010 第 10 期。

③ 张大良、王运来：《郭秉文"四个平衡"的大学教学思想探微》，《中国大学教育》2010 第 10 期。

　　郭秉文执掌东南大学，贯彻实施"三育并举"的办学宗旨。所谓"三育并举"：一是坚强的体魄，二是充实的精神，三是道德、学术和才识。"三育并举"旨在促使学生养成完善的人格，成为一个对国家负责的国民。郭秉文坚信："欲广求知识于世界，务使同学们放宽眼界，开拓心胸，则爱国之心，油然而生。"在办学措施方面，他提出"严格甄审，宁缺毋滥"的招生原则，并把心理测验运用到入学考试中。另外，他格外重视学生的思想品德教育，注意培养学生的自控能力和自制力。① 在其全盛时期，东南大学共设有文、理、工、农、商5科31系，共有教职员290余人（1924年），学生1483人（1925年）。1928年学校改名为国立中央大学，设理、工、医、农、文、法、教育七个学院，学科设置之齐全、覆盖面之广，在20世纪20年代中国的高等学校中居首位。

　　当时执教于东南大学的茅以升曾评价说："东大寓文理、农、工、商、教育于一体，此种组合为国内所仅见，意义深远。"与北大的欧洲大学模式相比，东南大学的美国模式有几个显著的特点：在学校行政管理上，设置董事会；在大学职能的定位上，面向社会，服务社会。所谓服务社会，就是将大学活动扩展到校园之外，让大学走出象牙塔，使大学成为社会进步与社区发展的"服务站"。也就是说，大学除了承担传授和发展高深学问的基本职能外，还有社会服务的职能。郭秉文在其办学实践中积极倡导这一精神，并做出了很大的成绩。

　　郭秉文对东南大学的改革是依据美国模式全方位进行的，包括学校领导体制，民主治校切实实施，集文理农工商教育为一体的系科设置，教育、科研、推广三者并重的教育理念。郭秉文对于西方教育制度有着较为深入的了解，并从创造美好国家前途的角度，对西方公共教育制度心向往之。但与新文化运动的主将们所倡导的"抛弃传统、全盘西化"的主张不同，他又有着明确的文化自觉意识，强调教育制度建设一定要在世界眼光中保持清醒的本土思考。② 在他看来，只要

---

　　① 韩妍、李阳：《郭秉文教师教育思想初探》，《中国教师》2013年第14期第7—9页。

　　② 陈学军：《教育意味与持中之道：郭秉文的教育管理学思想》，《大学教育科学》2013年第2期第83—85页。

将世界眼光与本土思考结合起来，一方面采用欧美制度所长，一方面保存、发扬中国教育之所宜是，就能够迎头赶上，创造教育和国家的美好前途。① 我们认为其最核心的改革是教育、科研、推广三者并重的教育理念，不仅对民国高等教育的发展产生了重大的推动作用，而且对中国共产党延安时期高等院校办学逻辑的转换，以及"延安模式"发展亦有不可忽视的影响。

尽管郭秉文并没有否定高等院校办学的学科逻辑，更没有提出确立高等院校办学的社会需求逻辑，但他明确要求东南大学各系科要面向社会办学，为社会服务，做到教育、科研、推广三者并重。所谓"推广"，就是要求各科系面向社会，努力为社会服务。郭秉文认为，大学应该培养多种类型的人才，使学与术、通才与专才、基础与应用相互补充，平衡发展，而不是将两者截然割裂开来。这样，综合大学在培养人才方面就能发挥自己的优势，从而培养出平正通达、学有专长的建国人才。

这些理念其实与高等教育"延安模式"有许多相通之处。"在这里我们要特别强调郭秉文所主张的大学的'推广'功能所具有的意义。大学除教学、科研外，还应承担服务社会的职能，这是美国大学的鲜明特征。"② 应该说蔡元培对于北京大学的改革和郭秉文在东南大学的改革，对于中国现代高等教育的发展都产生了重大而深远的影响。他们的改革也有许多相同之处，"但是，郭秉文的办学思想、理念乃至具体措施还是与蔡元培有所不同，主要表现在：蔡元培主张大学应进行'纯粹的学理研究'，郭秉文则既重'学'，又重'术'，即学术与事功并重；蔡元培重视大学的科学研究功能，郭秉文则教育、科研、社会服务等功能并重；蔡元培主张大学应以文理二科为主，郭秉文则主张把大学办成真正的'综合性大学'"。③ 蔡元培认为"学"与"术"应有所区别，"学"是学理，"术"是应用。高等学校应正确定位，合理分工，农、工、医偏于应用，宜称"高等专门学校"。

① 陈学军：《教育意味与持中之道：郭秉文的教育管理学思想》，《大学教育科学》2013 年第 2 期第 83—85 页。
② 田正平、商丽浩主编《中国高等教育百年史论》，人民教育出版社，2006，第 136 页。
③ 田正平、商丽浩主编《中国高等教育百年史论》，人民教育出版社，2006，第 138—139 页。

文理等科偏于研究，始可称"大学"。因此，在他任北大校长期间，曾将北洋大学的法科归并入北大，而将北大的工科调入北洋大学，并停办农科。

郭秉文却不赞同这种"学"与"术"分离的做法。他认为一个学科门类齐全的综合大学里，能够很好地协调通才与专才的关系，使通才不致空疏，专才不致狭隘。更本质地说，蔡元培主要依据的是德国模式，更强调高等院校办学的学科逻辑，而郭秉文则主要依据的是美国模式，更注重高等院校办学的社会需求逻辑。因此，郭秉文的高等教育思想与实践对中国共产党延安时期高等院校办学社会需求逻辑的确立，以及"延安模式"的影响更大、更多也更直接。包括郭秉文在组建东南大学董事会时，广泛吸纳政府、企业以及社会各界人士，以强化学校与社会广泛深入联系的具体做法，对延安时期高等院校的管理也有一定的影响。如延安大学校务委员成员就有董必武、谢觉哉、林伯渠、胡乔木等，延安大学行政学院行政、财经、教育、司法四系主任，分别由陕甘宁边区政府民政、财政、教育三厅厅长及边区最高法院院长兼任。延安大学自然科学院长，由中央军委军工局、陕甘宁边区政府工业局局长兼任，副院长、系副主任由专家学者担任。

总之，"留美学生的大批归国和从事于高等教育事业，不仅提高了中国高等学校的管理、教学和学术研究水平，而且大量借鉴了美国的高等教育制度和办学思想，直接促成了中国高等教育由模仿日本到全面效法美国的转型"①。这种转型，特别是郭秉文在东南大学的成功实践，直接推进了民国高等教育的发展，也较为广泛地影响中国共产党延安时期高等教育的创新发展，体现了其中国视野、世界眼光，彰显其科学逻辑。

三、 美国现代高等教育及对中国的影响

美国的高等教育源于欧洲，特别是英国与德国，可以说是直接移植，但它的发展过程却是"美国化"的过程，是结合美国实际不断创新发展的过程，甚至可以说世界现代高等教育的发展起始于美国。"现代高等教育的形成之所以从美国讲起，就因为美国虽然在高等教

---

① 田正平、商丽浩主编《中国高等教育百年史论》，人民教育出版社，2006，第178页。

育的起步上较晚，却在不少方面引领了现代高等教育的发展。特别是进入 20 世纪以后，美国在迅速发展成为世界上经济最发达国家的同时，也建立起世界上最发达的现代高等教育系统。"①

从 19 世纪中后期开始，美国高等教育不但发展迅速，而且逐渐形成两种趋向：一种是遵循讲求实用、面向大众的原则，在政府与社会的共同努力下，建设注重专业技术教育、服务社会大众的新型高等教育机构。另一种倾向是发展学术性、研究性大学，形成在高端知识及人才生产上的机构化、制度化优势。在高等院校办学逻辑上，学科逻辑与社会需求逻辑并行发展，特别是大量地方大学、社区学院的发展，使"传统的古典知识和课程由于远离社会实际而逐渐退居次席，社会实用性课程成为大学教育的时尚，高等教育的职业性质和社会服务特征逐渐形成。"②

以美国的威斯康星大学为例，其之所以能够从一个默默无闻的地方大学发展成为世界一流大学，就主要得益于服务地方的目标定位。

创建于 1848 年的威斯康星大学，当时是一所规模很小的非教会学校，该校把教学、科研与社会服务紧密结合起来，尤其强调大学主动为区域服务的办学思想。当查尔斯·范海斯任威斯康星大学校长时，正值威斯康星州的农业由小麦种植向畜牧业和以乳制品为主的工业化的转型期，对畜牧业、乳业制造的专门技术人才和管理人才需求迫切。范海斯校长敏锐地抓住机遇，勇敢地迎接挑战，适时提出了"大学必须为地方工农业生产培养急需的实用技术人才服务，为社会发展服务，星州的边界就是大学的边界"的著名思想，这一思想不仅促进了威斯康星州和威斯康星大学的发展，而且改变了世界大学发展的轨迹，为威斯康星大学成为世界一流大学奠定了坚实思想基础。"服务应当成为大学的唯一理想"，"大学应成为服务本州全体人民的机构"，"威斯康星思想"从此成为大学社会服务的典范和旗帜，同时也把全世界的大学带进了一个崭新的发展阶段。经过一百多年的发展，人才培养、科学研究、社会服务、文化传承与创新，作为大学的四项基本职能，不仅早已成为人们的共识，而且在不断深化和发展。

中国现代高等教育由移植日本到移植德国、法国，最后自 20 世

红色基因
与科学逻辑 **249**

① 刘海峰、史静寰主编《高等教育史》，高等教育出版社，2010，第 433 页。
② 刘海峰、史静寰主编《高等教育史》，高等教育出版社，2010，第 436 页。

纪 20 年代中后期开始全面借鉴美国高等教育，这是有深刻历史与社会原因的。"由于美国式的教育更注重教育的实用性，与生产领域、社会生活的结合较密切，容易与当时中国社会对新教育经济效益的普遍希冀产生共鸣，所以，美国式的教育理念及制度不仅为当时的教育界所欢迎，也迎合了实业界、政界及普通民众的心理。"[1] 1914 年 6 月以任鸿隽、杨杏佛、赵元任为首的一批中国留美学生看到"欧美各国的强大，都是应用科学发明的结果"，遂成立了以共图中国科学之发达为宗旨的中国科学社。

1918 年，中国科学社迁回国内，总部设在南京，其主要成员相继应聘到南京高等师范学校。1920 年南京高等师范学校改组东南大学时，东南大学文科的梅光迪、陈钟凡、汤用彤、陈衡哲、陆志韦，理科的任鸿隽、竺可桢、张子高，农科的邹秉文、胡先骕，工科的茅以升，商科的杨杏佛，教育科的陶行知、陈鹤琴，都是中国科学社的成员。东南大学遂成为科学社骨干成员的云集之所，更成为郭秉文以美国模式改革中国现代高等教育的骨干力量，后来他们也都成为中国现代高等教育史上的著名教育家，在各个不同方面都对中国现代高等教育产生过重大而深远的影响。同时，这一时期大批中国留美学生的归国，在国民政府教育文化部门的任职，并且成为当时中国教育理论研究的主力军，主导 20 世纪二三十年代中国教育改革的社会舆论，有力地推进了高等教育美国模式在中国现代高等教育史上的迅速发展。

特别是一批重要的代表人物直接主政当时中国的许多重要高等院校，如郭秉文创立并主政东南大学，张伯苓创立并主政南开大学，蒋梦麟主政北京大学，梅贻琦主政清华大学，特别是全面抗战之后主政由北京大学、清华大学、南开大学合并组建的西南联合大学等等。更有大批留美归国的青年才俊担任全国许多大学的院长、系主任，这不能不深刻地影响中国现代高等教育的发展为向，进而也较为直接或间接地影响中国共产党对中国现代高等教育的改革创新，特别是高等院校办学社会需求逻辑的确立。

---

[1]　田正平、商丽浩主编《中国高等教育百年史论》，人民教育出版社，2006，第 178 页。

第四节 　"延安模式"的实质与特征

　　中国现代高等教育的"延安模式"是延安时期马克思主义中国化在高等教育领域内的伟大实践成果，它以马克思主义教育思想为指导，立足中国大地办大学，紧密结合中国新民主主义革命与建设的实践，吸收了中国传统高等教育的优秀传统，汲取了中国近代以来探索发展中国现代高等教育的经验与教训，借鉴了世界现代大学发展所形成的优秀成果，扭转了中国现代高等教育的发展方向。

　　中国现代高等教育的"延安模式"在中国新民主主义革命和建设的伟大实践中，伴随着马克思主义中国化的历史进程发生、发展与成熟，因此其实质主要体现在三个方面：一是改变了中国现代高等教育的资本主义性质，确立了其新民主主义性质；二是从高等教育的根本属性出发，确立了高等教育人才培养的价值目标与价值追求；三是确立了高等院校办学以社会需求为主体兼顾学科的办学逻辑。

　　中国现代高等教育的"延安模式"，在中国现代高等教育的发展历程中具有独树一帜、断鳌立极的创新意义，所以有其鲜明而突出的特征。这些特征反映出"延安模式"的整体风貌，彰显其价值与历史和现实意义，为我们进一步深入研究与认识"延安模式"提供了一个有益的视角。

一、"延安模式" 的实质

　　中国现代高等教育"延安模式"的实质，主要体现在两个方面：一是体现在延安时期高等教育的性质上；二是体现在高等教育人才培养的价值目标与价值追求上。这两者将延安时期中国共产党领导的高等教育与其他高等教育从本质上分离。

　　（一）延安时期高等教育的性质

　　现代高等教育是资本主义发展的产物，是现代大工业及其与之相适应的现代社会形态的产物，没有资本主义和社会化大生产就没有现代高等教育。因此，它伴随着现代资本主义的产生而产生、发展而发展，从一开始就带有资本主义属性。随着资本主义的不断发展，现代高等教育的资本主义属性也在不断发展与强化。无论是欧洲模式、日本模式还是美国模式，概莫能外，这也符合马克思主义关于教育的社会性与阶级性的思想。

中国没有按照历史发展逻辑，由封建社会自主发展到资本主义社会，中国传统高等教育没有、也不可能自发地走向现代高等教育，因此中国近现代高等教育移植于西方资本主义国家，这种移植在近代更多地带有外力的强迫性，主观上也有中国化的意图，即所谓的"中学为体，西学为用"，企图为移植过来的资本主义的现代高等教育强行注入封建主义的性质。这与现代高等教育有本质性的冲突，因此这种图谋因洋务运动、戊戌变法的相继失败而失败。

1911 年资产阶级领导的辛亥革命推翻了清王朝，结束了两千多年的封建帝制，虽然中国半殖民地半封建的社会性质并没有因此而改变，但向资本主义发展的方向比较明确，这为现代高等教育的发展提供了一个相对宽松的环境和有利的契机。中国现代高等教育开始主动、自觉地以德国模式为主导，移植西方资本主义的现代高等教育，并自觉认同现代高等教育的资本主义性质，按照资本主义的性质发展中国现代高等教育。

1921 年中国共产党诞生之后，就开始中国特色现代高等教育的探索与实践。此时，世界现代高等教育资本主义一统天下的局面已被打破，出现了苏联的苏维埃社会主义现代高等教育。从世界现代高等教育的发展历程上讲，这也是开天辟地之事。当时的中国社会虽然有了资本主义的初步发展，但社会总体还处在半殖民地半封建的状态。因此，中国现代高等教育的主流仍然是资本主义性质的。同时，中国革命也处于反帝反封建，争取民族独立与人民解放的新民主主义革命阶段，没有发展社会主义性质现代高等教育的社会基础与历史前提。所以，中国共产党立足于中国社会的现实、新民主主义革命和建设的主要任务，将中国特色现代高等教育的创新发展方向确定为新民主主义方向，通过建党初期特别是中央苏区的初步实践，逐步建立起新民主主义性质的高等教育体系。延安时期，随着马克思主义中国化的不断深入，这种新民主主义现代高等教育体系的探索与实践也在不断深化与丰富。

马克思主义中国化的第一大理论成果——毛泽东思想科学体系的

发展、成熟与在全党的确立，为中国特色现代高等教育的发展与创新提供了强大的思想理论指导，促进了延安时期革命根据地新民主主义高等教育的发展、创新以及繁荣与成熟。特别是毛泽东在《新民主主义论》中系统提出的新民主主义文化纲领，科学地规定了革命根据地高等教育新民主主义性质的具体内容。

教育是文化的有机组成部分，是其基础与重要载体。因此，毛泽东关于新民主主义文化纲领的论述，就成为延安时期革命根据地高等教育新民主主义性质的内涵与主体内容，也就是反帝反封建的、民族的科学的大众的教育。1945 年 4 月，毛泽东在党的七大所做的政治报告——《论联合政府》中更加明确了教育的新民主主义性质。这一中国现代高等教育新民主主义性质的内涵与主体内容的确立，标志着中国共产党新民主主义革命时期发展创新中国特色现代高等教育在思想领域的完善与成熟，体现着中国现代高等教育"延安模式"的实质。

正如毛泽东所明确指出的，新民主主义的方向是社会主义与共产主义。因此，中国现代高等教育"延安模式"的这一性质，直接影响了新中国新民主主义和社会主义高等教育的确立与发展。

（二）延安时期高等教育人才培养的价值目标与价值追求

现代高等教育有四大职能：一是人才培养，二是科学研究，三是社会服务，四是文化传承与创新。其中，人才培养是其根本的功能与本质属性。高等教育人才培养有三个根本问题：培养对象、培养目标、培养方法。其中，培养对象、培养目标是核心。这是由高等教育的性质、价值观，与在此基础上形成的高等教育人才培养的价值目标与价值追求所决定的。

高等教育价值观是指高等教育的价值在人们观念上的反映。由于高等教育同时与个人主体、群体主体、社会主体发生关系，具有个体价值、文化价值、社会价值，也就是说，高等教育价值具有多样性，而不同主体对高等教育价值取向不同，形成了高等教育价值观的多样性。根据不同的标准，高等教育价值观可以分为不同的类别。一般来讲，高等教育价值观有两种分类方法：

第一种分类方法，是把人们在对高等教育价值的认识与评价中主要是关注个人、社会还是知识作为标准。分为三类：其一，个人本位的高等教育价值观。促进个人知识与理智的发展，使之达到个性之完善，实施自由教育、人文教育和普通教育，这是人类社会最早产生的高等教育价值观。其二，社会本位的高等教育价值观。满足国家和社会发展的需要，侧重促进国家政治经济和社会发展，其实质是主张高等教育的主要价值在于为社会培养各种专门人才，促进社会的发展和进步，主张实施严格的专业教育。其三，知识本位的高等教育价值观。关注文化传承、知识创新、学术探求和科学研究，主张高等教育的基本价值在于知识创新、学术探求和科学研究。

第二种分类方法，把高等教育服务于人或服务于人以外的客体作为标准。以此为标准，可以将高等教育的价值观分为工具主义的价值观和人文主义的价值观。其一，工具主义价值观。高等教育的价值在于促进文化和社会发展。此时，人和高等教育自身是文化和社会发展的工具，人的主体性受到压抑而得不到充分弘扬。其二，人文主义价值观。高等教育的价值在于解放人，促进人的身心和谐发展与人格健全，充分弘扬人的主体性。其实质在于高等教育的主要价值是帮助人或人类从各种身外之物的奴役中解放出来，促进其身心和谐发展与人格健全，并由此而主动适应和促进人和社会及文化等方面的进步，即充分弘扬人的主体性。主体性的保护和张扬是国家、社会和文化发展的必要前提，最终有助于社会发展终极目标的实现。

实际上，依据上述两种分类方法划分出来的高等教育价值观在一定程度上存在对应性。这是一个复杂的问题，我们要讨论的问题是，在高等教育整体价值观的基点上，高等教育培养对象、培养目标，也就是"培养谁"与"培养什么样的人"的价值目标与价值追求问题。

高等教育的价值观从本质上讲是由高等教育的性质所决定的，封建主义的高等教育有封建主义的高等教育价值观，资本主义的高等教育有资本主义的高等教育价值观，新民主主义的高等教育有新民主主义的高等教育价值观。从世界现代高等教育的发展历史看，不同性质高等教育的价值观并不是相互绝对排斥的，它们之间有排斥，但更多的是相互汲取与融通综合，既尊重社会价值规律，也尊重高等教育本身的规律。而不同性质高等教育的价值观，其本质性的分离是在高等教育培养对象、培养目标的价值追求与价值目标上。

封建主义的高等教育与资本主义的高等教育都属于剥削阶级性质的高等教育，在"培养谁"的问题上其共同特征都是采取所谓的"精英教育"模式，追求高等教育的贵族化与特权化。封建主义的高等教育是赤裸裸的贵族教育，对于高等教育的入学资格都有严格的标准，同时学费昂贵，受教育的成本非常大。这实际上排除了劳动人民及其子弟接受高等教育的资格。随着资本主义社会化大生产的发展，尤其是生产力的不断进步，社会分工越来越多、越来越细，社会对专业人才需求规模越来越大、种类越来越多，社会现实要求资本主义的高等教育不断扩大规模、增加种类。这在客观上使社会上能够接受高等教育的人数急速增加，阶级与阶层随之也在不断扩大，高等教育发展的总趋势是由精英教育向大众教育演变。所以，资本主义也大力提倡平民教育、大众教育。这当然是一种历史进步，也为下层劳动人民及其子女接受高等教育提供了可能。但是，这种平民教育、大众教育是极其有限的。

小资产阶级知识分子主张平民教育，但他们的平民教育思想带有一定的空想色彩。他们所称的"平民"的含义、平民教育的内容和目的也与共产主义者不同。他们所讲的"平民"还局限于城市小市民，还未涉及工农特别是广大的贫苦农民，其总的倾向是企望通过教育的改良实现政治改良。他们虽然对几千年封建地主阶级和有钱人独霸教育权的不合理现象深恶痛绝，为劳动人民被剥夺了受教育权而鸣不平，认为"教育是应当给一般有用的人民——平民受的"[1]，但他们的目的是通过教育使平民有知识、有文化，使有产阶级觉悟，使军阀官僚、土豪劣绅不能随意地奴役人民，从而实现政治的改良。所谓的义务教育，充其量只是在初等教育领域，中等教育与高等教育高昂的受教育成本还是将受教育的资格限定在社会的中上层。占人口90%以上的工农大众连生存的权利都得不到保障，更谈不上受教育权利。而且，正如早期马克思主义教育理论家杨贤江所指出的：资本主义的教育具有"独占化与商品化"，"支配阶级决不容许在他的统治下而发生了于他不利的教育"。[2] 因此，如果不将现有制度进行彻底改造，平民教育就只能是一种徒有其表的装饰，劳动人民特别是工农及其子女排除于高等教育之外，这种现实在剥削制度下就无法从根本上改变。

关于高等教育"培养什么人"，也就是培养目的的问题，不同阶

---

① 《平民教育》"发刊词"，1919年10月。
② 杨贤江：《新教育大纲》，载《杨贤江教育文集》，教育科学出版社，1982。

级性质的高等教育更有着完全不同的标准。中国封建社会的高等教育特别是官学的培养目标非常明确，而且十分单一，就是培养为封建王朝服务的、作为各级官吏的"治才"，"学而优则仕"的官本位是其根本的价值目标与价值追求。"从汉代开始实行察举制和太学教育，到隋唐创立科举选士考试，培养和选拔行政管理人才成为各类教育的最高目标，各类官学成为培养官员的预备机构。历代统治者偏重太学、国子监等中央官学，古代高等教育在整个教育系统中占主导地位。"① "以及由此而形成的课程体系、教学内容和方法，近两千年来几乎是一以贯之，成为封建社会高等教育传统的主流。"② 资本主义性质高等教育的培养目标有了历史性的进步，不仅培养"治才"，而且开始培养包括政治、经济、文化、社会、科技等社会发展各方面所需的高级专业技术人才，也就是所谓的"艺才"。而且随着社会的发展，其侧重点越来越偏向后者，这是资本主义社会化大生产的客观要求。但正如李大钊一针见血地指出的，现存的教育"不过是资本家想要造就些更有用的奴隶"③。其目的是为维护资本主义的政治、经济和文化基础，维护资本主义的统治。

　　中国共产党延安时期的高等教育是新民主主义性质的高等教育，是在中国共产党局部执政条件下，建立了人民民主政权，工农大众取得了受教育权的基础上，在马克思主义特别是中国化的马克思主义指导下，以及中国共产党领导下的高等教育，人民性是其本质性特征。因此，延安时期高等教育人才培养的价值目标、价值追求与剥削阶级性质的高等教育就有了本质性的分离。

　　在"培养谁"，也就是培养对象上，根据中国共产党的性质，按照马克思主义教育思想中关于教育的社会性、阶级性观点，新民主主义革命理论体系中关于新民主主义革命动力的思想，以及资本主义高等教育排斥人民群众，特别是工农群众的现实，明确确定高等教育的培养对象为在革命岗位上的工作人员、人民大众，首先是工农兵及其子女，追求高等教育的公平性与大众化。在中国高等教育的历史上，这是开天辟地的。这一开天辟地应该说是从毛泽东、何叔衡等共产党

---

① 刘海峰、史静寰主编：《高等教育史》，高等教育出版社，2010，第27页。
② 田正平、商丽浩主编：《中国高等教育百年史论》，人民教育出版社，2006，第8页。
③ 李大钊：《上海童工问题》，载《李大钊文集（下）》，人民出版社，1984，第791页。

人创办湖南自修大学开始的，经过了大革命时期和土地革命时期的初步实践，终于在延安时期发展成熟与稳固，实现了与一切剥削阶级性质高等教育的本质分离。

关于"培养什么样的人"，即培养的价值目标与价值追求，新民主主义的高等教育根据马克思主义教育思想有关教育为无产阶级政治服务，教育必须为上层建筑和经济基础服务，并且随着上层建筑和经济基础性质的不同、发展程度的不同，特别是生产力发展程度的不同，要及时地适应这种变化，有效地为其服务，这一马克思主义教育理论的根本原理，以及马克思主义关于人的本质观与人的全面发展的教育观，吸取了资本主义高等教育人文主义价值观的合理科学因素，提出了培养德智体美劳全面发展的，为新民主主义革命和建设服务的，德才兼备的专业人才，特别强调培养工农知识分子，培养无产阶级的知识分子。

这里的核心在于，所培养的知识分子是与工农群众相结合，自觉地为人民服务，为党和国家各项事业而奋斗的专业工作者。如社会与各项事业的管理工作者、文艺工作者、教育工作者、科技工作者、医疗卫生工作者、司法工作者、人文与社会科学工作者等等，而非官僚、文艺家、教育家、科学家、医学家、法学家、社会学家、人文学家。这二者是相互联系的，但也有本质区别。前者是以社会、集体、组织，或者说人民群众为主体，后者是以个人为主体。虽然都是以社会服务为平台，为媒介，为基础，但出发点是有根本不同的。这就是中国现代高等教育"延安模式"在人才培养上鲜明的价值目标与价值追求。

中国现代高等教育"延安模式"确立了高等院校办学以社会需求为主体兼顾学科的办学逻辑。关于这个实质，我们在上面的章节中已做了比较详细的论述，这里不再展开。

二、"延安模式"的特征

中国现代高等教育"延安模式"，具有以下鲜明的特征。

（一）以马克思主义为指导的教育思想

中国共产党是马克思主义政党，马克思主义是党的指导思想，必须贯彻到党的一切工作之中。中国共产党始终认为，高等教育是党的事业的有机组成部分。因此，必须旗帜鲜明地确立马克思主义的指导地位，这是中国共产党发展与创新中国现代高等教育的思想前提。

国民党在基本统一全国政权之后，也明确提出了以三民主义为国民政府高等教育的指导思想。1929年3月，国民党第三次全国代表大会通过的《教育方针及其实施原则案》，进一步明确了三民主义的教育方针。会后，国民政府即通过并颁布了《中华民国教育宗旨及其实施方针》，随后又相继颁发了《中华民国训政时期约法之国民教育专章》《三民主义教育实施原则》，以及《中华民国宪法草案》之教育专章。这些法规均明确了以三民主义作为中华民国教育的指导思想与宗旨。然而，由于国民党的腐败，西方列强势力的存在，以及军阀割据，全国政权事实上的不统一，这些法规均成为一纸空文。不仅私立大学、教会大学各行其是，根本无视国民政府这些法规，就连国立大学也仅仅流于形式，甚至完全抵制。三民主义在中华民国高等教育中的指导地位始终未能真正确立。

与之相反，延安时期中国共产党却成功地将马克思主义，特别是中国化的马克思主义确立为高等教育的指导思想。延安时期，抗日民主根据地和解放区的高等院校都是以中国化的马克思主义为办学指导思想，明确高等院校必须对学员进行马克思主义基本理论教育，在教职员工中树立起对马克思主义的信仰，所有高校都开设有马克思主义课程，如陕北公学高级班的课程有"中国问题""马列主义""科学社会主义""政治经济学""辩证唯物主义"等，鲁迅艺术文学院的必修课有"中国问题""辩证法""社会主义"等，中央党校则系统地学习马列理论，中国女子大学必修课有"马列主义""政治经济学""哲学""中国共产党""三民主义""中国问题"等，中国医科大学每周也有政治课、时事讨论等。

通过对马克思主义理论的深入学习，广大学员树立起坚定的共产主义理想，树立为共产主义奋斗终身的坚定信念。更重要的是，延安高等教育在教育思想、教育方针、教育理念、教育内容、教育方法等方面，按照马克思主义的基本原理，结合中国新民主主义革命与建设的实际，进行了全面的改革与创新，实现了马克思主义在教育领域的中国化，建立了独树一帜、比较完备的高等教育体系，支撑起了抗日民主根据地与解放区的科技文化事业，培养了大批有理想、有信念，德才兼备的杰出人才。这是中国现代高等教育摆脱西方模式、改变中国现当代高等教育前进方向的根本前提。

（二）党的领导与校长负责制有机结合的管理体制

延安时期，中国共产党对高等院校实行上级党组织领导下的校长负责制。党的绝对领导是中国共产党自苏区开始独立自主创办高等教育的基本原则，而且始终如一、坚定不移。但在延安时期，党对高校领导在管理体制方面又有新的创新：这就是在学校内部实行校长负责制，校长为学校最高行政首长，总理学校行政事务。属于中共中央管理的学校，校长由中共中央政治局任命；属于中共中央西北局和陕甘宁边区政府管理的学校，由中共中央西北局常务委员会研究决定，边区政府任命。如延安大学 1941 年成立时，隶属中央文委，首任校长吴玉章、副校长赵毅敏由中央政治局任命。1943 年 3 月改由中共中央西北局和边区政府管理时，继任校长周扬，副校长王子宜、张如心则由中共中央西北局常务委员会研究决定，边区政府任命。在校长之下设立校务委员会，由校长、副校长、各处处长、各院院长、各系系主任及教师、学员代表各一人组成。还聘请有名望的领导人、学者担任校务委员会委员。校务委员会是学校最高行政决策机构，决定学校教育方针、教职人员聘任、学科专业设置、学校经费预决算等重大事项。其下有两个重要组织：一个是行政会议，"负责处理日常行政事务"；一个是教育会议，"研究学术与教学工作，按性质全体举行或分别举行"。

学校均设立党组织。抗战时期，高校党组织一般设立党团或党组；解放战争时期，一般设党委或党总支。在基层均设有党支部。学校党组织受上级党组织领导，与学校行政是平行关系。党组织不领导行政，行政也不领导党组织，各有其领导系统和任务。党组织负责人与党员行政负责人发生矛盾、有不同意见时，不能解决的，提交党的上级机关解决。学校党组织的核心任务是保障学校教育计划完成，对党员进行管理教育，发展党的组织以及对干部、教员、学员进行政治审查。

1948 年以前，学校党组织和党员身份均不公开，学校也不设立专职党务工作岗位，党务工作均由党员行政干部、教员、学员兼职。中共中央《关于延安干部学校的决定》明确规定："支部对学校行政的建议，可经党的路线提出，但不能出面干涉。"1948 年 2 月，中共延安大学总支委员会通过的《关于健全党的组织及今后工作方向的决议》第一条就明确规定，"支部的基本任务是保证教育计划的完成。因此，支部的具体任务就在于使每个党员完成学校教育计划给予自己的任务。每个党员工作人员保证完成自己的工作，每个学生党员首先应是保证完成自己的学业，并且积极响应学校的号召，以自己品学兼优的模范行动影响和带动群众。"① 党要管党，通过党员的先锋模范作用，影响和带动群众完成学校教育计划，是延安时期高校党的工作的显著特征。

为了突出学者治校，延安大学成立以后的几任校长和学院院长都由在全国有一定影响力的著名学者担任。如曾任延安大学校长的吴玉章、周扬、江隆基、李敷仁，副校长张如心，首任社会科学院院长艾思奇、第二任院长何干之，法学院院长何思敬，教育学院院长刘泽如，自然科学院院长陈康白、李强，副院长恽子强，学校首任秘书长赵飞克，等等，都是著名的学者。

另外，学校还建立了全体教职工会议制度，每年召开三次全体会议，对学校进行民主管理。党的领导，校长负责，学者治校，民主管理，构成了"延安模式"高等院校管理的基本框架。

（三）高度重视思想政治理论课教学，强调学以致用

延安时期，中国共产党把转变学员的思想作为高等教育的首要任务，把德育放在学校教育的核心位置。延安大学的政治理论课教育甚至得到毛泽东的高度关注和亲自谋划。抗战胜利后，著名教育家江隆基出任延安大学副校长、党总支书记，主持学校工作。他继承和发展了延安大学在毛泽东亲自倡导和关怀下形成的思想政治理论课教学改革的优良传统，重视并按照与时俱进的精神，对学校的思想政治理论课又进行了具有深远意义的改革。

他提议学校开设马克思主义哲学和马克思主义政治经济学课程。课程开设后，为了强化和推进这一工作，学校还专门成立了马克思主义理论课研究室，江隆基亲自上讲台，主讲"马克思主义政治经济学"（江隆基曾留学日本明治大学和德国柏林大学经济系。在日本，他与长兄江裕基合作翻译出版了日本著名马克思主义经济学家河上肇的《经济学大纲》《马克思主义经济学》等著作）。这一思想政治理

---

① 《延安大学史》编委会编《延安大学史》，人民出版社，2008，第 242 页。

论课的教学改革，不仅为延安大学后期的思想政治理论课教学打下了良好基础，而且形成了此后我国高校思想政治理论课课程设置的雏形。

理论联系实际是马克思主义教育理论的基本原则，延安时期高等教育贯彻这一原则的主要途径就是鲜明地树立起"学以致用"的办学理念。1940 年 2 月，《中央关于办理党校的指示》规定，"各级党校的基本任务是在以马列主义的理论与实际来教育干部"，"求得理论与实际的一致，是党校学习的中心目标"。[①] 中共中央《关于延安干部学校的决定》对此做出了许多政策性与制度性的规定。毛泽东也明确指出，干部高等院校教育的根本目的就是"要为实际服务"，也就是要"学以致用"。正是在这些政策和思想的指导下，延安时期的高等教育才形成了"学以致用"的办学特征。

（四）教学、科研、生产"三位一体"的办学体制

延安时期，高等院校的基本办学体制是教学、科研、生产"三位一体"。这一办学体制是理论联系实际、学以致用理念的具体化与体系化，其最早源于徐特立提出的教育、科研和经济"三位一体"的教育思想，是徐特立在自然科学院的办学实践和争论中形成并提出的具有开创性的高等教育办学体制，是"产、学、研"一体化教育模式的思想源头之一。而这一办学体制在延安大学得到更加全面的实施。这一点，本书在第四章第三节中已做了比较详细的阐述，这里不再赘述。

（五）基于人才培养目标多样化的招生制度

延安时期，高等院校的招生没有统一的考试制度，也不参与国民政府教育部的全国统一招生，而是实行分类招考、科学选材、多元录取的招生制度。这与当时历史条件的客观限制有关，更是实事求是、学以致用原则，人才培养目标的多样化，面向政治经济社会实际，开放办学发展思路的自觉。

培训类的干部高等院校，目标是为中共吸收、培养干部，因此入学资格非常宽泛，只要是愿意抗日的爱国人士，不分学历、资历、年龄均可接收，几乎来者不拒，而且来去自由。普通高等院校招生有一定标准与程序。首先具有普通高等院校一般的入学学历和年龄标准，

---

① 中央档案馆编《中共中央文件选集（第 12 册）》，中共中央党校出版社，1991，第 301—302 页。

但又不死守标准。如延安大学 1944 年公布的招生简章明确规定，"报考各院系及预科新生以年龄在十八岁以上、身体健康的男女而具有下列条件之一者为合格。（一）中等学校毕业或有同等学力者。（二）有三年以上工作经验并具有丰富文化程度者"。第一条为普通高等院校之一般规定，第二条为特殊规定，突破了学历标准，因为学校还具有"培养与提高在职干部"和"高级与中级"并举的任务与目标。其次，有一定的程序。如延安大学学生入学是需经过学校统一或单独考试的，招生简章规定了考试科目，这些科目与国统区大学考试科目没有太大的差别。与国统区普通高校招生考试的区别是，除过笔试之外还加以面试。同时，除统一考试外，还有个别考试，学生可以随到随考，不会因错过统一考试时间而不能入学。

除统一考试入学外，延安干部高等院校学员很大一部分是来自组织部门选调的在职干部。如著名当代作家杜鹏程，就是边区师范毕业后，在延长农村当小学老师和乡文书，经过三年多工作实践，由组织部门选调进入延安大学法学院学习的。这种情况行政学院比较多，因为行政学院本身就是为培养和提高边区政权干部而设立的。这种入学方法，一般是要求学历的，但学力达到初中，有三年以上实际工作经历即可；小学学历的对工作年限与职务级别有特别要求，工作需五年以上，级别为科级以上。

我们以延安大学 1944 年 6 月在校学员的学历统计为例。当时全校学员共 1302 人，其中行政学院 855 人，初识字 7 人，初小学历 88 人，高小学历 115 人，初中学历 342 人，高中学历 211 人，专科 10 人，大学学历 81 人，国外留学 1 人（当时延安大学在行政学院教育系，鲁迅文艺学院文学系、美术系设有研究室招收培养研究生。由于没有分开统计的资料，这份统计资料是笼统的统计资料，因此出现大学里的学生已有大学学历的情况），以初高中学历为主。鲁迅文艺学院共 314 人，其中高中学历 111 人，初中学历 83 人，专科学历 38 人，大学学历 27 人，外国留学学历 2 人，以高中、初中和专科为主，但也有少量高小学历者。自然科学院共 59 人，其中高中学历 20 人，专科学历 2 人，大学学历 18 人，没有高小学历，但有 20 位初中学历者[1]，

---

① 《延安大学史》编委会编《延安大学史》，人民出版社，2008，第 135 页。

这主要是由于当时办了一个工读班，属预科性质，学生主要是陕甘宁边区初级师范和延大中学部选拔上来的部分优秀学生。

从以上的统计我们可以明显地看出，延安大学学生的学历差异比较大，这是由多样化的招生制度造成的。行政学院主要培养边区行政、司法、财经和教育干部，以组织选调为主。鲁迅文艺学院主要培养文艺专门人才，因此以招考为主、选调为辅。自然科学院以培养科技人才为主，而科学技术的学习需要系统扎实的基础知识，因此全部为招考，学生学历以高中、专科、大学肄业为主。

同时，延安时期围绕培养目标的招生制度，也完全实现了因材施教的教育原则。如当代著名诗人贺敬之，本来是考上自然科学院的，上了一年学，由于数学基础不好，当时自然科学院学生开展学习竞赛，他的数学成绩总是拖班级后腿，同学们对他有意见，他自己也很苦恼。院长徐特立发现他有文学天赋，于是就亲自向鲁艺院长周扬推荐，经过周扬亲自考试，贺敬之转入鲁艺文学系，毕业后又留校做研究生，1945 年成为经典歌剧《白毛女》剧本的主创人员。延大中学部与边区师范合并成立延安中学时，延大从当时中学部二百多名学生中挑选了李鹏、戚元靖、彭士禄等六位同学进入自然科学院预科性质的工读班，并很快升入化学工程系。后来，李鹏成为国务院总理、全国人大常委会委员长，戚元靖、彭士禄成为首批中国工程院院士。

既尊重一般规律，又不拘一格，围绕培养目标多样化的招生制度，是延安时期高等教育的鲜明特色，也是在极其艰苦的条件下短时间内培养出大批精英人才的重要因素。

（六）学用一致、"少而精"和以学生为中心、教学相长的教学原则

这是"延安模式"的基本教学原则，客观上源于革命战争时期战争形势变化无常，急需干部且到岗即能用，学习时间短，条件简陋。所以，在较短的时间内要使学员懂得一些马列主义的基本理论，掌握对敌斗争的武器，学到实际工作的基本知识和技能，就必须在教学上坚持少而精的原则，强调从实际出发，即根据教育目的、学员接受能力与实际需要来确定课程和课程内容。在讲授时，要求教员抓住问题的中心和实质，使学员能够深入理解，并能在实际工作中正确运用，主观上在于理论与实际相结合、学以致用，为革命战争与建设服务的教育理念，以及同志式的师生平等关系。因此，这也是"延安模式"

的自觉追求。

这一基本教学原则源于大革命时期，特别是苏区时期中国共产党的高等教育实践，发展成熟于延安时期。正如栗洪武所著的《延安干部教育模式研究》一书中所总结的："延安干部教育的教学方法有三个共同的特点：一是学与用的一致，即一面学一面做，从学的过程中去做，从做的过程当中去学；二是自学为主，讲授为辅；三是在教学上发扬民主精神，不同意见可以互相争论，互相批评。"① 并总结了五条具体做法：1. 针对不同的教育对象，采用灵活多样的教学方式。如果学员多数是党政高级干部，在教学中就着重采用自学研讨法；如果学员是工农干部，则采用启发式与传授法；对有中学乃至大学文化程度的学员，教学方式则是讨论式与讲演式并用。2. 课堂教学以学生为主。各门课一般都有讲义或教科书，并编印了教学大纲，对课程内容、范围、研究方向做扼要的说明，以便学生把握、理解和复习。教学以学生为主，就是一切从便于学生听懂、理解、掌握、运用出发。3. 采用启发式和联系法。启发式是延安干部教育中授课的基本方式。启发的具体方法：一是从近讲到远；二是从具体讲到抽象；三是从分讲到合，从合讲到分；四是从事件的演变过程中把握发展规律及其趋势；五是抓住中心，扼要地叙述问题。同时，在讲课中特别注意使用"联系法"。如原则与实际的联系，现在问题与过去和将来问题的联系，各科之间的联系，在校学到的理论与前方实践经验的联系，自己的思想与所学理论的联系，等等。这不仅培养和锻炼了学员的思维、想象及创造力，同时也使教学内容充实活泼。4. 开展课外辅导与课后实习。5. 重视学习方法的改进。一是明确学习目的，树立学习信心；二是端正学习态度，反对好高骛远；三是掌握读书原则，讲究读书方法；四是专心听课，摘记要点；五是主动质疑，不耻下问；六是互相帮助，集体学习。其中注重两种学习方法：一种是自学法。让学生在校学习期间掌握自学方法，养成自学习惯，是教学工作中一项重要的任务。另一种是讨论法。各班还十分重视运用讨论的方法，发挥集体的智慧；学习中的许多疑难问题，在讨论中基本能得到解决。② 延安大学具体教学实践则印证了这一总结与概括。

---

① 栗洪武：《延安干部教育模式研究》，中国社会科学出版社，2009，第157—158页。
② 栗洪武：《延安干部教育模式研究》，中国社会科学出版社，2009，第158—159页。

据《延安大学史》记载：延安大学的教育方法一般以自学为主、教授为辅。因此，一般课程（除技术课、文化课外）的教学大体按以下程序进行：1. 讲授。教师就该课内容提要进行讲授，着重提出问题，勾勒学员研究的线索，启发学员研究的兴趣。2. 研究。学员根据实际材料，参照教师指示进行研究，做笔记、展开讨论（包括漫谈、讨论、墙报等形式）。3. 总结。研究完毕后，教师汇集研究过程的争论与疑难问题，分别予以解答，或对全课做出较为系统的结论。

为了提高教学质量，学校提倡教学上的民主，即允许学员对教师的讲授提出意见，着重思想指导，杜绝用行政手段解决教学上的问题。还提倡教学上的集体互助，即教员和学员之间的互相学习和全校不同程度、不同成分的学员之间的互相学习与帮助。

根据上述精神，行政学院制定了下列具体的教学原则和方法。具体教学原则为：第一，理论与实际相结合，即实施革命政策教育，实施边区建设各方面业务知识和工作方法的教育，并把这种教育和边区实际工作经验总结相结合。第二，自学与指导相结合，即：一方面在自学的基础上提高学员学习的自觉性和创造性，使学生能对各方面的问题善于思考，善于发表自己的见解；另一方面还要加强指导，指导是在民主的自学基础上建立的，同时自学又是在指导之下的自学，指导与自学密切联系，使自学不至于自沉。

自然科学院根据学校的精神，在教学方法上做出一些具体的规定：理论课采取讲授形式，以便系统地启发讨论；业务课教学，联系边区的生产实际以及近期的发展，到实验室和工厂实习，以便养成"自己动手"的能力。一般情况下，半日讲课，半日实习。

在教学中，学校除提倡学员和教师共同讨论的方法外，还提倡学员自己反省与实践的精神，即学员根据自己过去和现在的思想、学习与工作情况，进行反省与实践，做到知行合一和言行一致。为了加强实践，学校将实习分为边区课的实习与技术课的实习两种。

边区课的实习，主要目的在于了解边区。因此，实习工作不拘于专业本身，各行各业都可以参加，而且定期和不定期均可举行。1944年重新组建后，延安大学与延安市政府协商，以学校附近的南郊乡、新市乡和桥镇乡为学生经常实习的区域。这是经常性实习。当年学校还决定，学生在校实习三月后，全体学员下乡实习三个月，这是定期实习。

技术课的实习：一种是参加边区实际工作部门的技术工作，如自然科学院的工厂实习和农场实习，行政学院的某些业务课（如财经系的"会计""出纳"工作课）在边区政府部门或单位实习等；另一种是鲁艺戏剧音乐系创造性地把技术实习和群众工作的实习结合起来，具体做法是以群众为工作对象，除为他们做一般的工作外，还为他们演戏唱歌，把他们的生活作为自己创作实习的内容。

延安高等院校的教学总原则在中共中央《关于延安干部学校的决定》中有明确规定，但具体教学方法并没有统一的规定，而是根据不同院校、不同专业、不同培养目标灵活确定。延安中国医科大学的教学就与其他学校有着明显的不同。

临床医学教育比较特殊，它对专业课程的教学，对实验及临床教学、实习都要求很高。尽管延安的客观条件十分艰苦，但延安中国医科大学在办学中还是千方百计地克服困难，尽最大可能利用延安的现有条件，尊重高等临床医学教育的一般规律，高度重视课堂系统教学、教材建设、实验室建设，以及临床教学和实习工作，确保医疗临床专业学生的培养质量。

延安中国医科大学是在原八路军卫生学校的基础上，1940 年 9 月在延安经毛泽东提议、中共中央批准扩建的一所医科高等院校，分设 4 个班，即高级军医班、普通军医班、调剂班、特别班，共有学员 300 多人。高级军医班招收高中毕业生或大专学校肄业生，学制为军医班四年，加一年临床实习，制药班三年，调剂班一年。特别班是专为长期从事医务工作但文化水平较低、学历低的在职医务工作者设立的，学习期限不定。

延安中国医科大学隶属中央军委管理，根据中央军委的规定，中国医科大学的任务是培养政治坚定、技术优良、作风过硬的现代革命医务技术人才。为此，学校切实认真地抓三个方面的教育，即政治教育、专业教育和临床实习。

根据中央军委的要求，学校特别重视课堂教学，明确规定：修业期间，除假期和生产劳动时间与见习实习外，高级军医班实足上课时间为 24 个月。普通军医班和调剂班在修业期限上，实足上课为 18 个月。这与延安其他高等院校的教学有很大的不同。

当时延安中国医科大学所开的课程有数学、物理、化学、英文、组织、生化生理、解剖、病理、微生物、寄生虫、药理、诊断、内科、外科、小儿科、妇产科、五官科、药物、处方、护理、调剂等。此外，还有政治课、军事课、时事政策报告等。

延安中国医科大学当时的师资虽然数量不多，但层次和质量却很高。民国时期名列前茅的医院与医学院是南"湘雅"、北"协和"、西"华西"、东"齐鲁"。学校的老师大都来自这些著名医院以及北大、清华等大学，具有很高的专业技术水平。由于日寇与国民党顽固派的封锁，延安与外界联系十分困难，无法购回系统成批的教材，现成教材数量非常有限、非常宝贵，因此延安中国医科大学在教学方面还有一个非常突出的特点，那就是组织教师系统地编写专业教材。

当时延安中国医科大学所用的专业教材，绝大多数是由教员自己编写的。老师们将奔赴延安时自己随身所带的英、美、德、日教材，经翻译、编辑、刻蜡版、油印后发给同学们。有的老师授课没有教材，同学们就边听课边记笔记。由于缺乏参考书，教员在编写教材时为了尽量减少差错，就采取集体编写的方法，以集中集体的智慧，经过反复讨论和修改后才定稿。当年编写的教材，现在还保留一部分，如《诊断学》《内科学》《药理学》《外科学》《妇科学》等等，都是马兰纸油印，非常粗糙，却非常珍贵，是重要的历史见证。

当时在陕甘宁边区，延安中国医科大学的仪器设备算是比较齐全的。凡在普通医学院中能有的基本仪器、挂图等，中国医科大学都有。同时，学校还设有解剖、生理、病理、微生物等实验室，以及细菌检查室、X光室。学校的隔壁是当时延安最好的综合医院——白求恩国际和平医院，这所医院被指定为中国医科大学的临床教学与实习医院。在延安，这所医院设备较齐全，仪器也较先进，医生们有许多是来自国内以及苏、德、法、印等国的高水平大夫或医学博士，为中国医科大学的临床教学与实习提供了良好的条件。学校和医院是一体的，师生随时可参加医院的诊治，医院的医生也可对学生进行临床指导，这与现在医科大学与附属医院实际分离的状态完全不同，对于贯彻理论联系实际、学以致用的总教学原则是非常有利的。

（七）多样化的学生考核制度与方式

考试作为检验学生学习水平和衡量教师教学效果的途径，应该是任何学校教育都必不可少的重要一环。所以，延安时期的高等院校学员在学习期间都是有考试、考查环节与制度的。但其考试也和其他制度的建立一样，是在延安时期总的教育思想理念，教育目标、原则以及办学逻辑、人才培养的价值目标与价值追求的基点之上，批判旧的观念、方法过程中建立起来的。与民国大学完全不同，注重的是考试的实质，而不是形式。这与延安时期高等教育强调教育实质而轻视学历文凭的价值追求是一致的。每门课程进行到一定程度，必须进行考试。但是禁止用形式主义的方式考核学员的学习成绩，要求采取灵活多样的方法来完成这项工作。

下面是延安大学当时鉴定学员考试成绩的几种方法：

1. 民主鉴定。对每个学员的学业成绩由群众讨论做出鉴定，如果鉴定后本人不同意，可以将自己的意见附入鉴定。

2. 根据实际效果鉴定。如鲁艺戏剧音乐系学生成绩的考核，由系上向群众做调查，按群众意见评定成绩的优劣和高低。

3. 根据反省与实践的情况来鉴定。如行政学院学习林伯渠主席的政府报告时，成绩考核办法是：根据个人反省，考察其行为是否真有转变、程度如何，以此定出个人的成绩等级来。

4. 用测验的方法来鉴定。一部分理论课程没办法在实践中或实际工作中来鉴定学业成绩，因此用测验的方法来进行。以行政学院教育系的方法为例：特别注重教育师生对考试的理解和认识。从学生方面看，考试是为了重新有系统地复习，可以更进一步地了解课程内容，并且可以因考试学到更多的东西；从教师方面看，因考试而修正教材，改进教法，促使教师进步。所以，考试对师生是一致的，不是对立的，对师生双方都有益处，而不是教师用来控制学生的手段。基于这样的认识，他们找到了体现"集体自我教育"的考试原则——考试与复习一致，教师与学生一致。考试对每个人来说，都是对课程更深一层的了解。具体做法是：

第一，教师出题。所出之题包括课程的全部内容，分两种类型：一种是复习性质的，当然也带有启发性，问答题不仅要问某件事的内容，还要问为什么是这样；另一种是要学生发表自己的见解、感想，并对教师提意见。

第二，小组讨论。教师发出试题后，各小组必须根据考题，组织起来进行复习与讨论（让自己发表见解的题不讨论）。

第三，个人解答。复习讨论后，要自己发表见解的题，每人必答，带复习性质的题，抽签解答，每个人抽到什么考题，就答什么。

第四，几条纪律。①讨论时每人必须参加，而且都要发言，每题可以在小组上求得一个初步结论。②不得先分配考题给个人，然后再进行讨论与复习。③讨论、复习、解答时，都可以带参考书来参考。④抽签以后，每个人必须自己答，不得与别人商量。⑤教师可以参加任何一组的讨论，可以给学生找参考书，但讨论时不得参与意见。⑥根据考试内容多少，限定在一定的时间内完成，不得延长时间。

第五，教师评阅。教师评阅试卷只打记号，不做评定。如答错的题可用"？"标记等。

第六，传看试卷。教师在考试后讨论会上，指出某题某组某人答得比较详尽，然后把所有考卷陈列在全系公共场所，让全系学生自由去看。同时，教师在讨论会上也要指出某题解答不充分或答错了，但不直接指明答题人的姓名。

第七，教师对本门功课的自我批评。教师极虚心地接受学生对这门课提出来的意见，说明某某几点是应该接受而要改进的，某某几点还值得大家再考虑，两方面都要说明理由。

这样的考试有以下几点好处：第一，考试的实际领导人由教师转变为学生或学习小组。第二，时间支配。在规定的考试时间内，四分之三用于讨论，四分之一用于答卷。第三，可以使在正常教学时因事耽误了课程学习的学生，在较短的时间内赶上来。[①]

当然，这种考试制度与方法带有战时的不规范与不确定性，但这种考试制度和方法与教育本质内在逻辑的联系却是可贵的，是有价值的，是一种创造。它打破了现代高等教育在发展过程中所形成的许多陈规，返璞归真，由注重形式到注重实质，的确是一种革命性的变革，至今仍有非常重要的积极意义。

（八）面向革命和建设实际的科研导向

科学研究是现代高等教育的四大职能之一，也是现代高等院校的基本特征。延安时期的高等院校十分重视科学研究，但是这种科学研究的立足点与出发点与当时民国大学有很大不同，主要源于不同的办

---

① 《延安大学史》编委会编《延安大学史》，人民出版社，2008，第143—145页。

学宗旨与办学逻辑，同时也与当时的客观环境、客观条件相关。

"延安模式"的科研导向是十分明确的，那就是面向革命和建设实际，回答革命与建设的现实问题，解决革命与建设的现实问题。无论是哲学社会科学的研究，还是自然科学的研究，都必须坚持这一导向。事实上，在哲学社会科学研究方面，毛泽东关于马克思主义哲学中国化的两部重要著作《矛盾论》《实践论》，就包含了延安许多高校哲学老师这方面的理论研究与学术贡献。在马克思主义哲学中国化、大众化，以及马克思主义辩证唯物主义与历史唯物主义理论发展方面，延安时期的高等院校是学术与理论方面的主力军。

关于中国古代史与近现代历史研究方面，延安时期高等院校的相关老师与研究工作者也做出了杰出贡献。他们运用马克思主义历史唯物主义观点研究中国古代历史、近现代历史，取得了许多重大的创新性学术成果，在中国革命史、中共党史研究方面也取得了许多重要的成果，形成了历史研究的"延安范式"，对新中国的史学研究产生了重大影响。马恩列斯等马克思主义经典作家著作的编译出版，在延安时期也达到了一个高峰阶段，延安时期的高等院校是其主力军。

此外，在政治学、马克思主义政治经济学、军事学、教育学、文艺学、语言文字学、新闻学、财政税收、司法行政、工农业生产管理、社会管理、自然辩证法等方面，以马克思主义为指导，结合新民主主义革命与建设的实际需要，延安时期的高等院校都做了大量的研究工作，取得了丰富的研究成果，直接指导了新民主主义革命与建设各项事业的发展。

在自然科学领域，延安时期的高等院校更是直接面向工农业生产和社会现实问题，积极创造条件，发挥主观能动性，土法上马，开展具体的、有针对性的科学研究、技术改造与创新，有效地解决了陕甘宁边区现实生产条件和社会发展状态下急待解决的现实科技问题，促进了边区工农业生产，为打破日寇和国民党顽固派对延安与陕甘宁边区的经济封锁，发展经济，渡过难关，发挥了独特的作用。同时，在医药卫生防疫等方面的科学研究与技术发明创造，特别是科普宣传教育，也在保障军民健康、促进社会进步方面发挥了重要的作用。

还应该指出，由于受延安与陕甘宁边区当时低下的生产力水平、极端落后的经济社会条件，以及延安时期高等院校简陋的条件的限制，延安时期的高等院校在自然科学（包括一些人文社会科学）的基础学科、尖端领域的研究成果很少，这是历史的局限，有其历史的必然性。对此，我们一定要有正确的认识：一是不能超越历史条件看问题；二是不能回避，更不能不承认这一缺憾。从历史的角度看，这不应该是缺陷，但一定是缺憾。

（九）以研究室为平台、以研究员带研究生为主的研究生培养模式

民国时期，高等院校的研究生教育并不发达，研究生招收培养的数量很少，但延安时期在少量高等院校是有研究生教育的。比如在马列学院（中央研究院）的研究室都有研究生，鲁迅艺术文学院在独立办学与并入延安大学改为鲁迅文艺学院后，在文学系与美术系都招收研究生，而且规模相对比较大。如著名诗人贺敬之、著名版画家古元都在鲁艺文学系与美术系做过研究生。行政学院并入延安大学后，教育系也开始招收研究生。仅此三个系的研究生先后就有一百多人。

延安时期的高等院校招收培养研究生的主要方法是由系或学校设各类专业研究室，并聘任研究员，由研究员招收培养研究生。如著名诗人、学者何其芳与著名教育学家张宗麟在鲁艺和延大任职期间，在文学系和教育系受聘担任研究员并负责培养研究生。

解放战争时期，延安大学由学校设立与院系平行的研究室招收研究员与研究生，这应该是抗战时期学校设立研究室聘任研究员、由研究员培养研究生形式上的一个延续。任实际内容已不同了，这时设立研究室是为了吸收国统区高级知识分子和已毕业的大学生，主要是对他们进行马列主义基础理论、新民主主义基本理论、中国革命史、新民主主义各项政策的教育，基本不涉及专业学科。其研究原则是自由研究，研究员也没有培养研究生的任务，在校时间不固定，但以三五个月的短期为主。

笔者一直未找到研究生培养方面的具体材料，对其招收标准、培养体系、培养方案、课程体系、毕业标准等缺乏系统的了解，只能待以后进一步研究。但有一点是明确的，各研究室研究员都有针对边区实际和工作需要的具体研究课题任务，所带的研究生均以工作者身份，具体参与这些研究课题与研究任务，在研究工作中接受研究员的指导。因此，当时研究生培养主要是实践性指导与实践性学习，没有

学位论文答辩，也不授予学位，一切都在工作实践中检验与考核。

（十）以自主管理为主、以自我教育为核心的学生管理体制以及同志式新型师生关系

延安时期，高等院校的学生比较特殊。前期以国统区、沦陷区奔赴延安参加抗日、参加革命的知识青年为主，单纯来求学的并不多。他们具有一定的政治觉悟，延安虽然生活艰苦，但他们对生活的要求并不高，一般都有吃苦耐劳的思想准备。加之是战争时期，学校的组织化程度非常高，接近于军事化管理，以集体生活为主，个人的生活空间并不大。所以，学生管理以思想政治教育为核心内容，同时体现民主自由与自我教育，形成了以自主管理为主、以自我教育为核心的管理体制。1939 年之后，学生多数又是各级党政机关、单位、部队选送的在职青年干部，以及延安与陕甘宁边区和其他根据地中等学校的毕业生，国统区地下党组织选送的部分革命青年，所以更加强化了这一体制。

首先，由学生自主，并通过民主的方式选举产生学生自我管理的自治组织——学生会或学生自治会。这个学生会或学生自治会与民国大学的学生会或学生自治会是有本质不同的，而与我们在第一章论述的苏区高校"学生公社"的性质是相同的。学生会或学生自治会自觉接受学校党组织的领导，与学校是促进关系而绝非对立关系，既体现了民主，更体现了集中，既有自由意志，也有纪律约束。

学生会或学生自治会有四项基本职能：一是学校联系学生的桥梁与纽带，并代表学生参与校务委员会工作，实施对学校的民主管理，代表学生监督学校相关的教学与后勤生活服务工作。二是组织与管理学生的日常生活、课余文化娱乐活动、重大节庆的纪念活动。组织学生参加学校的建校劳动、生活后勤服务工作以及社会公益活动。对外代表学生发表声明，并与其他学校学生开展联谊活动。三是学校是对学生进行思想政治教育的辅助机构，更是学生自我教育的组织机构，协助学校管理教育学生，这是其核心职能。四是组织学生自学与社会实践活动，以及互助学习，组织管理学生的各种学术与社团组织，是学校教学的辅助机构。

其次，在学生中设立党的学生基层组织，发挥政治核心与先锋模范作用，在学生中发展党员，并参与学校党组织对学生进行的政治审查，这是学生自我管理体制中的灵魂。学生自治组织能够坚持正确的

政治方向，发挥积极作用，以及在学生自我教育中取得积极成果，发挥关键作用，各个学校学生基层党组织也的确发挥了政治核心与战斗堡垒作用，为在错综复杂的战争环境下防止敌特渗入与敌对势力分化瓦解，保证学生队伍的政治纯洁，发挥了积极而特殊的作用。同时，学生党员的先锋模范作用也在学生中得以充分发挥。尽管当时学生党组织和党员并不公开，但是在学生们心中，谁是党员大家是很清楚的。凡是学习刻苦努力的、工作主动积极的、劳动吃苦耐劳的、生活先人后己的，那多半是共产党员，确实营造了良好的风气。这在延安的各个学校中都是共同的。

这是一种新型的学生自我管理体制，在延安时期是各个高等院校整体教育工作的有机组成部分，而且在学校整体教育工作中发挥了不可替代的作用，取得了显著的成效，是延安时期高等教育的宝贵经验与鲜明特色之一。

作为"延安模式"的重要特征，民主平等的师生关系也是显著区别于民国高等教育的一个重要方面，是中国现代高等教育发展中的一项创新。对此本书第一章第三节在论述苏区教育的特征时已经做了较详细的论述，其基本特征一致，只是更加完善，因此这里不再展开。

以上所述并未包括中国现代高等教育"延安模式"的全部特征，但其主要特征应该都有所涉及。从这些特征中我们可以深刻地认识其理论创新与实践创新，鲜明地感受其品质与风格，也能够体悟其不朽的精神与价值追求。

第六章

东渐西被：
"延安模式" 的推广

中国共产党扎根中国大地办大学，创新发展现代高等教育中国特色、中国逻辑、中国模式，发端于建党初期，初步实践于土地革命时期的中央苏区，成熟于延安时期。这里既有建党初期、土地革命时期的思想根源、逻辑起点与实践基础，更有延安时期的创新发展，也有其他抗日民主根据地，特别是华北敌后抗日民主根据地的实践成果。同时，中国共产党创新发展中国现代高等教育的"延安模式"，立足于延安与陕甘宁边区，但绝不限于延安与陕甘宁边区，而是面向全中国，首先是华北与东北这两个抗日战争与解放战争时期中国共产党最为重要的战略根据地。特别是抗日战争胜利后，中共中央将中国现代高等教育"延安模式"推向华北、东北等新解放区，作为与国民党反动派斗争的战略决策与重大措施，使"延安模式"迅速向全国各个解放区推广，尤其是华北与东北，取得了重大成就。

第一节　　"延安模式" 在华北的发展

华北抗日民主根据地是中国共产党抗日战争时期在敌后创建的一个重要战略根据地。它南起陇海路，北到长城一线，东起黄海渤海，西到黄河，包括当时的山东、河北、山西、察哈尔、绥远、热河的全部和河南、江苏、安徽的一部分。在这样一个广阔的地域内，广大抗日军民在中国共产党的领导下，经过英勇斗争、浴血奋战，从日伪的铁蹄下夺回了大片的国土，先后建立了晋绥、晋察冀、晋冀豫、冀鲁豫、山东五大抗日根据地，形成了中国共产党领导的敌后抗日民主根据地中最大的一个抗日民主根据地群。它的巩固与发展，既为赢得抗日战争的胜利发挥了重要作用，也为夺取解放战争的胜利奠定了战略基础。

华北敌后抗日民主根据地群隔黄河与延安和陕甘宁边区相接，其各个抗日民主根据地之间的联系也相对紧密与畅通。因此，在各敌后抗日民主根据地中，华北抗日民主根据地与延安和陕甘宁边区联系最广泛，人员往来最多也最为密切。加之华北敌后抗日民主根据地在抗日战争中是中国共产党创立最早的，也是最重要的战略根据地，所以华北抗日民主根据地自然也成为中国现代高等教育“延安模式”推广最早、参与实践最多的敌后抗日民主根据地。

一、 延安大学与华北联合大学的合并及华北联大的发展

正在华北联大全面恢复，实施新型正规化办学的节点上，根据中共中央在延安做出的延安大学主体整建制迁往东北，创办新型东北大学的决定，延安大学校长周扬、副校长张如心、秘书长刘呈云，带着七八百人的迁校队伍于 1945 年 12 月底到达张家口。此时，国民党军队已经占领被人民解放军解放的承德、锦州，封锁了山海关，华北解放区通向东北的道路被国民党军队切断，延安大学迁校队伍无法前往东北完成创建新型东北大学的使命，中央电令延大迁校队伍暂留张家口待命。

借此时机，晋察冀中央局于 1946 年 1 月 28 日向中共中央发电请示，电文的第二条内容是：“延大与联大合并，成仿吾任校长，周扬任付（副）校长，可否，请即示。”① 第二天，即 29 日，中共中央就复电：“同意延大、联大合并，成任校长，周副之。”② 于是，延安大学迁校队伍迅速与华北联合大学合并，成仿吾任校长，周扬任副校长，张如心任教务长，刘呈云任党委副书记。

与此同时，聂荣臻又向中央报告，说去东北的道路不通，晋察冀

红色基因
与科学逻辑 **275**

---

① 《晋察冀中央局关于古大存工作问题的请示及中央的决定》，1946，中央档案馆馆藏：285/28。

② 《晋察冀中央局关于古大存工作问题的请示及中央的决定》，1946，中央档案馆馆藏：285/28。

边区工业企业很多，很需要技术人员，建议将自然科学院从延大迁校队伍中抽调一部分留在华北。中央同意了聂荣臻同志的意见，自然科学院一部分和晋察冀边区工业专科学校合并，校名仍为晋察冀边区工业专科学校，受晋察冀边区教育局领导。由原延大自然科学院副院长恽子强任校长，原延大自然科学院机械工程系主任阎沛霖任教务处长，阎沛霖赴东北后，由王甲纲继任。此校后并入华北大学工学院。

延安大学与华北联大学合并以及延大自然科学院一部分与晋察冀边区工业专科学校合并，对于中国现代高等教育"延安模式"在华北地区的进一步推广与发展具有重要的意义。

"新型正规化"的实施，标志着中国现代高等教育"延安模式"的成熟，也是延安整风运动的重大成果之一。而这一创新实践又是以延安大学为主要载体、主要范本的，周扬、张如心、刘呈云等是这一创新实践具体实施的主要领导者、组织者，延安大学师生员工是具体实施的参与者、执行者。延安大学迁校队伍离开延安时，这一具体实施工作已经初步完成，参与这一实施工作的主要校领导与骨干教职工也都随迁校队伍来到张家口并入华北联合大学。虽然 1946 年 6 月份根据中共中央的指示，由张如心、刘呈云率领一批原延安大学教职员工继续前往东北，但在华北联合大学最关键的恢复阶段，延安大学迁校主体部分的并入，无疑是华北联合大学发展难得的历史机遇。即使张如心、刘呈云率领一批原延安大学教职员工离开华北联合大学，但原延安大学校长周扬和一部分原延安大学领导干部与骨干教师仍留下来了，成为华北联合大学的领导和业务骨干。这对华北联合大学复校后实施"新型正规化"教育，学习推广和发展"延安模式"，具有不可替代的示范推动作用。

华北联合大学复校后，恢复了原来的文艺、法政、教育三个学院和一个文艺工作团。文艺学院下设文学、戏剧、音乐、美术、新闻五系。法政学院下设政治、财经两系。教育学院下设国文、史地、教育三系。文艺学院院长为沙可夫、副院长为艾青，法政学院院长为何干之，教育学院院长为于力、副院长为丁浩川，文艺工作团团长为吕骥、副团长为周巍峙及张庚。除于力之外，均为原延安大学各学院的院长。

1946 年 6 月，新成立了外国语学院，下设俄文、英文两系。院长浦化人曾任晋冀鲁豫解放区高等法院院长、延安编译局英文系主任。

1946 年 2 月，华北联合大学公开登报招生，招收法政学院（政治系、财经系），文艺学院（文学系、美术系、戏剧系、音乐系、新闻学系、外国语系），教育学院（教育系、国文系、史地系）新生 800 名，华北联大得到了迅速的发展。学生的来源主要是城市青年，占绝对多数的青年学生是从国民党统治的地区（如北平、天津等）入校的。国民党曾在由北平通向张家口之间的南口设立严密的岗哨，拦截要进入解放区的青年，但他们仍然不顾一切危险，陆续涌入华北联大求学，自愿到解放区接受新式的民主主义教育，联大的教职工和学员始终保持在一千多人。

1946 年 9 月，张家口失守，华北联大由张家口撤至广灵，然后经八百里行军到达河北省束鹿县建校。学校仍然保持文艺、政治、教育、外国语四院。1947 年延安平剧研究院并入华北联大后，共有五个学院。文艺学院下设文学、戏剧、音乐、美术四系及文艺工作团。政治学院下设政法、经济两系及短期的政治班。教育学院下设史地、教育两系。外国语学院下设俄文、英文两系。学生大部分仍然是从国民党统治的北平、天津等城市来的青年学生。

1947 年 11 月石家庄解放后，华北联大又从束鹿农村迁校正定县城。

从 1939 年到 1948 年整整九年时间，华北联合大学在华北敌后艰苦卓绝的战争环境下，在晋察冀边区辗转办学，为晋察冀边区和华北敌后各抗日民主根据地吸收培养了大量沦陷区、国统区的先进知识分子和青年学生，培训了大批各级各类在职干部，成为晋察冀边区乃至华北各敌后抗日民主根据地的人才摇篮和干部基地，为中国现代高等教育“延安模式”的发展成熟，以及在敌后抗日民主根据地的推广普及，做出了特殊而不可替代的重大贡献，也成为中国共产党抗战时期延安之外最著名的大学。

二、 从华北联合大学到华北大学

1948 年 5 月 9 日，中共中央决定将晋冀鲁豫和晋察冀两大解放区合并，撤销晋冀鲁豫中央局和晋察冀中央局，成立统一领导华北地区工作的中共中央华北局和华北人民政府。原来分属于两大解放区的华北联合大学与北方大学合并为华北大学，以集中力量扩大办学规模，为迎接人民解放战争的胜利和全国解放，为建设新中国培养大批干部。由吴玉章任校长，范文澜、成仿吾任副校长，校址选在正定。当时中共中央委托中央书记处书记周恩来负责合并改组事宜。

华北大学是解放战争后期解放区规模最大的一所新型综合性大学，由延安时期高等教育的主要组织领导者吴玉章、成仿吾和范文澜具体领导，集中了延安和华北敌后抗日民主根据地高等院校的主要领导和业务骨干，是"延安模式"与华北敌后抗日民主根据地高等院校办学经验的有机融合，是"延安模式"在新形势下的重要载体与发展延续。同时，也为新中国成立后迅速将"延安模式"推向全国打下了坚实的基础。

（一）北方大学的创建与发展

北方大学因为成立较晚，创建于抗战胜利之后，所以一般人了解不多。同时，北方大学虽然是晋冀鲁豫边区政府所创建的一所大学，但其领导人，特别是各学院的领导与骨干有许多来自延安大学，而且它的创建及办学模式与抗战时期敌后抗日民主根据地创建的高等学校有所不同，是一所学科门类较为齐全的综合大学，更多地体现了"延安模式"高等院校办学以社会需求逻辑为主体、兼有学科逻辑的特征，而且与其他解放区高校相比更突出学科逻辑，这与延安大学整风运动后的办学模式、办学逻辑有更多相同之处。因而，其对于华北大学对"延安模式"的继承发展，以及对于我们认识与理解"延安模式"在华北的推广与发展，具有特殊的意义。所以，我们以中国人民大学前身时期校史读物编委会编著的《人民的大学：华北大学（1948—1950）》为蓝本，对北方大学及其各学院做以比较详细的介绍。

抗日战争胜利后，国内形势发生了重大变化，各解放区进一步扩大，解放区的各项建设事业亟待恢复和发展。1945年11月，晋冀鲁豫边区政府主席杨秀峰、副主席戎子和提议，在本地区开办大学，培养解放区急需的建设人才。中共晋冀鲁豫中央局和晋冀鲁豫边区政府根据中共中央的部署，决定创办新华大学。

1945年12月，经过几次专门讨论，晋冀鲁豫边区政府政务会议决定将新华大学改名为北方大学，成立以杨秀峰为主任的北方大学筹备委员会。筹备委员会成员包括晋冀鲁豫边区政府教育厅厅长晁哲甫，冀南、太岳、冀鲁豫各行署主任，边区政府委员会的王振华、罗青以及地方文化教育界知名人士共 20 余人。边区政府委员会还决定，北方大学校址暂设邢台，办学经费主要由边区政府财政支出。

北方大学的办学宗旨是培养全心全意为人民服务、从事建国工作的各项专门人才；办学方针是以培养解放区发展经济生产所需人才的院、系为建设重点，拟设立工、农、理、文艺、教育、财经等学院，面向新解放区具有中等以上文化水平的青年招生。北方大学正式开办之后，所设院系逐步增至七个，即行政学院、财经学院、文教学院、工学院、医学院、农学院、艺术学院，涵盖哲学、经济学、法学、教育学、文学、历史学、理学、工学、农学、医学、管理学和艺术学十二大门类。

1946 年 1 月，北方大学成立行政学院，院址设在邢台市西郊原日伪新兵营，院主任由薄怀奇担任。行政学院具有干部培训学校的性质，培训本地县科和区级以上党政干部，提高他们的政治理论、思想、文化水平，为接管新解放的城市做准备。行政学院的学制暂定二年，学员由晋冀鲁豫边区各专署按计划从在职的年轻干部中选调，免试入学。行政学院自 1946 年 1 月起开始招生，至同年 2 月份已有学员 150 余人，按文化程度编为三个班，学习政治、国文、数学、史地等课程，教员有荣孟源（原延安大学社会科学院、行政学院教师）、薄怀奇、胡林畇、贾鼎臣、刘桂五等。

1946 年 3 月，原晋冀鲁豫边区政府建设厅所属财经专科学校划归北方大学，组建北方大学财经学院，培养财经干部和财会人员，院址设在邢台市西郊原日伪新兵营，代理院主任先后是薄怀奇、王振华、罗青，以后由梁维直、习东光任院主任，其间曾由尹达（原陕北公学、延安大学社会科学院教师）兼任代理院主任。原财经专科学校的学员多为晋冀鲁豫解放区的青年，学院将原 300 多名学员精减至 120—130 人，编入本院预科，其余大部分文化水平较低的学员编入学校的附设班补习文化。除政治理论课以外，设基础课，包括国文、数学、历史、地理、社会科学等；专业课包括经济常识、财经理论、财政与经济问题、财务会计、统计、工厂建设等；经济政策课包括做报告、讨论、解答问题等。授课教员有姜国仁（原延安大学行政学院教师）、舒天巩、胡林畇、王养直、庄彤、陈继光、杜玮、贾鼎臣、岳林、汤铭等。

1946 年 4 月，北方大学成立教育学院，院址设在邢台市西关外中华基督教会福音医院旧址。同年 9 月，为适应解放区对文教干部的需要，教育学院改称文教学院。张萃中、陈唯实（原陕北公学教师）先后任院主任，院长为张宗麟（原延安大学行政学院教育系副主任、主任）。文教学院培养文教行政干部和中学师资，设普通班和外语班，学员共 200 人，新生都编入普通班学习，学制 3—6 个月。从国民党统治区来的教授、专家、学者大多被安排在文教学院任教，因此该院的师资力量较强，相应地也要求学员有较扎实的文化基础。从国民党统治区来的学员多数集中在这个学院学习。

文教学院重视对学员进行政治思想教育，将革命基本理论、中国革命问题、思想方法和解放区的政策等方面的课程列为主课，指导学员学习马克思主义辩证唯物论、历史唯物论。此外，开设国文、数学、外语、近代史、地理、自然科学、文艺讲座等文化课。学员修业期满，按照自愿与需要相结合的原则，或分配工作或留校转系、转院学习。文教学院的学员最多时达 400 余人，是北方大学规模较大的学院之一。

1946 年 4 月，北方大学成立工学院，院址设在邢台市西关外中华基督教会福音医院旧址，院主任先后为高太玄、陈唯实，以后由中共邢台市委副书记、邢台市文教委员会委员曾毅兼任院长，教员大部分是从国民党统治区来的工程技术人员，其中有少数水平较高的专家、教授。工学院的任务是培养理论结合实际的中级工程技术干部，这个目标是针对当时革命形势迅速发展，解放区各工业部门急需技术人才而提出的。1947 年初，工学院决定把预科阶段以后的专业教育时间调整为三年。为了尽快满足解放区建设对工程技术人才的需求，工学院在教学工作中既反对教条的"学院主义"（即脱离实际、只讲空洞理论的偏向），又反对当时存在的忽视文化和理论基础的"学徒主义"，而是强调必须做到理论与实践相结合。

工学院把专业教学分为三个阶段，每个阶段自成体系，学员学习完一个阶段后即具有从事实际工作的能力。专业教学贯彻少而精的原则，要求分科细、专业讲解深。学员分为矿冶、化工、机电三个专业班。同时，建立了理化实验室。1947 年 2 月，为了和军工部门建立业务联系，工学院迁到长治师范旧址。这里靠近晋冀鲁豫边区政府军工处，军工处为工学院提供办学条件、解决学员实习的问题，工学院向军工处提供人才和技术。工学院教员与军工处技术人员一起成立了"三二工程学会"，对军工处一批课题进行联合科学研究。

1947年4月，为避开国民党飞机的轰炸，工学院又迁至潞城李村，并增设了土木班。同年11月，为靠近工业基地便于实习，工学院再迁至潞城故漳村。其间，学员不断增加，最后发展到7个班130多人。工学院重视培养学员的实际工作能力，组织学员参加故县铁厂（即后来的长治钢厂）一号高炉（20吨）的建设工作；在军工处的帮助下办起实验化工厂，让学员参加生产实习，生产解放区急需的煤油、肥皂、甘油、黑漆等化工产品；组织学员到军工厂参观、实习，和军工厂合作修筑了二十五华里的铁路。这与延安大学自然科学院教学、科研、生产"三位一体"的教学体制是完全相同的。

1946年6月，晋冀鲁豫军区医科专门学校划归北方大学，扩建为北方大学医学院，迁址到河北省邢台市北关，属北方大学和晋冀鲁豫军区卫生部双重领导，属于部队建制。院长仍由晋冀鲁豫边区政府卫生部部长兼晋冀鲁豫军区卫生部部长钱信忠兼任，院主任是刘和一，教员和学员均为现役军人，其任务侧重于为人民解放军部队培养前线医护人员。医学院的专业课教员多是抗日战争胜利前后参加革命的医务人员，一般都受过高等教育，还有留学回国人员。他们具有较扎实的专业基础知识，但缺乏教育工作经验。工作实践中，他们克服困难，自编教材，自制教具，既当教员又当医生，不断总结经验，为部队和地方培养了一批医务人员，

1946年底，延安大学自然科学院农业系主任乐天宇奉命率领本系部分师生到达晋冀鲁豫解放区后，北方大学便在该系的基础上着手筹建农学院。农学院的任务是改造和增强当地的农业技术力量，以发展农业生产，培养农、林、牧、副业技术人员。1948年夏，工作人员增加到40余名，而且多数是专业干部。其中，一部分来自延安大学自然科学院，如乐天宇、徐纬英、彭尔宁等；一部分是从晋冀鲁豫边区有关部门调来的农业科技干部，如高惠民、岳良才、胡含、郑重等；还有一部分是从国民党统治区投奔革命的农业科技人员和大学生，如叶晓、岳林、杨舟、王培田等；另外，也吸收了当地有名的兽医和有丰富生产经验的农民，如曹德隆、高国景、阎占川、李恩祥等共同工

作。在联合国善后救济总署工作的美国友人韩丁、阳早也于 1947 年自愿留在晋冀鲁豫解放区工作并到北方大学任教。

北方大学到达太行山区后不久，文艺研究室就前往长治市参加太行地区群英会的文艺演出，随后又去人民解放军部队进行慰问演出。他们带去了《黄河大合唱》《白毛女》《支援前线》《翻身花鼓》等延安时期鲁艺创作的文艺节目，受到晋冀鲁豫边区领导、出席群英会的劳模和人民解放军指战员的热烈欢迎。1947 年 2 月，北方大学开始在文艺研究室的基础上筹建艺术学院。6 月，文艺研究室扩建为艺术学院，院址在潞城张庄，下设文学、音乐、戏剧、美术四个组和美术工厂，院主任为光未然（即张光年，原延安鲁迅艺术文学院教师）。

1948 年 5 月，北方大学奉命迁回邢台。其时，艺术学院已先期于 1947 年 9 月迁到邢台西关外中华基督教会旧址，后迁到河伯祠邢台师范旧址；工学院也已于 1948 年 3、4 月间返回邢台，驻原日伪新兵营；农学院则始终没有迁到邢台，而是继续在山西长治办学。1948 年 6 月底至 7 月 25 日，北方大学大部分机构陆续迁到华北联合大学驻地——河北省正定县城，同华北联合大学会合。一部分机构脱离北方大学，其中财经学院和财经研究室的大部分人员迁到石家庄市，独立建成直属华北人民政府财政部的华北财经学院，医学院迁到石家庄，同晋察冀白求恩医科大学合并成立华北医科大学。同年 8 月，北方大学结束工作。

（二）华北大学的建立与发展

1948 年 6 月 20 日，中共中央向中原局、华北局、华东局、东北局和晋绥分局发出关于华北大学招生的指示电，要求各中央局重视并协助做好招生工作。7 月 25 日，中共中央华北局通知，由吴玉章、范文澜、成仿吾、钱俊瑞、孟夫唐、沙可夫六人组成中共华北大学委员会，钱俊瑞任党委书记兼教务长。7 月 26 日，吴玉章校长召开两校领导干部联席会议，商定华北大学的机构设置和人事配备事宜，并于当晚举行全体人员联欢晚会。吴玉章校长等在会上讲话，鼓励大家团结一致办好华北大学，在新形势下以新的姿态为解放全中国努力工作和学习。

8 月 24 日，华北大学在原华北联合大学校址——河北省正定县城举行隆重而热烈的开学典礼。除华北大学 2000 多名师生员工参加庆典活动外，中共中央、中共中央华北局、华北人民政府有关负责人谢觉哉、李维汉、蓝公武、胡乔木、周扬等出席了大会。吴玉章在会上做了题为《建立新民主主义的文化中心》的报告，阐述了华北大学的办学方针和目的，并把"忠诚、团结、朴实、虚心"作为华北大学的校训。他着重指出，华北大学最主要的任务是学习马恩列斯的理论和中国革命的经验。华北大学以培养为新民主主义社会服务的政治、经济、文化、教育等方面的工作干部为目的，以马列主义理论和毛泽东思想为总的教学方针，以讲授、自学辅导、集体互助、理论与实际联系为教学方法。应吴玉章校长的要求，毛泽东为华北大学亲笔题写校名。

华北大学实行校长负责制，学校建立校务指导委员会和校务会议。其中，校务指导委员会是学校领导的咨询机构，校务会议是学校的最高行政会议。校部设秘书室、教务处和总务处。秘书室主任秦思平、副主任马纪孔，教务处处长尹达，总务处处长鲍建章、副处长于光甫。校部设图书馆，归教务处领导。

华北大学下设一部、二部、三部，均为教学组织，四部为科研组织。此外，还设有工学院和农学院。阶专业课外，各部、院的共同必修课为社会发展史、辩证唯物论与历史唯物论、新民主主义论、中国革命史等。

一部为政治学院性质，开办短期政治训练班，大量招收国统区奔赴解放区的青年学生。新生一般先入一部学习，毕业后或分配工作，或转入其他部、院继续学习。一部设政治研究室。部主任由钱俊瑞兼任，副主任为林子明、陈唯实，教师有何戊双、宋涛、胡华、李又华、王波鸣、王大刚、郭晓棠、陈辛人等。

二部为教育学院性质，以培养中学师资和文教行政干部为主，下设国文、历史地理、教育、社会科学、外语五个系和教育研究室。部主任是孟夫唐，副主任为于力、何干之，教师有尚钺、李何林、蔡仪、孙敬之、仇为之、林浩庄、谢韬、韩丁（美籍）等。10月5日，于力继任二部主任，何干之、丁浩川任副主任。

三部为文艺学院性质，以培养文艺干部为主，下设工学团、文艺研究室和文工团，附设美术工厂。工学团为教学组织，三部学员先入工学团，边学习边实践，半年后入系学习。文艺研究室下设文学、音乐、戏剧、美术、编译等组，准备在半年后建立文学、音乐、戏剧、美术四个系。文工团，全称为华北大学文艺工作团，归三部领导，也是三部师生的艺术实践园地。三部主任为沙可夫，副主任为艾青、光未然（张光年），教师有何洛、贺敬之、李焕之、李元庆、徐胡沙、崔嵬、赵起扬、邵惟、刘恒之、舒强、贾克、牧虹、江丰、胡一川、王朝闻、王式廓、罗工柳、彦涵等，全部为延安大学鲁迅文艺学院的领导与教师。

四部为研究院性质，设中国历史、哲学、中国语文和国际法等研究室。四部同分属于一、二、三部的政治研究室、教育研究室和文艺研究室保持横向联系。四部主任由范文澜兼任，副主任为艾思奇，教师有何思敬、刘大年、王南、王冶秋、荣孟源、刘桂五、丁易、张宗麟、刘列夫等。

华北大学工学院以培养工业建设专门人才为宗旨，院址在井陉，院长为晋察冀军工部部长刘再生，副院长为曾毅。该院由华北人民政府公营企业部领导，同华北大学保持横向联系。后晋察冀工业专科学校并入后，由原延安大学自然科学院副院长恽子强任院长。华北大学农学院即原北方大学农学院，以培养农、林、畜牧专门人才为宗旨，院址在山西长治，后迁到石家庄市西郊。院长是乐天宇，院主任为徐纬英。该院由华北人民政府农业部领导，与华北大学保持横向联系。

9月中旬，国民党飞机连日轰炸石家庄。为防备空袭，各部学员于17日开始疏散到正定西郊上课，月底回校。9月20日，校青委（即校团委。同年底，青年团正式定名为中国新民主主义青年团）成立，李新任团委书记兼一部副主任。学校开始整顿校内原有的青年团组织。10月26日，中共中央军委发布紧急通知：国民党部队将偷袭石家庄，华北大学应尽速向南转移。全校师生员工于当天下午即轻装向邢台方向转移。11月15日，学工人员全部自邢台回到正定复课。自1948年秋、冬以来，中共中央华北局城工部为保存有生力量并储备干部，动员平津等地大批大中学生来解放区，全国其他地区也有不少青年通过各种关系辗转来到华北解放区，华北大学学员人数骤增。一部因学员和班次增多，将各班分为四个区队。每个区队下设数班，每班约有120名学员。12月中旬，一部第9—14班学员毕业，大部分学员分配到平津前线，参加两市的军管工作。1949年1月22日，北平和平解放达成协议，校务指导委员会召开会议，检查学校进入北平的准备工作，讨论招生问题及教学计划。

　　1949 年 2 月 2 日，三部师生和学校派出的招生组先期进入北平。沙可夫、艾青、光未然（张光年）带领一部分干部到中国人民解放军北平军事管理委员会的文管会工作（光未然后来回校主持三部工作）。文工一团和二团配合中国人民解放军部队在天安门前举行的北平入城式和北平市的军管工作开展街头文艺宣传。2 月 3 日，成仿吾副校长从正定来到北平，为华北大学迁址和在北平招生、办学解决校舍问题。2 月 18 日，华北大学开始在平津地区招生。2 月下旬，二部 100 余名学员毕业，大部分留校工作。3 月 2 日，中共中央给华北局发出关于华北大学毕业生分配方针和分配方案指示电。3 月 10 日，学校指导委员会商讨进入北平后的教学工作和干部配备问题，以及一部第 19—30 班约 1400 名学员的分配问题。按照中共中央指示精神，这批毕业生一部分去党政部门工作或随军南下，少部分去华北大学工学院继续学习。

　　3 月 27 日，学校陆续开始向北平搬迁，至 4 月上旬全部迁到北平。校部驻东四六条胡同，一部驻沙井胡同、蓑衣胡同、铁狮子胡同、棉花胡同以及西皇城根原华北文法学院等处；二部驻先农坛，并在先农坛、拈花寺以及方家胡同各设一个分部；三部驻国会街原北京大学法学院；四部驻东厂胡同。因办学规模急遽扩大，北平校舍不足，学校决定在正定原华北大学校址和天津原意大利兵营（后迁到东局子原法国兵营）各办一所分校，全部安排一部新生。正定分校负责人为一部副主任李新，天津分校负责人为一部副主任陈唯实及宋涛。农学院仍驻石家庄西郊。

　　3 月下旬，一部第 19—30 班（驻正定阶段的最后一批毕业生）毕业分配工作，学校在平津地区新招收的学生陆续入学。自从学校在平津地区公开招生以来，报考青年非常踊跃。开始时学校录取标准偏高，后经党中央指示，放手吸收知识分子入学，尽可能扩大办学规模，为全国的解放大量、迅速培养干部。一部进城后成立了 12 个区队，每个区队约有 1000 名学员；二部三个分部共招收师资培训班、教育班学员约 2400 人；三部招收艺术干部培训班学员 1000 余人，学制均为半年。此外，为了接纳大学教师和学有专长的高级知识分子以及民主人士入学，学校成立了政治研究所。政治研究所前后编成五个班，共约 300 名学员。

1949 年 9 月 21—28 日，中国人民政治协商会议第一届全体会议在北平举行，华北大学有正式代表八人、候补代表一人参加了这次具有重大历史意义的盛会。他们分别是校长吴玉章，副校长成仿吾、范文澜，三部主任沙可夫、副主任艾青，四部副主任艾思奇、研究员何思敬，工学院院长恽子强，农学院院长乐天宇。另外，还有刚刚离开华北大学的原教务长钱俊瑞，二部主任于力。成仿吾为大会主席团成员，吴玉章当选为中央人民政府委员。1949 年 10 月 1 日，中华人民共和国中央人民政府成立典礼在天安门广场举行，华北大学全体师生员工参加了开国大典和当晚的提灯游行，见证了这一伟大的历史时刻。

华北大学 1949 年 12 月底基本停办，但遗留工作到 1950 年春才陆续结束。华北大学在将近一年半的办学时间里，为中国人民的解放事业和新中国的建设事业培养各类干部两万余名，并为一批新型高等院校和文化事业单位的成立，特别是为中国人民大学这所新中国创建的第一所新型示范性大学的成立奠定了坚实基础。

第二节 从延安大学到东北大学

延安大学主体部分迁往东北，创办新型东北大学，这是中共中央确定并实施"向北发展，向南防御"战略方针的重大举措。同时，延安大学的发展历史、特征及其成就，成为高等院校办学社会需求逻辑的实践典范及高等教育"延安模式"的标志性成果，又是中共中央将其纳入实施这一战略方针重大部署的决定因素，两者存在着必然的联系。延安大学为新型东北大学的创建、发展做出了重大贡献。因此，延安大学主体部分迁往东北，创办新型东北大学，在中国革命史、中共党史以及中国现代高等教育史上具有特殊的重要的意义。

认识延安大学主体部分迁往东北，创办新型东北大学的历史及其意义，了解和认识中共中央"向北发展，向南防御"战略方针的确定与实施，以及中共中央关于延安大学主体部分迁往东北，创办新型东北大学重大部署的决定，是认识以延安大学为主体，将中国现代高等教育"延安模式"推广到解放战争的战略根据地东北的历史前提。

一、"向北发展，向南防御" 战略方针的确定与实施

1945 年 8 月 15 日，日本天皇宣布无条件投降，中国人民抗日战争取得了全面胜利。然而，抗战胜利后，中国人民又面临着两种命运两种前途的大决战。因此，1945 年 8 月 13 日，毛泽东在延安干部会议上指出："从整体形势看来，抗日战争阶段过去了，新的情况和任务是国内斗争。蒋介石说要'建国'，今后就是建什么国的斗争。是建立一个无产阶级领导的人民大众的新民主主义国家呢，还是建立一个大地主大资产阶级专政的半殖民地半封建的国家？这将是一场很复杂的斗争。"① 为了实现创建新民主主义的新中国，粉碎以蒋介石为首的国民党反动集团的策略方针，中共中央在政治、军事、经济上做了充分的准备工作。同时，在文化、科技、教育方面也进行了一系列的准备。其中，"向北发展，向南防御" 就是一项极其重要的战略方针，甚至被称为 "抗战后延安走得最高超的一步棋"。②

所谓 "向北发展"，就是 "继续打击敌伪，完全控制热、察两省，发展东北我之力量并争取控制东北，以便依靠东北和热、察两省，加强全国各解放区及国民党地区人民的斗争，争取和平民主及国共谈判的有利地位"③。所谓 "向南防御"，就是收缩战线，将南方几个解放区的部队撤到长江以北，集中兵力，准备应对国民党反动军队对抗日民主根据地的大举进犯，以保障人民解放军主力部队完成 "向北发展" 的任务。"'向北发展，向南防御'这一全国性战略方针，重点是向北发展，关键是控制东北。"④ 为什么说 "关键是控制东北"？这是因为：第一，基于地缘政治的考虑，东北地区北、西、东三面都是友邻（苏联、蒙古、朝鲜——笔者注）。有了东北就有了巩固的战略基地；第二，国民党在东北无一兵一卒，统治薄弱；第三，东北地域辽阔，工业基础良好，经济实力雄厚。⑤ 还有一条，那就是苏联红军

红色基因
与科学逻辑　287

---

① 《毛泽东选集》第 4 卷，人民出版社，1991，第 1130 页。

② 魏碧海：《东北风：四野战事全纪录》，长城出版社，2011，第 33 页。

③ 中央文献编辑委员会编《刘少奇选集（上卷）》，人民出版社，1981，第 371 页。

④ 姚立新、党少博：《论 "向北发展，向南防御" 战略方针的确定及其重大历史意义》，《新疆师范大学学报》1988 年第 4 期。

⑤ 李壮：《党在抗日战争胜利后 "向北发展，句南防御" 战略方针的形成》，《党的文献》1997 年第 6 期。

为消灭日本关东军，迫使日本投降而进入并占领东北。所以，在党的七大结论和关于选举候补中央委员的报告中，毛泽东就明确指出："从我们党，从中国革命的最近将来的前途看，东北是特别重要的。如果我们把现有的一切根据地都丢了，只要我们有了东北，那么中国革命就有了巩固的基础。当然其他根据地没有丢，我们又有了东北，中国革命基础就更巩固了。"① 正是基于此，中共中央于 1945 年 8 月中旬命令冀热辽、晋察冀、晋绥等地区的部队，向日本侵华基地东北展开猛烈的大反攻。经过一个多月的战斗，收复了大片国土，控制了东北的大部分地区，形成解放战争时期中国共产党建立的一个重要的战略根据地。

1945 年 8 月 28 日，毛泽东率中共代表团赴重庆与国民党谈判，刘少奇代理中共中央主席职务。9 月 15 日，刘少奇主持召开中共中央政治局会议。会议做出发展东北根据地的决定，该决定指出：目前我党对东北的任务，就是迅速地、坚决地争取东北，在东北发展我党的强大力量，是千载一时之机。同时决定成立中共中央东北局，以彭真为书记，陈云、伍修权、程子华、林枫为委员，并于当天从延安启程，乘飞机前往东北。

1945 年 9 月 17 日，刘少奇致电正在重庆与国民党蒋介石谈判的毛泽东、周恩来，"东北为我势所必争，热、察两省必须完全控制"，"为了实现这一计划，全国战略必须确定'向北推进，向南防御'的方针"。"这是'向北发展，向南防御'方针的最初表述。"② 1945 年 9 月 19 日，毛泽东复电完全同意这一部署。同一天，刘少奇在延安主持召开中共中央政治局会议，会议正式确立"向北发展，向南防御"战略方针。连夜，刘少奇为中共中央起草了《目前任务和战略部署》的党内指示电，向全党公布"向北发展，向南防御"的战略方针及其具体部署。同日，中共中央决定派李富春、林彪、罗荣桓、张闻天、高岗等前往东北。随后，中共中央又先后派遣四分之一新当选的第七届中央委员会委员、候补委员前往东北，以加强东北地区党的领导，

---

① 中共中央党史研究室编《中共党史大事年表说明》，中共中央党校出版社，1983，第 120 页。

② 郭祥：《刘少奇与"向北发展，向南防御"战略方针》，《牡丹江师范学院学报（哲学社会科学版）》2018 年第 6 期。

并组织关内两万干部和十万主力部队进入东北。

"向北发展，向南防御"的战略方针，是中共中央根据形势的发展及时做出的重大决策，是全国革命胜利的奠基石之一，也是延安大学主体部分整建制迁往东北，创办新型东北大学，将高等教育"延安模式"推向东北的历史前提。

二、 中共中央决定创办新型东北大学

以往关于"向北发展，向南防御"战略方针的实施，学者们都是从政治、军事、组织、干部等角度来论述，当然这是当时实施这一战略方针的当务之急，也是实现这一战略目标的前提条件，但很少有学者从文化教育的角度来阐述这一问题。实际上，中共中央对于这一战略方针的实施是非常全面的，除政治、军事、组织、干部、经济之外，也在文化教育方面做了精心的部署。延安大学主体部分整建制迁往东北，创办"新型东北大学"，就是重大部署之一。

1945 年 10 月间，延安大学接到上级通知，中共中央决定：延安大学的自然科学院、鲁迅文艺学院、行政学院的大部分，除自然科学院大学部两个毕业班学生毕业，由中央组织部分配到各个解放区工作，行政学院和校部预科的陕籍学员留在延安外，其余全部迁往东北继续办学，创建东北大学。①

尽管我们尚未看到中共中央这一决定的原始文件，但从以下三个史实中，我们完全可以确认中共中央这一重要决策是历史事实。一是时任延安大学副校长，到东北后任东北大学常务副校长、校长张如心的回忆；二是中共中央西北局相关会议记录；三是中共中央向晋察冀中央局书记聂荣臻及东北局发出的电报指示。

据张如心回忆：当延安大学的大部分教职员工和学员离开延安之前，1945 年 10 月 25 日晚，毛泽东在陕甘宁边区交际处小礼堂接见了校长周扬、副校长张如心以及学校和各学院主要领导干部与骨干教师，还有学生代表。周扬校长介绍了被接见的师生，毛泽东亲切地和大家一一握手，并向师生们讲述了学校迁移东北的意义和任务。毛泽东明确指出，学校向东北转移的目的在于创办"新型的东北大学"②。

---

① 《延安大学史》编委会编《延安大学史》，人民出版社，2008，第176—177页。
② 张松如、刘呈云、武强：《战火中诞生的东北大学》，自行刊印，1985，东北师范大学档案馆藏，第2页。

他说："你们创办的东北大学，是新型的大学。因为东北青年受日本帝国主义统治十四年，奴化教育的影响很深，要进行中国近代史、现代史的教育，使他们了解在中国共产党领导下的解放区人民和军队，坚持八年抗战，最后取得胜利。要建立一个无产阶级领导的、人民大众的、新民主主义的新中国。"① 毛泽东还特别叮嘱学校领导："军队要建设一个团或师，比较容易；要建设一个大学，从领导班子到队伍都不容易。在行军过程中，各地可能找你们要干部，你们不能把班子人员搞散，要千方百计地把建校的班子搞好。"② 他勉励大家：你们去东北，那里形势紧张，是必争之地。现在还是敌强我弱。你们去东北的任务是争取青年，办大学。你们这次去，冰天雪地，可能有害病的，还有可能牺牲的。遇到问题要分析，一半是困难，一半是光明。因为是必争之地，事不宜迟，说走就走，我们的"飞机"就是两条腿。③

　　1945 年 4—6 月，在延安召开的中国共产党第七次全国代表大会正式确立了毛泽东在全党的领导地位。此时，中国革命处于重大转折时期，毛泽东刚刚从重庆与蒋介石国民党谈判归来，真可谓日理万机，但仍然在夜晚亲自为将要赴东北的延安大学师生送行，亲自向学校领导和师生员工阐述学校迁移东北，创建新型东北大学的任务和意义，亲自叮嘱鼓励，这足以证明毛泽东对创建新型东北大学的高度重视，以及对延安大学的殷切期望。同时，也说明中共中央对延安大学主体部分整建制迁往东北，创办"新型东北大学"的决定是十分慎重的，是一种战略决策。

　　1945 年 10 月，习仲勋接替赴东北的高岗，任中共中央西北局书记。11 月 1 日，习仲勋主持召开西北局常务会议，专题讨论延大问题。习仲勋开题讲道："昨天周扬谈（延大）全部走，商量结果还是要办，培养必要的干部。"④ 并就留延安的延安大学领导班子及相关问

---

　　① 张松如、刘呈云、武强：《战火中诞生的东北大学》，自行刊印，1985，东北师范大学档案馆藏，第 2 页。

　　② 张松如、刘呈云、武强：《战火中诞生的东北大学》，自行刊印，1985，东北师范大学档案馆藏，第 2 页。

　　③ 《延安大学史》编委会编《延安大学史》，人民出版社，2008，第 177 页。

　　④ 《西北局会议记录》（1945 年 8 月 15 日至 1946 年 12 月 28 日），陕西省档案馆馆藏，档案号：第 68 卷第 2 号。

题谈了意见。边区政府主席林伯渠也表示："延大要办。"① 此时的延安大学由中共中央西北局直接管理已经两年多时间，也就是说，延安大学的直接上级是中共中央西北局与陕甘宁边区政府，周扬也是中共中央西北局与陕甘宁边区政府任命的校长，那么中共中央西北局书记习仲勋在会议上所讲的"商量结果"，显然不是同延大校长周扬商量。因为作为校长，周扬绝没有决定学校从延安走与留这样重大问题的权力，而中共中央做出延安大学整建制迁往东北，创办东北大学的决定，也是习仲勋任中共中央西北局书记之前做出的，所以习仲勋书记所讲的这个"商量结果"，是习仲勋与党中央商量的结果。同时也说明，延安大学整建制迁往东北，创办新型东北大学是党中央的决定。另外，党中央也同意了中共中央西北局与陕甘宁边区政府的请求，在延安保留延安大学建制，继续办好延安大学。

　　1946 年 5 月 15 日，中共中央向晋察冀中央局书记聂荣臻及东北局发出电报指示："前决定开东北后又停张垣的党校及延大两学校仍即经赤峰开东北。"② 电文所指出的这个"前决定"，就是中共中央在延安时的决定。由此可见，在延安，中共中央已做出了明确的决定：延安大学整建制迁往东北创建新型东北大学。因此，可以说延安大学主体部分全部迁往东北创建新型东北大学，是中共中央实施"向北发展，向南防御"战略方针的有机组成部分。

　　中共中央做出这一部署是具有重要战略意义的。建立巩固的东北根据地，中共中央明确提出了支援战争、土地改革、政权建设、经济建设、文化教育五大任务。当然，其前提是政治、军事、组织、干部工作，是政治斗争、军事斗争与军队发展，是发动群众和政权建设，但根据地建设发展的基础在经济和文化教育。正如毛泽东所指出的："现在，我们的基础是不巩固的"③，原因是"我们的根据地，现在经

---

　　① 《西北局会议记录》（1945 年 8 月 15 日至 1946 年 12 月 28 日），陕西省档案馆馆藏，档案号：第 68 卷第 2 号。

　　② 《中共中央关于延大、党校速开东北给聂、刘并东北局电》（1946 年），中央档案馆馆藏，档案号：285/28。

　　③ 中共中央党史研究室编《中共党史大事年表说明》，中共中央党校出版社，1983，第 120 页。

济上还是手工业的，没有大工业，没有重工业"①，而东北当时是全国
大工业、重工业最发达的地区，所以"现在我们有了东北，中国革命
就有了巩固的基础"②。那么，要接管这些大工业、重工业，当然需要
大量的专业人才，而要发展这些大工业、重工业更需要科学技术和大
批专业技术人才，因此教育特别是高等教育的发展是必不可少的，也
是重中之重。另外，日本帝国主义占领东北期间，为了实施殖民统
治，奴化东北人民，掠夺东北丰富的资源，支撑其侵华战争，也在东
北建立了二十多所各种各类高等院校。因而，当时的东北也是全国高
等院校较集中的地区，这些高等院校的接收与改造，亦是中共中央
"向北发展，向南防御"战略实施的有机组成部分。同时，在东北地
区迅速推行高等教育的"延安模式"，对东北地区的殖民化教育进行
彻底改造，更是这一战略部署的核心目标。

三、 延安大学与东北大学的创办与发展

延安大学主体部分整建制迁往东北，创办新型东北大学战略决策
的实施并不是一帆风顺的，延安大学"东北文工团"到达东北以及在
东北地区的广泛活动为其奠定了一定的基础。此外，由于战争局势的
瞬息万变，延安大学主体部分整建制东迁途中发生了变故，东北大学
经历了由中共中央东北局决定，凯丰具体领导，"东北文工团"部分
成员为主体筹办并先期成立，后又与延安大学迁校队伍会合的历程。

中共中央做出延安大学整建制迁往东北，创办新型东北大学的决
定，是在中共中央正式确立"向北发展，向南防御"的战略方针并开
始全面实施之后。但为了使文化教育更好地配合和服务于伟大的解放
战争，延安大学根据中共中央的部署在此之前已经着手动员和组织师
生员工以文艺工作团的形式，分头奔赴东北及各根据地和新解放区开
展工作。

1945 年 8 月 21 日，延安大学从鲁迅文艺学院派出由陈荒煤带队，
葛洛、赵起杨、胡征、陈因、计桂森等参加的工作团，首批前往山西

---

① 中共中央党史研究室编《中共党史大事年表说明》，中共中央党校出版社，1983，
第 120 页。
② 中共中央党史研究室编《中共党史大事年表说明》，中共中央党校出版社，1983，
第 120 页。

太岳地区开展工作。紧接着，延安大学以鲁迅文艺学院师生员工为主体，又组织了两个文艺工作团，这两个工作团每团都有 50 多人，受命去华北和东北解放区。

"华北文艺工作团"由艾青、江丰等率领，于 9 月 12 日从延安出发，赴张家口，与晋察冀军区"抗敌剧社"联合排练演出了新歌剧《白毛女》，秧歌剧《兄妹开荒》等延安时期创作的剧目，在华北解放区进行宣传动员工作，后来全团转入华北联合大学文艺学院，成为该学院领导、教学、创作与演出的骨干力量。

"东北文艺工作团"由舒群、田方等率领，于 9 月 2 日从延安出发直奔东北新解放区。到东北后，这个工作团又改编为"东北文工一团"，由沙蒙、王大化任正、副团长，足迹踏遍了整个东北。

以哈尔滨为中心，向北去过齐齐哈尔、嫩江、克山等地，向东先后抵达绥化、佳木斯、鹤岗、牡丹江、图们江以及朝鲜的清津、咸兴、平壤等地，向西到达乌兰浩特、白城子、康武、阜新等地，向南历经长春、公主岭、四平、铁岭、沈阳、鞍山、本溪、丹东、大连等地，在各地演出了《白毛女》《血泪仇》《日出》《黄河大合唱》《做军鞋》等剧目，参加了东北地区艰苦卓绝的人民解放战争和民主改革运动。后来全团转入东北大学鲁迅文艺学院并组织了两个文工团，吕骥任第一文工团团长，张庚任第二文工团团长。因战争形势的变化又经历了一些变迁，在中共中央东北局的领导下，从大城市撤退后，参加发动农村群众进行清匪反霸斗争、土改斗争，直到 1948 年沈阳解放后，才将分散在佳木斯、牡丹江、辽南、哈尔滨的几个文工团的人员集中起来，在沈阳恢复建立了东北大学鲁迅艺术文学院，开始重建党的文学艺术教育基地，为文艺事业培养新的大军，迎接全国解放。

延安大学东北文工团到达东北以及在东北的广泛活动，扩大了延安大学特别是鲁艺在东北的影响，为东北大学的创建奠定了基础。

1945 年 11 月中旬，迁移东北、华北解放区的延安文教单位组成一个支队，延安大学是其中的一个大队，行军编号是"松江支队第四大队"，校长周扬任大队长，副校长张如心任副大队长，秘书长刘呈云任副大队长兼政治部主任。下属三个中队，鲁艺是第一中队，中队长宋侃夫；自然科学院是第二中队，中队长王甲钢；行政学院是第三中队，中队长于光远。

　　迁移队伍按所设兵站的里程一路行军，经过陕西省的延川、子长、清涧、绥德过黄河到碛口镇，北上经山西省的临县、兴县、岢岚、五寨、平鲁、左云到达绥远省的丰镇，又经山西省的阳高、天镇进入察哈尔省，顺铁路线途经紫沟堡，分别于 12 月 20—25 日到达张家口市西南郊的孔家庄，经一周整休，然后迁入城内，校部和三个学院分别居住。但此时的局势已发生了重大变化，国民党也深知东北的战略意义，在中共中央实施"向北发展，向南防御"战略的同时，国民党也制定了"控制华北，以图东北"的战略规划，在美帝国主义的援助下，经过海陆空三路向东北大举运兵，开始与中国共产党争夺东北。华北通往东北的道路被国民党军队全面封锁。

　　此时，华北解放区也急需加强高等院校建设，以培养急需的各类业人才，前往东北的道路短期内难以打通。因此，晋察冀中央局借此机会将延安大学迁校队伍留在华北与华北联合大学合并。

　　形势的变化已不能顺利实现原定方案，但东北地区急需培养大批干部，不能坐等延安大学的到来。早在舒群带东北文工团到达沈阳时，舒群、张松如（公木）等就曾"接受中共中央东北局的指示，筹办东北公学。仅作酝酿，未着手，便转移到本溪"[①]。1945 年 11 月之后，东北局势发生很大变化，国民党主力部队开始武力占领东北主要城市与交通线。为了避其锋芒，中共中央及时调整实施"让开大道，占领两厢"的战略，即让开大城市，到分散的中小城市和广阔的农村建立根据地。11 月 24 日晚，彭真率东北局机关和东北人民自治军总部撤出沈阳，26 日撤到本溪，辽宁省政府也同时撤到本溪。这样，本溪一时就成为东北根据地的政治中心。

　　1946 年 1 月初，中共中央东北局委员、宣传部部长凯丰约见了曾任延大鲁艺文学系主任、原东北文工团团长，此时任东北局宣传部文委副主任的舒群。"告知舒群：东北局成立后，争取青年工作遇到很多问题，所以东北局要宣传部具体负责办一所学校，学校的形式和名还没定，艺术大学、青年干校、东北公学哪个形式更适合尚待研究。经过讨论，他们一致认为，还是模仿共产党延安大学的前身、1937 年

_____

　　① 张松如、刘呈云、武强：《战火中诞生的东北大学》，自行刊印，1985，东北师范大学档案馆藏，第 2 页。

创办的以培养青年政治干部为主的陕北公学形式创办东北公学为好。"① 并指示舒群聘请时任中共本溪市委宣传部部长的张松如（即公木，1941 年 5 月任军委直属队政治部文艺室主任，1942 年 9 月调鲁艺文学系任教），及时任沈阳市市长、中苏友好协会会长的著名病理学家白希清教授参加筹备工作。"在当时辽宁省主席张学思、沈阳市市长白希清帮助和支持下，抽调了十多名老干部，拟定计划，修建校舍，1945 年末到 1946 年初开始招收学员。当时到辽东、辽南及本溪、辽阳、抚顺等地，一个个动员，一个个招收。"②

　　1946 年 1 月 10 日前后，中共中央东北局决定由白希清任东北公学校长，舒群任副校长，张如松任党支部书记兼教育长，学校在本溪宣告成立。"不久，根据辽宁省委书记江华同志的意见：国共两党要谈判，国民党有东北大学，我们也要办东北大学"③ 的建议，1946 年 2 月份，中共中央东北局决定东北公学改名为东北大学，任命东北行政委员会副主席兼辽宁省主席张学思兼任校长，白希清、舒群任副校长，张松如任党支部书记兼教育长，张东川（曾任延大鲁迅文艺学院戏剧部秘书）任秘书处长，校长办公室主任黄耘，研究班主任李先民，预科主任许法、副主任肖岩。

　　"学校主要任务是培养'为人民服务的、献身于新中国，新东北建设的政治经济、文化、艺术、教育、实业、医学等的专门人才'。学制先定普通班为一年，预科为半年，研究班时间不限。建校初，从辽宁省东丰、安东省海龙，辽南行署抚顺、辽阳各地招来七十多名学生（另有二百余名的行政干部训练班学员，学校北上时移交给辽宁省人民政府）。……学生刚刚在本溪市集中，由于国民党军进迫，形势陡变，乃整队迁往安东（今日丹东）。一九四六年三月十三日，借用当时安东省安东联中校舍，宣布开学。"④ 随后，东北大学在战火中辗

　　① 曲晓范、石颖：《民国中共东北大学筹建、成立、迁校时间考》，《东北师大学报（哲学社会科学版）》2009 年第 3 期，第 55 页。
　　② 张松如、刘呈云、武强：《战火中诞生的东北大学》，自行刊印，1985，东北师范大学档案馆藏，第 2—3 页。
　　③ 张松如、刘呈云、武强：《战火中诞生的东北大学》，自行刊印，1985，东北师范大学档案馆藏，第 3 页。
　　④ 张松如、刘呈云、武强：《战火中诞生的东北大学》，自行刊印，1985，东北师范大学档案馆藏，第 3 页。

转于通化、梅河口、吉林、长春、哈尔滨，1946 年 6 月定址于佳木斯。

　　关于中共东北大学的两次筹建（1945 年 10 月在延安，中共中央决定延安大学整建制迁往东北创建东北大学；1946 年 1 月，中共中央东北局在本溪决定创建东北大学）的关系，以及东北大学创建的具体时间，学术界存在争议。

　　曲晓范、石颖（2009）根据一手资料对此进行了详细而科学的考证，具有很重要的学术意义，结论也是可靠的，但这里的核心应是两次筹建之间的关系。"中共东北大学的筹建共有两次，决定该大学最终建立的是第二次筹建。第二次筹建、创建始于 1946 年 1 月，共历时两个月，直接领导和组织第二次筹建过程的是当时分别担任中共中央东北局、中共辽东省委、中共本溪市委主要领导职务的江华、凯丰、舒群、张松如、白希清、黄耘等人。"① 第一次筹建的主体是中共中央，第二次的主体是中共中央东北局，这是没有问题的，但这两次筹建并不是相互独立的，而是有着密切的内在联系。首先，第二次筹建是由于战争环境的客观现实所造成的；其次，第二次筹建其实也是第一次筹建在特殊情况下的实施。

　　《民国中共东北大学筹建、成立、迁校时间考》引用了一段非常重要的史料。这就是张松如（公木）1949 年担任新东北大学副教育长时期的工作日记，日记的内容是 1949 年 10 月 24 日学校召开的一个座谈会上就"关于东大简史"所作的发言记录："1945 年秋，延大派出一部分文艺干部（教员、研究生、学生）到东北来，十月抵沈。先进行文艺活动，后拟办、筹办学校——艺术大学、青年干校、东北公学，最后确定办东北大学。"② 由此我们得知，从延安大学派出的"东北文艺工作团"，其任务是"先进行文艺活动，后拟办、筹办学校"。同时，在沈阳时，中共中央东北局已指示"东北文艺工作团"团长舒群与团员张松如（公木）"筹办东北公学"。

　　为什么是东北公学而不是东北大学，很可能是为延安大学整建制迁往东北，创办新型东北大学做前期准备，这与延安时期先有陕北公

---

　　① 曲晓范、石颖：《民国中共东北大学筹建、成立、迁校时间考》，《东北师大学报（哲学社会科学版）》2009 年第 3 期，第 58—59 页。
　　② 曲晓范、石颖：《民国中共东北大学筹建、成立、迁校时间考》，《东北师大学报（哲学社会科学版）》2009 年第 3 期，第 58 页。

学后有延安大学是一致的。

由于战争局势的变化，这项计划"仅作酝酿"，而在本溪创建东北公学是在 1946 年 1 月份，改称东北大学是在 2 月份。此时，正是延安大学东迁队伍在张家口市待命，以及中共中央 1 月 29 日回电同意其与华北联合大学合并的时间。而本溪时期东北公学与东北大学的创建，"其中江华、凯丰、舒群、张松如四人贡献突出"[①]，这里还应包括学校秘书处处长张东川。同时，由东北公学改为东北大学虽是由江华提出的，但学校创办的核心领导人却是凯丰。

凯丰在延安时期任中共中央政治局委员，兼任中央文化工作委员会书记、中央学校教育管理委员会主任。1941 年以陕北公学为主体创建延安大学时，凯丰是筹建委员会主任，是延安大学的主要创办人，他对延安大学比较熟悉，对舒群也比较熟悉。1945 年 9 月，凯丰到东北任中共中央东北局委员、宣传部长，直接分管教育工作。凯丰对中共中央关于延安大学整建制迁移东北，创办东北大学的决定应是知情的，所以作为学校的主要创办者，他自始至终并未提出使用"东北大学"这个校名。

1946 年 5 月 15 日，中共中央向晋察冀中央局书记聂荣臻等发出的要求延安大学继续前往东北的电报指示，题头明确标示"聂、刘并告东北局"[②]。由此可推断，1945 年 11 月 25 日延安大学迁校队伍从延安出发，以"松江支队第四大队"的番号向东北挺进，一定会电告中共中央东北局，起码要告知东北局宣传部，因为当时宣传部是党的教育主管部门，此时凯丰是东北局委员、宣传部长。另外，中共中央1945 年 1 月 29 日复电晋察冀中央局同意联大、延大合并的指示，也应是同时告知东北局的。所以，凯丰对这些情况都应该是了解的，这也就合理地解释了由凯丰领导，从沈阳到本溪最初创建的校名都是东北公学而不是东北大学，直到 2 月份由江华提出改为东北大学，才得到凯丰的认可和东北局的批准。因此我们可以认为，凯丰还是一直在

---

① 曲晓范、石颖：《民国中共东北大学筹建、成立、迁校时间考》，《东北师大学报（哲学社会科学版）》2009 年第 3 期，第 58—59 页。

② 《中共中央关于延大、党校速开东北给聂、刘并东北局电［A］》（1946 年），中央档案馆馆藏，档案号：285/28。

等待延安大学东迁队伍的到来，以落实中共中央在延安做出的以延安大学为主体，创建新型东北大学的决定。凯丰一直是让舒群牵头创办东北公学，并指名要求舒群调张松如（公木）一起筹办。事实上，东北公学与东北大学一直是在凯丰的直接领导下，由舒群、张松如（公木）具体筹办。建校初期的主要领导人舒群、张松如、张东川、黄耘等都是由延安大学派出的东北文艺工作团的成员，都是原延安大学的干部、教员。

学脉以学人得以传承。东北公学也好，东北大学也好，其创办者、领导者与骨干教师均以延安大学的创办者、领导者与骨干教师为主体。因而，在本溪创建的东北公学与东北大学，在事实上已经初步实现了中共中央以延安大学为主体创办新型东北大学的决定精神，只是因为战争形势的变化，其创建的方式有所变化。当然，这还不够。于是，华北前往东北的道路一打通，中共中央便立即电令延安大学主体部分组成的迁校队伍继续由华北前往东北。因此我们认为，中共东北大学的创建应追溯至 1945 年 10 月份中共中央决定以延安大学为主体创建新型东北大学之时，它的直接源头是延安大学。

1946 年 5 月 15 日，中共中央向晋察冀中央局书记聂荣臻及东北局发电指示："东北需要干部正多，并需要培养干部的教育机关正急，前决定开东北后又停张垣的党校及延大两学校仍即经赤峰开东北，何时能赴程，望告。"① 这个电报指示明确表明，中共中央并没有放弃在延安所做的将延安大学整建制迁往东北，创建新型东北大学的决定。虽然此时东北大学已经成立，延安大学迁校队伍也已与华北联大合并，但正如中央指示电所指出的"东北需要干部正多，并需要培养干部的教育机关正急"。更重要的是，中国共产党在延安大学所施行的新型中国特色高等教育模式的探索实践已基本成熟，需要在新的战略根据地——东北地区示范与推广。加之前往东北的道路已打通，因此中共中央明确指示延安大学继续前往东北地区，而且电文要求"何时能赴程，望告"，表达出明确的态度与急迫的要求。

根据中共中央和晋察冀中央局的指示，"一九四六年五月中旬，由张如心（队长）、刘呈云（付［副］队长）同志率近三百六十余名

---

① 《中共中央关于延大、党校速开东北给聂、刘并东北局电》（1946 年），中央档案馆馆藏，档案号：285/28。

教职员工"①（另一说，张如心、刘呈云带一百多人），从张家口出发，继续前往东北。经赤峰、洮南、白城、齐齐哈尔，6、7月间到达中共中央东北局驻地哈尔滨，分别受到当时东北局领导彭真、林彪、陈云和凯丰等的接见。同时，他们与东北大学驻哈尔滨办事处汇合，在哈尔滨还进行了一个多月的招生。1946年8月底前，张如心等率领迁校师生到达佳木斯，与舒群、张松如（公木）等先期抵达佳木斯的东北大学师生胜利会师，完成了延安大学迁校队伍离开延安的最终目的，实现了中共中央关于延安大学整建制迁往东北，创办"新型东北大学"战略决策的目标。

两支队伍会合后，学校迅速发展，"一九四六年十月十一日，东北人民的东北大学，在佳木斯市东北电影院补行开学典礼。学校已正式上课两个多月，去哈尔滨市遣送日侨的学生回来了，在哈尔滨市演出《白毛女》的文艺工作团也回来了。修建了校舍，充实了设备，规模日益扩大。新生先后报到已达六百余人，教师增聘廿余"②，不久学校招生达到一千余人。

原延安大学干部、教员，此时担任东北大学领导的主要有：第一副校长张如心（主持日常工作），副校长舒群，教育长张松如，秘书长兼校长办公室主任刘呈云，教务处处长兼社会科学院院长姜君辰，鲁迅文艺学院院长萧军，副院长吕骥、张庚，教育学院院长张松如（兼），副院长吴伯箫、智建中，自然科学院院长阎沛霖。另外，王曼硕、舒非、向隅等分别担任各系系主任，成为东北大学的主体力量。延安大学原来的一批教师、学员，如张水华、马可、唐荣枚、王季愚、瞿维、寄明、沃渣、张望、刘炽、陈紫、戈扬等成为这一时期东北大学的教学和研究骨干。

此时，学校的领导干部和教师主要是由三大部分组成的：一部分是先期到达东北的延安大学东北文工团部分成员；一部分是原延大副校长张如心所带的从华北联大调出的延安大学的领导干部、学者、专家（包括少量华北联大的人员）；另一部分是东北地区知名的教授、

---

① 张松如、刘呈云、武强：《战火中诞生的东北大学》，自行刊印，1985，东北师范大学档案馆藏，第2页。
② 张松如、刘呈云、武强：《战火中诞生的东北大学》，自行刊印，1985，东北师范大学档案馆藏，第8—9页。

学者。这三部分干部和教师形成了一个新老干部结合、师资力量较雄
厚、学术水平较高的阵容。而东北大学校、院、系主要干部均为原延
安大学干部、教师，相当一部分骨干教师也来源于延安大学。可以
说，东北大学的主体与核心其实已经是原延安大学了，延安大学的思
想、理念、方针、政策以及教育内容、方式和体制机制也已全面移植
于东北大学。而东北大学是中国共产党在东北地区创办的第一所综合
大学，其在东北地区的带动与示范意义是不言而喻的，对于东北地区
各类人才的培养、伪满高等院校的接收改造，以及大力兴办新型高等
院校、支撑东北解放区的巩固发展、支援全国解放战争都发挥了重要
的、不可替代的作用。

此后，东北大学又接收合并了原沈阳东北大学、长春大学、长白
师范学院等院校，几经变迁，不断发展壮大。"1948 年 7 月，东北全
境解放的前夕，东北大学迁往吉林，与中共吉林省委创办的吉林大学
合并，中共中央东北局决定仍称东北大学。任命张如心为校长，吕振
羽、张德馨为副校长，何锡麟为教务长，张松如、刘惠之为副教务
长，刘呈云为副秘书长。校址在吉林市八百垄（即现在的东北电力大
学校址）。学校于十月一日正式开学。当时设二部，学校有助教以上
的教师一百五十五人，行政干部一百二十三人。佳木斯东大老生二百
二十五人，吉林大学学生三百四十七人，原长春大学来的学生六百七
十四人，国统区来的学生三百七十人，共一千六百五十四人。"①
"1949 年 6 月，又从吉林市迁入长春市，经教育部同意把流亡平、津
的原东北各大学的教职学员拨入学校，派智建中、周龙雏同志等为招
聘组，从平、津、沪、河南等地招聘傅桐生等知名教授来校任教，又
从老解放区派来老干部胡绍祖、陈元晖、孙亚明、丁克全教授等来校
工作，充实了各级领导力量"②，使东北大学迅速发展成为当时东北地
区规模最大的综合性大学。

1949 年 7 月东北大学定址长春。1950 年 4 月，根据东北人民政
府的命令并经中央政府教育部同意，东北大学改名为东北师范大学，
开始了新中国高等教育的崭新历程。

---

① 张松如、刘呈云、武强：《战火中诞生的东北大学 1945.9—1949.9（修改稿）》，
自行刊印，1984，东北师范大学档案馆藏，第 26—27 页。
② 张松如、刘呈云、武强：《战火中诞生的东北大学》，自行刊印，1985，东北师范
大学档案馆藏，第 15 页。

第三节　从延安到新中国

中国共产党领导中国人民经过 28 年的艰苦努力、浴血奋战，终于从井冈山走到延安，从延安走向全中国，在 1949 年 10 月 1 日宣告中华人民共和国成立。

中华人民共和国的成立，人民民主政权在全国的建立，为中国现代高等教育"延安模式"在全国的继承、推广、发展、创新提供了历史前提，扭转了中国现代高等教育发展的方向。

延安时期的高等院校是新中国高等教育体系构成的重要源头之一，是新中国高等教育的基本范式，为新中国高等教育提供了思想理念、政策方针、体制机制和干部的基础，影响了新中国高等教育的发展历程，建立了不可磨灭的历史功勋。延安与各抗日民主根据地、解放区的高等院校，不仅与新中国创建的许多高等院校有着历史渊源，更与全国的社会主义高等院校有着必然的逻辑关系。

一、　新中国高等教育发展改革的历史条件与基本逻辑

新中国成立的最初几年是中国共产党领导社会各行业各领域进行除旧布新，恢复与重建的阶段。同时，随着大中城市的解放，又接管了大批民国公立与私立高等学校，形成了专业门类较为齐全的新型高等教育体系。伴随着新旧政权的更迭，中国高等教育也在新的制度下开始了接管、改造、发展与创新之路。

中国共产党对革命根据地以外的高等教育的接管改造与发展创新始于抗日战争胜利之后东北根据地的开辟与发展，而且主体上以中国现代高等教育的"延安模式"为基本范式。

东北根据地高等教育的接管改造与发展创新，尽管是在战争的艰苦曲折条件下进行的，但经过近四年的探索实践，已经取得了卓越的成果与丰富的经验。据 1949 年 5 月《人民日报》报道：东北解放区有高等学校 28 所，学生 35099 人。① 至 1949 年 8 月，经院系调整，

①　《人民日报》1949 年 5 月 30 日。

尚有 13 所，有本科生 3784 人，共 15542 人。① 当然，东北地区与国民党统治区不同，东北地区的高等院校不属于民国大学体系，东北是被日本帝国主义占领，并实施了长达十四年殖民统治的沦陷区，其高等教育体系与机构是日本帝国主义建立的完全殖民地化的教育体系与机构，所以对东北地区的高等教育的接管与改造以"延安模式"为范式，采取彻底扬弃、另起炉灶的方式。因此，新中国成立之际，东北伪满洲国的殖民地高等教育体系已经彻底被打破，所建立的高等教育体系与机构已经是以"延安模式"为范式的新民主主义的高等教育体系与机构，这彰显了中国现代高等教育"延安模式"强大的适用性与生命力，无疑对新中国高等教育的接管改造与发展创新产生了重要而深刻的影响。

新中国成立之后，高等教育接管与改造的任务是十分艰巨的。据第一次全国高等教育会议统计："根据现在的材料，今天全国除台湾外，共有高等学校 227 所（各地人民革命大学一类性质的学校和各地军政大学不在内），学生共约 134000 人，其中公立学校 138 所，约占全国高等学校总数的 61%，中国私人创办的私立学校 5 所，约占总数的 2.9%，教会设立的学校 24 所，约占总数的 10%。"② 新中国成立初期，中国高等教育有新解放区和老解放区高等教育之分，新解放区主要是指原国统区，而老解放区就是中共领导的抗日民主根据地。据第一次高等教育会议统计，全国高等学校计 200 余所，其中新解放区的原有高等学校占 85%，老解放区的新型高等学校占 15%。③ 这显著表明，新中国成立之初，接管与改造民国各类高等教育机构，在全国范围内建立新民主主义的高等教育体系，是高等教育的首要任务。

新中国的高等教育是在解放区高等教育的基础上接收改造国统区高等教育机构，参照苏联高等教育模式而逐渐发展起来的，其中解放区的高等院校是主要的范式，而新中国的成立为高等教育的发展改革创造了历史前提与重要条件。

---

① 辽宁省教育科学研究所编《东北解放区教育资料选编》，教育科学出版社，1983，第 273 页。

② 何东昌主编《中华人民共和国重要教育文献（1949—1975）》，海南出版社，2003，第 25 页。

③ 刘颖：《除旧布新：新中国成立初期中共对高等教育的接管与改造》，人民出版社，2010，第 38 页。

新中国成立以后，在外交上，毛泽东宣称要打扫干净屋子、另起炉灶和一边倒，废除了一切不平等条约，又通过抗美援朝战争，不仅打出了军威，而且打出了国威，用实际行动彻底宣告“东亚病夫”时代的终结；在内政上，剿灭国民党残余部队、镇压反革命和肃清长期祸乱社会的土匪流毒，继续推行全国范围内轰轰烈烈的土地改革，以“三反”运动保持各级干部的革命初心，以“五反”运动检举工商阶级的违法乱纪；在经济上，废除外资特权、没收官僚资本和安抚民族资产阶级，通过米棉之战打击上海的投机资本，遏制恶性通货膨胀，人民币一统天下，赢得具有财经意义上的“淮海战役”；在文化教育和社会风气上，对知识分子实行经济优待和思想改造，废除娼妓制度，开展大规模强制禁毒运动，颁布《中华人民共和国婚姻法》以增进妇女的平等权利。凡此种种，一扫百年痼疾，开国气象焕然一新，中国人民真正地站起来了。这也为新中国的高等教育创新发展奠定了坚实的基础。

第一，人民政权的建立与专门机构的建立，为人民当家做主，也为高等教育的接管改造与发展创新创造了前提条件与组织基础。新中国成立之后，设立中央人民政府委员会和政务院作为国家最高行政机关，统一领导全国的一切行政事务。同时，各级地方人民政府迅速成立。新中国成立一周年的时候，全国行政单位已建立 1 个大行政区人民政府（东北），4 个大行政区军政委员会（华东、中南、西北、西南，大区最初为一级地方行政机关，1952 年 11 月改为中央派出机关，并更名为行政委员会），28 个省人民政府，1 个自治区人民政府（内蒙古），1 个地方政府（西藏），8 个人民行政公署（苏北、苏南、皖北、皖南、川北、川南、川东、川西），1 个地区政府（昌都），12 个中央和大行政区直辖的市人民政府（北京、天津、沈阳、鞍山、抚顺、本溪、西安、上海、南京、武汉、广州、重庆），67 个省辖的市人民政府，2087 个县人民政府。到 1951 年 10 月，即新中国成立两周年时，全国有 17 个省、69 个市、186 个县的人民代表会议代行人民代表大会的职权，通过民主选举的办法产生了省、市、县人民政府的主席、副主席，市长、副市长，县长、副县长，以及人民政府的委员。到 1952 年底，所有的省、市、县、区、乡都召开了人民代表会议，省、市、县人民代表会议代行人民代表大会职权的已分别增至

19 个省、85 个市和 436 个县，绝大部分乡的人民政府委员会已由乡人民代表会议选举产生，这就充分发挥了人民参政的积极性。

各级人民代表会议的召开和全国地方各级人民政权的建立，为加强人民民主专政，巩固人民革命成果，进一步开展革命和建设工作提供了有力的保证，奠定了坚实的政治基础。同时，政务院成立了教育部，统筹与具体领导全国的教育工作，各大行政区人民政府（东北）、大行政区军政委员会，各省、自治区、直辖市、地方政府、人民行政公署、省辖市政府、县政府均成立了教育行政机构，为全国统一接管、改造、建设高等教育机构创造了组织条件、提供了抓手。

第二，制定了统一的高等教育发展方针政策和相关法规，为新中国教育的发展，以及为全国统一接管、改造、建设高等教育机构提供了指南与法制保障。新中国成立前夕，1949 年 9 月 21 日，中国人民政治协商会议第一届全体会议在北平中南海怀仁堂举行。

中国共产党中央委员会主席毛泽东致开幕词，他指出："现在的中国人民政治协商会议是在完全新的基础之上召开的，它具有代表全国人民的性质，它获得全国人民的信任和拥护。因此，中国人民政治协商会议宣布自己执行全国人民代表大会的职权。"他强调说，全国规模的经济建设工作业已摆在我们面前。我们不仅能够战胜国内外反动派，而且能够在胜利以后建设一个繁荣昌盛的国家。中国人民将以不屈不挠的努力，战胜一切困难，稳步地达到自己的目的。①

大会通过的《中国人民政治协商会议共同纲领》（以下简称《共同纲领》）规定：中华人民共和国为新民主主义即人民民主主义的国家，实行工人阶级领导的、以工农联盟为基础的、团结各民主阶级和国内各民族的人民民主专政的国家制度。由此确立了国家的基本政治制度。《共同纲领》还规定了政权机关、军事制度、经济政策、文化教育政策、民族政策和外交政策的总原则。作为中央人民政府的施政方针，《共同纲领》在《中华人民共和国宪法》制定之前具有临时宪法的作用。

作为临时宪法，《共同纲领》为新中国的教育事业确定了基本原则，做出了总体规划。《共同纲领》从四十一到四十八条在宏观上对

---

① 中共中央文献研究室编《建国以来毛泽东文稿（第 1 册）》，中央文献出版社，1987，第 4—8 页。

新中国文化教育事业的发展做了方向性的规定。这些规定为刚刚成立的新中国对教育的接管与改造提供了指导思想，确定了教育发展的方向，也基本勾画了新中国教育的大致蓝图，即建立新民主主义的教育格局。

《共同纲领》明确提出："中华人民共和国的文化教育为新民主主义的，即民族的、科学的、大众的文化教育。人民政府的文化教育工作，应以提高人民的文化水平，培养国家建设人才，肃清封建的、买办的、法西斯主义的思想，发展为人民服务的思想为主要任务。"这是新中国接管、改造、创新发展高等教育事业的根本指针与遵循，也是中国现代高等教育"延安模式"能够在新中国全面推行与发展的政治基础。因为"延安模式"形成、发展与成熟的指导方针与新中国教育发展的指导方针是一致的，存在着内在逻辑的统一性。

1950 年 6 月，教育部召开第一次全国高等教育会议，根据《共同纲领》确定的基本原则，讨论了新中国高等教育的方针、任务等重要问题，指出新中国的高等教育是新民主主义的组成部分，并对新中国的高等教育体制做出了进一步规定，颁布了《高等学校暂行规程》《专科学校暂行规程》《私立高等学校管理暂行办法》《关于实施高等学校课程改革的决定》《关于高等学校领导关系的决定》等法规与文件，明确了高等教育的修业年限、教学内容与方法，确立了高等教育逐步实行由中央人民政府教育部统一管理的方向以及党对教育工作的领导，确立了由专科、本科、研究生三个层次构成的高等教育体系以及高等学校的招生与分配体制；强调理论联系实际，高等教育要为人民服务，强调培养工农出身的知识分子，并在全国范围内开始了对旧高等教育的彻底改造。接管和改造旧公立学校，处理和接收外资津贴学校，整顿和接办私立学校，创办新型大学。在这一过程中，不仅收回了高等教育的主权，将接受国外津贴的教会大学等机构改为中国人民完全自办的高校，而且通过废除政治上反动的课程等一系列课程改革措施，消除了旧高等教育中封建主义和殖民主义的教育内容。

1951 年，《关于学制改革的决定》公布实施，规定大学和专门学院的修业年限以三年至五年为原则，专科学校修业年限为两年以上。各种高等学校可设先修班或补习班，以便利工农干部、少数民族学生和华侨子女等入学，毕业生的工作由政府统一分配。与此同时，高等学校的课程改革也开始起步，教育部专门成立了高等学校教材编审委员会，聘请著名专家分别担任各学科的教材编审委员，发动和组织各高等学校教师积极参加教材编译工作。从 1951 年起，在全国广大教师中开展思想改造运动。经过各地党政领导机关、教育行政部门和学校的共同努力，高等学校逐步恢复了正常的教学秩序。此外，公费医疗制度、教师薪酬制度、离退休制度等也逐渐完善。通过以上措施，旧教育逐渐退出历史舞台，新教育逐渐确立与发展起来。①

在这一发展演变过程中，"中共力图克服旧教育的弊端，去除旧教育中的消极因素，吸收革命根据地以及苏联在高等教育建设中的积极成果，重建新中国的高等教育。作为一个执政党，中共是高度重视中国的高等教育工作的。因此，在接管前、接管过程中，中共一直不断地在对中国高等教育发展方向、发展道路、如何接管与改造中国高等教育等问题做出了一系列设想和政策部署。中共的这些思考与政策反映了它在马克思主义指导下，改造旧文化和重建新文化的思路，这些思想也进一步影响了后来中国高等教育乃至中国文化发展的走向"②。而这些思考与决策直接指导了当时中共接管与改造旧中国高等教育的实践。

第三，确立了新中国高等教育人才培养的价值目标与价值追求，以及高等院校的办学逻辑，这为接管、改造与发展创新新中国高等教育提供了根本方向。"中共所构建的新民主主义教育格局主要是在两个方面体现了它区别于旧社会的教育：一是提出教育为工农服务；二是提出教育为生产建设服务。"③ 第一条是高等教育人才培养的价值目标与价值追求，第二条则是高等院校的办学逻辑。

"教育为工农服务"，培养工农出身的知识分子，追求高等教育的公平性，这是当时确立的高等教育的基本方针，也是高等教育人才培养的价值目标与价值追求。时任教育部部长马叙伦和副部长钱俊瑞都对此做了论述。钱俊瑞明确提出："为工农服务，为生产建设服务，这就是当前实行新民主主义教育的中心方针，离开这个方针，我们就

_____

① 刘海峰、史静寰主编《高等教育史》，高等教育出版社，2010，第 190—191 页。

② 刘颖：《除旧布新：新中国成立初期中共对高等教育的接管与改造》，人民出版社，2010，第 30 页。

③ 刘颖：《除旧布新：新中国成立初期中共对高等教育的接管与改造》，人民出版社，2010，第 30 页。

会出偏差，就会犯错误。"① 这是由新中国的政治制度，以及中国共产党的性质、马克思列宁主义的教育观、革命根据地长期的教育实践所决定的。毛泽东在《新民主主义论》中指出："中国无产阶级、农民、知识分子和其他小资产阶级，乃是决定国家命运的基本势力。"② 工农是决定国家命运的主要力量。因此，从逻辑上来说，教育为工农服务也就是为人民民主专政服务。这也是在延安时期就已经明确的新民主主义高等教育基本纲领。

在新中国第一次全国教育工作会议上，马叙伦部长在开幕词中明确指出："由于我们的国家是以工农联盟为基础的人民民主专政的国家，因此我们的教育也应该以工农为主体，应该特别着重于工农大众的文化教育、政治教育和技术教育。"③ 同时，这也是新中国成立之初，国民党政权造成的教育特别是高等教育严重不公平的社会现实所决定的。

1950 年 8 月，周恩来在全国高等教育会议上的讲话中说道："大家知道，过去如果不是封建地主或资产阶级的子弟，是很少有机会受大学教育的。即使在今天，大学学生的成分也还是没有什么变化。"④ 时任教育部副部长钱俊瑞在《人民教育》第一卷第一期发表署名文章《当前教育建设的方针》，对当时工农受教育的情况做了较具体的描述："全国现有大学和专科学校共约二百所，学生约十五万人；中等学校共约五千所，学生约一百五十万人；小学约三十万所，学生约二千余万人。这些学校除老解放区的小学和中学已有极大多数的学生是农民工人的子女以外，其他地区的各级学校的学生绝大多数还是中农以上和城市小资产阶级以上的子女；占全国人口中百分之八十以上的工农大众及其子女基本上还被关在学校门外。"⑤ 时任教育部部长马叙伦在第一次全国工农教育会议上的开幕词中指出："提高工人和农民的文化水平和政治水平，是发展和巩固这个人民民主专政的必要条件。"并提出，"因此，正确地开展工农教育乃是全国人民，首先是我

① 何东昌主编《中华人民共和国重要教育文献（1949—1975）》，海南出版社，1998，第 17 页。
② 《毛泽东选集》第 2 卷，人民出版社，1991，第 674 页。
③ 《高等教育文献法令汇编》，高等教育办公厅，1958，第 2 页。
④ 中央教育科学研究所编《周恩来教育文选》，教育科学出版社，1984，第 6 页。
⑤ 钱俊瑞：《当前教育建设的方针》，《人民教育》第 1 卷第 1 期。

们教育工作者的一个重大的政治任务"①。

在确立教育为工农服务、追求教育公平这一总的原则之下，高等教育也自然而然地加入到为工农服务的行列之中，并将其作为高等教育人才培养的价值目标与价值追求。钱俊瑞指出："实际上新中国的大学，谁最配住呢？是工人农民最配住。因为工农是国家的主体，是建设的主干，因为培养工农出身的知识分子，使之成为新中国建设的坚强骨干，是我们极其重要的事情。"② 并提出："现在的大学生都应该是将来为工农服务的干部……大学之门，必须为广大工农青年和工农干部敞开。"③ 钱俊瑞指出："我们的一切大学和专科学校都要以中国人民大学为榜样，逐渐地但是坚决地吸收有适当程度的工农青年与工农干部入学，并且给他们特别的照顾。"④

1950 年，在解放区的最高学府——华北大学基础上成立的中国人民大学，在注重培养工农干部方面做出了突出的贡献而备受褒扬。中国人民大学第一年招生一千四百人，多数是参加革命工作八年以上和三年以上的工农干部，以及工龄三年以上的优秀工人，为全国其他高等院校树立了榜样。

新的高等教育人才培养的价值目标与价值追求的确立，是新中国高等教育与民国高等教育的根本分离，是新中国高等教育最鲜明的特征，同时它也是中国高等教育"延安模式"人才培养的价值目标与价值追求的明确继承与发展，既体现了高等教育的阶级性，更体现了高等教育的公平性。

"教育为国家建设服务"是对高等院校办学逻辑的转换与确定。我们知道，民国大学总体上以西方现代高等院校办学的学科逻辑为主体，办大学就是办学科。虽然从 20 世纪 20 年代后期开始，民国大学逐渐由欧洲模式转向以美国模式为主，高等院校办学的学科逻辑有所弱化，社会需求逻辑有所强化，但总的来说，高等院校办学的学科逻

---

① 何东昌主编《中华人民共和国重要教育文献（1949—1975）》，海南出版社，1998，第 58 页。

② 钱俊瑞：《当前教育建设的方针》，《人民教育》第 1 卷第 1 期。

③ 钱俊瑞：《当前教育建设的方针》，《人民教育》第 1 卷第 1 期。

④ 何东昌主编《中华人民共和国重要教育文献（1949—1975）》，海南出版社，1998，第 21 页。

辑一直是民国大学的主体办学逻辑。新中国接管改造民国大学，创新发展中国特色的新民主主义和社会主义高等教育，就必须面对与解决这一根本问题。教育为国家建设服务，这是对当时教育接管与改造的一个主要方针和目标。其实质就是要求新中国高等教育必须由民国高等院校办学的学科逻辑为主体，转向以社会需求逻辑为主体。有四个方面的主要原因：

第一，这是马克思列宁主义教育思想的逻辑必然。教育必须为无产阶级政治服务，必须为上层建筑和经济基础服务，这是马克思主义教育理论的根本原理。新中国的成立，标志着反帝反封建的新民主主义革命主要任务的完成。大规模的经济建设，把新中国建设成为繁荣富强的社会主义国家，这是中国共产党新的历史使命，是新中国的首要任务，也是中国无产阶级的最大的政治。毛泽东曾经在第一届人民政协会议上预言，随着经济建设高潮的到来，不可避免地将要出现一个文化建设的高潮。按照马克思主义教育理论逻辑，"教育为国家建设服务"就成为必然选择。

第二，这也是由经济基础决定上层建筑、上层建筑反作用于经济基础这一马克思主义辩证唯物主义和历史唯物主义基本原理所决定的。根据马克思主义观点，经济决定思想文化教育，而思想文化又反作用于政治经济。在新中国，如果首先没有物质生产力的发展，没有社会经济的恢复与发展，那么新民主主义的政治建设与文化建设就没有确切的依靠，就没有根基。所以，钱俊瑞指出："新经济是新文化的基础，新经济的建设将为新文化的建设造成必要的先决条件，这是一方面；另一方面，新文化给予新经济的伟大的指导与推动。"[1] 从这一理论出发，得出的逻辑结论就必然是教育必须为国家建设服务。

第三，这亦是革命根据地二十多年高等教育实践的基本经验，是中国现代高等教育"延安模式"的核心内容之一，即高等院校的办学社会需求逻辑。这一办学逻辑使革命根据地高等教育卓有成效地促进了新民主主义革命与建设的伟大胜利。

早在 1949 年教育部召开的华北京津十九院校负责人会议上，在

---

[1]　何东昌主编《中华人民共和国重要教育文献（1949—1975）》，海南出版社，2003，第 22 页。

讨论高等教育改造的方针时，钱俊瑞就提出高等教育"改造的方向是一切服务于国家的建设，特别是经济建设"①。1950年，第一次高等教育会议则更明确地提出了高等教育必须密切地配合国家建设的需要，首先适应经济建设的需要。教育部部长马叙伦在全国高等教育会议上的开幕词中说道："我们的高等教育，必须密切地配合国家经济、政治、文化、国防建设的需要，而首先要为经济建设服务，因为经济建设乃是整个国家建设之本。我们的高等学校既然以培养高级的建设人才为目的，因此在我们的高等学校里就必须进行系统的并与实际相结合的科学理论的教育，并在此基础上，实行专门的科学技术教育。"② 并且，在这次会议上还进一步明确地制定了今后高等教育的发展方向："我们应该以理论与实际一致的方法，培养具有高度文化水平的、掌握现代科学和技术的、全心全意为人民服务的、高级的国家建设人才；应该准备和开始吸收工农干部和工农青年进高等学校，以培养工农出身的新型知识分子。"③

这次会议还提出高等教育"无论在其内容、制度、方法各方面，都必须密切地配合国家的经济、政治、国防和文化的建设，必须很好地适应国家建设的需要，首先适应经济建设的需要。"④ 可以说，这一逻辑、方针的确立符合马克思主义基本原理，体现了中国共产党的性质。

第四，教育为国家建设服务的高等院校办学社会需求逻辑的确立，也是新中国经济恢复过程中国家的现实存在、现实需要所决定的，是党的一切从实际出发、实事求是思想路线的生动体现。

新中国从国民政府接收下来的是全面崩溃了的经济。1949年与1936年相比，工业产值下降了约50%，农业产值下降约25%，粮食总产量仅为2250亿斤。据统计，从抗战前的1937年6月到1949年国民政府崩溃前夕的12年间，国民政府的通货增发达到1400亿倍，物

---

① 《教育部召开华北京津十九院校负责人会议讨论高等教育改造方针》，《人民日报》1949年11月22日第四版。

② 《教育部马叙伦部长在全国高等教育会议上的开幕词》，《人民日报》1950年6月14日第一版。

③ 《高等教育文献法令汇编》（1949—1952年），高等教育部办公厅，1958，第18页。

④ 《高等教育文献法令汇编》（1949—1952年），高等教育部办公厅，1958，第18页。

价上涨 36807 亿倍。1949 年城市中有 400 万失业人口，农村有 4000
万灾民需要救济。新解放区对国民政府留下的大批人员采取"包下
来"的政策，连同老解放区公务人员一起，共达 900 万人，致使行政
经费骤增。此外，医治战争创伤，恢复铁路交通和治理水患，都需要
巨大的财力、物力支持。这样一来，1949 年国家财政收支出现了 2/3
的赤字。国家为了解决急需，不得不增加人民币的发行量。以 1948
年底为基数，到 1949 年 11 月，人民币发行量增加约 100 倍，1950 年
高达 270 倍。在通货膨胀、物价飞涨的情况下，投机资本家、不法商
人也乘机囤积居奇，哄抬物价，进行破坏和捣乱，从而进一步加重了
经济的困难程度。① 因此，稳定恢复国民经济，全面进入大规模经济
建设，是新中国面临的极其紧迫而重大的任务，需要大量的人才从事
经济、国防与文化的建设工作。

旧中国留给新中国的不仅是经济上的"一穷二白"，而且由于旧
中国极端落后的基础教育与高等教育，致使新中国面临建设人才严重
匮乏的局面。即使到了 1952 年，"按照原有工科院校的招生规模，第
一个五年计划期间只能向国家输送 4 万至 5 万名毕业生，不足当时工
业建设所需要人数的 25%"②。同时，科学技术也极端落后，和发达
国家之间存在着巨大的差距。

周恩来在全国高等教育会议上的讲话中说道："现在我们国家的
经济正处在恢复阶段，需要人'急'，需要才'专'，这是事实。"
"高等教育只能根据我们经济的发展而发展。"③ 1951 年 8 月，他进一
步强调："人才缺乏，已成为我们各项建设中的一个最困难的问题。
不论是在经济建设、国防建设，还是巩固政权方面，我们都需要人
才。"④ 很显然，人才的极度缺乏成为制约新中国各项建设事业发展的
巨大瓶颈，新中国的高等教育任重而道远，其任务艰巨、责任重大。

"新中国成立之初，关于新民主主义教育格局的设想，为后来教

红色基因
与科学逻辑 **311**

---

① 郭大钧主编《中国当代史》，北京师范大学出版社，2016，第 10—11 页。
② 刘茗、王鑫：《建国初期高等教育学习苏联的历史回顾与思考》，《辽宁教育研究》
2003 年第 11 期。
③ 中央教育科学研究所编《周恩来教育文选》，教育科学出版社，1984，第 9—
10 页。
④ 中央教育科学研究所编《周恩来教育文选》，教育科学出版社，1984，第 34 页。

育领域的接管与改造工作确定了方向，定下了基调，随之而来的各方面的工作基本上都是围绕着这个中心而展开，为达到这一教育目标而努力。"① 应该说，这一结论是实事求是、符合历史事实的。

为了集中改造管理和发展高等教育，1952 年 11 月 15 日，中央人民政府委员会第十九次会议决定，从中央人民政府教育部中分设中央人民政府高等教育部，马叙伦为首任部长。高等教育部成立之后，立即加快了对全国高等院校的院系调整。至 1957 年，历经六年时间的高等院校院系调整，完成了全国高等院校的重新组合，将原有高等院校按院或系进行分解，再分类归并，成建制地搬迁，组建新校或加强旧校。

在高等院校院系调整结束后，全国共有高等院校 229 所，其中综合大学 17 所，工业院校 44 所，师范院校 55 所，医药院校 37 所，农林院校 31 所，语言院校 8 所，财经院校 5 所，政法院校 5 所，体育院校 6 所，艺术院校 17 所，其他院校 1 所②，基本上实现了整顿和加强综合大学、发展专门学院、优先发展工业学院和师范学院的预期调整目标，充分体现了高等院校办学的社会需求逻辑。

新中国的首先任务是把我国由落后的农业国迅速转变为先进的工业国，必然要开展大规模的工业化建设。要进行大规模的工业化建设，就必须培养大批的工业化建设人才。因此高等院校结构中，工业院校必须占主体地位，必然是强工科。同时，旧中国留下的基础教育落后，文盲遍地，以及医疗卫生事业极端薄弱的现实，也要求迅速培养大量的中小学师资和医疗卫生人员，以满足消灭文盲及普及教育，迅速提高广大工农群众及其子女文化水平，保障人民群众身体健康之急需，这就必然要求在高等教育结构中大力强化师范院校和医科院校。同时，高等院校在地区分布上不合理的问题有所缓解，基本适应了当时国家实行计划经济和开展大规模经济建设的需要。

高等教育部部长马叙伦在总结院系调整工作时指出，通过院系调整把半殖民地半封建性质、深受欧美资产阶级思想影响的旧高等教育，转变为由无产阶级思想领导的、适合国家建设需要的高等教育，

---

① 刘颖：《除旧布新：新中国成立初期中共对高等教育的接管与改造》，人民出版社，2010，第 35 页。

② 《中国教育年鉴》（1949—1981），中国大百科全书出版社，1984，第 965 页。

完成了中国教育本质的转变，取得了令人瞩目的成绩。

总之，从以上论述我们可以明确地看到新中国确立的教育原则、方针，高等教育人才培养的价值标准、价值追求以及高等院校的办学逻辑，与中国现代高等教育的"延安模式"是一致的，这就从根本上决定了新中国高等教育接管改造、发展创新与"延安模式"的内在逻辑关系，以及其对新中国高等教育产生的巨大而深远的影响力，彰显了其重大的价值。

二、 延安时期高等院校与新中国高等院校的历史渊源

延安时期，中国共产党在延安先后创建了二十多所高等教育性质的干部高等院校，为新中国高等教育培养了大批管理与业务骨干。这些高等院校与新中国许多重要的高等院校有着多方面的历史联系，为其注入了深厚的红色基因。

这些高校的管理与业务骨干在新中国成立之后长期担任各高等院校的主要领导与学科带头人，对新中国社会主义高等教育产生了极其深远的影响。他们是中国现代高等教育"延安模式"的具体创建者，也是将"延安模式"推广普及到全国高等院校的具体执行者、操作者，对新中国社会主义高等院校文化、精神、品格、作风的影响是直接的，也是深厚的。这些学校以中国人民大学、东北师范大学、中国医科大学为典型代表。

（一）中国人民大学的创建

中国人民大学是以华北大学为基础创立的。华北大学是以华北联合大学为主体组建的，而华北联合大学又是以陕北公学为基础，合并鲁迅艺术文学院、安吴青训班一部分，及延安工人学校全部，并在延安成立的。1946年1月，又与延安大学合并。所以，中国人民大学与延安时期的高校具有不间断的学脉与精神传承关系。同时，中国人民大学是中共中央与党的领导人亲自筹划成立的，是新中国第一所新型重点综合大学。中共中央和中央人民政府建立这所大学，本身就具有对新中国高等院校的示范、带动的意图。

中国人民大学的创建，是经过中共中央和党的领导人反复酝酿、慎重决策的。据《人民的大学：华北大学（1948—1950）》一书"华北大学大事记"记载：1949年6月26日至8月14日，中共中央

书记处书记刘少奇受毛泽东主席委托率中共中央代表团秘密访问苏联。其间，就建立新中国各项事宜进行商谈，其中成立一所新中国的新型大学是一项重要的议题。

7月6日，刘少奇在给联共（布）中央、斯大林的信中谈到想请苏联政府为新中国的建设管理办一所专门学校，像过去的中国劳动大学一样。7月10日和11日，中共中央代表团应邀列席苏共中央政治局会议，就中共中央代表团提出的问题进行商谈。在商谈过程中，苏方提出将校址设在阿尔马达。后经反复磋商，决定"中国大学不设在阿尔马达而设在北平，由苏联派教授"。8月6日，刘少奇、王稼祥致电毛泽东请求指示。8月7日，毛泽东复电表示同意。这个设在北平的中国大学，就是后来的中国人民大学。①

1949年11月，刘少奇写信给毛泽东主席和中共中央政治局，报告创建中国人民大学的筹备经过。信中说："以原华北大学、革命大学及王明、谢老之政法大学三校合并为基础来成立人民大学。"建议政治局通过中国人民大学的建校计划。

1949年12月16日，中央人民政府政务院第十一次政务会议根据中共中央政治局的建议，通过了《关于成立中国人民大学的决定》。1950年2月19日，中央人民政府委员会第六次会议通过，任命吴玉章为中国人民大学校长，胡锡奎、成仿吾为副校长。11月12日，中共中央批准成立中共中国人民大学党组，胡锡奎任党组书记。1949年12月底，华北大学基本停办，全校850名干部、教师和近千名工勤人员转入中国人民大学的创建工作。1950年10月3日，以华北大学为基础合并组建的中国人民大学隆重举行开学典礼，中国人民大学成为新中国创办的第一所新型正规大学，刘少奇代表中共中央出席了开学典礼并发表讲话。

中国人民大学创建的基础是中国共产党新民主主义革命时期在根据地和解放区创办的高等院校，所以其主体上是以"延安模式"为基本范式，参照苏联模式创建的一所新型正规大学。1950年到1952年，中国人民大学除认真组织好教学外，还积极建立健全组织机构、制定教学计划和各种规章制度、组建教研室、培养师资、进行科学研究、

① 中国人民大学前身时期校史读物编委会编《人民的大学：华北联合大学（1939—1948）》，中国人民大学出版社，2017，第140—141页。

开展政治思想教育工作、组织全体人员学习马克思主义。到 1952 年年底，中国人民大学已经初具规模，设有 9 个系、38 个教研室、1 个编译室，此外还有专修科、预科、马列主义研究班、研究生班、马列主义夜大学、夜校、函授专修班和附设工农速成中学，3 年内共为国家培养各类毕业生 2318 人。

1953 年，我国进入社会主义改造和社会主义建设新时期。中国人民大学为适应新时期的需要，对办学任务和学科专业进行调整，开辟了一条培养新型工农知识分子的道路。到 1956 年，中国人民大学已经发展成为一所以培养马列主义师资和财经、政法干部为主的综合性大学。1957 年以后，中国人民大学的系科设置有了进一步的发展。到 1965 年底，全校共有 1 个学院、12 个系、3 个研究所、1 个研究室，设有 19 个专业。此间，中国人民大学实际上承担起全国高等院校办学的示范带头作用，是新中国新民主主义和社会主义大学的典范，对中国现代高等教育的创新发展发挥了独特而重大的作用。

（二）东北师范大学的创建

东北师范大学与中国人民大学相同，都是由中国共产党延安时期的高学院校为主体组建而成，与延安时期的高校具有不间断的学脉与精神传承关系。这一点，以往一直被学界所忽视，使其重要的传承关系没有得到应有的重视。本书用新发现的一些重要历史文献与档案资料，以一节的篇幅对此进行了阐述，为的是正本清源。但仍有以下几点需要强调：

第一，与中国人民大学的前身院校华北联合大学相同，东北师范大学的前身院校为东北大学，这是中共中央在延安做出的重大决定。并明确以延安大学整建制迁移东北而创建，是中共中央"向北发展，向南防御"，建立巩固的东北根据地的重大战略之一。

第二，由于战争形势的变化，延安大学迁校达队伍到达张家口后，因无法前往东北而与华北联大合并。但东北大学的创建仍以延安大学先期到达东北的文工团成员为主，主要领导人均为原延安大学的干部与教师。而当前往东北的道路打通之后，中共中央立即发电指示原决定前往东北的延安大学继续前往东北。于是由原延安大学副校长张如心，带领一大批原延安大学的领导和业务骨干继续前往东北，并与先期成立的东北大学汇合。此时，东北大学从学校领导、各部门领导到各院系领导，主体均为原延安大学的管理与业务骨干，原延安大学的教学科研骨干，此时主体部分也到了东北大学。此后，东北大学又合并兼收了东北的一些大学，但依然是以原延安大学为主体。1950年原东北大学整建制转为东北师范大学，成为中国共产党直接创办的第一所师范大学，张如心为首任校长。应该说，东北师范大学是延安大学在东北的直接传承。

第三，延安大学是中国共产党延安时期创新发展中国现代高等教育中国道路、中国逻辑、中国模式的主体学校，是延安整风运动后实施高等教育"新型正规化"的标志性成果。中共中央决定将延安大学整建制迁往东北创办新型东北大学，本身就具有在东北解放区创办新型高等教育的引领与示范的战略目标。这与新中国之初，以华北大学为主体，创建新型的中国人民大学的战略目标是一致的，而且时间更早。

事实上，以延安大学为主体的新型东北大学也在东北地区实现了这一战略目标。所以，研究老解放区高等教育与新中国高等教育的关系，特别是研究中国共产党领导创办新型高等教育百年史，东北师范大学是绕不过去的，也是一个十分重要的样本，可以使研究工作更为深入与具体，其启示与借鉴义也是不言而喻的。

（三）中国医科大学的创建

中国医科大学位于辽宁省沈阳市，是国家卫生健康委员会、教育部与辽宁省人民政府三方共建高校。中国医科大学是中国共产党最早创建的医科院校，其前身为中国工农红军军医学校，创办于1931年11月。1934年跟随中央红军长征，1940年在延安正式更名为中国医科大学。

1945年11月18日，根据党中央建立巩固东北革命根据地的指示精神，中国医科大学从延安出发，挺进东北。1946年7月，中国医科大学到达黑龙江兴山（今鹤岗市），合并了东北军医大学（前身为哈尔滨陆军军医学校）。1947年1月，中国医科大学合并东北大学医学院和原哈尔滨医科大学一部分。1948年初，中国医科大学设立4所分校：在龙井将吉林军大分校设立为第一分校，以内科为主；在哈尔滨建立了第二分校，以五官科为主；将通辽市辽东军区医专设立为第三分校；将平谷地区冀热辽医专设立为第四分校。1948年10月，奉上级命令，学校派副校长李亭植率领部分干部、师生接收原长春大学医学院，组成长春军医大学；第一、第二分校合并为现哈尔滨医科大学，第三分校合并到总校；第四分校组建为现承德医学院。1948 年 11 月，东北全境解放，中国医科大学奉命进驻沈阳，根据东北行政委员会暨东北军区司令部指示，先后合并了原国立沈阳医学院和原私立辽宁医科大学。

1949 年 5 月，遵照东北军区暨东北行政委员会命令，中国医科大学由中国人民解放军划归东北行政委员会领导，任命东北行政委员会卫生部部长王斌兼任校长（王斌为原延安中国医科大学校长），卫生部副部长白希清兼任副校长，陈应谦、阚森华任副校长。学校设基础一院、基础二院、内科学院、外科学院、牙科学院、公共卫生学院、妇婴学院等 8 个学院。1949 年 7 月，东北药学院并入中国医科大学，为该校药学院。1950 年 3 月，中国医科大学开始正规化办学，学制确定为五年制，首次在全国招收具有高□文化程度的学生，成为新中国由中国共产党亲自创办的第一所专门的医科大学。

除此之外，还有几十所新中国成立或合并组建的高等院校与延安时期的高等院校有着历史渊源关系，这些学校主要集中在东北与华北。

根据《延安大学史》记载：新中国的许多重要大学与延安大学有着直接的历史渊源关系，如中国人民大学、北京理工大学、中国农业大学、中央民族大学、中央音乐学院、中央美术学院、中央工艺美术学院、东北师范大学、鲁迅美术学院、沈阳音乐学院、辽宁艺术学院、北京外国语大学、西北政法大学、西北民族大学等等。从 20 世纪 50 年代到 80 年代，全国有将近半数高校的党委书记、校（院）长由曾经在延安大学（包括前身院校、合并院校）任职、任教和学习的校友担任。特别是 20 世纪 50 年代至 60 年代，西北地区几乎所有高校，全国各地至少 70% 高校的主要领导干部是由延安大学（包括前身院校、合并院校）的校友担任的。可以说，延安大学曾深刻地影响了新中国高等教育 30 年乃至 50 年的发展历史。

一叶知秋，由此我们可以明显地看到延安时期高等教育取得的伟大成就，对新中国高等教育以及新中国各项事业的巨大而深刻的影响。

三、“延安模式” 是当代中国高等教育的基本模式

高等教育的“延安模式”，是中国共产党创办新型高等教育的伟

大实践的结晶，是扎根中国大地办大学的初步探索，不仅为新民主主义革命培养了大批优秀人才，而且为晚清至民国以来的大学本土化问题提供了一条新的解决路径，对开创具有中国特色高等教育发展道路产生了重大而深远的影响。

（一）"延安模式"是当代中国高等教育模式的形成基础

学界通常把"延安模式"归为干部教育体系，忽视了其对中国当代高等教育模式的塑造。而实际上，"延安模式"是新中国高等教育模式的真正源头和基本范式，为新中国高等教育的改造提供了基本的思想理念、治理框架、办学模式，为当代中国高等教育的形成奠定了基础。

中华人民共和国成立后，中国共产党将在局部执政条件下所举办的新型高等教育模式推广到全国，特别是 1952 年开始院系调整之后，将公立、私立、教会大学多元并举的体制改造为大统一的公立体制，所有高校都处于党的领导之下，执行统一的政策制度。应该说，其根本依据就是"延安模式"。从教育思想上讲，确立了马克思主义的指导地位，即教育为无产阶级政治服务，理论联系实际与生产劳动相结合，培养德智体劳全面发展的社会主义建设者与接班人。从教育理念上讲，确立了德育为先、学用一致的原则。在管理体制上，确立了党委领导、校长负责的基本体制。在学科专业建设上，按照学以致用、为生产建设服务的理念，优先发展工科，不断细化专业，大量举办专科性院校，中国现代高等教育的面貌由此发生了翻天覆地的深刻变革。

（二）"延安模式"确立了高等院校办学的中国逻辑

中国现代高等院校办学逻辑在延安时期由学科逻辑转变为社会需求逻辑，形成了"延安模式"，这是中国现代高等教育历程中的根本转变。它不仅确立了新民主主义革命时期中国共产党领导的高等教育发展创新的方向，推进了高等教育的兴盛，为新民主主义革命和建设发挥了不可替代的作用，建立了不可磨灭的历史贡献，更重要的是新中国成立之后，由中国共产党局部执政区域推广到除港澳台之外的全中国，确立了高等院校办学的中国逻辑。

由于办学遵循的逻辑不同，按照不同的逻辑来评价不同国家的高等教育办学绩效，结果当然不同。如按照学科逻辑，即从高水平论文产出的角度看，中国重点高校或许与西方研究型大学有差距，但按照社会需求逻辑，即从为国家为社会做贡献的角度看，中国重点高校却远远优于西方研究型大学。

实际上，基于"延安模式"所确立的社会需求逻辑有西方大学的学科逻辑所不可比拟的先进性，对此我们必须有足够的教育自信。这种自信，一方面来源于我们的道路自信、理论自信、制度自信和文化自信；另一方面，也来源于"延安模式"的成功经验和中华人民共和国成立后高等教育改革和发展所取得的巨大成就。我们可以借鉴西方的学科逻辑，但绝对不能用西方的学科逻辑取代中国的社会需求逻辑。相反，我们要更加坚定地坚持这种社会需求逻辑。事实上，20世纪80年代以后，西方大学的办学逻辑也正在由学科逻辑向社会需求逻辑转变。

（三）"延安模式"形成了中国特色现代大学制度的初始禀赋

从1895年清政府创办第一所现代意义上的大学（北洋学堂），到21世纪成为世界高等教育第一大国，我国高等教育经历了一百多年的发展历程。纵观一百多年进程，先是模仿日本，随后引入德国模式，20世纪20年代后期转为学习美式高等教育，20世纪50年代"以俄为师"，建立起苏式高等教育体系，改革开放后又将目光转向欧美。但横向比较，我国当代高等教育模式却迥异于世界各国，自成一体。究其根源，就是受高等教育"延安模式"的影响。

高等教育"延安模式"的基本构架是以马克思主义为指导，坚持党的领导，大学内部实行校长负责制，学者治校，民主管理。这种构架形成了中国特色现代大学制度的初始禀赋。中华人民共和国成立以后，党和政府为了建立中国特色的现代大学制度，虽然也多次进行高等教育改革，但不论怎样改革，都走不出、也离不开"延安模式"的高等教育经验。延安模式已经为中国特色的现代大学制度注入了"红色基因"。

（四）"延安模式"开启了中国高等院校立德树人的新模式

立德树人是高等教育的根本任务。从世界范围来看，任何类型的高等教育都把立德树人作为主要任务，只是侧重点有所不同而已。盎格鲁—撒克逊的博雅教育强调侧重于向内的教育，即教育主要指向人的精神与灵魂，培养学生的理想信念、人格修养、价值观；欧洲大陆的专业教育强调向外的教育，即重视培养学生的社会技能及谋生手段。

"延安模式"既重视向内的教育又重视向外的教育，既强调立德树人又强调学以致用。在人才培养模式上，坚持教学、科研、生产"三位一体"，注重培养知行合一、手脑并用、用理论武装的实践者；在课程设置上，重视马克思主义政治理论课教学，强调少而精、要管用，旨在帮助学生树立对马克思主义的坚定信仰，形成辩证唯物主义的世界观，培养学生的社会责任感；在能力培养方面，强调学以致用，坚持以实践为导向，重视革命斗争和生产劳动等实际技能的训练。应该说，这样的立德树人模式与历史上任何一种高等教育都是有所不同的，是中国特色高等院校立德树人模式形成的源头。

此外，"延安模式"所创立的高等教育人才培养的价值目标与价值追求，打破了中国高等教育人才培养千百年来的陈规，树立起为人民服务的高等教育价值观，为人民的高等教育奠定了价值基础。这不仅深刻地影响了新中国高等教育的接管、改造与重铸，也成为中国特色社会主义高等教育人才培养的价值目标与价值追求的基点，是一个永恒的主题。

在探索中国特色社会主义高等教育辉煌而又曲折的历程中，我们犯过错误，走过极端，"延安模式"所创立的高等教育人才培养的价值目标与价值追求也受到了歪曲。如1958年"大跃进"中的县县办大学，甚至村里也办大学，表面上看起来，大学似乎真的完全向工农群众及其子女开放了，大学的门槛确实放低了，而实质上，这完全是对"延安模式"所确立的高等教育人才培养的价值目标与价值追求的肆意曲解。而且，这种盲目的"大发展"不仅违背了高等教育发展的基本规律，也大大超过了国家经济的承受力，因而很快就烟消云散。

"文革"十年动乱中，高等教育更是重灾区，其体系基本被打破，大学招生完全停止。1966年"文化大革命"一开始就取消了全国高考，停止了大学招生，直到1970年大学才重新开始招生，但既不实行全国统一招生考试，也不在应届高中毕业生中招生，而是实行群众推荐、领导批准和学校复审相结合的方法，在在职人员中招生，重点是工农兵，将"延安模式"所创立、新中国成立初期进一步发展确定的高等教育人才培养的价值目标与价值追求异化到极端，违背了高等教育的基本规律。直到1977年，在邓小平的力主下，高等教育开始

“拨乱反正”，恢复高等院校全国统一入学考试制度，这一混乱而荒唐的局面才得以终结。

虽然中国高等教育事业的发展经历了这么多曲折，但“延安模式”所创立、新中国成立初期又进一步发展完善的我国高等教育人才培养的价值目标与价值追求是正确的，是具有永恒价值的。

中国共产党的执政理念是以人民为中心，习近平总书记明确要求要“办人民满意的教育”，“创办中国特色世界一流大学”，而“延安模式”所创立的高等教育人才培养的价值目标与价值追求，内含着这一执政理念与教育发展目标的逻辑。

结　语

高等教育"延安模式"红色基因与
科学逻辑的基本内涵与特征

中国现代高等教育的"延安模式"是中国共产党的领袖们、老一辈无产阶级教育家、延安时期高等院校广大师生员工共同奋斗的理论与实践的结晶。同时，也凝聚着早期共产党人在建党前后、大革命时期、土地革命时期的勇敢探索与艰苦实践的卓越成果。它彰显着马克思主义的理论品质与实践品质，中国共产党人的理想信念与价值追求，体现着最广大人民群众的愿望与要求，在中国现代高等教育的发展历程中独树一帜、断鳌立极！它突出地体现了红色基因与科学逻辑两大鲜明特色，并具有重大的历史价值与当代意义。

一、　中国现代高等教育"延安模式"　的红色基因

红色基因是一种革命精神的传承，是中国共产党人的精神内核，是中华民族的精神纽带。它内含崇高的理想信念，坚定地听党话跟党走、一不怕苦二不怕死的战斗精神，高度自觉严格的革命纪律，独立自主、探索创新的思想品质，全心全意为人民服务的根本宗旨，艰苦奋斗、无私奉献的精神。

中国现代高等教育"延安模式"的红色基因是十分鲜明与突出的。它是中国共产党新民主主义革命伟大理论与实践的产物，是在马克思列宁主义的指导下，伴随着马克思主义中国化的伟大历程产生、发展与成熟，也是马克思主义中国化理论与实践的重大成果。它伴随中国共产党领导的新民主主义革命与建设艰苦卓绝的整个历程，凝聚着中国共产党为民族谋复兴、为国家谋发展、为人民谋幸福的信念与初心，体现着中国共产党全心全意为人民服务的根本宗旨与博大情怀，以及中国共产党人实事求是、开拓创新，自力更生、艰苦奋斗与

理论联系实际、密切联系群众、批评与自我批评的精神与作风，具有鲜明的革命性、创造性、先进性与人民性。

第一，马克思列宁主义是其本质属性。高等教育"延安模式"是马克思列宁主义的高等教育模式，是马克思列宁主义教育思想的实践产物，特别是在马克思主义中国化的第一大理论成果——毛泽东思想的指导下发展成熟的。这是它与中国传统高等教育模式、西方现代高等教育模式、中国现代高等教育"民国模式"的本质区别，也与苏联社会主义高等教育有明显不同。它的教育思想、教育理念、办学逻辑、体制机制、教育内容、教育方法、教育任务目标都是以马克思列宁主义教育思想，特别是中国化的马克思主义教育思想为指导、为根本遵循，体现着马克思主义的真理性、崇高性与科学性。这是中国现代高等教育摆脱西方模式的根本创新，改变了中国现代高等教育的发展方向。

第二，中国共产党的领导是其根本特征。中国共产党的领导，既是现代高等教育"延安模式"酝酿、产生、发展、成熟的历史前提与根本保障，也是其根本特征。

探索创新现代高等教育的中国道路、中国逻辑、中国模式，不仅是中国共产党争取新民主主义革命胜利的现实需求，更是中国共产党为民族谋复兴、为国家谋发展、为人民谋幸福崇高理想信念的价值追求。因此，从建党开始，党就将其作为自己的历史使命，组织领导人民开始了伟大的理论与实践探索和创新，明确将马克思列宁主义的教育思想确定为指导思想，制定了一系列正确的路线、方针、政策，指引探索创新现代高等教育中国道路、中国逻辑、中国模式的正确方向。在极其艰难困苦的条件下，组织动员一切人力物力兴办高等学校。特别是延安时期，中国共产党对中国现代高等教育发展的历史与现实有了更加深刻的认识，对中国的国情与社会也有了更加明确与深刻的了解。通过延安整风运动，中国共产党领导的现代高等教育实现了高等院校办学逻辑的转换，形成了具有鲜明中国特色的高等教育"延安模式"。

在创新发展党领导高等院校的体制机制，在宏观上对高等教育领导的同时，不断增强对高等院校的微观领导，从根本上保障了高等院校创新发展的正确道路与方向，确保党的路线、方针、政策在高等院校的贯彻落实，形成了高等院校"为党育人，为国育才"的优良传统。同时，充分发挥高等院校党组织的政治核心、战斗堡垒和党员的先锋模范作用，形成了中国现代高等院校的红色基因。

第三，人民性是其根本的价值追求。"延安模式"改变了中国现代高等教育的资本主义性质，确立了其民族的、科学的、大众的新民主主义高等教育的性质。从这一性质出发，确立了新民主主义高等教育的价值观，而这一教育价值观在现代高等教育的根本属性——人才培养方面，突出地体现为高等教育为人民服务的鲜明价值目标与价值追求。从政治思想与道德标准看，高等教育"延安模式"与西方模式、"民国模式"更有本质的分离。1937年10月23日，陕北公学正式开学前，毛泽东为陕北公学成立题词，鲜明地提出了中国共产党人才培养的政治思想与道德标准。这不仅是对陕北公学的要求，也是对中国共产党领导的所有干部培训院校和普通高等院校人才培养的根本要求。这一标准更体现着中国共产党及其领导的新民主主义高等教育的性质与价值观。

第四，独立自主、探索创新是其思想品质。独立自主既是马克思主义中国化的重要历史前提之一，更是毛泽东思想活的灵魂。独立自主、自力更生是一切从实际出发、实事求是、依靠群众进行革命和建设的必然结论，就是坚持独立思考，走自己的路。这种独立自主的探索和实践精神，这种坚持走自己的路的坚定信心和决心，是中国共产党全部理论和实践的立足点，也是党和人民事业不断从胜利走向胜利的根本保证。

在中国共产党扎根中国大地办高等教育，创新发展现代高等教育中国道路、中国逻辑、中国模式的时期，中国现代高等教育所谓的"民国模式"已经形成相对成熟的体系。同时，由于苏联社会主义制度的建立，相应地也建立起社会主义性质的高等教育。那么，是照搬"民国模式"，还是"苏联模式"？这都可以成为中国共产党的一种选择，但这些选择都不是中国化的选择。

中国共产党领导的中国革命，已不是旧式的、一般的资产阶级民主主义的革命，而是新的民主主义革命。新民主主义革命与旧民主主义革命的不同，集中表现在新民主主义革命处于世界无产阶级社会主义革命的时代，是世界无产阶级社会主义革命的一部分。毛泽东把新民主主义革命和社会主义革命比喻为文章的上篇和下篇。他明确指

出："两篇文章，上篇与下篇，只有上篇做好，下篇才能做好。坚决
地领导民主革命，是争取社会主义胜利的条件。"① "民主主义革命是
社会主义革命的必要准备，社会主义革命是民主主义革命的必然趋
势"②，中间不容横插一个资产阶级专政。这就决定了中国现代高等教
育既不能是资本主义性质的所谓"民国模式"，也不能是社会主义性
质的"苏联模式"，但其前进的方向必须是社会主义性质的。所以，
中国共产党在新民主主义时期扎根中国大地办高等教育，创新发展现
代高等教育中国道路、中国逻辑、中国模式就必须、也必然以马克思
列宁主义为指导，在马克思主义中国化的伟大历程中，依据中国的国
情以及历史文化传统，按照中国新民主主义革命的性质、中国新民主
主义革命和建设的任务目标，独立自主地探索创新发展，以适应中国
新民主主义革命和建设的需要，并保证其向着中国特色社会主义现代
高等教育的方向前进。

全国抗战爆发后，以国共合作为基础的全民族抗日民族统一战线
形成，中国共产党独立自主创新发展现代高等教育中国道路、中国逻
辑、中国模式还有一个重大问题，这就是高等教育的创新发展不受国
民党政府的制约，不受其管辖，不接受其高等教育法规制度，而是另
起炉灶、独立自主地兴办高等院校，建立自己独立的高等教育体系。
这一点对于中国共产党创新发展现代高等教育中国道路、中国逻辑、
中国模式发挥了重要的保障作用。

第五，艰苦奋斗、无私奉献是其精神特质。艰苦奋斗、无私奉献
是劳动人民的本色，也是中华民族精神的重要内容。对于共产党人来
说，它不仅是优良的思想作风和工作作风，而且是优良的生活作风；
不仅体现在政治、思想、工作上，也体现在生活上。

中国共产党领导的新民主主义革命是在极端落后的半殖民地半封
建的社会历史条件下进行的，客观条件决定其必然是艰苦卓绝的，也
是无法选择的。但奋斗与奉献则是共产党人的自觉选择，是无产阶级
世界观的表现，是革命事业本身所要求的，是共产党的性质所决定的。

艰苦奋斗、无私奉献，从本质上说是一种不畏艰难、顽强拼搏、
开拓进取、勇于献身的革命精神，是一种崇俭、求真、务实的人生态

---

① 《毛泽东选集》（第1卷），人民出版社，1991，第276页。
② 《毛泽东选集》（第2卷），人民出版社，1991，第651页。

度，也是一种着眼于开拓进取的有理性的自觉原则。它包括三层含义：一是自力更生、艰苦创业的革命精神和顽强拼搏、不怕牺牲的革命斗志；二是勤俭节约、艰苦朴素的生活作风；三是与人民群众同甘共苦的工作作风。

艰苦奋斗，关键在于奋斗，目的是发愤图强，不是奋斗艰苦。图强就是通过奋斗而更生，从经济上看，就是从贫穷变成富裕，改变被剥削的地位。从政治上看，图强就是从奴隶变成主人，改变被压迫的奴役地位。从文化上看，图强就是从愚昧落后中走向文明，摆脱被旧思想统治的地位。所以，艰苦奋斗、无私奉献精神不仅是无产阶级破坏旧世界的革命精神，而且是建设一个新世界的革命精神。高等教育的发展需要一定的物质条件与社会条件，更需要一定的人才基础。兴办高等教育，延安时期无论是物质条件还是社会条件都不具有优势，甚至缺乏基本条件。这些都是不争的客观事实，这种客观现实决定了延安时期高等院校的师生员工必须具有艰苦奋斗、无私奉献的精神。

延安时期的高等院校聚集了一批在国内已著名的学者、教授。来延安之前，他们中许多人在国统区的大学任职任教，享有较高的待遇与声誉。还有一些从国外留学归来的博士、硕士和国内名牌大学的本科生，他们在国统区大学完全可以找到待遇不菲的教职。而延安时期实行的是战时供给制，没有工资收入，教师不评职称，学生不授学位，不发文凭。但无论师生，他们都是为了崇高信念和远大理想而来到延安和陕甘宁边区及其他抗日民主根据地的。他们是一群"背上有傲骨，胸中有担当"的英雄，他们的心中只有民族、国家与人民，他们的目标只有救亡、图强、民主、自由与真理。因此，奉献是他们的本质属性，是他们的高贵精神品质；艰苦奋斗是他们自觉的选择，是他们的必由之路。而他们这种伟大的精神与高贵品质，正是延安时期形成高等教育"延安模式"的广泛群众基础，也是一种逻辑必然。

第六，民主平等同志式新型师生关系是其伦理准则。这种民主平等同志式新型师生关系，发轫于苏区高等教育的实践，完善成熟于延安时期，是中国共产党的政党性质以及以马克思主义教育思想为指导所形成的重要的教育价值观与伦理准则，是中国共产党教育思想的鲜明特征，也是显著区别于民国高等教育的一个重要方面，是中国现代高等教育发展中的一项创新，更是其红色基因的显著标志。

二、 中国现代高等教育的"延安模式" 的科学逻辑

中国现代高等教育的"延安模式"既具有鲜明的红色基因，更具有突出的科学逻辑，它把握了马克思主义辩证唯物主义和历史唯物主义的精髓，将革命精神与科学逻辑有机融合、辩证统一，尊重历史规律、客观规律，既着眼当下，更放眼未来。它立足于中国新民主主义革命与建设的实际，又借鉴吸收中国传统高等教育、西方现代高等教育、现代高等教育"民国模式"的一切优秀成分，将中国视角与世界眼光相统一，既具有鲜明的中国特色，又具有普适价值。

第一，革命精神与科学逻辑相统一。

实事求是、群众路线、独立自主是贯穿毛泽东思想立场、观点、方法的灵魂，也始终是延安时期中国共产党兴办干部高等院校、创新发展现代高等教育中国道路、中国逻辑、中国模式的核心原则。遵循这一核心与根本的原则，延安时期中国共产党人从中国的历史与文化传统，从中国的社会现实，特别是中国新民主主义革命和建设的实际与发展方向出发，辩证地处理当前与长远、古代与现代、中国与外国、理论与实际、继承与创新、借鉴与批判、干部吸收培训与现代大学创建、社会需求逻辑与学科逻辑等等关系。既坚持高等教育的新民主主义性质，同时又遵循社会发展规律，特别是高等教育发展的内在规律，吸收借鉴古今中外高等教育发展的一切优秀成果，以我为主，汲取精华去其糟粕，"古为今用""洋为中用"，突出地体现其开放性、包容性与科学性，将革命精神与科学逻辑有机统一。

革命性体现在其"打碎旧的一套"的变革与创新之中。高等教育"延安模式"不同于"民国模式"，复不同于西方模式，也不同于苏联模式，与中国古代高等教育模式亦有本质性区别，体现了其变革与创新的本质属性。但这种变革与创新又绝非盲目的，更不是想当然的，与"民国模式"、西方模式、苏联模式、中国古代高等教育模式完全割裂，它的变革与创新完全是建立在科学性的基点之上的。

科学性则体现在遵循客观规律，以辩证唯物主义与历史唯物主义为根本指针，反对一切以教条主义和经验主义为主要特征的主观主义，坚持实事求是、群众路线、独立自主的基本原则，汲取了"民国模式"、西方模式、苏联模式、中国古代高等教育模式中一切优秀的

成分，鲜明地体现了这些模式的精华。这种吸收更不是简单的模仿与移植，而是在彻底改变高等教育性质与价值观前提之下的批判吸收与融汇改造，将革命的逻辑与科学的逻辑有机结合。

第二，在继承中发展。潘懋元先生指出："教育必须受一定社会的经济、政治、文化所制约，并为一定社会的经济、政治、文化服务。"① 中国古代高等教育亦遵循这一教育基本规律。从先秦时代开始，中国的统治者和知识分子就重视教育的社会功能，《礼记·学记》提出"古之王者，建国君民，教学为先"，明确规定了教育为治国治民服务的从属关系。这决定了中国古代高等院校办学的逻辑主体是社会需求逻辑。

在洋务运动时期，面对西方列强入侵、民族与社会危机日益严重的局面，在引进西方现代高等教育之际，中国古代高等院校这一传统的办学逻辑甚至还有某种程度的强化，这对延安时期高等院校社会需求逻辑的确立产生了直接的影响。但中国封建社会的这种社会需求是以维护皇权和封建专制制度为核心、为前提的，延安时期所确立的高等院校社会需求逻辑，在吸取了我国古代高等院校的办学逻辑合理成分的同时，对其反动本质给予了彻底的批判与根本的扬弃。同时，延安时期高等院校"学以致用"的理念，也受到明清之际经世致用思潮、陶行知的教育思想，以及杜威的实用主义教育思想等的影响，但这种影响不是被动影响，更不是全盘吸收，而是批判性的继承、吸收与发展，这种批判性的继承、吸收与发展本身就是科学的态度、方法与逻辑。

中国高等教育的"延安模式"在教学方法上继承和发展了中国古代高等教育，特别是书院的优秀传统。毛泽东特别重视书院的教学传统，这对中国共产党的高等教育影响很深，以自学为主、以研讨为主是其一贯的教育主张，也是延安时期高等院校的主要教育教学方法。这是一种主动性、创造性的学习与教育方法，目的在于培养学生的主动精神与创新创造能力。它的科学性是不言而喻的。培养学生的自学、研究问题、解决问题的能力，增强其主动精神与创新创造能力，这仍是一切高等院校的基本功能。同时，中国共产党在创新发展现代

① 潘懋元：《潘懋元论高等教育》，福建人民出版社，2000，第113页。

高等教育中国道路、中国逻辑、中国模式的伟大实践中，不仅继承了中国古代书院师生关系相对融洽、平等的优良传统，而且将其发展为同志关系，这更是一项继承基础上的革命性的变革。

第三，中国视野、世界眼光。由于中国的特殊历史与文化，中国没有自发产生现代高等教育的社会条件，中国古代高等教育的自身逻辑也不能自觉地发展为现代高等教育，这就决定了中国现代高等教育只能是模仿移植西方高等教育模式，这是历史的必然选择，是不以人的意志为转移的客观规律，也是封建专制制度给中国现代化发展带来的巨大障碍之一，是中国近代以来发展严重滞后、积贫积弱，遭受西方列强侵略与凌辱的重要因素之一。西方现代高等教育的引进与在中国的发展是历史的进步，是中国由传统社会走向现代社会的必然选择。特别是以移植西方现代高等教育模式为主体，也努力使其向中国化方向发展，并具有某些传承与创新的现代高等教育的"民国模式"，形成了较为成熟的体系，也有较大的发展，推进了中国现代高等教育的发展创新，从而在一定程度上促进了中国现代化的发展。这是应当给予充分的肯定的。

中国现代高等教育受到日本高等教育的深刻影响，在发展中又受到欧洲，特别是德国高等教育的影响很深。到 20 世纪 20 年代中后期，中国现代高等教育明显向美国模式演进，这也成为中国现代高等教育"民国模式"的主流方向。其办学逻辑明显突破了以学科逻辑为主体的倾向，向着以学科逻辑为主导兼有社会需求逻辑的方向快速发展，到 30 年代中后期已经形成相对成熟的模式与规模。这对中国共产党延安时期的高等教育无疑产生了重大影响。

此外，中国共产党延安时期创新发展现代高等教育中国道路、中国逻辑、中国模式的伟大实践中，还突出地体现了着眼当下、放眼未来的科学态度与科学方法。这一点从毛泽东等党的领袖和领导人，到徐特立、吴玉章等无产阶级教育家，在延安时期都有许多深刻而具体的论述，也有许多具体的实践活动，本书对此做了较深入的阐述，这里就不再展开论述。

历史已经凝聚在辉煌的史册之中，但它仍然是照亮我们前行的一盏不灭明灯。在这盏明灯照亮之下，中国特色现代高等教育的未来一定是一片光明！

附录一

《延安大学课程设置（一九四四年）》①

（一）全校共同课：

1. 边区建设史，2. 中国革命史，3. 革命人生观，4. 时事教育。

（二）行政学院：

1. 全院共同课：边区民主政治。

2. 行政系：（行政班）（1）社会政策；（2）干部工作；（3）政权工作；（4）群众工作。（警政班）（1）警政业务；（2）社会常识。

3. 司法系：（1）边区法令；（2）判例研究；（3）司法业务；（4）法学概论；（5）社会政策；（6）现行法律研究。

4. 教育系：（1）边区文化教育概况；（2）小学教育；（3）中等教育；（4）社会教育；（5）教材研究；（6）现代中国教育思想研究。

5. 财经系：（系共同课）（1）边区经济概况；（2）会计审计与统计。（经建班）（1）农业；（2）工业；（3）合作问题；（4）交通运输。（财经班）（1）财政业务；（2）税收业务；（3）银行业务；（4）贸易业务（注：以上业务课任选两种）。

6. 补助课：文化课。

（三）自然科学院：

1. 全院共同课：（1）数学；（2）物理学；（3）普通化学；（4）绘图；（5）外国语。

2. 机工系（机械工程系）：（1）数学；（2）力学；（3）材料力学；（4）工程材料学；（5）工艺学；（6）机械原理及原件；（7）原动机学；（8）建筑学；（9）机械设计；（10）电工学；（11）工厂管理。

3. 化工系（化学工程系）：（1）数学；（2）定性分析；（3）有机化学；（4）理

---

① 节选自《延安大学概况》，原件存于中央档案馆、延安革命纪念馆、延安大学档案馆。同时，一些公开出版的教育史料中也有收集，但均不完整。

论化学；（5）普通地质学；（6）工业化学；（7）定量分析；（8）工业分析；（9）化学工程；（10）工厂管理。

4. 农业系：（1）农业植物学；（2）农业化学；（3）土壤肥料；（4）遗传育种学；（5）农业病虫害学；（6）边区农业概况；（7）农业生产组织及管理；（8）作物学；（9）畜牧学；（10）森林学；（11）园艺学。

（四）鲁迅文艺学院：

1. 全院共同课：文艺讲座（包括文学艺术之历史、现状、理论诸问题）。

2. 戏剧音乐系：（1）语言；（2）舞蹈；（3）发音及唱歌；（4）乐器；（5）民间音乐；（6）名曲研究；（7）排演实习；（8）民间戏剧；（9）名曲选读；（10）戏剧运动现状；（11）音乐运动现状；（12）创作实习。

（注：“名曲研究”“音乐运动现状”“名剧选读”“戏剧运动现状”任选二种）

3. 美术系：（1）素描；（2）速写；（3）中国民间美术研究；（4）世界名画研究；（5）创作实习。

4. 文学系：（1）文艺现状研究；（2）中国文学；（3）世界名著选读；（4）写作实习；（5）新闻学；（6）边区教育。

（注：“新闻学”及“边区教育”任选一种）

（五）医学系：

1. 医生班：（1）解剖学；（2）细菌学；（3）病理学；（4）诊断学；（5）生理学；（6）药物学；（7）中药学。

2. 司药班：（1）药物学；（2）中药学；（3）简易药理学；（4）医疗常识；（5）保育常识；（6）卫生常识；（7）简易妇科学。

3. 助产班：（1）助产学；（2）生理解剖大意；（3）简易药物学；（4）治疗常识；（5）保育常识；（6）卫生常识；（7）简易妇科学。

4. 护士班：（1）生理解剖大意；（2）细菌学大意；（3）简易药物学；（4）理化常识。

5. 中医班：（1）药物学（中药草本）；（2）诊断学（脉搏诊断）；（3）治疗学（治病处方）；（4）生理卫生学；（5）消毒学。

6. 兽医班：（1）畜牧概论；（2）中国兽医学；（3）药物学；（4）诊断学；（5）普通病；（6）传染病；（7）免疫学。

7. 辅助课——文化课。

附录二

《延安大学自然科学院教育计划（草案）》（节选）①

自然科学院目前设置机工系、化工系、农业系，以养成边区工业农业发展时期之技术人员为目的，同时并养成一批适用的自然科学中等教育人才，以便逐渐普及自然知识，抚养更多技术后备军，而为长期调查资源起见，边区各区中等学校教员应逐渐充实成为边区的"科学站"工作者，以便广泛地进行各校区的工业农业自然资源的调查研究工作。

理论课取课堂讲授形式，以便系统地启发讨论，着重采用边区目前以及近期发展所涉及的成就。在整个学业期中，着重工房与实验室，工厂现场实习，以便早日养成"自己动手"的能力。一般按半日讲授半日实习及讨论的标准，每年三个月为每人完成生产任务（时间）。其间，各自到工厂现场参加实习，实际生产，根据上述原则拟定各系课程如次：

［专业课课时、课程内容、授课方法只选《延安大学自然科学院教育计划（草案）》中机械工程系、化学工程系，农业系的略去，课时均为周课时。○号为原件无法辨识之字。——笔者注］

（甲）各系共同课（第一年级）

本院各系除上全校共同课（边区建设、革命人生观、中国革命史、时事教育）外，并设下列课作为全系共同课：

①数学：六小时（包括三角、代数、立体几何、○○○及解析几何）。②物理学：三小时（力学、○学、电磁学及光音学大意）。③普通化学：三小时（元素及化合物系统叙述及基础理论）。④绘画：二小时（少讲理论，多照实在事件画图）。⑤外国语：二小时。

每周物理化学各实习一次。

［说明］：物理、化学、数学为自然科学基础知识，故各系共修。绘图为自己动手制造工具所需，外国语为若干技术术语译名未定暂时所需。

---

① 摘自延安大学档案馆馆藏档案，案卷号：5.14-10004。

（乙）机工系科目（第二年级）：①数学：六小时。内容：解析几何及微积分，并抽一段时间教算法使用法。②力学：三小时。内容：1. 平面及空间诸作用力；2. 平衡；3. 结构；4. 重心；5. ○○、力矩；6. 重力运动；7. 平面运动；8. 力与运动；9. 摩擦；10. 力时积与运动量；11. 功与能；12. 静力学上常用的图解法。③材料力学：三小时。内容：1. 应力与变型；2. 超弹性极限之应力；3. 对伸、压折、扭折、剪之认识；4. 梁及负荷时之应力及其偏差；5. 梁受剪○；6. 轴之扭转；7. 综合应力；8. 柱及关二柱之应用公式；9. 材料应用之保险率；10. 强度试验及材料之性能。④工程材料学：二小时。⑤工艺学：上学期四小时，下学期四小时。内容：1. 木工、铸工、锻工（铆工、焊工在内）钳工之作法；2. 常用工作机；3. 车、铣、钻、刨、磨之工作法；4. 各种量具之使用法。完全与实际配合，注意动手。⑥机械原理及原料：自下学期起，每周两小时。内容：1. 机构学大意；2. 机械原理，就实物拆卸说明包括铆钉轴及轴承、接合器及齿动器、键齿轮、管子及管子装接，气缸及活塞、螺旋和飞轮、弹簧、制动器、轮带及皮带轮、偏心挑子、绳○转动、链轮转动、铰链及悬钩、离泵接头。其他小零件（如螺钉、螺母、垫子等）。

三年级：①工艺学：二小时续讲。②机构原理及原件：只上学期二小时续讲毕。③原动机学：四小时。内容：1. 热力学基础知识；2. 流动力学常识；3. 汽涡；4. 蒸汽机及蒸汽涡轮；5. 水力机及水力涡轮；6. 内燃机。④建筑学：四小时。内容：1. 简要平面测量；2. 石工学；3. 桁构作业；4. 桥梁；5. 道路；6. 堤坝学，除讲课外，要参加实际作业。⑤机械设计：只下学期二小时。内容：1. 机件具备之性能；2. 设计之程序；3. 原料经济使用法；4. 制作过程之具体条件；5. 各部应力及保险力之计算；6. 经验设计介绍。⑥电学：二小时。内容：1. 电磁学之基础知识；2. 电动机及其运用；3. 发电机及其运用。⑦工厂管理：二小时。内容：1. 工厂组织；2. 效率之研究；3. 成本计算法；4. 成品储藏与推销；5. 运输管理；6. 职工训练；7. 厂址选择与建厂工作。此讲须请有工厂管理之经验的同志讲授，要适应边区实际情况。

⑧工程材料学：二三年级都上，每周二小时。

内容：1. 钢与铁：a. 钢与铁之分类及其特性；b. 生铁之分类冶炼、分类、用途；c. 熟铁与钢之冶炼、分类、用途；d. 钢与铁之处理①机械处理，②加热处理；e. 合金钢及特种铁。2. 非铁金属：a. 铜、锡、铝、锌、锑、钨、镁等金属之特性与用途；b. 白合金；c. 轻合金；d. 黄铜与青铜；e. 轴承用合金；f. 其它合金（如具备抗蚀性的合金等）。3. 洋灰（水泥）与三合土；4. 天然石与土质；5. 木材；6. 玻璃；7. 水——水之化学及物理性质，水之鉴定与处理；8. 燃料 a. 关于燃料的基本知识；b. 固体燃料、液体燃料、气体燃料之分类、特性与应用；9. 耐火材料；10. 滑油材料；11. 油液材料；12. 皮质材料；13. 应用化学材料（包括常用酸碱及各种盐类之材料，助溶剂、干燥剂、爆炸剂等），此课化学工程系亦应学习。

（丙）化工系课目：①数学，六小时，与机械系同；②定性分析：四小时，内容：1. 定性分析之基本知识；2. 化学方程式；3. 电解物之溶液；4. 电离学说；5. 化学平衡；6. 质量作用定律与电离学说之应用；7. 溶解积；8. 复离子；9. 分布定律；10. 氧化与还原的理论；11. 水之离子乘积；12. 酸碱不变之溶液；13. 盐类之水解。

本课程应自己动手进行分析，上列理论配合实际讲授实习之步骤如下（同时讲授分析之原理）：

一、金属离子之分析；二、酸或碱离子之分析；三、边区产实物之分析。

③有机化学：三小时。内容：1. 有机化合物之组成、精制法、分析法；2. 由分析结果以决定分子式及分子量；3. 有机化合物之组织或结构；4. 碳氢化合物（饱和、不饱和、环状）；5. 卤素衍生物；6. 醇（链醇属、环醇属）；7. 醚；8. 氮化合物；9. 硫之化合物（硫醇、硫醚、碳酸）；10. 磷砷之化合物；11. 金属之化合物；12. 有机酸（一元酸、二元酸、轮酸）；13. 醛及酮；14. 醇酸（链醇酸、轮醇酸）；15. 酐；16. 酯；17. 异性化（构造异性化、主体异性化）；18. 疏水化合物（单糖、复糖、多糖）；19. 蛋白质；20. 尿素与尿酸；21. 谷物及营养化学；22. 精油类及樟脑类；23. 异环化合物；24. 色染化学；25. 植物○类；

④理论化学：三小时，内容：1. 物之异态；2. 溶液；3. 胶体化学；4. 热化学；5. 平衡理论；6. 电化学；

⑤普通地质学：二小时。内容：1. 地球之形成及其发展；2. 地文及地貌（山、河、湖、沼、海及海岸线，冰川地文之分期）；3. 矿物学（矿物之物理性状、矿物之化学性质、矿物学论、矿物之成因、○○分析）；4. 岩石学（水成岩、火成岩、变质岩）；5. 地质构造（断层、褶皱、启合与不启、陆地变迁）；6. 边区地质概况。

三年级：①工业化学，三小时，内容：各项主要化学工业之概况，特别着重边区现有化学工业及近期发展之新工业（如酸、碱、燃料、陶瓷、耐火材料、食盐、煤焦油、染料、炸药、造纸、制革、火柴、脂肪及植物油、冶金等），并随时邀请有关工厂技术负责人讲课。详细程序另定之。

②定量分析：上学期六小时。内容：1. 定量分析之基本概念（差量分析、定量分析）；2. 分析之秤量器具（分析天平、砝码、滴定管、吸管、量瓶及其它）；3. 容量分析：①中和法（碱滴定法及酸滴定法）；②氯化法（高锰酸钾法、重铬酸钾法、碘滴定法、氯滴定法）；③沉淀法；④重量分析；⑤简单矿石及合金之分析。

③工业分析：下学期六小时。内容：边区实物重要矿物之分析（如煤、水、钢铁等）。

④化学工程：三小时。内容：1. 化学工业材料；2. 流体之输送及测定；3. 传热、炉灶；4. 蒸发；5. 晶析法；6. 氧燥；7. 蒸馏；8. 气体之吸收；9. 溶出；10. 各种机械作用之分离法；11. 过滤；12. 混合；13. 压碾；14. 土木建筑大意；15. 电子；16. 动力。

⑤工厂管理：二小时（与机械系同）

附录三

《一九四五年延安大学行政学院教育计划
（1945 年 4 月至 1946 年 3 月底）》（节选）①

一、教育目的、方针与学制

（一）依据一九四四年五月所宣布之延安大学教育方针及实施方案（草案），行政学院以提高与培养为抗战与边区服务之新民主主义的政治、经济、文化等各种干部为目的。

（二）全院除原设置本科——行政、司法、教育、财经四系外，本年校部所创办之预科，亦附设于本院，该科由文预、理预（科）之分，从文化、思想、政治上提高与培养边区内的（特别是本地）知识分子，并将作为本院各系与自然科学院、鲁迅文艺学院之升学准备。

（三）本院实施革命的思想教育以坚定革命的人生观，增进其为人民大众服务之实事求是的思想作风，实施新民主主义的各种政策教育，并与边区有关之工作机关建立一定的联系，以增进学员之政策理论知识，达到学用一致之目的。本科各系以其业务教育为主，以提高与培养有所专长之不同的业务干部，预科则着重文化学习，以奠定深入本科学习之基础。

（四）本科各系修业年限仍定为二年，预科定为一年，但此规定不是机械的，应以学完规定之课程为原则。

三、学习时间：行政学院是从今年四月九日开始上课，本计划所包括的学习时间，应从一九四五年四月至一九四六年三月底止，全部总时间为三五六天。

四、课程：本科各系课程分为思想、政策（包括时事政策）、业务三种。

思想、政策（包括时事政策）为全院各系所必修者，预科为部分必修者；业务课为各系专修者；文化课为预科所必修者。此外，各系有部分学生文化政治水平低者，酌设文化政治补习课。

（一）共同课（思想教育及政策、时事政治教育）

共同课有三门：宇宙观及人生观，边区建设的各项政策及时事政治。兹分别说明其时间及内容：宇宙观及人生观——思想教育。时间：讲授二、五次（每次

---

① 摘自延安大学档案馆馆藏档案，案卷号：5. 14-10004。

约二至三小时）。a. 自然发展史略、社会发展史略、实践问题（实践问题是根据同学在实际生活中所发生的各种思想问题加以正确的指导，主要讲劳动观点、群众观点、革命观点）。b. 边区建设的各项政策。时间：讲授二十次（每次约二至三小时）。内容：边区革命及建设史略、三三制及政权问题、文教政策、财经问题（财经问题包括经建、财政、金融、贸易、生产自给及土地各种政策）、司法问题。c. 时事政治教育：1. 时事报告每月一次（时事基本常识补习课抽时间在各系根据学生自愿酌予补习）。2. 七大文件：论联合政府、关于修改党章的报告专门学习，计划另拟。d. 中国革命史——拟于明年讲授。以上思想政策教育的共同课每周占学习日二—三天，约占全部学习时间的三分之一强。

（二）业务课：业务课为各系专修科目，故按各系分别说明。财经系业务课十一种：合作业务，讲授八次；边区工业，讲授七次；边区农业，讲授十四次；财务行政，讲授七次；粮食行政，讲授六次；农累税（农业累进税——笔者注），讲授七次；货币管理，讲授一次；银行业务，讲授六次；经济理论基本知识，讲授二十五次；会计，讲授二十次；统计，讲授四次。以上共讲授一一五次，月三百四十五小时。复习二六个学习日，约二百零八个小时。

拟于明年讲授者：交通运输、生产自给、被服供给、边区商业概况、贸易管理、发行问题、税务行政、盐业等八个问题。

司法系业务课六种：法学概论，讲授二一五次；司法业务，讲授四十次；边区法令，讲授二十次；比较宪法，讲授三十次；民间调解，讲授四次；判例研究讲授次数未定（判例研究与法院共同配合学习，故选择应视法院之学习计划为准）。以上除判例研究未定外，前五种课共讲授一百一十九次，约合三百五十二小时。拟于明年讲授者：判例研究（按第一学年）、现行法律研究。

行政系业务课两种：乡政权工作，讲授一六次；比较政治未定；边区法令，讲授二十次。以上除比较政治未定外，两种共讲授三六次。此外共同课之政策部分：边区简史，讲授二次六小时；民主建设，讲授六次一十八小时；财经政策，讲授六次一十八小时；司法政策，讲授二次六小时；文教政策，讲授四次一十二小时。

以上总计为二十次共用六十小时，此部分本是全院之共同课，但行政系对此特别需要，故占该系全部学习时间百分之三十八。拟于明年讲授者：县（市）政权工作、干部工作、比较政治（按第一学年）。

教育系业务课四种：边区教育概况，讲授二十四次七二小时；教育心理，讲授一十二次三十六小时；小学教育，讲授一十二次三十六小时；识字教育，讲授一十二次三十六小时。以上总计为六十次一百八十小时。拟于明年讲授者：中等教育、现代教育思潮、教育统计与测验、教育调查、教育心理。

（预科略——笔者注）

主要参考文献

一、著作

[1] 刘海峰，史静寰. 高等教育史. 北京：高等教育出版社，2010.

[2] 田正平，商丽浩. 中国高等教育百年史论. 北京：人民教育出版社，2006.

[3] 中国第二历史档案馆. 中华民国史档案资料汇编：第五辑第一编·教育（一）. 南京：江苏古籍出版社，1994.

[4] 中国蔡元培研究会. 蔡元培全集：第6卷. 杭州：浙江教育出版社，1997.

[5] 潘懋元，王伟廉. 高等教育学. 福州：福建教育出版社，2013.

[6] 中共中央文献研究室. 毛泽东文集：第8卷. 北京：人民出版社，1999.

[7] 中共中央马克思恩格斯列宁斯大林著作编译局. 马克思恩格斯选集：第1卷. 北京：人民出版社，2012.

[8] 中共中央马克思恩格斯列宁斯大林著作编译局. 马克思恩格斯全集：第16卷，北京：人民出版社，1964.

[9] 中共中央马克思恩格斯列宁斯大林著作编译局. 马克思恩格斯文集：第3卷，北京：人民出版社，2009.

[10] 伍振鷟. 中国大学教育发展史. 台北：三民书局，1982.

[11] 中央教育科学研究所. 中国现代教育大事记. 北京：教育科学出版社，1988.

[12] 第一次中国教育年鉴：甲编. 上海：开明书店，1934.

[13] 王炳照，郭齐家，刘德华，等. 简明中国教育史. 北京：北京师范大学出版社，2007.

[14] 熊明安. 中华民国教育史. 重庆：重庆出版社，1997.

［15］中国第二历史档案馆. 中华民国史档案资料汇编：第三辑·教育. 南京：江苏古籍出版社，1994.

［16］中国第二历史档案馆. 中华民国史档案资料汇编：第五辑第二编·教育（一），南京：江苏古籍出版社，1994.

［17］李大钊文集（下）. 北京：人民出版社，1984.

［18］李大钊选集. 北京：人民出版社，1959.

［19］魏宏运. 中国现代史资料选编（一）. 哈尔滨：黑龙江人民出版社，1981.

［20］任钟印. 杨贤江全集：第3卷. 郑州：河南教育出版社，1995.

［21］中央档案馆. 中共中央文件选集：第一册（1921—1925）. 北京：中共中央党校出版社，1989.

［22］中央档案馆. 中共中央文件选集：第三册（1927）. 北京：中共中央党校出版社，1989.

［23］陈桂生. 中国革命根据地教育史（上）. 上海：华东师范大学出版社，2015.

［24］中共中央党史研究室. 中国共产党的九十年（新民主主义革命时期）. 北京：中共党史出版社、党建读物出版社，2016.

［25］江西省档案馆，中共江西省委党校党史教研室. 中央革命根据地史料选编（下册）. 南昌：江西人民出版社，1982.

［26］毛泽东同志论教育工作. 北京：人民教育出版社，1958.

［27］江西省教育学会. 苏区教育资料选编（1929—1934）. 南昌：江西人民出版社，1981.

［28］皇甫束玉，宋荐戈，龚守静. 中国革命据地教育纪事：1927.8—1949.9. 北京：教育科学出版社，1989.

［29］中央教育科学研究所. 老解放区教育资料（一）. 北京：教育科学出版社，1981.

［30］陈元晖. 老解放区教育简史. 北京：教育科学出版社，1981.

［31］中共中央文献研究室. 毛泽东年谱（上卷），北京：人民出版社、中央文献出版社，1993.

［32］毛泽东选集：第2卷. 北京：人民出版社，1991。

［33］荣孟源. 中国国民党历次代表大会及中央全会资料（下册）. 北京：光明日报出版社，1985.

［34］中央档案馆. 中共中央文件选集（第11册）. 北京：中共

红色基因
与科学逻辑 **339**

中央党校出版社，1991.

[35] 刘家栋. 陈云在延安. 北京：中央文献出版社，1995.

[36] 刘宪增，刘端棻. 陕甘宁边区教育史. 西安：陕西人民出版社，1994.

[37] 毛泽东选集：第 4 卷. 北京：人民出版社，1991.

[38] 中共中央文献研究室. 毛泽东文集：第 2 卷，北京：人民出版社，1996.

[39] 中央档案馆. 中共中央文件选集（第 12 册）. 北京：中共中央党校出版社，1991.

[40] 《延安大学史》编委会. 延安大学史. 北京：人民出版社，2008.

[41] 延安自然科学院史料. 北京：中共党史出版社、北京工业学院出版社，1986.

[42] 胡乔木. 胡乔木回忆毛泽东，北京：人民出版社，1994.

[43] 朱鸿召. 延安文人. 广州：广东人民出版社，2001.

[44] 毛泽东选集：第 3 卷，北京：人民出版社，1991.

[45] 中共中央统战部，陕西省委统战部，延安市委统战部. 延安与中国统一战线. 北京：华文出版社，2004.

[46] 西北五省区编纂领导小组，中央档案馆. 陕甘宁边区抗日民主根据地·回忆录卷. 北京：中共党史出版社，1990.

[47] 西北五省区编纂领导小组，中央档案馆. 陕甘宁边区抗日民主根据地文献卷（下）. 北京：中共党史出版社，1990.

[48] 李维汉. 回忆与研究（上）. 北京：中共党史出版社，1986.

[49] 李智. 熔炉·丰碑——安吴青训班文献集（上）. 北京：中共党史出版社，2006.

[50] 中央档案馆. 中共中央文件选集（第 13 册）. 北京：中共中央党校出版社，1991.

[51] 王军建. 中国教育史新编. 广州：广东高等教育出版社，2003.

[52] 陕西师范大学教育研究所. 陕甘宁边区教育资料·教育方针政策（上）. 北京：教育科学出版社，1981.

[53] 徐则浩. 王稼祥年谱（1906—1974）. 北京：中央文献出版社，2001.

[54] 中国人民解放军国防大学. 中国人民抗日军事政治大学史.

北京：国防大学出版社，2000.

[55] 王仲清. 党校教育历史概述. 北京：中共中央党校出版社，1992.

[56] 中央党史研究室张闻天选集传记组. 张闻天文集. 北京：人民出版社，1985.

[57] 纪希晨. 战火中的青春. 北京：中国青年出版社，1997.

[58] 毛泽东选集：第 1 卷. 北京：人民出版社，1991.

[59] 中国人民大学校史研究丛书编委会. 造就革命的先锋队——中国人民大学史：第 1 卷. 北京：中国人民大学出版社，2007.

[60] 聂荣臻回忆录（上）. 北京：战士出版社，1983.

[61] 中共中央组织部，中共中央党史研究室，中央档案馆. 中国共产党组织史资料（第三卷第一编）. 北京：中共党史出版社，2000.

[62] 国民教育资料汇编. 南京：江苏人民出版社，1982.

[63] 成仿吾. 战火中的大学. 北京：人民教育出版社，1982.

[64] 文化部党史资料征集工作委员会. 延安鲁艺回忆录. 北京：光明日报出版社，1992.

[65] 董纯才，张腾霄，皇甫束玉. 中国革命根据地教育史：第 2 卷. 北京：教育科学出版社，1991.

[66]《北京理工大学志》编纂委员会. 北京理工大学志. 北京：北京理工大学出版社，1995.

[67] 湖南省长沙师范学校. 徐特立文集. 长沙：湖南人民出版社，1980.

[68] 中央教育科学研究所. 徐特立教育文集. 北京：人民教育出版社，1979.

[69] 李之钦. 徐特立教育思想研究. 成都：四川教育出版社，1993.

[70] 吴玉章教育文集. 成都：四川教育出版社，1989.

[71] 延安大学西安校友会. 延安大学回忆录. 西安：陕西人民出版社，1998.

[72] 甘肃省社会科学院历史研究所. 陕甘宁革命根据地史料选辑：第四辑. 兰州：甘肃人民出版社，1983.

[73] 谈天民. 从延安走来——北京理工大学的办学道路. 北京：北京理工大学出版社，2004.

[74] 中共中央文献研究室. 毛泽东文集：第 3 卷，北京：人民

出版社，1996.

［75］中国人民解放军军事科学院. 毛泽东军事文选. 北京：战士出版社，1981.

［76］毛泽东论教育. 北京：人民教育出版社，2008.

［77］教育科学研究筹备处. 老解放区教育资料选编. 北京：人民教育出版社，1959.

［78］王蒙，袁鹰. 忆周扬. 呼和浩特：内蒙古人民出版社，1998.

［79］陈明钦，苟昌斌，曾绍敏，等. 中外人士访延纪实. 昆明：云南人民出版社，1990.

［80］黄修己. 中国现代文学简史. 北京：中国青年出版社，1984.

［81］习近平. 之江新语. 杭州：浙江人民出版社，2007.

［82］艾思奇. 艾思奇文集：第1卷. 北京：人民出版社，1981.

［83］艾思奇. 艾思奇全书：第2卷. 北京：人民出版社，2006.

［84］张希贤. 延安文化探考. 乌鲁木齐：新疆人民出版社，2003.

［85］陈清泉，苏双碧，李桂海，等. 中国史学家评传. 郑州：中州古籍出版社，1985.

［86］温齐泽，李言，金紫光，等. 延安中央研究院回忆录. 北京：中国社会科学出版社，1984.

［87］塞缪尔·亨廷顿，劳伦斯·哈里森. 文化的重要作用——价值观如何影响人类进步. 程克雄，译. 北京：新华出版社，2002.

［88］胡显章，等. 当代中国大学精神研究. 北京：高等教育出版社，2017.

［89］王冀生. 我的大学文化观. 天津：天津大学出版社，2013.

［90］储朝晖. 中国大学精神的历史与省思. 太原：山西教育出版社，2006.

［91］储朝晖. 中国近代大学精神史. 北京：人民教育出版社，2013.

［92］胡显章. 自强不息　厚德载物：清华精神巡礼. 北京：清华大学出版社，2010.

［93］中共中央马克思恩格斯列宁斯大林著作编译局. 马克思恩格斯选集：第24卷. 北京：人民出版社，1996.

［94］中共中央马克思恩格斯列宁斯大林著作编译局. 列宁全集：第34卷. 北京：人民出版社，1985.

［95］高九江，韩琳. 延安时期马克思主义中国化研究. 北京：人

民出版社，2014.

［96］庄福龄. 毛泽东思想概论. 北京：中国人民大学出版社，1993.

［97］中共中央文献编辑委员会. 刘少奇选集（上卷）. 北京：人民出版社，1981.

［98］中央档案馆. 中共中央文化选集（第 14 册）. 北京：中共中央党校出版社，1992.

［99］栗洪武. 延安干部教育模式研究. 北京：中国社会科学出版社，2009.

［100］中央教育科学研究所，厦门大学. 杨贤江教育文集. 北京：教育科学出版社，1982.

［101］中国人民大学前身时期校史读物编委会. 人民的大学：华北联合大学（1939—1948）. 北京：中国人民大学出版社，2017.

［102］魏碧海. 东北风：四野战事全纪录. 北京：长城出版社，2011.

［103］中共中央党史研究室. 中共党史大事年表说明. 北京：中共中央党校出版社，1983.

［104］辽宁省教育科学研究所. 东北解放区教育资料选编. 北京：教育科学出版社，1983.

［105］何东昌. 中华人民共和国重要教育文献（1949—1975）. 海口：海南出版社，2003.

［106］刘颖. 除旧布新：新中国成立初期中共对高等教育的接管与改造. 北京：人民出版社. 2010.

［107］中共中央文献研究室. 建国以来毛泽东文稿：第 1 册. 北京：中央文献出版社，1987.

［108］中央教育科学研究室. 周恩来教育文选. 北京：教育科学出版社. 1984.

［109］郭大钧. 中国当代史. 北京：北京师范大学出版社，2016.

［110］中国教育年鉴（1949—1981）. 北京：中国大百科全书出版社，1984.

［111］陕西师范大学教育研究所. 陕甘宁边区教育资料：高等教育和干部学校部分（下）. 北京：教育科学出版社，1981.

［112］潘懋元. 潘懋元论高等教育. 福州：福建人民出版社，2000.

［113］姚宏杰. 奠基：共和国教育 1949. 南昌：江西教育出版社，2019.

［114］师秋朗. 现代圣人徐特立. 北京：红旗出版社，1992.

［115］高等教育部办公厅. 高等教育法令汇编. 北京：高等教育部办公厅内部发行，1958.

［116］曾鹿平，姚怀山. 延安文化思想概论. 西安：陕西师范大学出版总社，2015.

二、 报刊

［1］陈独秀. 独秀致罗先生底信. 新青年，第 8 卷第 4 号.

［2］胡智伟. 东北沦陷时期的高等教育. 教育史研究，1996（4）.

［4］郝瑜，周光礼，罗云，等. 高等教育的"延安模式"及其当代价值. 高等教育研究，2017（11）.

［5］中国社会主义青年团第一次全国代表大会. 关于教育运动的决议案. 先驱，1925（8）.

［6］恽代英. 革命运动中的教育问题. 新建设，第 1 卷第 3 期。

［7］谢兰荣. 毛泽东与湖南自修大学. 教育史研究，1996（4）.

［8］陈安. 建党时期创办最早的革命干部学校. 学习时报，2020-11-14.

［9］黄宏，方华玲. 中国共产党初创时期的上海大学. 百年潮，2020（9）.

［10］第六届农民运动讲习新办理经过. 中国农民. 1926（9）.

［11］瞿秋白在苏维埃大学开学典礼上的讲话. 红色中华，1934（170）.

［12］石联星. 秋白同志，我们怀念你. 人民日报，1980-6-16.

［13］白继忠. 延安时期干部教育述论. 甘肃教育，1999（3）.

［14］牛昉，康喜平. 陕甘宁边区人口概述. 延安大学学报，1992（3）.

［15］毛泽东在抗大第二期开学典礼上的讲话. 新中华报，1937-3-7.

［16］艾思奇. 抗战以来陕甘宁边区文化运动的成绩和缺点. 中国文化，1940（2）.

［17］毛泽东对抗大的指示. 八路军军政杂志，第 1 卷第 4 期.

［18］季诚龙. 回忆陕北公学. 党史研究，1981（4）.

［19］延安大学举行成立一周年庆典. 解放日报，1942-9-22.

［20］罗迈. 预祝 1941 年延安干部教育的胜利. 新中华报. 1941-

1-16.

[21] 延大建立正规学制. 解放日报，1941-8-28（4）.

[22] 陕公、女大、青干三校合并成立延安大学. 解放日报，1941-9-23（4）.

[23] 张远. 延安体育生活片段. 体育文史，1985（1）.

[24] 教育上的革命. 解放日报. 1942-1-13（1）.

[25] 石中英. 重新思考毛泽东的教育思想遗产. 北京大学教育评论，2016（3）.

[26] 林迪生. 延安大学简介. 民大生活，1949（31）.

[27] 王凤玉. 论中国近现代中国高等教育的发展. 沈阳师范大学学报（社会科学版），2003（3）.

[28] 徐春夏. 抗战时期延安地区的史学建设. 上海：华东师范大学，2004.

[29] 李元元. 对于加强我国大学文化建设的几点思考. 新华文摘，2007（22）.

[30] 王义道. 论大学精神形成演变的逻辑之道——大学精神之我见. 中国高等教育研究，2012（9）。

[31] 李晨. 大学文化高层视角：科学与人文结合. 科学时报，2003-11-4.

[32] 许全兴. "马克思主义中国化"的提出与新文化运动. 毛泽东邓小平理论研究，2008（3）.

[33] 林伯渠. 举起马列主义的旗帜前进. 解放日报，1943-7-2.

[34] 默涵. "习见常闻"与"喜闻乐见". 中国文化，1943（2）.

[35] 平民教育·发刊词. 1919（1）.

[36] 姚立，党少博. 论"向北发展，向南防御"战略方针的确定及其重大历史意义. 新疆师范大学学报，1988（4）.

[37] 曲晓范，石颖. 民国中共东北大学筹建、成立、迁校时间考. 东北师大学报（哲学社会科学版），2009（3）.

[38] 钱俊瑞. 当前教育建设的方针. 人民教育，第1卷第1期.

[39] 教育部召开华北十九院校负责人会议讨论高等教育改造方针. 人民日报. 1949-11-22（4）.

[40] 教育部马叙伦部长在全国高等教育会议上的开幕词. 人民日报，1950-6-14.

[41] 刘茗，王鑫. 建国初期高等教育学习苏联的历史回顾与思

考，辽宁教育研究，2003（11）．

三、 档案

［1］毛泽东对彭雪枫关于李公朴的问题与陕北公学的请示的复电．中央档案馆，档案号：1937，电58/1。

［2］改革中央组织机构与筹备总供给委员会会议决议事项．中央档案馆馆藏档案，档案号：1941，中72/2。

［3］七月十三日政治局会议决议事项．中央档案馆馆藏档案，档案号：1941，政治局016。

［4］中央司法部关于司法工作的条例、指示，训令等．陕西省档案馆，馆藏陕甘宁边区政府档案，档案号：全宗1—37。

［5］延安大学校长吴玉章，副校长周扬关于延大、鲁艺、自然科学院、新文字干部学校并总称延安大学及负责人等的通知．中央档案馆馆藏档案，档案号：866/11。

［6］4月7日西北局常务委员会决定．原件存中央档案馆，延安大学校史陈列馆存复制件。

［7］延安大学概况（1944.6）．原件存中央档案馆，延安大学校史陈列馆存复制件。

［8］延安大学教育方针及暂行方案．延安大学档案馆馆藏，案卷号：5.14—10004。

［9］延安大学自然科学院教育计划．延安大学档案馆馆藏，案卷号：5.14—10004。

［10］一九四五年延大行政学院教育计划．延安大学档案馆馆藏，案卷号：5.14—10004。

［11］晋察冀中央局关于古大存工作问题的请示及中央的决定．中央档案馆馆藏：1946，285/28。

［12］张松如、刘呈云、武强，《战火中诞生的东北大学》．自行刊印，1985，东北师范大学档案馆藏。

［13］西北局会议记录1945年8月15日至1946年12月28日）．陕西省档案馆馆藏，档案号：68—2。

［14］中共中央关于延大、党校速开东北给聂、刘并东北局电．中央档案馆馆藏，档案号：1946，285/28。

［15］延大教育工作总结及今后计划纲要．延安大学档案馆馆藏资料，案卷号：5.14—1005。

后　记

　　《红色基因与科学逻辑：中国高等教育"延安模式"研究》的撰写既有偶然性，又具必然性。说起偶然性，那就要特别感谢东北师范大学及东北师范大学出版社，因为他们是这本著作的直接催生者。

　　东北师范大学是延安时期延安大学的直接延续，具有深厚的红色基因，又是国内教育研究的重镇。我长期从事延安大学历史研究，是《延安大学史》的主编，因此 2019 年 5 月下旬，应东北师范大学的邀请，我赴东北师范大学学习交流。5 月 29 日下午，我应邀为"东北师范大学思想理论高端论坛"做了《从延安走来——东北师大的红色基因与高等教育的"延安模式"》专题报告。东北师范大学对这次报告会高度重视，将其作为党委理论学习中心组（扩大）专题学习会。全校副处级以上干部、教授委员会成员、各民主党派和统战团体负责人等 400 余人参加了报告会。而机缘巧合的是，时任东北师范大学出版社副社长兼副总编辑的张恰老师也参加了这次报告会，这是本书能够面世的重要节点。

　　报告会结束后，张总编就找到了我。简单交流之后，他就单刀直入，建议我写一本高等教育"延安模式"的专著，并明确说他们正在为申报国家出版基金资助项目策划选题，期望这本专著能够成为申报国家出版基金资助项目的选题。说实话，我当时十分惊愕，因为虽然我在一些重要报刊上发表过几篇相关论文，但还从未有过写专著的想法。我觉得当时的思想、学术、资料积累还很不够，更不敢奢望能入选国家出版基金资助项目。对我来说，这无异于天方夜谭。

　　经过较深入的交流，当时我虽无任何心理准备，但还是动心了。虽然答应了，但我心里确实没底。回到延安后，我倒是很认真地把之前这方面的资料及自己撰写的文章较为系统地梳理了一遍。梳理完后心里没那么恐慌了，也有了一点底气，但当时我还在职，有教学任务，手头还有一项国家社科基金项目在做，同时还有西安出版社列入

"四大精神标识工程"的应约之作《延安：中国革命精神的标识》也在撰写。且自己本性比较疏懒，常分不清轻重，于是这件事在我心头又淡下了。

万万没有想到，7月27日，我突然接到张总编从西安打来的电话，说他第二天来延安看我。我一听就蒙了，脑海里第一个念头就是：完了，完了！八字没一撇，我咋交代？应人事小，误人事大呀！没办法，总不能拒绝张总编来延安吧。张总编如期来到延安，我也是怀着愧疚之心，惴惴不安地在延安接待了他。说实在话，张总编来延安，我的心里是异常感动和温暖的。我与他素昧平生，只一面之交，为了这本未可预卜的著作，他千里迢迢从长春专程来延安，这种敬业精神，这种信任与情谊，在我有千斤之重。张总编的延安之行彻底斩断了我的一切退路，使我下定决心抛开一切，心无旁骛地往前冲！

之所以如此详细地记叙这件事，是因为它在我心中的分量很重，也是本书能够呈现在读者面前的前提。借本书即将出版之际，我谨向东北师范大学党委及出版社，向王延副书记、严蔚刚部长、田丽君馆长，特别是向张恰总编辑表达崇高的敬意和衷心的感谢！如果拙著对读者多少还有点益处的话，首功在他们。

接下来再说必然性，我毕业于延安大学，一直到2020年9月退休都在延安大学工作，退休后受聘担任西安翻译学院马克思主义学院首席教授。1987年初，为举行延安大学50周年校庆，学校决定编写《延安大学校史》，将当时在校党委办公室工作的我抽调出来，专职从事校史编写工作，历时一年，具体负责延安大学解放战争时期历史的编撰。这是延安大学首次编写校史，更是我第一次系统接触延安大学历史。由此，我就与延安大学历史研究结下了不解之缘，几乎成了终生的事情。2006年，为迎接延安大学70周年校庆，学校决定编撰《延安大学史（1937—2007）》，重建延安大学校史馆，并成立校史办公室，校党委决定由我兼任主任，从历史学院调王军担任副主任负责此项工作，我的研究从业余转向专业。此后，由于时任延安大学校长崔智林教授对延安大学历史研究的高度重视，以及对我本人的殷切期望，把我硬行"绑"在校史研究上，我又兼任学校档案馆馆长、高等教育研究所所长，直到2016年。由于延安大学历史的特殊性，我的研究视野开始拓展到延安时期中共高等教育史，乃至整个中共高等教育史，以及中国古代高等教育史，特别是中国现代高等教育史。这十年才是我这一课题研究资料、思想、学术的重要积累时期，是本书能够完成的重要基础。借此机会，我谨向我的母校延安大学，向我的同事王军、王延雄、王延凤、冯淑洁、陈福荣、杨宇宁、裴小旗、郝丹梅、张祎衣、张晓云、段芸、吴峰、郭应兰等同志和朋友表达由衷的感谢！

真应了"好事多磨"这句俗话。本书的撰写与出版也是一波三折，经历了许多难忘的过程。本书计划 2021 年 7 月 1 日前出版发行，为党的 100 周年诞辰献礼，且拟申报 2021 年国家出版基金资助项目。按照惯例，项目申报从次年 5 月底开始，到 7 月底结束，且申报书稿成稿率须达到 60% 以上，这样算来留给我的时间只有不足 10 个月，且其间我还有许多必做的其他工作，这对我来说，压力山大。但是既然下决心做，那就必须一往无前、毫不犹豫。张总编离开延安后，大概一两个月时间，我就有了拙著的整体思路、理论框架、基本结构，并撰写了编著大纲，经出版社审定补充，大纲予以确定。同时，出版社确定吴永彤编辑为本书责任编辑，这就为本书的撰写与出版奠定了基础。此后的资料查阅补充比较顺利，由于是从我最熟悉的部分开始撰写，因此撰稿初期过程也比较顺利。

2020 年 1 月中旬，我与爱人前往武汉，与在武汉大学工作的女儿、女婿及外孙女一起过春节。可万万没想到，就是这一举动让我经历了因新冠疫情而引发的"武汉封城"，也使本书初稿的大部分是在"武汉封城"期间完成的。这让本书著有了点特别的意义和难忘的记忆，客观上也助推拙著完成的速度，赢得了时间上的主动权。

"武汉封城"开始于 2020 年 1 月 23 日，4 月 8 日零时解封，在此期间我没有迈出家门半步。我利用这段难得的时间潜心写作，并且陪伴心爱的外孙女从一岁到一岁半。当她能蹒跚行走时，时常摇摇晃晃走到我的办公桌前，望着桌上的笔记本电脑都要奶声奶气地说一句"爷爷工作"。每当这时，我都会停下工作，抱抱她，逗逗她，与她简单地对对话，给她背背古诗。在书稿撰写与疫情的双重压力下，我亲爱的小外孙女给了我无以替代的慰藉、释怀与温暖，是我能在异常紧张与恐慌的环境下潜心研究与写作的最大动力。借此机会，我也向她说一句：谢谢包包，我的小宝贝！同时向我的爱人及孩子表达由衷的感谢：没有你们的付出，也难有这本书的出版。

2020年6月13日，我终于从武汉回到了延安，在延安隔离期间还在修改撰写书稿。6月30日，按照国家出版基金资助项目申报要求的书稿主体部分终于完成，我也长长地松了口气。随后便大量阅读文献资料与参考书籍，补充因文献资料与参考书籍缺乏而在武汉无法撰写的部分。

2021年2月9日，国家出版基金资助项目公布，入选的405项资助项目中拙著在列，我非常高兴。对我而言，一切辛劳、煎熬、焦虑都因之而散。但兴奋是短暂的，随之而来的是更大的责任与压力，因为赶时间，总体上讲书稿的粗糙、缺陷与不完善是明显的，修改、补充与完善的工作还非常艰巨，还要下更大的功夫。此后与吴永彤编辑联系得更多、更细致、更具体，吴编辑的学术和专业水平、认真细致和敬业精神对拙著的进一步提高与完善发挥了重要作用。在此，我也向吴永彤编辑以及为本书出版付出辛勤劳动的所有编辑表达深深的感谢！

在拙著撰写过程中，还得到了我的老师、西安外国语大学原党委书记郝瑜教授的指导帮助。同时，中国教育科学研究院储朝晖研究员、陕西师范大学教育学部栗洪武教授、复旦大学马克思主义学院朱鸿召教授、兰州大学历史文化学院张克非教授等著名学者亦给予了各种形式的指导和帮助，延安大学教育学院副教授邢鑫博士对全书进行了校正，在此也向他们表示致敬与感谢！

由于本人思想与学术水平有限，拙著还存在许多缺点与错误，期望得到广大读者的批评与指正。

曾鹿平

2024年3月10日于延安